高等学校"十二五"规划教材经济管理类

现代企业财务管理

主　编　董　淼　张彦明　王海东
副主编　吴明涛

哈尔滨工程大学出版社

内 容 简 介

全书共分十章，基本内容包括企业财务管理概述、企业财务管理的原则和基本理论、企业财务估价、企业财务预测、企业筹资管理、企业资本结构优化、企业项目投资管理、企业营运资金管理、股利政策以及企业财务分析与评价。本书不仅内容丰富、实用性强、体系完善、逻辑严谨，而且尽量做到深入浅出、通俗易懂、理论通俗、方法适用，中西合璧。

本书可作为大学本科财经各类专业的课程教材使用，也可作为在职人员学习现代企业财务管理相关内容的参考用书。

图书在版编目(CIP)数据

现代企业财务管理/董淼，张彦明，王海东主编. —哈尔滨：哈尔滨工程大学出版社，2013.5
ISBN 978 - 7 - 5661 - 0461 - 8

Ⅰ.①现…　Ⅱ.①董…②张…③王…　Ⅲ.①企业管理—财务管理　Ⅳ.①F275

中国版本图书馆 CIP 数据核字(2013)第 113059 号

出版发行 哈尔滨工程大学出版社
社　　址 哈尔滨市南岗区东大直街 124 号
邮政编码 150001
发行电话 0451 - 82519328
传　　真 0451 - 82519699
经　　销 新华书店
印　　刷 肇东市一兴印刷有限公司
开　　本 787mm × 1 092mm　1/16
印　　张 22.75
字　　数 554 千字
版　　次 2013 年 5 月第 1 版
印　　次 2013 年 5 月第 1 次印刷
定　　价 43.00 元
http://press.hrbeu.edu.cn
E-mail:heupress@hrbeu.edu.cn

前 言

PREFACE

财务管理是企业管理过程中的一个重要方面。企业所有的财务管理活动都要为企业创造并保持价值。而要实现这一目的,就必须首先掌握必要的财务管理基本概念和原理。

本书立足"实用、够用、会用"的编写理念,紧密围绕财务管理课程的教学大纲,从企业实际需要出发,按高等院校应用型本科人才培养模式的需求,以引导学生全面理解并掌握企业财务管理体系框架和实践应用为目的,进一步激发其主动积极学习的兴趣。通过本书的学习让读者能够全面理解并掌握现代企业财务管理的基本理论、基本知识和基本技能。

本书由黑龙江工程学院董淼负责拟定编写大纲、协调组织及统稿。各章编写分工如下:第1,6,7章由董淼编写;第2,8,9章由佳木斯大学王海东编写;第3,4,5章由东北石油大学张彦明编写;第10章由东北石油大学吴明涛编写。

本书在编写过程中参考了大量相关文献,在此对相关作者表示由衷的感谢!由于编者的水平和时间有限,不足之处在所难免,恳请读者批评指正。

编 者

2013年4月

目录
CONTENTS

CONTENTS

第一章　企业财务管理概论

第一节　企业财务管理目标

财务管理是企业管理的一部分,企业财务管理是组织企业财务活动,处理财务关系的一项综合性的经济管理工作。企业要想在充满竞争的环境中生存、发展、获利,就必须要加强企业的财务管理,实践表明财务管理是企业管理的中心。正如阿斯瓦斯·达摩达兰所说“一个企业所作的每一个决定都有其财务上的含义,而任何一个对企业财务状况产生影响的决定就是该企业的财务决策。因此,从广义上讲,一个企业所做的任何事情都属于财务管理的范畴。”

一、企业财务与财务管理

1. 企业财务

财务起源于公有财产日渐稀少,私有财产观念萌芽的出现,是伴随着商品货币的产生而产生,并随着市场经济的发展而发展的重要经济范畴。“财务”一词是 19 世纪从西方引入我国,原词为 finance,也译为“金融”。

财务是组织财务活动处理财务关系的统称。企业财务是企业在再生产过程中客观存在的企业财务活动及其所体现的经济利益关系的总称。财务活动是通过资金运动体现出来的,它的基本构成要素是投入和运用着的企业资金。资金是财产物资价值的货币表现(包括货币本身)。资金要素能够反应运动着的价值,其实质是在生产过程中运动着的价值。资金的特点包括:一是垫支性。即预付性,资金首先表现为资本的垫支,垫支是交换并实现价值形态转化的前提,资金的垫支性赋予了对资本保值的要求。二是物质性。资金以资产为价值载体,资产是企业的生产经营要素,要求资金在各种资产形态中同时存在并合理分布。三是增值性。资金循环与周转的根本目的是价值增值,资本增值是资本所有权对资本使用权的根本要求。四是周转性。资金必须通过运动才能增值,资金的运动过程就是资本价值形态的转换过程,这就要求保持资金形态的依次继起和流动性。五是独立性。价值是资金运动的主体,资金的独立性意味着企业资金运动有一个完整的运动过程,可能会脱离企业物资运动而相对独立存在并运行。

在市场经济条件下,产品依然是使用价值和价值的统一体。企业再生产过程具有两重性,它既是使用价值的生产和交换过程,又是价值的形成和实现过程。在这个过程中,劳动者将生产中消耗掉的生产资料的价值转移到产品中去,并创造出新的价值,通过实物商品的出售,使转移价值和新创造的价值得以实现。一切经过劳动加工创造出来的物质资源都具有一定的价值,它既包括物化劳动耗费的货币表现,又包括活劳动耗费的货币表现。在再生产过程中,物质资源价值的货币表现就是资金,企业在从事生产经营活动的同时,客观上必然存在着资金及其资金运动。

企业的目标就是要创造价值。在价值创造过程中,存在着两种不同性质的资金运动:一种是以实物商品为对象的实物商品资金运动。在企业的商品资金运动过程中,现金资产转化为非现金资产,非现金资产转化为现金资产,这种周而复始的流转过程无始无终、不断循环,形成实物商品的资金运动;另一种是以金融商品为对象的金融商品运动。金融商品可狭义地理解为各种能在金融市场反复买卖,并有市场价格的有价证券。企业买卖金融商品的过程是不断进行、周而复始的,形成金融商品的资金运动。在企业的实物商品与金融商品的资金运动过程中,必然体现为一种价值运动,这种价值运动称为资金运动。

2. 企业财务管理

财务按照财务活动的不同层面可分为三大领域:一是宏观领域中通过政府财政和金融市场进行的现金资源的配置。现金资源的财政配置属于财政学的范畴,现金资源的市场配置通过金融市场和金融中介来完成。二是中观层面上的现金资源再配置,表现为现金资源的所有者的投资行为,属于投资学的范畴。投资学研究投资目的、投资工具、投资对象、投资策略等问题,投资机构为投资者提供投资分析、投资咨询、投资组合、代理投资等服务。三是微观层面上的企业筹集、配置、运用现金资源开展营利性的经济活动,为企业创造价值并对创造的价值进行合理分配,形成企业的财务管理活动。本书主要探讨微观层面的企业财务管理。

财务管理是基于企业生产经营过程中客观存在的财务活动和财务关系而产生的,它是利用价值形式对企业生产经营过程进行的管理,是企业组织财务活动、处理财务关系的一项综合性的经济管理工作。财务管理工作内容复杂,只要有资金运动,就必然涉及财务管理的范畴。企业财务管理集中于企业如何才能创造并保持价值,以达到既定的经营目标。企业的财务管理人员从资本市场为企业筹集资金,并把这些资金投入企业决定经营的项目中,变成企业的实物资产。通过有效的生产和经营,企业获得净现金流入量,并把其中一部分作为投资回报分配给股东和债权人,而另一部分留给企业用于再投资,同时企业还要完成为国家缴纳税款的义务。资金在金融市场和企业之间的转换和流动正是财务管理所起的作用。在高度不确定的市场环境中,财务管理已成为现代企业经营管理的核心,关系到企业生存和发展。财务管理人员只有把企业的筹资、投资和收益分配等决策做好,企业才能实现资产增值的最大化,才能有较强的生存和发展潜能。否则,企业将陷入财务困境,甚至有破产的风险。

二、企业财务管理体制

企业财务管理体制是规范企业财务行为、协调企业同各方面财务关系,明确企业各财务层级的财务权限、责任和利益的制度。其核心问题是如何配置企业的财务管理权限,企业财务管理体制决定着企业财务管理的运行机制和实施模式。但不同的企业组织形式意味着需要选择不同的企业财务管理体制,决定着企业的财务结构、财务关系、财务风险和所采用的财务管理方式的差异。因此,企业的财务管理必须立足于企业的组织形式。

1. 企业组织形式

企业是一种以盈利为目的的经济实体。它的产生、发展和壮大,无不围绕着获取经济利益;企业又是一系列契约的集合,它受各种契约约束和规范,反映了多种相关者的利益及其均衡;企业也是一个按科层制建立起来的多层级的有序组织,它需要按一定的组织形式和制度加以制衡。典型的企业组织形式有三种:个人独资企业、合伙企业以及公司制企业。

(1)个人独资企业

个人独资企业是有一个自然人投资,财产为投资人个人所有,投资人以其个人财产对企业债务承担无限责任的经营实体。这是最原始、最简单的企业组织，其所有者和经营者合为一体。由单个自然人独自出资、独资经营、独自享受权益、独自承担经营责任的企业，一般规模都很小，其组织结构也十分简单，几乎没有任何内部管理机构。

个人独资企业的优点主要包括：一是创立容易。由于企业主个人对企业的债务承担无限责任，法律对这类企业的管理就比较宽松，设立企业的条件不高，程序简单方便，不需要与他人协商并取得一致，只需要很少的注册资金等。二是维持个人独资企业的固定成本较低。所有者和经营者合为一体，政府对其监管较少，对其规模也没有什么限制，企业经营方式灵活，财务决策迅速，内部协调也比较容易。三是不需缴纳企业所得税。其收益与个人所得合计缴纳个人所得税。如有亏损则从个人所得中予以扣除，法律对其约束较少。

个人独资企业的缺点主要包括：一是所有者必须对企业的生产经营承担全部责任和风险。由于受到企业主数量、人员素质、资金规模的影响，独资企业抵御财务风险和经营风险的能力较弱，业主对其债务要承担无限责任，有时企业的损失会超过业主最初对企业的投资，需要用个人其他财产偿债。二是企业存续期短。企业的存续年限受限于业主的寿命，一旦企业主死亡、丧失民事行为能力或不愿意继续经营，企业的生产经营活动就只能终止。三是难以从外部获得大量的资金用于经营。企业规模小，企业主个人由于财力有限，有时会受到还债能力的限制，筹资较困难，对债权人缺少吸引力，取得贷款的能力也比较差，很难投资或经营一些资金密集、适合于规模生产经营的行业。

多数个人独资企业的规模较小，抵御经济衰退和承担经营损失的能力不强，其平均存续年限较短，容易因个人寿命原因使企业终止。有一部分个人独资企业能够发展壮大，规模扩大后会发现其固有的缺点日益被放大，于是转变为合伙企业或公司制企业。

(2)合伙企业

合伙企业是由各合伙人订立合伙协议，共同出资，合伙经营，共享收益，共担风险，并对合伙债务承担无限连带责任的营利性组织。通常合伙人是由两个或两个以上的自然人构成的，有时也包括法人和其他组织。除业主不止一个外，合伙企业其他方面均类似于独资企业。特别是当合伙企业破产时，一个合伙人无能力偿还自身应分担的债务时，其他合伙人要负连带责任。合伙企业同样不缴纳企业所得税，而将收入分给各合伙人，由他们各自缴纳个人所得税。

合伙企业的优点主要包括：一是所有者和经营者合为一体，有利于提高决策和管理水平。每个合伙人既是合伙企业的所有者，又是合伙企业的经营者，这样就可以发挥每个人的专长，提高合伙企业的决策水平和管理水平。二是企业筹资规模、筹资能力均较独资企业大，承担风险的能力也较强。由于可以由众多的人共同筹措资金，提高了筹资能力，扩大了企业规模，同时也由于各合伙人负责偿还债务，降低了向合伙企业提供贷款机构的风险，有利于合伙企业取得贷款。三是由于承担无限责任，有助于增强合伙人的责任心。由于合伙人对合伙企业的债务承担无限连带责任，因而有利于增强合伙人的责任心，提高合伙企业的信誉。

合伙企业的缺点主要包括：一是合伙企业财务稳定性较差。由于合伙企业以人身相互信任为基础，按法律规定，合伙企业中任何一个合伙人发生变化，如原合伙人丧失民事行为能力、死亡、退出合伙、新合伙人加入等，都将要改变原合伙关系，原有企业就要解体而建立新的合伙企业，故合伙企业的存续期是很不稳定的。二是合伙企业投资风险很大。由于各合伙人需要对企业的债务承担无限连带责任，合伙人承担的经营风险极大，使合伙企业难以发展壮大。三是合伙企业的财务管理机制很难适应快速多变的社会要求。合伙企业由于在重大财务决策问题上必须经过全体合伙人一致同意后才能执行,故其管理机制难以适应环境变化而作出快速反应。

法律规定合伙企业的每个合伙人对企业债务须承担无限连带责任。每一个合伙人都有可能因偿还企业债务而失去其原始投资以外的个人财产。如果一个合伙人没有能力偿还其应分担的债务,其他合伙人须承担连带责任,即有责任替其偿还债务。法律还规定合伙人转让其所有权时需要取得其他合伙人的同意,有时甚至还需要修改合伙协议。因此,其所有权的转让比较困难。

(3)公司制企业

公司制企业是由若干个投资者出资,依法设立、独立运作的法人组织。其所有者一旦投资,资金即与其分离,而由企业的经营者统一经营管理。公司制企业可以分为无限责任公司、有限责任公司、两合公司、股份有限公司等。任何依据公司法登记的机构都被称为公司。各国的公司法差异较大,公司的具体形式并不完全相同,但它们的共同特点均是经政府注册的营利性法人组织,并且独立于所有者和经营者之外,是具有法人资格的独立经济组织。

公司制企业的主要特点包括:一是独立的法人实体。公司一经宣告成立,法律即赋予其独立的法人地位,具有法人资格,能够以公司的名义从事经营活动,享有权利,承担义务,从而使公司在市场上成为竞争的主体。二是具有无限的存续期。股东投入的资本长期归公司支配,股东无权从公司中抽回投资,只能通过转让其拥有的股份收回投资,这种资本的长期稳定性决定了公司只要不解散或破产,就能够对于股东而持续、无限期地存在下去,有利于企业实现战略管理。三是股东承担有限责任。公司一旦出现债务责任,股东将以其出资额为限对公司的债务承担有限责任,这就为股东分散了投资风险,从而有利于吸引社会潜在的资金,扩大企业规模。四是所有权和经营权分离。公司的所有权属于全体股东,经营权委托专业的经营者负责管理,管理的专门化有利于提高公司的经营能力。筹资渠道多元化。股份有限公司可以通过资本市场发行股票或发行债券募集资金,有利于企业的资本扩张和规模扩大。

公司制企业的优点主要包括:一是无限存续。一个公司在最初的所有者和经营者退出后仍然可以存在。二是容易转让所有权。公司的所有者权益被划分为若干股权份额,每个份额可以单独转让,无须经过其他股东同意。三是有限债务责任。公司债务是法人的债务,不是所有者的债务,所有者的债务责任以其出资额为限。

公司制企业的缺点主要包括:一是双重课税。公司作为独立的法人,其利润需要缴纳企业所得税,企业利润分配给股东后,股东还需缴纳个人所得税。二是组建公司的成本高。公司法对于建立公司的要求比建立独资或合伙企业高,并且需要提交一系列法律文件,通常花费的时间较长。公司成立后,政府对其监管比较严格,需要定期提交各种报告。三是存在代理问题。经营者和所有者分开以后,经营者成为代理人,所有者成为委托人,代理人可能为了自身的利益而伤害委托人利益。

公司制企业较之个人独资企业与合伙企业更容易在资本市场上筹集到资金,而有限债务责任和公司的无限存续,降低了投资者的投资风险;所有权的便于转让,又提高了投资人资产的流动性,所以,促使投资人愿意把资金投入到公司制企业。

实践证明上述企业组织形式中,一般认为公司制企业组织形式是最好的选择。主要是基于公司制企业在经营规模、筹资潜能、风险承担、公司治理以及组织机构的设置等方面有着独特的优势，被公认为是一种具有良好管理和治理效能、能够规范经营者合法运作和管理的企业组织形式。本书所称的企业就是指建立了现代企业制度的公司制企业，其相关的理论、理念以及方法对企业也同样适用，所以，书中将“企业”与“公司”两词交替使用。

2. 企业财务管理体系

企业财务管理体制按涉及的范围分为宏观财务管理体制和微观财务管理体制；按权力的集中程度分为集中管理型体制和分散管理型体制；按管理内容分为资金管理、成本管理和利润管理；按企业财务管理的权限和内容分为集权型财务管理体制、分权型财务管理体制和混合型财务管理体制。

（1）集权型财务管理体制

集权型财务管理体制是指企业对各所属单位的所有财务管理决策都进行集中统一，各所属单位没有财务决策权，企业总部财务部门不但参与决策和执行决策，在特定情况下还直接参与各所属单位的执行过程。集权型财务管理体制下企业内部的主要管理权限集中于企业总部，各所属单位主要负责执行企业总部的各项指令，是一种高度集中的财务管理体制。

集权型财务管理体制是将企业的资金、成本和利润及其分配的控制权限高度集中在公司最高管理层，公司的中、下层没有任何决策、支配及控制的权力，只有有限的管理权限。主要优点在于：一是可充分展现企业内部一体化的管理优势。企业内部的各项决策均是由企业总部制定和部署，利用企业的人才、智力、信息资源，努力降低资金成本和风险损失，使决策的统一化、制度化得到有力的保障。二是有利于企业内部资源的合理配置。在整个企业内部优化配置资源，有利于实行内部调拨价格，有利于内部采取合理避税措施及防范汇率风险等。主要缺点在于：集权过度会使各所属单位缺乏主动性、积极性，丧失活力，也可能因为决策程序相对复杂而失去适应市场的弹性，进而丧失市场机会。

（2）分权型财务管理体制

分权型财务管理体制是指企业将财务决策权与管理权完全下放到各所属单位，各所属单位只需对一些决策结果报请企业总部备案即可。分权型财务管理体制下企业内部的管理权限分散于各所属单位，各所属单位在人、财、物、供、产、销等方面有决定权，这是一种完全分权式的财务管理体制。

这种财务管理体制的主要优点在于：一是有利于调动企业内部各级管理者和责任单位的积极性。把企业内部各部门、各单位的资金、成本同其他工作业绩直接挂钩，便于实现责、权、利的统一，充分发挥各基层单位管理人员与财务人员的特质，以促进其快速成长。二是有利于分散企业的经营风险。由于各所属单位负责人有权对影响经营成果的因素进行控制，加之身在基层了解情况，有利于针对本单位存在的问题及时作出有效决策，因地制宜地搞好各项业务。主要缺点在于：对涉及全局的重大决策难以协调。各所属单位大都是从本单位利益出发安排财务活动，缺乏全局观念和整体意识，不利于企业统一处理对外关系和统一研究战略规划。还可能导致企业资金管理分散、资金成本增大、费用失控、利润分配无序。

（3）混合型财务管理体制

混合型财务管理体制又称为集权与分权相结合型财务管理体制，其实质就是集权下的分权，企业对各所属单位在所有重大问题的决策与处理上实行高度集权。各所属单位则对日常经营活动具有较大的自主权。

集权与分权相结合型财务管理体制是以企业发展战略和经营目标为核心,将企业内部重大决策集中于企业总部,而赋予各所属单位自主经营权。其主要特点在于:一是在制度上,企业内部应制定统一的内部管理制度,明确财务权限及收益分配方法,各所属单位应遵照执行,并根据自身的特点加以补充;二是在管理上,利用企业的各项优势,对部分权限集中管理;三是在经营上,充分调动各所属单位的生产经营的积极性。各所属单位围绕企业发展战略和经营目标,在遵守企业统一制度的前提下,可自主制定生产经营的各项决策。为避免配合失误,要明确责任,凡需要有企业总部决定的事项,在规定的时间内,企业总部应明确答复,否则,各所属单位有权自行处置。

基于上述特点,集权与分权相结合的财务管理体制,吸收了集权型与分权型财务管理体制的各自优点,避免了两者的各自缺点,从而具有较大的优越性。

3. 企业财务管理体制的设计原则

一个企业如何选择适应自身需要的财务管理体制,如何在不同的发展阶段更新财务管理模式,在企业管理中占有重要地位。财务管理体制的设定或变更应遵循如下四项原则:

(1)应与现代企业制度的要求相适应

现代企业制度是一种产权制度,它是以产权为依托,对各种经济主体在产权关系中的权利、责任、义务进行合理有效地组织、调节的制度安排,它具有“产权清晰、责任明确、政企分开、管理科学”的特征。

企业内部相互间关系的处理应以产权制度安排为基本依据。企业作为各所属单位的股东,根据产权关系享有作为终极股东的基本权利,特别是对所属单位资产的受益权、管理者的选择权、重大事项的决策权等。但是,企业各所属单位往往不是企业的分支机构或分公司,其经营权是其行使民事责任的基本保障,企业以自己的经营与资产对其盈亏负责。

企业与各所属单位之间的产权关系确认了两个不同主体的存在,这是现代企业制度特别是现代企业产权制度的根本要求。按现代企业制度的要求,企业的财务管理体制必须以产权管理为核心,以财务管理为主线,以财务制度为依据,体现现代企业制度特别是现代企业产权制度管理的思想。

(2)明确企业对各所属单位管理中的决策权、执行权与监督权三权分立

现代企业要做到管理科学,必须要求决策与管理程序上做到科学、民主,因此,决策权、执行权与监督权三权分立的制度必不可少。这一管理原则的作用就在于加强决策的科学性与民主性,强化决策执行的刚性和可考核性,强化监管的独立性和公正性,从而形成良性循环。

(3)明确财务综合管理和分层管理思想

现代企业制度要求管理是一种综合性管理、战略管理,因此,企业财务管理不是也不可能是企业总部财务部门单一职能部门的财务管理,当然也不是各所属单位财务部门的财务管理,它是一种战略管理。这种管理要求:一是从企业整体角度对企业的财务战略进行定位;二是对企业的财务管理行为进行统一规范,做到高层的决策结果能被低层战略经营单位完全执行;三是以制度管理代替个人的行为管理,从而保证企业管理的连续性;四是以现代企业财务分层管理思想指导具体的管理实践。

(4)应与企业组织体制相对应

企业组织体制大体上有 U 型组织、H 型组织和 M 型组织三种形式。U 型组织仅存在于

产品简单、规模较小的企业，实行管理层级的集中控制。H型组织实质上是企业集团的组织形式，子公司具有法人资格，分公司则是相对独立的利润中心。M型组织结构由三个相互关联的层级组成：第一个层级是董事会和经理班子组成的总部，它是企业的最高决策层，主要职能是战略规划和关系协调；第二个层级是由职能和支持、服务部门组成的，其中计划部是公司战略规划和执行部门，财务是由中央控制的，负责整个企业的资金筹措、运作和税务安排；第三个层级是围绕企业的主导或核心业务，互相依存又相互独立的各所属单位，每个所属单位又是一个U型结构。可见，M型结构集权程度较高，突出整体化，具有较强的战略研究、实施功能和内部关系协调能力，是目前国际大型企业管理体制的主流形式。M型的具体形式有事业部、矩阵制、多维结构等。

4. 我国企业财务管理体制的选择

企业财务管理体制的选择既要和企业的组织形式相结合，也要考虑企业的规模、经营特点等因素，而企业的财务特征决定了分权的必然性，但企业的规模效应、风险防范又要求集权，集权和分权各有特点，各有利弊，要根据具体情况确定。对集权与分权的选择、分权程度的把握历来是企业管理的一个难点。

从聚合资源优势，贯彻实施企业发展战略和经营目标的角度，集权型财务管理体制显然是最具有保障力的。但企业意欲采用集权型财务管理体制，除了企业管理高层必须具备高度的素质和能力外，在企业内部还必须有一个能及时、准确地传递信息的网络系统，并通过信息传递过程的严格控制来保障信息的质量，具备上述要求，即为集权型财务管理体制优势的充分发挥提供了可能。但信息传递及过程控制有关成本问题也会随之产生。此外，随着集权程度的提高，集权型财务管理体制的复合优势可能会不断强化，而各所属单位或组织机构的积极性、创造性与应变能力却可能在不断削弱。

分权型财务管理体制实质上是把决策管理权在不同程度上下放到比较接近信息源的各所属单位或组织机构，这样便可以在相当程度上缩短信息传递的时间，减少信息传递过程中的控制问题，从而使信息传递与过程控制等的相关成本得以节约，并能大大提高信息的决策价值与利用效率。但随着权力的分散，就会产生企业管理目标换位问题，这是采用分权型财务管理体制通常无法完全避免的一种成本或代价。

集权型或分权型财务管理体制的选择，本质上体现了企业的管理政策，是企业基于环境约束与发展战略考虑顺势而定的权变性政策。依托环境预期与战略发展规划，要求企业总部必须根据企业的不同类型、发展的不同阶段，以及不同阶段的战略目标取向等因素，对不同财务管理体制及其权利的层次结构作出相应的选择与安排。财务决策权的集中与分散没有固定的模式，同时选择权也不是一成不变的。财务管理体制的集权与分权，需要考虑企业与各所属单位之间的资本关系和业务关系的具体特征，集权与分权的“成本”和“利益”的差异，以及环境、规模和管理者的管理水平。

一般来说，独资、合伙企业，其经营者即为所有者，管理模式无疑都要选择高度集权型财务管理体制；公司制企业要根据企业的规模、经营特点和市场环境，结合企业的组织形式和经营方式，有针对性地选择集权型、分权型和混合型财务管理体制。

典型的公司制企业——股份制有限公司，对财务管理体制的选择应关注以下几个方面：一是强调财务管理独立职能的强化，实行财务、会计机构的分设；二是选择企业管理层级相适应的财务管理体制，正确界定财务管理的分级权限；三是建立、健全内部各层级财务管理制度，使财务管理工作有章可循；四是建立良好的财务调控机制和激励、约束机制，保证财务管理目标的顺利实现。

5. 集权与分权相结合型财务管理体制的内容

实践表明，我国企业一般采用集权与分权相结合型财务管理体制，其核心内容是企业总部应做到制度统一、资金集中、信息集成和人员委派。具体内容是应集中制度制定权，筹资、融资权，投资权，用资、担保权，固定资产购置权，财务机构设置权，收益分配权；分散经营自主权、人员管理权、业务定价权、费用开支审批权。

(1)集中制度制定权

企业总部根据国家法律、法规和《企业会计准则》《企业财务通则》的要求，结合企业自身的实际情况和发展战略、管理需要，制定统一的财务管理制度，在企业范围内统一实行。各所属单位只有制度执行权，而无制度制定和解释权。单个所属单位可以根据自身需要制定实施细则和补充规定。

(2)集中筹资、融资权

资金筹集是企业资金运动的起点，为了使企业内部筹资风险最小，筹资成本最低，应由企业总部统一筹集资金，各所属单位有偿使用。如需银行贷款，可由企业总部办理贷款总额，各所属单位分别办理贷款手续，按规定自行付息；如需发行短期商业票据，企业总部应充分考虑企业资金占用情况，并注意到期日存足款项，不要因为票据到期不能兑现而影响企业信誉；如需利用海外兵团筹集时，应统一由企业总部根据国家现行政策办理相关手续，并严格审核贷款合同条款，注意汇率及利率变动因素，防止出现损失。企业总部对各所属单位追踪审查现金使用情况，具体做法是各所属单位按规定时间向企业总部上报“现金流量表”，动态地描述各所属单位现金增减状况和分析各所属单位资金存量是否合理。如有部分所属单位资金存量过多、运用不畅，而其他所属单位又急需资金时，企业总部可调动资金，并应支付利息。企业内部应严禁各所属单位之间放贷，如需临时拆借资金，超出规定金额，应报企业总部批准。

(3)集中投资权

企业对外投资必须遵守的原则为效益性、分散风险性、安全性、整体性及合理性。无论企业总部还是各所属单位的对外投资都必须经过立项、可行性研究、论证、决策的过程，其间除专业人员外，必须有财务人员参加。财务人员应会同有关专业人员，通过仔细调查了解，开展可行性分析，预测今后若干年内市场变化趋势及可能发生风险的概率、投资该项目的建设期、投资回收期、投资回报率等，写出财务报告，报送领导参考。

为了保证投资效益实现，分散及减少投资风险，企业内对外投资可实行限额管理，超过限额的投资其决策权属于企业总部。被投资项目一经批准确立，财务部门应协助有关部门对项目进行跟踪管理，发现与可行性报告有偏差，应及时报有关部门予以纠正。对投资效益不能达到预期目的的项目应及时清理解决，并应追究有关人员的责任。同时应完善投资管理，企业可根据自身特点建立一套具有可操作性的财务考核指标体系，规避财务风险。

(4)集中用资、担保权

企业总部应加强资金使用安全性的管理，对大额资金拨付要严格监督，建立审批手续，并严格执行。各所属单位财务状况的好坏关系到企业所投资本的保值和增值问题，同时各所属单位因资金受阻导致获利能力下降，会降低企业的投资回报率。因此，各所属单位用于经营项目的资金，要按照经营规划范围使用，用于资本项目上的资金支付，应履行企业规定的报批手续。

企业内部对外担保权应归企业总部管理，未经批准，各所属单位不得为外单位提供担保，企业内部各所属单位相互担保应经企业总部同意。企业总部为各所属单位提供担保应制订相应的审批程序，可由各所属单位与银行签订贷款协议，企业总部为各所属单位做贷款担保，同时要求各所属单位向企业总部提供“反担保”，保证资金的使用合理及按时归还，使贷款得到监控。

（5）集中固定资产购置权

各所属单位需要购置固定资产必须说明理由，提出申请报企业总部审批，经批准后方可购置。各所属单位资金不得自行用于资本性支出。

（6）集中财务机构设置权

各所属单位财务机构设置必须报企业总部批准，财务人员由企业总部统一招聘，财务负责人或财务主管人员由企业总部统一委派。

（7）集中收益分配权

企业内部应统一收益分配制度，各所属单位应客观、真实、及时地反映其财务状况及经营成果。各所属单位收益的分配，属于法律、法规明确规定的按规定分配，剩余部分由企业总部本着长远利益与现实利益相结合的原则，确定分流比例。各所属单位留存的收益原则上可自行分配，但应报企业总部备案。

（8）分散经营自主权

各所属单位负责人主持本企业的生产经营管理工作，组织实施年度经营管理工作，组织实施年度经营计划，决定生产和销售，研究和考虑市场周围的环境，了解和注意同行业的经营情况和战略措施，按所规定时间向企业总部回报生产管理工作情况。对突发的重大事件，要及时向企业总部汇报。

（9）分散人员管理权

各所属单位负责人有权任免下属管理人员，有权决定员工的聘用与辞退，企业总部原则上不应干预，但其财务主管人员的任免应报经企业总部批准或由企业总部统一委派。一般财务人员必须获得“上岗证”，才能从事财会工作。

（10）分散业务定价权

各所属单位所经营的业务均不相同，因此，业务的定价应有各所属单位经营部门自行拟定，但必须遵守的加速资金周转，保证经营质量，提高经济效益的原则。

（11）分散业务开支审批权

各所属单位在经营中必然要发生各种费用，企业总部没必要进行集中管理，各所属单位在遵循财务制度的前提下，由其负责人批准各种合理的用于企业经营管理的费用开支。

三、企业财务管理目标

目标就是导向和标准。任何一种组织的存在都有其目的性，企业依法从事生产经营活动，必然有自身的经营目标和发展方向，企业的目标就是创造价值。企业财务管理的目标就是为企业创造价值服务，即在特定的理财环境中，通过组织财务活动，处理财务关系所要达到的目的。企业财务管理目标是评价企业理财活动是否合理有效的基本标准，是企业财务管理工作的行为导向，是财务人员工作实践的出发点和归宿。

从根本上说，财务管理的目标取决于企业的目标，所以财务管理的目标和企业的目标是一致的。企业的目标可概括为生存、发展和获利。不同的企业目标对企业财务管理的要求也不同。生存目标对企业财务管理的要求是，力求保持以收抵支和偿还到期债务的能力，减少破产的风险，使企业能够长期、稳定地生存下去；发展目标对企业财务管理的要求是，筹集企业发展所需要的资金；获利目标对企业财务管理的要求是，对企业正常经营产生的和从外部获得的资金进行有效的利用。随着财务经济学的发展和企业管理实践的变革，企业财务管理的目标也在不断演化，经历了从利润最大化、每股盈余最大化、股东财富最大化到企业价值最大化的演变过程。近年来，理论界又提出了相关利益者最大化的观点。

1. 利润最大化

利润最大化的观点认为：利润代表企业新创造的财富，利润越多则企业财富增加越多，越接近企业的目标。利润最大化曾被认为是企业财务管理的正确目标。企业追求利润最大化，就必须不断加强管理、降低成本、提高劳动生产效率、提高资源利用率。

利润最大化目标的主要优点：一是反映了企业的本质的动机，为企业的经营管理提供动力。企业是以盈利为目的的经济组织，利润最大化符合企业管理的根本要求，是满足业主投资收益的基本来源，也是企业资本积累的基本来源。二是可以直接反映企业创造剩余产品的多少。从一定程度上反映出企业经济效益的高低和对社会的贡献大小。三是简单、直观，容易理解和计算。经营收入减去经营成本就是利润，能反映当期企业的经营业绩，便于衡量和考核企业绩效，容易被企业管理者和职工所接受。

利润最大化目标的主要缺点：一是利润最大化模糊不清。利润有许多含义，如是会计利润还是经济利润，是短期利润最大化还是长期利润最大化。二是没有考虑货币的时间价值。利润最大化忽略了所获利润的时间差异。三是没有考虑风险因素。利润最大化忽略了不同行业、不同方案之间的风险差异，相同利润在不同行业中的意义也不相同，没有考虑所获利润和所应承担风险的关系，可能导致有关人员不顾风险的大小而去追求更多利润。四是没有考虑所获利润与投入资本之间的关系。利润最大化中的利润是一个绝对数，难以判断资本的利用效果。五是可能导致企业短期财务决策倾向。如果片面强调增加利润，有可能诱使企业产生追求利润的短期行为，而忽略企业的长远发展。

2. 每股盈余最大化

每股盈余又称为每股收益，是税后净利润与普通股股数的比率。所有者或股东是企业的出资者，他们投资的目的是取得投资收益，表现为税后净利与出资额或与股份数（普通股）的比率。每股收益是指归属于普通股股东的净利润与发行在外的普通股股数的比值，它的大小反映了投资者投入资本获得回报的能力。

每股盈余最大化的观点认为：将企业实现的利润与企业所有者投入资本额或股本数进行对比，用每股收益（或权益资本净利率）来概括企业的财务目标。

每股盈余最大化目标的主要优点：一是克服了利润最大化目标不考虑资本投入的缺点，反映了利润与投入资本之间的关系；二是利于与其他不同资本规模企业或同企业不同时期的比较。

每股盈余最大化目标的主要缺点：一是没有考虑资金时间价值；二是没有考虑每股收益的风险因素；三是不能避免企业的短期行为，可能会导致与企业的战略目标相背离。

3. 股东财富最大化

股东财富最大化又称为股东价值最大化，或企业所有者权益价值最大化。股东财富最大化的观点认为：增加股东财富是财务管理的目标。股东财富不是股东在企业中所拥有的净资产账面数额，而是资本市场上的市场价值，即用股东权益的市场价值来衡量股东财富。

股东财富的增加可以用股东权益的市场价值与股东投入资本的差额来衡量，被称为“权益的市场增加值”。权益的市场增加值是企业为股东创造的价值。

在股份制经济条件下，股东财富可以利用股票市场价值总额来代表。股东的财富由其所拥有的股票数量和股票市场价格两方面来决定，在股票数量既定时，股票财富最大化直接表现为股票价格最大化，当股票价格达到最高点时，股东财富也达到最大。因此，股东财富最大化也称为股票价值最大化。

股东财富最大化目标的主要优点：一是考虑了资金时间价值。股东财富最大化考虑了取得报酬的时间性，区分了不同时期的报酬，应运用货币时间价值的原理计算股东价值。二是考虑了风险因素。市场对股票价值的评价，包含着市场投资主体对该股票未来创造价值的共同努力，反映了未来获取资本所包含的风险。三是考虑了投入与产出间的关系。股票市场价格受预期每股收益的影响，将利润与投入的资金相联系，反映了资本的获利能力，并通过资本市场把这种获利能力与社会资本比较。四是克服了企业在追求利润上的短期行为。由于股票理论价格包含着投资者对未来获利的预期，在股东财富最大化目标下，不仅目前的利润会影响股东财富，未来盈利能力也会对股东财富产生巨大的影响。

股东财富最大化目标的主要缺点：一是没有考虑债权人的利益。该目标过度强调了股东的利益，而对企业其他利益关系人的重视不够，管理人员利用财务杠杆来增加股东财富，可能会出现过度举债的情况，这必然会增加企业财务风险，甚至导致破产。二是非上市公司很难有比较公允、客观的股票市场价格。该目标只适合上市公司利用股票价格来衡量股东财富，可能会使得管理人员更多地关注股市而不是企业自身的经营。三是不可控因素引入理财目标是不合理的。股票价格受多种因素影响，不仅包括公司的业绩，还包括外部社会政治、经济和环境等因素，这些并非是公司所能控制的。

4. 企业价值最大化

企业价值是指企业全部资产的市场价值，即公司资产未来预期现金流量的现值。企业价值不同于利润，它不仅包括企业新创造的价值，还包括企业潜在的预期的获利能力。企业价值最大化又称为公司价值最大化，是股东财富最大化的进一步演化。企业价值最大化的观点要求：企业通过合理的经营采用最优的财务政策，充分考虑资金的时间价值和风险与报酬的关系，在保证企业长期稳定发展的基础上不断增加企业财富，使企业总价值达到最大。

企业价值最大化与股东财富最大化基本是类似的：它们都反映了投资者对企业的未来预期；它们都以资产价值作为判断企业价值的依据；它们都以资产的市场价值而不是账面价值作为判断标准；它们都面临着缺乏公平、合理、有效的资本市场和资产产权评估市场，使企业资产的市场价值难以获得。两者不同的是：股东财富最大化考虑的是企业净资产的市场价值，只考虑股东的利益；企业价值最大化考虑的是企业总资产的市场价值，兼顾了股东和债权人的利益。在一定条件下，债权人与股东之间没有利益冲突时，企业价值最大化目标的模式的性质和特征与股东财富最大化基本上是相同的，一般将企业价值最大化与股东财富最大化的理财目标等同起来。企业价值最大化目标与利润有密切的关系：同时综合了利润、货币时间价值、风险、债务比例、利率、税率以及时间跨度等多种因素来衡量企业的价值，反映了企业整体和长期的发展。

企业价值最大化目标的主要优点：一是考虑了取得报酬的时间，并用时间价值原理进行了计量；二是充分考虑了风险和报酬的联系；三是能克服企业追求利润上的短期行为。

不仅目前的利润会影响企业的价值,而且预期未来的利润对企业价值的影响所起的作用更大;四是有利于社会资源的合理配置。社会资源都是企业价值最大化的企业流动,有利于实现社会效益的最大化。

企业价值最大化目标的主要缺点:一是股票价格受多种因素影响具有很大的不确定性。对于股票上市的企业,虽然可以通过股票价格的变动揭示企业的价值,但股票价格受多种因素的影响,特别在资本市场效率低下的即期市场,股价不一定能揭示企业的获利能力,只有长期趋势才能较真实地反映企业的价值。二是实际应用比较困难。对于非上市公司来讲,只有对企业进行专门的评估才能真正确定它的价值,而在评估企业的资产时,由于受评估标准和评估方式的影响,企业未来报酬和与企业风险相适应的折现率很难做到客观和准确。

5. 相关者利益最大化

20 世纪 80 年代兴起的相关利益者理论对股东价值最大化的传统观点提出了挑战。相关利益者理论从“企业是一组契约的联结点”的角度出发,认为企业是所有相关利益者之间的一系列多边契约。这些相关利益者主要包括:股东、债权人、员工、企业经营者、客户、供应商和政府等。

股东作为企业的所有者,在企业中承担着最大的权力、义务、风险和报酬,但是其他相关利益者也为企业承担债务风险。例如:随着举债经营的企业越来越多,举债比例和规模也不断扩大,使得债权人的风险大大增加;在社会分工细化的今天,由于简单劳动越来越少,复杂劳动越来越多,使得职工的再就业风险不断增加;在现代企业制度下企业经理人受所有者委托,作为代理人管理和经营企业,在激烈的市场竞争和复杂多变的形势下,代理人所承担的责任越来越大,风险也随之加大;随着市场竞争和经济全球化的影响,企业与客户以及企业与供应商之间不再是简单的买卖关系,更多的情况下是长期的伙伴关系,处于一条供应链上,并共同参与同其他供应链的竞争,因而也与企业共同承担一部分风险;政府不管是作为出资人,还是作为监管机构,都与企业各方的利益密切相关。相关利益者理论认为,企业应该以所有相关利益者的利益最大化为目标。企业的管理者是对企业的全部相关利益者而不是个别成员负有责任,管理者是一个组织而不只是股东的代言人。因此,在确定企业财务管理目标时,不能忽视这些相关利益群体的利益。

相关者利益最大化目标的具体内容包括:一是强调风险与报酬的均衡,将风险限制在企业可以承受的范围内;二是强调股东的首要地位,并强调企业与股东之间的协调关系;三是强调对代理人即企业经营者的监督和控制,建立有效的激励机制以便企业战略目标的顺利实施;四是关心本企业普通职工的利益,创造优美和谐的工作环境和提供合理恰当的福利待遇,培养职工长期努力为企业工作;五是不断加强与债权人的关系,培养可靠的资金供应者;六是关心客户的长期利益,以便保持销售收入的长期稳定增长;七是加强与供应商的协作,共同面对市场竞争,并注重企业形象的宣传,遵守承诺,讲究信誉;八是保持与政府部门的良好关系。

相关者利益最大化目标的主要优点:一是有利于企业长期稳定发展。这一目标注重企业在发展过程中考虑并满足各利益相关者的利益关系。在追求长期稳定发展的过程中,站在企业的角度上进行投资研究,避免只站在股东的角度进行投资可能导致的一系列问题。二是体现了合作共赢的价值理念,有利于实现企业经济效益和社会效益的统一。由于兼顾了企业、股东、政府、客户等利益,企业就不仅仅是一个单纯谋利的组织,还承担了一定的社会责任。企业在寻求其自身的发展和利益最大化过程中,由于客户及其他利益相关者的利益就会依法经营,依法管理,正确处理好各种财务关系,自觉维护和确实保障国家、集体和社会公众的合法权益。三是较好地兼顾了各利益主体的利益。这一目标本身是一个多元化、多层次的目标体系,这一目标可使企业各利益主体相互作用、相互协调,并在使企业利益、股东的利益达到最大化的同时,也使其他利益相关者利益达到最大化。四是体现了前瞻性和现实性的统一。企业作为利益相关者之一,有其一套评价指标,如未来企业报酬贴现率、股东的评价指标可以使用股票市价,债权人可以寻求风险小、利息最大,工人可以确保工资福利,政府可以考虑社会效益等。不同的利益相关者有各自的指标,只要合理合法、互利互惠、相互协调,就可以实现所有相关者利益最大化。

相关者利益最大化目标的主要缺点:一是采用多重价值最大化目标无法给企业管理者提供一个明确的目标函数,可能导致管理的混乱和无效率;二是即使认可相关利益者的利益,也难以在多重相关利益者的利益之间,有时甚至是相互冲突的利益之间进行选择;三是相关者利益最大化目标不能对管理者进行根本性的评价,反而会让管理者无法尽到他们对社会所应承担的责任。

第二节　企业财务管理的内容

企业资金运动是企业生产经营过程的价值方面,它以价值的形式综合地反映企业的生产经营过程,企业的资金运动,构成企业经济活动的一个独立方面,具有自己的运动规律,这就是企业的财务活动。资本价值垫支及其增值活动是财务活动的内涵,资金运动的环节和过程则构成了财务活动的具体内容,主要包括:筹资活动、投资活动、资金营运活动和分配活动。

财务管理内容是财务管理对象的具体化。财务管理对象是企业在生产经营过程中的资金运动。财务管理是企业管理的核心,而资金管理又是财务管理的核心。财务管理区别于其他管理活动的特点在于,它是一种价值管理活动。所以,财务管理主要是资金管理,是有关资金的融通、投放和分配的管理工作。财务管理的对象是资金及其流转。从财务的观点来看,成本和费用是资金的耗费,收入和利润是资金的来源。财务管理主要是在这种意义上研究成本和收入,而不同于一般意义上的成本管理和销售管理,也不同于计量收入、成本和利润的会计工作。财务管理的内容是企业资金活动所表现出来的各个具体的方面。按照资金的属性和运动规律,财务管理包括四项内容:筹资管理和投资管理,解决企业生产经营所需要的资金从哪里来,所筹集的资金用到哪里去这两个基本问题;营运资金的管理和利润分配的管理,解决企业日常生产经营资金的使用和经营收益如何进行分配等问题。

一、财务活动的管理

1. 筹资活动的管理

筹资活动是指企业资金的筹措活动。取得资金,才能运用资金,进而开展各项生产经营活动。筹资活动又可以称为融资活动,是企业从各种渠道采用不同方式取得资金的行为和过程。企业资金主要来自于企业外部的资金所有者,包括:个人、其他企事业单位、银行等。随着企业生产经营的持续,企业前期利润留存积累也是资金的主要来源。这些资金来源进入企业后便构成了企业的债务资本和权益资本。企业从各种渠道筹集的资金,一般是货币资金,也可以是实物资产,或者是无形资产。以实物资产和无形资产形式进入企业的资金,需要通过资产评估确定其相应的货币资金。不论是何种资产形态的资金,都构成了企业生产经营的必要条件。

企业进行生产经营活动,首先面临的重要问题是资金的筹集。企业设立必须有法定的资本金;企业经营必须有足够的流动资金。筹资是企业为满足投资或用资的需要,筹措和集中所需要资金的过程。企业从各种渠道以各种形式筹集资金是资金运动的起点,筹资管理是企业财务管理的首要环节,贯穿于企业发展的始终。在这一过程中,一方面要确定筹资总体规模,另一方面要确定合理的资本结构。

企业面对不同的资金来源渠道可以采取不同的筹资方式进行筹资。筹资的过程实际上是一个筹资的决策过程。在企业资本需要量总额一定的情况下,企业既可以从所有者那里筹集主权资本,也可以从债权人那里筹集债务资金;企业资金既可以从外部筹集,也可以通过企业内部留利筹集;从外部筹集资金,既可以在公开的资本市场上筹集资金,也可以通过银行等金融机构筹集资金。这就需要企业在不同的筹资方式之间进行权衡。企业在筹集资金时,还存在确定长短期资金比例、主权资本和负债资本的比例问题等,这些都是需要企业进行筹资决策的问题。企业进行筹资管理应遵循的基本原则是:尽可能扩大筹资渠道,选择最有利的筹资方式,在满足企业资金需要量的情况下,尽可能降低成本,减少企业的风险。

筹资管理应该做好以下三方面的工作:一是必须注重资本结构的合理安排,以保证企业财务既有稳定性又有灵活性;二是必须注重成本的控制,因为任何资金的提供者都要求获得报酬,同时还会存在差异,所以企业必须进行比较与选择;三是密切注意投资和生产经营的资金需求,做到适时和适量。

2. 投资活动的管理

投资活动是指企业资金的运用活动。企业从各种渠道筹集来的资金,或者投放于具体的资产项目上,才能形成企业的生产经营要素。这些资产项目,大至兴建工厂等整个企业,小至购置个别零件,凡是资金运用的活动,都可以成为广义的投资活动。投资过程是企业生产经营要素的形成和配置过程。投资是通过购买、建造等方式完成的,这些投资形成各项资产,包括流动资产、固定资产、无形资产和递延资产。企业运用资金购置各项生产经营要素,是一种直接投资活动,直接投资是把资金直接投放于经营性资产,获取经营利润的投资方式。除此以外,企业还可以进行间接投资,间接投资是把资金投放于金融性资产,包括债券投资、股票投资等证券投资和对其他单位的投资,获取股利或利息等投资收益的投资方式。

企业取得资金后,必须将资金投入使用,以谋求最大的经济效益。投资是将资金投放于一定的对象,以期取得未来收益的行为。投资管理是企业财务管理的又一重要环节,投资决策的成败对企业经营成败具有根本性的影响。企业的效益来自于投资,在激烈的市场竞争中,企业投资生产经营什么才能追求财富最大化是财务管理的核心问题。企业的投资活动形成企业的各种资产,这些资产在企业经营活动中发挥重要作用,从而为企业赚取利润。投资方案的正确与否,直接影响企业未来的收益。正确的投资决策,可以赚取高额的投资回报;错误的投资决策可能给企业造成损失,严重时还会导致企业经营失败。所以,投资决策构成企业财务管理的又一重要的内容。

企业投资既有短期投资又有长期投资;既有对内投资又有对外投资;既有直接投资又

有间接投资;既有独立性投资又有相关性投资。企业投资的方式多种多样,投资的渠道错综复杂,如何进行投资和进行怎样的投资组合是企业所面临的关键问题。衡量企业投资方案优劣的一个重要指标是投资项目未来所能带来的现金流量。投资额相同的不同方案,未来现金流量的折现值越大,投资方案越优。企业在进行投资决策时,必须选择正确的投资方向,比较不同投资方案的未来现金流量,权衡各个投资方案的风险和报酬,在同等情况下,尽可能选择投资报酬率最大的投资方案,以提高企业总体的投资报酬率。

投资管理的基本内容是投资决策分析。投资管理应做好以下三个方面的基本工作:一是进行投资方向的选择,不同的投资方向选择意味着不同的企业发展方向和路径,投资方向的选择是一个具有战略意义的问题;二是在进行具体的投资决策分析中,既要谨慎考虑现金流量,又要充分估计投资风险问题,以确定恰当的投资规模,选择合理的投资结构,以最低的风险获得最大的投资收益;三是在投资项目形成之后,还应注意加强跟踪管理,以确保投资项目的实施取得预期效果。

3. 营运资金的管理

资金营运活动是指因企业日常经营而引起的财务活动。在资金营运活动中,企业需要采购材料或商品物资,提供劳务,从事生产或销售活动,并支付工资和其他费用。当企业把产品或商品售出后,取得收入,收回资金。企业在日常生产经营活动中,会发生一系列的资金收付行为,如果资金不能满足企业经营需要,还要利用商业信用方式来融通资金。在一定时期内,营运资金周转速度越快,资金的利用效率就越高,企业就可能生产出更多的产品,取得更多的收入,获得更多的利润。

企业的营运资金主要是为满足企业日常经营活动所需要的资金,由流动资产和流动负债构成。营运资金管理的基本任务是短期资金的筹措和短期资金周转效率的提高。营运资金管理的基本目标是通过有效地进行资金的日常调度和调节,合理地配置资金,以提高资金使用效率,增强短期资金的流动性。

一般情况下,在保证企业正常经营需要的前提下,应尽可能地去寻求降低在各种流动资产上的资金占用量,通过短期融资、负债经营,充分利用金融杠杆原理合理运筹,调剂资金余缺,满足生产经营需求。流动资产随着企业经营活动的进行不断地周转,其周转速度的快慢直接影响企业的经营收益,企业必须加速流动资产的周转,以提高流动资产的使用效率。

营运资金管理的主要内容有三个方面:一是合理安排流动资金与流动负债的比例关系,确保企业具有较强的短期偿债能力;二是加强流动资产的管理,提高流动资产的周转效率,以改善企业财务状况;三是优化流动资产以及流动负债的内部结构,促使企业短期资金周转得以顺利进行,保证企业短期信用能力得以维持。

4. 利润分配的管理

资金分配活动是指对货币资金收入的扣转过程。当企业资金经过一次循环还原到原始货币形态后,需要将所收回的货币资金与原垫支的货币资金进行数量上的比较,才能确定本次资金运动循环后所得到的资金增值数额。然后,将这些资金价值增值额分配出去,或以利息、股利形式交付给资金所有者,或以利润留存形式留在企业中,作为下次资金运动扩大再投资的积累。企业资金收入的分配是一个多层次的分配活动。当企业取得货币资金收入后,首先要弥补生产经营过程中的资金耗费。耗费活动实际上已经决定了本次资金运动的价值结转数额,构成了资金收入的初次分配。然后,货币资金收入用于缴纳各项流转税、支付债权人的利息费用，构成资金收入的二次分配。经过两次分配后的余额，构成了企业的利润总额。利润总额需要缴纳所得税，构成资金收入的再分配。税后净利用于提取盈余公积金、支付投资者的股利、以未分配利润的形式留存企业，构成资金收入的最终分配。

企业通过投资或资金营运活动取得收入。投资成果表现为取得的所有收入扣除各种成本费用后的利润，利润是企业最终的经营成果。企业取得利润在按规定的税率向国家缴纳所得税后形成企业的税后利润。税后利润是企业所有者的权益，对税后利润的分配是企业财务管理的又一项重要内容。税后利润主要是在所有者和企业之间进行分配，所有者分配的利润是所有者投资的现实回报，也是所有者进行投资的主要目的；企业留用利润也是所有者的权益，实质上是所有者对企业的再投资，未来的收益仍属于企业的所有者。不同的所有者出于投资目的的不同，对待分配的利润和企业留用利润的态度也不相同，既有希望得到现实的投资回报，又有希望将利润留在企业以期获得更大的投资回报等，这直接影响到企业的利润拟分配决策。而企业留用利润实际上又是企业的内部筹资活动，对利润分配的管理又直接影响到企业的筹资决策。

利润分配管理主要是研究企业实现的税后利润如何进行分配，即多少用于发放给投资者，多少用于企业留存。利润分配的关键是如何在投资者的近期利益和长远利益中进行权衡。股利发放过少会使投资者的近期利益得不到满足，而发放过多，又会使得企业留存过少，不利于企业的长期发展。

利润分配管理主要解决四个问题：一是投资者对利润分配的要求；二是企业发展对保留盈余的要求；三是影响利润分配政策的各种因素；四是利润分配政策的选择和连续性。

总之财务管理的四个方面，相互依存、相互制约、有机地联系在一起，但又各成体系，形成财务管理的基本内容。财务管理人员必须将这四个方面进行综合分析、考量，统筹安排，合理规划，才能取得应有的理财效果。

二、企业财务关系的管理

1. 企业的利益相关者及关系

广义的利益相关者包括一切与企业决策有利益关系的人，包括：资本市场利益相关者，主要有股东和债权人；产品市场利益相关者，主要有主要顾客、供应商、所在社区和工会组织；企业内部利益相关者，主要有经营者和其他员工。狭义的利益相关者是指除股东、债权人和经营者之外的对企业现金流量有潜在索偿权的人。本书仅指狭义的利益相关者。

公司的利益相关者可以分为两种：一种是合同利益相关者，包括主要客户、供应商和员工，他们和企业之间存在法律关系，受到合同的约束；另一种是非合同利益相关者，包括一般消费者、社区居民以及其他预期也有间接利益关系的群体。

股东与合同利益相关者之间既有共同利益，也有利益冲突。股东可能为自己的利益伤害合同利益相关者，合同利益相关者也可能伤害股东利益。因此，要通过立法调节他们之间的关系，保障双方的合法权益。一般说来，企业只要遵守合同就可以基本满足合同利益相关者的要求，在此基础上股东追求自身利益最大化也会有利于合同利益相关者。当然，仅有法律是不够的，还需要道德规范的约束，以缓和双方的矛盾。

对于非股东利益相关者，法律关注较少，享受到的法律保护低于合同利益相关者。公司的社会责任政策，对非合同利益相关者影响很大。

在企业的财务活动中，必须要处理好与各个方面利益相关者之间的财务关系，只有这样才能保证财务活动正常进行和稳步发展。企业与各利益相关者之间的关系具体可概括为以下几个方面。

(1)企业与投资者之间的财务关系

企业的投资者按照投资主体的不同，可分为国家、法人、个人、外商和民间组织等。投资者向企业投入资金，继而成为企业的资产所有者，可以参与企业剩余价值的分配，同时也必须承担一定的经营风险。企业获得资金后成为受资者，可以运用所得资金运营和管理企业，并对投资者承担资本的保值和增值责任。在企业实现利润后，企业应按照投资者的出资比例或者合同、章程等的规定，向投资者分配利润。企业与投资者之间的财务关系带有资产的所有权性质，体现了经营权和所有权的关系。

(2)企业与债权人之间的财务关系

企业在经营过程中，由于经营策略的需要和资金短缺的原因，除利用投资者投入的资本，还需要借入一定数量的资金。企业的债权人主要包括：债券持有人、贷款机构、商业信用提供者、其他出借资金给企业的单位和个人。企业的债权人与企业的投资者的地位不同，债权人主要按照预约期限收回贷款本金和借款利息，在企业破产清算时，具有与其地位相对应的优先求偿权。而企业在获得债务性资金后，必须按照约定的利率及时间向债权人支付利息，在债务到期时及时偿还本金。这样两者之间的财务关系就带有权利和义务性质，是建立在契约基础之上的债权与债务关系。

(3)企业与受资者之间的财务关系

企业在对外投资过程中，很有可能会形成企业与受资者之间的财务关系，这主要是指企业以股票或直接投资的形式向其他企业投资所形成的经济利益关系。此外，企业作为其他企业的投资者，也必须按照投资合同、协议、章程等的规定履行出资义务，在成为该企业的资产所有者后，承担企业经营中的一部分风险。当受资企业获得利润后，按照出资比例或者合同等向投资企业分配利润。因此，企业与受资者之间也体现了所有权性质的投资与受资关系，同时也是一种共同承担风险并共同享受剩余收益的关系。

(4)企业与债务人之间的财务关系

企业在对外投资活动中，还可能会形成企业与债务人之间的财务关系，这主要是企业将其资金以购买债权、提供贷款或商业信用等形式出借给其他单位所形成的经济利益关系。企业将资金出借后，有权要求债务人按照合同、协议等规定的利率，按约定的日期支付利息，按时归还本金。当债权人破产时，也有权按相应的地位享有优先求偿权。企业与债务人之间的财务关系也体现了一种债权与债务关系。

(5)企业与内部各经济责任主体之间的财务关系

企业内部各经济利益主体以责、权、利相结合原则为基础，各自执行不同的职能，在相互合作过程中构成了一个完整的企业系统。在企业中各种经济责任主体的经济往来需要内部结算，这体现了企业内部分工协作的资金结算关系。只有分清各经济责任主体的经济责任，确认各方责、权、利，制定科学合理的内部岗位责任之后，才能真正落实约束与激励措施。

(6)企业与职工之间的财务关系

企业职工是企业的经营管理者和劳动者，他们以自身提供的体力劳动和脑力劳动作为参与企业收益分配的依据。分析企业与职工的财务关系可以从两个方面进行：一方面，职工是企业的普通劳动者，企业应该按照职工在生产经营中提供的劳动数量和质量，向职工支付工资、奖金,还应该为提高其劳动数量与质量而发放津贴和福利等,这样企业与职工之间的财务关系体现的是各尽所能、按劳分配的关系;另一方面,职工对企业投资,如以购买公司股票的方式、以技术作价出资入股的方式占有公司部分股份时,企业与职工的经济关系是企业与投资者之间的财务关系,体现了以权责为依据的收益分配关系。

(7)企业与国家行政管理部门之间的财务关系

政府为企业的生产经营活动提供良好的公共设施条件,创造了公平竞争的市场环境。企业应该遵守国家行政管理部门的规章制度,特别是应该按照税法的规定,向国家税务机关及时并足额缴纳各种税款,这是企业对社会应尽的义务。因此,企业与国家行政管理部门之间的财务关系反映了权利与义务关系。

2. 企业与利益相关者之间关系的协调

在所有财务关系中,所有者、经营者、债权人三者之间的经济利益关系是最重要的财务关系,在所有的利益冲突协调中,所有者与经营者、所有者与债权人的利益冲突协调又至关重要,构成了企业最重要的利益管理主体。

(1)所有者与经营者利益冲突的协调

所有者是企业终极的、永久的出资者,所有者期待经营者实现他们的利益,追求的目标是通过企业的经营,使他们的资本保值增值,最大限度地提高资本的收益,增加股权价值(上市公司表现为股票价值)。在现代企业中,经营者一般不拥有占支配地位的股权,他们只是所有者的代言人,他们考虑的是在什么条件下为所有者工作以及从所有者那里能够取得多少薪酬,在这些前提下才能努力地为所有者创造财富。因此,舒适的工作条件、优厚的报酬、个人声誉和社会地位等职业经理人价值,是他们追求的目标。当所有权与经营权相分离,属于企业外部的股东和属于企业内部的经营者就会发生利益冲突,使得经营者目标与所有者目标不完全一致,导致了经营者可能为了自身的利益而背离所有者的利益。这种背离主要表现在两个方面:一是逆向选择,即经营者的行为直接背离了所有者的利益要求;二是道德风险,即经营者为了自身利益和声望,不会去尽最大努力提升所有者的利益。通常而言,所有者支付给经营者报酬的多少,在于经营者能够为所有者创造多少财富。经营者和所有者的主要冲突,就是经营者希望在创造财富的同时,能够获取更多的报酬、更多的享受,而所有者则希望以较小的代价(支付较少报酬)实现更多的财富。

解决所有者和经营者之间的利益冲突,一般可通过两种方式解决:一是约束。通过内部约束和外部约束的方式,来规范经营者的行为。内部约束主要是通过企业内部一系列管理机制和制度安排,约束经营者的行为,甚至解聘经营者;外部约束是通过市场约束经营者,如果经营者决策失误,经营不利,绩效不佳,该企业就可能被其他企业强行接收或吞并,相应经营者也会被解聘。经营者为了不被解聘、接收,就必须努力实现财务管理目标。二是激励。通过绩效股、股票期权等方式,将经营者的报酬与其绩效直接挂钩,使经营者自觉采取能够提高所有者财富的措施。股票期权是允许经营者以约定的价格购买一定数量的本企业股票,股票的市场价格高于约定价格的部分就是经营者所得的报酬。经营者为了获得更大的股票涨价益处,就必须主动采取能够提高股价的行为,从而增加所有者财富。绩效股是企业运用每股收益、资产收益率等指标来评价经营者绩效,并视其绩效大小给予经营者数量不等的股票作为报酬。如果经营者绩效未能达到规定目标,经营者将丧失原先持有的部分绩效股。这种方式使经营者不仅为了多得绩效股而不断采取措施提高经营绩效,而且为了使每股市价最大化,也会采取各种措施使股票市价稳定上升。从而增加所有者财富。但即使由于客观原因股价并未提高,经营者也会因为获取绩效股而获利。

(2)所有者与债权人利益冲突的协调

所有者和债权人之间的目标显然是不一致的,有时甚至会发生矛盾。主要表现在两个方面:一是债权人的目标是到期能够收回本金,而所有者则希望赚取更高的报酬。所有者可能要求经营者改变举债资金原定的用途,将资金投向风险更高的项目,这会增大偿债风险,债权人的负债价值也必然会降低,造成债权人风险和收益的不对称。因为高风险的项目一旦成功,额外的利润就可能被所有者独享;但若失败,不仅无法收回投资,而且无法保障到期偿债,债权人却要与所有者共同负担由此而造成的损失。二是所有者可能在未征得现有债权人同意的情况下,要求经营者举借新债,因为偿债风险相应增大,从而致使原有债权人的价值降低。

解决所有者和债权人之间的利益冲突,一般可通过两种方式解决:一是限制性借款。债权人通过事先规定借款用途限制、借款担保条款和借款信用条件,使所有者不能通过以上两种方式削弱债权人的债权价值,从而能够完全保护债权人的利益。二是收回借款或停止借款。当债权人发现企业有侵蚀其债权人的债权价值的意图时,采取收回债权或不再给予新的借款的措施,保护债权人自身的权益。

第三节 企业财务管理环节

财务管理环节是企业财务管理的工作步骤与一般工作程序。一般而言,企业财务管理的环节主要有:财务预测、财务决策、财务预算、财务控制、财务分析和财务考核等六个方面。这些管理环节互相配合,紧密联系,形成周而复始的财务管理循环过程,构成完整的财务管理工作体系。

一、预测与决策

1. 财务预测

财务预测是根据企业财务活动的历史资料,考虑现实的要求和条件,对企业未来的财务活动作出较为具体的预计和测算的过程。现代企业财务管理要求必须具备预测这个“望远镜”,以便把握未来,明确方向。

财务预测的内容主要包括:销售预测、资金预测、成本费用预测和利润预测。销售预测是对销售量、销售价格、销售收入作出的预测。资金预测是对资金需要量、现金流量作出的预测。成本费用预测是对销售成本、税金及期间费用等作出的预测。利润预测是对企业利润的形成及利润分配进行的预测。企业在进行财务预测时,应该收集和整理大量的财务资料和其他相关资料,运用科学的方法进行预测。合理的财务预测是科学财务决策的基础和前提保证。

财务预测的作用在于:可以预测各项生产经营方案的经济效益,为决策提供可靠的依据;可以预计财务收支的发展变化情况,以确定经营目标;可以测算各项定额和标准,为编制计划、分解计划指标服务。

财务预测的方法有许多种,常用的有定性预测法和定量预测法。定性预测法主要是利用直观资料,依据个人经验的主观判断和综合分析能力,对事物未来的状况和趋势作出预测的一种方法。主要包括:专家意见法、专家调查法(德尔菲法)和集体判断法。定量预测法是根据变量之间存在的数量关系（如时间关系、因果关系），建立数学模型来进行预测的方法。主要包括：直接预测法、趋势预测法、因果预测法、回归预测法和指数预测法等。

财务预测的程序一般包括四个方面：一是明确预测对象与目的。为了达到预期的效果，必须根据管理决策的需要，明确预测的具体对象和目的，从而确定预测的范围，选用恰当的方法，进而保证预测的质量。二是收集和整理相关信息资料。根据预测的对象和目的，广泛收集有关资料，包括企业内部和外部资料、财务和生产技术资料、计划和统计资料、本年和以前年度资料等，并对资料的可靠性、完整性和典型性作出科学的判断，排除偶发因素的影响，对所收集的资料进行归类、汇总、调整等加工处理，使资料符合预测的需要。三是选定专门预测模型。根据影响预测对象的各个因素之间的相互联系，选择相应的财务预测模型。四是确定财务预测结果。根据选定的预测模型，将其影响预测对象的相关标量代入预测模型，采用恰当的方法，进行定性、定量分析，并对预测的结果进行适当的修正，编写预测报告。

2. 财务决策

财务决策是指按照财务战略目标的总体要求，利用专门的方法对各种备选方案进行比较和分析，从中选出最佳方案的过程。在财务预测基础上所进行的财务决策，是编制财务计划、进行财务控制的基础，财务决策是财务管理的核心，决策的成功与否直接关系到企业的兴衰成败。

财务决策内容按具体对象可分为：筹资决策、投资决策和股利分配决策。筹资决策是确定筹资数额、筹资渠道、筹资方式、资本结构等内容进行选优的决策。投资决策是采用专门的方法评价投资方案，进而确定最优投资方案的过程。股利分配决策是根据企业情况，采用不同的股利分配政策，以适应企业的发展，处理好与股东之间的关系而进行的决策。

财务决策的方法主要有两类：一类是经验判断法。一般要根据决策者的经验来判断选择，常用的方法有淘汰法、排队法、归类法等。另一类是定量分析法。常用的方法有优选对比法、线性规划法、数学微分法、决策树法、损益决策法等。

财务决策的步骤一般包括三个方面：一是确定决策目标。根据企业的经营目标，在调查研究财务状况的基础上，确定财务决策所要解决的问题，如筹资中的发行股票与债券的决策、投资中的设备更新与购置的决策、对外投资种类的决策等，然后搜集企业内外部相关的资料，为决策作好相关准备。二是拟定备选方案。在充分预测未来各有关有利及不利条件的基础上，对各备选方案中决定现金流出、流入的各种因素，要作周密的查定和计算，提出为达到财务决策目标而考虑的各种备选的行动方案，并对各备选方案的可行性进行充分论证。三是评价和选择最佳方案。按一定的评价标准，采用恰当的方法，对各备选方案的优劣或经济价值进行评价，进而确定预期效果最佳的财务决策方案。如涉及重要的财务活动还要聘请专家进行鉴定，以保证方案的切实可行。

二、预算与控制

1. 财务预算

财务预算又称为财务计划，是根据财务管理的总体目标，以确定的财务决策方案为依据，利用价值形式，确定预算期内各种预算指标的过程。财务预算是以财务决策确立的方案和财务预测提供的信息为基础编制的，是财务预测和财务决策的量化、具体化、系统化，反映企业与各方面的财务关系，是企业从事财务活动的纲领性文件，也是财务控制、财务分析、财务考核的依据。

财务预算有广义和狭义之分，狭义的财务预算是反映企业货币收支和财务状况的预算，主要包括：现金预算、预计利润表、预计资产负债表和预计现金流量表等。广义的财务预算是一定时期内企业生产经营活动的全面预算，除上述狭义预算内容外，还包括：销售预算、生产预算、直接材料预算、直接人工预算、制造费用预算、销售费用预算和管理费用预算等。

财务预算的编制方法主要有：固定预算、弹性预算、增量预算、零基预算、定期预算和滚动预算。

财务预算的编制一般包括三个步骤：一是分析财务环境，确定预算目标。按照国家的产业政策和企业决策的要求，根据供需状况和企业生产能力，运用科学方法，分析与所确定的经营目标有关的各种因素，按照总体经济效益的原则，确定各主要计划指标。二是协调财务能力，组织综合平衡。要合理安排人力、物力、财力，制定或修订各项定额指标，使之与企业经营目标的要求相适应。在资金管理方面，要流动资金同固定资金的平衡、资金运用同资金来源的平衡、财务支出同财务收入的平衡，以保证计划指标的落实。三是选择预算方案，编制财务预算。以经营目标为核心，以平均先进定额为基础，确定企业计划期内的各项指标，编制出财务计划表，并检查各项指标之间是否协调平衡。

2. 财务控制

财务控制是利用有关信息和特定手段，对企业的财务活动施加影响或调解，以便实现预算（计划）所规定的财务目标的过程。财务控制是财务管理的基础性和经常性的工作，是实现财务管理目标的基本手段，是企业落实预算任务、执行财务制度、保证预算实现的有效措施。

财务控制内容主要包括：利润控制、成本费用控制和资金调度控制。以利润控制为龙头，关键是成本费用控制，核心是资金调度控制。体现了市场经济对企业财务管理的基本要求，以及企业目标和企业财务管理目标对企业财务管理的内在要求。

财务控制方式按控制权限的不同分为集中控制、分散控制和多级递阶控制。财务控制的方法按控制标准不同分为制度控制、预算控制和定额控制；按次序不同通常有前馈控制、过程控制和反馈控制等，按控制的手段分为定额控制和定率控制。

财务控制一般要经过以下步骤：一是确定控制目标。以财务计划为依据，确定企业总体目标，按照责、权、利相结合的原则，分解总体控制目标。二是制定控制标准。将总体可控目标层层分解到责任单位和个人。三是执行控制标准。在财务运行过程中进行适时控制，符合标准的予以支持，反之加以限制，将财务活动控制在预算范围之内。四是确定执行偏差。及时掌握财务信息系统反馈回来的财务活动实际运行情况，按控制标准及时确定差异的性质及程度。五是消除执行偏差。分析偏差产生的原因及其责任归属，并采取有效措施消除差异，保证财务计划的完成。

三、分析与考核

1. 财务分析

财务分析是根据企业财务报表等信息资料，采用专门方法，系统分析和评价企业财务状况、经营成果以及未来趋势的过程。财务分析既是对已完成的财务活动的总结，也是财务预测的前提，在财务管理循环中起着承上启下的作用，承担着检查财务预算落实情况的职责。财务分析水平的高低是决定财务管理整体水平最为重要的因素之一。

通过财务分析,可以掌握各项财务计划的完成情况,评价财务状况,研究和掌握企业财务活动的规律性,改善财务预测、决策、预算和控制,提高经济效率,改善企业管理水平。

财务分析的形式按时间分有定期分析和不定期分析;按范围大小分有全面分析和专题分析。目前常用的分析方法有:对比分析法、比率分析法、因素分析法和差额分析法等。

财务分析包括以下步骤:一是收集资料,掌握信息。充分收集相关历史资料、计划资料、实际资料、市场调查资料等相关信息,掌握基本情况。二是指标对比,揭露矛盾。通过数量指标的对比来评价业绩,包括实际与计划对比、本期与前期对比、本期与历史最好水平对比、本期与同行业水平对比等,对不利的因素,从中发现问题,找出差距,有利因素发扬光大。三是分析原因,明确责任。影响企业财务活动的因素主要有:生产技术方面的、生产组织方面的、经济管理方面的、思想政治方面的、企业内部的、企业外部的,等等,通过测定产生差距的影响因素与影响程度,依据责、权、利原则,明确责任,抓住关键。四是提出措施,改进工作。依据因素分析的结果,提出明确具体切实可行的改进措施,并要明确责任人和实现的期限,同时对有力的影响因素应继续鼓励,进一步推广落实。

2. 财务考核

财务考核是将报告其实际完成数与规定的考核指标进行对比,确定有关责任单位和个人完成任务的过程。财务考核与奖惩紧密联系,是贯彻责任制原则的要求,也是构建激励与约束机制的关键环节。

财务考核的形式多种多样。可以用绝对指标、相对指标、完成百分比考核,也可以采用多种财务指标进行综合评价考核。

在一定时期终了,企业应对各责任单位的计划执行情况进行评价,考核各项财务指标的执行结果,把财务指标的考核纳入各级岗位责任制,运用激励机制实行奖优罚劣。

第四节　企业财务管理环境

企业财务管理环境又称理财环境,是指对企业财务活动和财务管理产生影响作用的企业内外各种条件的总和。企业的财务活动和财务关系无不是在一定的环境下进行和处理的,必然受到环境的制约和影响,理财环境是企业决策难以改变的外部约束条件,企业财务决策更多的是适应它们的要求和变化,而不是设法改变它们。研究理财环境,有助于增强企业财务对环境的适应能力,确立和实现财务目标,提高财务管理效率。财务管理环境涉及的范围很广,其中对财务活动产生最直接影响的是政治与法律环境、经济环境、技术环境和金融市场环境。

一、政治与法律环境

1. 政治环境

政治环境是指国家在一定时期的各项路线、方针、政策和整个社会的政治观念,主要包括社会安定程度、政府制定的各项政策的稳定性、政府机构的管理水平和办事效率等。在社会环境中,政治环境具有基础性的决定作用,它决定着国家在一定时期内的经济、法律、科技和教育等方面的目标导向和发展水平,直接或间接地约束着企业财务管理工作。

企业投资、筹资、运营和分配等理财活动无不受到国家政治环境的影响,特别是在国际政治斗争中尤为突出，有时甚至可以决定企业的生存与兴衰。和平稳定的政治环境有利于企业中长期财务规划和资金安排。在动荡的政治环境中，企业要着重考虑筹资的风险程度和投资的安全性，更加重视短期的资金安排。我国企业的财务活动必须符合国家的统一发展规划，接受国家的宏观监督和调节，符合国家的产业政策和发展方向，承担必要的社会责任。

2. 法律环境

法律环境是指企业与外部发生经济关系时所应遵守的各种法律、法规和规章制度。市场经济是法治经济，企业的一些经济活动总是在一定法律规范内进行的。法律既约束企业的非法行为，也为企业从事各种合法经济活动提供保护。

国家目前的相关法律法规按照对财务管理内容的影响情况可以分为以下几类：一是影响企业筹资的各种法规。这些法规可以从不同方面规范或制约企业的筹资活动，如公司法、证券法、金融法、证券交易法、合同法等。二是影响企业投资的各种法规。这些法规从不同角度规范企业的投资活动，如证券交易法、公司法、企业财务通则等。三是影响企业收益分配的各种法规。这些法规从不同方面对企业收益分配进行了规范，如税法、公司法、企业财务通则等。

法律环境对企业的影响是多方面的，影响范围包括企业组织形式、公司治理结构、投融资活动、日常经营、收益分配等。《公司法》规定，企业可以采用独自、合伙、公司制等企业组织形式。企业组织形式不同，业主权益责任、企业投融资、收益分配、纳税、信息披露等不同，公司治理结构也不同，上述不同种类的法律，分别从不同方面约束企业的经济行为，对企业财务管理产生影响。

二、经济环境

经济环境是指企业进行财务管理所处的国家宏观经济状况。经济环境对财务管理的影响最为重要，企业财务管理的首要任务就是及时发现宏观经济环境的变动情况，进而进行调整，以适应企业提高经济效益的要求。宏观经济环境主要包括经济体制、经济周期、经济发展水平、宏观经济政策和社会通货膨胀水平等。

1. 经济体制

经济体制是一个国家的基本经济制度，决定了社会经济资源的基本配置方式，因此，经济体制也就是对社会经济资源进行配置而制定并执行决策的各种机制。最为典型的经济体制就是计划经济体制和市场经济体制，从而产生了计划配置和市场配置两种社会经济资源配置方式。

在计划经济体制下，国家统筹企业资本、统一投资、统负盈亏，企业利润统一上缴、亏损全部由国家补贴，企业虽然是一个独立的核算单位但无独立的理财权利。这种经济体制下财务管理的内容比较单一，财务管理的方法比较简单。在市场经济体制下，企业是一个自主经营、自负盈亏的经济实体，有独立的经营权和理财权，企业自身是一个独立的财务主体。企业可以从其自身需要出发，合理确定资本需要量，自主到市场上筹集资本，再把筹集到的资本投放到自主选择的项目上去，所获取的收益由企业根据需要和可能自主分配。在市场经济体制下，企业必须根据自身条件和外部环境作出各种财务决策并组织实施。因此，财务管理活动的内容比较丰富，方法也复杂多样。

2. 经济周期

经济周期是指一个国家的国民经济发展状况的阶段特征和规律。在计划经济体制下，社会经济的发展是由政府根据国民需要和国民生产能力来集中调控的，经济周期不是自发的。而在市场经济体制下，经济的发展过程通常带有一定的波动性，并呈现出一种由繁荣、衰退、萧条、复苏的周期特征。

经济周期从供不应求的卖方市场，到供求一致的均衡市场，以及供过于求的买方市场，都是市场力量的结果。在不同的发展时期，企业的生产经营规模和能力、获利能力以及由此而产生的资本需求都会出现重大差异，企业应采用不同的财务管理战略。西方财务学者探讨了企业在经济周期中的经营理财策略，如表 1－1 所示。

表 1－1　经济周期中的财务管理策略

繁荣	衰退	萧条	复苏
1. 扩充厂房设备	1. 停止扩张	1. 建立投资标准	1. 增加厂房设备
2. 继续建立存货	2. 出售多余设备	2. 保持市场份额	2. 实行长期租赁
3. 提高价格	3. 停产不利产品	3. 缩减管理费用	3. 建立存货
4. 开展营销规划	4. 停止长期采购	4. 放弃次要部门	4. 引入新产品
5. 增加劳动力	5. 削减存货	5. 削减存货	5. 增加劳动力
	6. 停止扩招雇员	6. 裁减雇员	

经济的周期波动对财务管理有着非常重要的影响，企业理财必须时刻把握经济周期的变化，针对不同经济周期的特点及其对企业经营的影响，调整自身的财务决策和财务政策。

3. 经济发展水平

经济发展水平是一个相对概念，按通常的标准把不同的国家分别归于发达国家、发展中国家和不发达国家三大群组，不同的经济发展水平对财务管理的要求也不尽相同。企业财务管理人员必须积极探索与经济发展水平相适应的财务管理模式。

财务管理的发展水平是和经济发展水平密切相关的，经济发展水平越高，财务管理水平也越好。财务管理水平的提高，将推动企业降低成本，改进工艺，提高效益，从而促进经济发展水平的提高；而经济发展水平的提高，将改变企业的财务战略、财务理念、财务管理模式和财务管理的方法手段，从而促进企业财务管理水平的提高。财务管理应当以经济发展水平为基础，以宏观经济发展目标为导向，从业务工作角度保证企业经营目标和经营战略的实现。

4. 宏观经济政策

宏观经济政策是国家进行宏观经济调控的战略性和策略性手段。如国家的经济发展规划、国家的产业政策、经济体制改革的措施、社会保险制度的改革、政府的行政法规等。国家对地区经济、行业经济、经济行为的鼓励优惠、限制调整、有利或不利的倾斜，构成了国家经济政策的主要内容。经济政策的制定必将对企业的筹资、投资和分配等财务活动产生重要的影响，如金融政策中的货币发行量、信贷规模会影响企业的资本结构和投资项目的选择；价格政策会影响决定资本的投向、投资回收期及预期收益；会计制度的改革会影响会计要素的确认和计量，进而对企业财务活动的事前预测、决策及事后的评价产生影响等。

财务管理人员应当及时把握国家的经济政策可能的变化，研究经济政策的调整对财务活动产生的影响。如国家产业政策的调整，可能会限制某些产业的发展规模，也可能会以许多政策倾斜的手段鼓励另一类产业的发展,如果企业及时地领会某项经济政策的变化,就能及时把握住投资机会,取得行业优势,降低经营成本,按政策导向组织财务活动,实施有效的财务管理。

5. 通货膨胀水平

通货膨胀不仅降低了消费者的购买力,也给企业理财带来很大困难。通货膨胀对企业财务活动的影响是多方面的。主要表现在:一是引起资金占用的大量增加,从而增加企业的资金需求;二是引起企业利润虚增,造成企业资金由于利润分配而流失;三是引起利润上升,加大企业的权益资金成本;四是引起有价证券价格下降,增加企业筹资难度;五是引起资金供应紧张,增加企业筹资困难。

为了减轻通货膨胀对企业造成的影响,企业应当采取措施予以防范。在通货膨胀初期,货币面临着贬值的风险,这时企业进行投资可以避免风险,实现资本保值;与客户签订长期的购货合同,以减少物价上涨造成的损失;取得长期负债,保持资本成本的稳定。在通货膨胀持续期,企业可以采用比较严格的信用条件,减少企业债权;调整财务政策,防范和减少企业资本流失等。

三、技术环境

技术环境是指财务管理得以实现的技术手段和技术条件,它决定着企业财务管理的效率和效果。目前,我国进行财务管理所依据的会计信息是通过会计系统所提供的,占企业经济信息总量的60% ~70%。在企业内部,会计信息主要是提供给管理层决策使用,而在企业外部,会计信息则主要是为企业的投资者、债权人等提供服务。

在我国全面推进会计信息化的过程中,要求力争通过5 ~10 年的努力,建立健全会计信息化法规体系和会计信息化标准体系,全力打造会计信息化人才队伍,基本实现大型企事业单位会计信息化与经营管理信息化的融合,进一步提升企事业单位的管理水平和风险防范能力,作到数出一门、资源共享,便于不同信息使用者获取、分析和利用,进行风险和相关决策;基本实现大型会计师事务所采用信息化手段对客户的财务报告和内部控制进行审计,进一步提升社会审计质量和效率;基本实现政府会计管理和会计监督信息化,进一步提升会计管理水平和监督效能。通过全面推进会计信息化工作,必将使企业财务管理的技术环境进一步完善和优化,使我国的会计信息化达到或接近世界先进水平。

四、金融市场环境

1. 金融市场的概述

金融市场和普通商品类似,也是一种交换商品的场所。金融市场主要有三层含义:一是金融市场是金融资产进行交易的有形和无形场所;二是金融市场反映了金融资产的供应者和需求者之间所形成的供求关系;三是金融市场包含了金融资产交易过程中所产生的运行机制。金融市场的构成要素包括资金供应者和资金需求者、金融工具、交易价格、组织方式等。金融市场是理财环境的一部分。通过金融市场可以将想借款的人和机构与拥有多余资金的人和机构联系起来,其交易对象是银行存款单、债券、股票、期货、保险单等证券。与普通商品交易不同,金融交易大多数只是货币资金使用权的转移,而普通商品交易是所有权和使用权的同时转移。对于买方(投资人)来说是一种索取权,是可以产生现金流的资产;对于卖方(筹资人)来说是一种筹资工具,是将来需要支付现金的义务。金融市场为企业融资和投资提供了场所，可以帮助企业实现长短期资金转换，引导资本流向和流量，提高资本利用效率。

2. 金融市场的种类

（1）按照交易对象的期限可分为货币市场与资本市场

货币市场又称为短期金融市场，是交易期限不超过一年的短期金融工具的资金市场，其金融工具期限多为3～6个月，长的可达9个月或1年。该市场提供短期资金融通，主要包括短期存贷款市场、银行同业拆借市场、票据市场、短期债券市场和可转让大额存单市场等。货币市场的主要功能是保持金融资产的流动性，以便随时转换为现实的货币。它满足了借款者的短期资金需求，同时为暂时性闲置资金找到出路。

资本市场又称为长期资本市场，是交易期限在一年以上的长期金融工具的资金市场，其金融工具的期限均在一年以上，多为3～5年，有的在10年以上，甚至无确定期限。该市场主要是为企业和政府提供中长期的资金融通，主要包括长期信贷市场和证券市场，其中证券市场又包括股票市场和债券市场。资本市场的主要功能是进行长期资金的融通。

（2）按照功能不同分为发行市场和流通市场

发行市场又称为一级市场、初级市场，是资金需求者将证券首次出售给公众时形成的市场。它是新证券和票据等金融工具的买卖市场。该市场的主要经营者是投资银行、经纪人和证券自营商（在我国这三种业务统一于证券公司）。它们承担政府、公司新发行的证券以及承购或分销股票。

流通市场又称为二级市场、次级市场，是在证券发行后，各种证券在不同投资者之间买卖流通所形成的市场。该市场的主要经营者是证券商和经纪人。证券的持有者在需要资金时可以在二级市场将证券变现。想要投资的人，也可以进入二级市场购买已经上市的证券，出售证券的人获得货币资金，但该证券的发行公司不会得到新的现金。

（3）按照证券的索偿权不同分为债务市场和股权市场

债务市场交易的对象是债务凭证，如公司债券、抵押票据等。债务凭证是一种契约，借款者承诺按期支付利息和偿还本金。债务工具的期限在一年以下的是短期债务工具，期限在一年以上的是长期债务工具。有时人们还把1～10年的债务工具称为中期债务工具。债务工具持有人的求偿权优先于股票持有人，债权人只能按照约定的利率得到固定收益，风险较小。

股权市场交易的对象是股票。股票是分享一个公司净收入和资产权益的凭证。持有人的权益按照公司总权益的一定份额表示，而没有确定的金额。股票的持有者可以不定期、不定额的收取股利，但没有到期期限，风险较大，其权益的求偿权排在公司最后，股票持有人可以分享公司盈利和资产价值增长。

（4）按照交易程序不同分为场内市场和场外市场

场内交易市场是指各种证券的交易所。证券交易所有固定的场所，固定的交易时间和交易规模。交易所按拍卖市场的程序进行交易。证券持有人拟出售证券时，可以通过电话或网络终端下达指令，该信息输入交易所撮合主机按价格从低到高排序，低价者优先。拟购买证券的投资人，用同样的方法下达指令，按照由高到低排序，高价优先。出价最高的购买者和出价最低的出售者取得一致时成交。证券交易所通过网络形成全国性的证券市场，甚至形成国际化市场。

场外交易市场没有固定场所，由很多拥有证券的交易商分别进行。任何人都可以在交易商的柜台上买卖证券，价格由双方协商形成。这些交易商通过计算机网络联系，掌握各自开出的价格，竞争也很充分，与有组织的交易所并无很大差别。场外市场包括股票、债券、可转让存单、银行承兑汇票、外汇交易市场等。

(5)其他分类

按照融资对象不同分为资本市场、外汇市场和黄金市场。资本市场以货币和资本为交易对象；外汇市场以各种外汇金融工具为交易对象；黄金市场是集中进行黄金买卖和金币兑换的交易市场。

按照所交易金融工具的属性不同分为基础性金融市场和金融衍生品市场。基础性金融市场是指以基础性金融产品为交易对象的金融市场，如商业票据、企业债券、企业股票的交易市场；金融衍生品交易市场是指以金融衍生产品为交易对象的金融市场，如远期、期货、掉期(互换)、期权，以及具有远期、期货、掉期(互换)、期权中一种或多种特征的结构化工具的交易市场。

按照地理范围不同分为国内金融市场和国际金融市场。国内金融市场的活动范围仅限于本国领土之内，交易者为本国的自然人和法人。国际金融市场指国际性的资金借贷、结算、证券、黄金和外汇买卖等所形成的市场。

3. 金融市场的功能

企业的生存和发展与金融市场息息相关。从公司财务管理的角度看，金融市场的功能主要表现在：

(1)资金融通功能

金融市场为企业融资和投资提供了场所，能为资本所有者提供多种投资渠道，为资本需求者提供多种可供选择的筹资方式，使资金从那些没有生产性投资机会的人们手中，转移到那些拥有这些机会的人们手中，从而提高了经济社会的效率，增进了社会的经济福利。与此同时，这种转移使消费者在最需要消费的时候得以购买商品，也使直接消费者受益。

(2)风险分配功能

在金融市场的初级交换过程中，资本使用权的出售者在获得资本使用权购买(生产性投资者)部分收益的同时，也有条件地分担了生产性投资者所面临的部分风险。这样，资本使用权出售者本身也变成了风险投资者，使经济活动中风险承担者的数量大大增加，从而减少了每个投资者所承担的风险。

积聚了大量资金的金融机构可以通过多元化投资分散风险，因此有能力向高风险的公司提供资金。金融机构创造出风险不同的金融工具，可以满足风险偏好不同的资金提供者。因此，金融市场在实现风险分配功能时，金融中介机构是必不可少的。

(3)价格发现功能

金融市场上买方与卖方的相互作用决定了交易资产的价格，也就是金融资产要求的报酬率。公司的筹资能力取决于它是否能够达到金融资产要求的报酬率。如果企业盈利能力达不到要求的报酬率，就筹不到资金。这个竞争形成的价格，引导着资金流向效率高的部门和企业，使其得到发展，而效率差的部门和企业得不到资金，会逐步萎缩甚至退出。竞争的结果，促进了社会稀缺资源的合理配置和有效利用。

金融市场的活跃程度可以反映经济的繁荣和衰退。每一种证券的价格可以反映发行人的经营状况和发展前景。金融市场上的交易规模、价格及其变化的信息可以反映政府货币政策和财政政策的效果。金融市场生成并传播大量的经济和金融信息，可以反映一个国家甚至世界范围的经济发展和变化。

(4)调节经济功能

金融市场为政府实施宏观经济的间接调控提供了条件。政府可以通过实施货币政策对各经济主体的行为加以引导和调节。

政府的货币政策工具主要有三个:公开市场操作、调整贴现率和改变存款准备金率。如经济过热时,中央银行可以在公开市场出售证券,缩小基础货币,减少货币供应;还可以提高商业银行从央行贷款的贴现率,减少贴现贷款数量,减少货币供应;也可以提高商业银行缴存央行的存款准备金率,商业银行为补足应交准备金就需减少放款,导致货币供应收缩。减少货币供应的结果,利率会提高,投资需求下降,就可以达到抑制经济过热的目的。

然而,央行的货币政策的基本目的不止一个,通常包括:高度就业、经济增长、物价稳定、利率稳定、金融市场稳定和外汇市场稳定等。有时这些目的相互冲突,操作时就会进退维谷。如经济上升、失业下降时,往往伴随通货膨胀和利率上升。如果为了防止利率上升,央行购入债券会增加货币供应促使利率下跌,而增大货币供应又会使通货膨胀进一步提升。如果为了防止通货膨胀,放慢货币供应增长,在短期内利率和失业率就可能上升。因此,这种操控是十分复杂的,需要综合考虑其后果,并逐步试探和修正。

(5)节约交易成本

金融市场减少了交易的搜索成本和信息成本。如果没有金融市场,每一个资金提供者寻找适宜的资金需求者,每一个资金需求者寻找适宜的资金供应者,其成本是非常高的。金融市场中的各种中介机构可以为潜在和实际的金融交易双方创造条件,沟通买卖双方的信息往来,从而使潜在的金融交易变为现实。完善的金融市场提供了广泛的信息,可以节约寻找资金投资对象的成本和评估金融资产价值的成本。因此,金融中介机构的专业活动降低了企业的交易成本和信息成本。

第五节　财务管理的职业

一、财务管理的职位

财务管理对于企业、金融机构、非营利组织和政府都至关重要,任何一个经济组织都存在财务活动,都涉及理财的问题。因此,在各行各业的财务管理领域,存在许多就业机会和工作岗位。实际工作中的财务管理职位分为低级职位、中级职位和高级职位三个层次。

1. 低级职位

低级职位主要包括财务分析员、信息分析员和现金经理三个职位。财务分析员负责收集并整理财务信息,编制财务分析报告供决策者参考,具体包括资本预算研究、长期筹资方式分析、资本结构和股利政策研究、兼并与重组分析等,协助、参与企业财务决策过程。信息分析员负责对向企业申请商业信用的客户的信用能力和信用等级进行分析和评估,这对于企业的信用政策至关重要。现金经理管理企业的短期现金投资,涉及短期证券报酬、购买短期证券和监督短期投资等,目的是确保企业的短期投资始终符合企业的投资目标。

2. 中级职位

中级职位主要包括财务经理助理、公司财务分析经理、公司风险管理经理和财务报告经理等四个职位。目前大中型企业通常设有多个财务经理助理,他们的主要工作是协助财务经理，分担其部分职责，例如负责公司财务政策、营运和资本重组、国际财务运营等某一方面工作。公司财务分析经理又称为财务分析师，对公司各种投资、融资决策进行技术分析，如资本成本、投资预期收益、风险估计等。高质量的财务分析师是企业财务决策的依据。现代企业正面临着越来越多的风险，而且其风险具有行业特征。因此，大多数企业根据其业务的需要，设置负责管理本企业所面临的利率风险、汇率风险、商品风险的风险管理经理，他们负责风险的估计及其度量，并制定和执行相应的管理策略。对于上市企业来说，经常有大量的财务报告需在证券市场上公开披露。许多大中型企业专门设置财务报告经理一职，按证券法和证券交易所的规定，专门负责编制并披露财务报告。

3. 高级职位

高级职位主要包括财务总监、财务主管、会计主管和战略规划副总经理等四个职位。财务总监又称为首席财务官（CFO），是现代企业中重要的高级管理职位。CFO 直属股东或董事会，独立行使职权，是公司重要战略决策的制定者和执行者之一，对企业经营的所有财务方面负总责。财务主管又称为财务主任，通常负责企业经营的日常财务管理，涉及企业所有资金的流入和流出，如资本预算、现金管理、投资管理、融资管理、利润分配等。他受财务总监领导，向财务总监报告。会计主管又称为会计主任，通常负责内部控制与审计、管理会计、财务报告等。在大多数企业，财务与会计职能相互补充。像财务主管一样，会计主管也受财务总监的领导，向财务总监报告工作。战略规划副总经理，这一职位在有的企业就是财务总监的职责，是专门负责企业长期财务计划、财务战略和企业并购的高级管理人员。

二、财务管理人员的职能

财务管理人员的职能是为股东、企业和相关利益者创造更大的价值。财务管理人员的职能贯穿于企业价值创造活动的全过程。财务管理人员的职能从企业价值创造活动的不同层次出发分为基本职能和高级职能；从与财务管理工作的相关度考虑分为核心职能和相关职能。与企业战略层次相关的财务职能为高级职能，包括业绩管理、决策支持以及决策参与。与企业核心经营流程以及资源管理流程相关的职能为基本职能，包括财务核算与控制、财务服务、财务信息管理以及资产管理等。

财务管理人员的基本职能和高级职能均可包括核心职能和相关职能。财务管理人员的核心职能可概括为以下八种：

1. 决策支持

决策支持为企业战略决策提供财务分析、提供分析性模型和工具、提供动态和实时的经济信息。

2. 业绩管理

业绩管理为公司的战略目标确定评价体系及其相关的激励措施。

3. 财务战略

财务战略为公司实现其战略目标提供最优的财务手段。

4. 财务服务供应

财务部门作为后勤部门为业务部门提供融资、资金调度、税务、收付商业账款、客户信用评估等服务。

5. 会计核算与控制

会计核算与控制主要是内部控制、预算管理、成本控制以及交易和事项的会计处理。

6. 财务信息提供

财务信息提供为外部及内部信息使用者提供财务信息。

7. 相关关系维护

相关关系维护主要包括股东、债权人、客户、供应商、审计师和税务部门等关系的维护。

8. 资产管理

资产管理主要是履行财产的经营责任,既要保证公司财产的完整性,又要促进资产的有效运营。

财务管理人员除应具备相关的核心职能外,还应广泛地参与其他管理活动,应具备的相关职能主要有员工管理、信息统计、供应链管理、信誉维护、不良资产处理、财务知识培训、战略推广、远景规划、商务谈判、购并流程控制等。财务管理人员相关的职能框架如表1-2所示。

表1-2 财务管理人员相关职能

职能分层	核心职能	相关职能
基本职能	财务服务供应、会计核算与控制、财务信息提供、相关关系维护、资产管理	员工管理、信息统计、供应链管理、信誉维护、不良资产处理、财务知识培训
高级职能	决策支持、业绩管理、财务战略	战略推广、远景规划、商务谈判、购并流程控制

三、财务管理人员的能力

财务管理人员的能力可以分为核心胜任能力和相关胜任能力。核心胜任能力直接影响到财务管理人员能否胜任其财务管理工作的职能;相关胜任能力不是财务管理人员特有的能力,而是每个胜任工作的人员必须具备的能力,如自我提高能力和创新能力等。

财务管理人员应具备七项核心胜任能力:

1. 决策能力

决策能力是进行财务决策以及参与其他战略决策的能力。

2. 战略规划能力

战略规划能力是规划公司财务目标、财务战略以及财务功能远景的能力。

3. 分析能力

分析能力是建立和运用模型,进行财务分析,提供决策支持的能力。

4. 领导能力

领导能力是领导团队实施财务战略,实现财务功能远景,建立高效会计核算体系和财务流程的能力。

5. 协作能力

协作能力是维护相关关系的能力,以及与其他高层管理人员、业务部门形成业务伙伴关系的能力。

6. 控制能力

控制能力是以内部控制制度控制交易流程的能力,以及运营预算管理、成本管理、风险管理等手段,控制既定业绩目标的能力。

7. 资源管理能力

资源管理能力是管理财务信息资源的能力，以及保全公司资产并使之高效运转的能力。

财务管理人员的核心职能决定了其相应的核心胜任能力，财务管理人员核心职能与核心胜任能力的关系如表1－3所示。

表1－3　财务管理人员核心职能与核心胜任能力的关系

核心职能	核心胜任能力
决策支持	决策能力、战略规划能力、协作能力和分析能力
业绩管理	战略规划能力、控制能力和协作能力
财务战略	战略规划能力和协作能力
财务服务供应	控制能力和协作能力
会计核算与控制	资源管理能力和控制能力
财务信息供应	资源管理能力
相关关系维护	协作能力
资产管理	资源管理能力

四、核心胜任能力的构成要素

财务管理人员核心胜任能力的构成要素包括职业知识、职业技能和职业价值观等三个方面：

1. 职业知识

财务管理人员所必须拥有的，与财务管理工作联系十分密切的核心知识有：战略管理、公司治理、财务战略、财务报告、成本管理、购并与重组、税收筹划、价值管理与全面预算、审计与内部控制、财务分析与预测、财务信息系统与ERP、经营责任与资产管理等。此外，还应具备下列相关知识：行业知识、经济学、统计学、经济法、国际商务、行为学、信息技术等。一名称职的财务管理人员需要经过院校学习和工作实践，并不断接受后续教育来获取和更新职业知识。

2. 职业技能

职业技能是支持财务人员感知环境，综合运用知识，形成财务管理职业技能的特长。它不能仅仅从课程中获取，而是教育与职业经验共同作用的结果。财务管理人员最重要的技能包括：沟通与协调、领导与团队建设、系统思维与问题解决。此外，还要求财务管理人员具有灵活性、创造性、适应性和鉴别力等职业技能。

3. 职业价值观

IFAC（国际会计师联合会）认为职业价值观是职业会计师作为一名专业人士的态度，包括与职业行为相关的行为原则。职业会计师最重要的职业价值观在于其职业道德。根据IFAC发布的《职业会计道德准则》认为执业会计师应遵循如下基本原则：一是诚信；二是客观；三是具备职业能力和尽职；四是保密；五是职业行为合规。在我国现有环境下，财务管理人员在职业道德上应遵循下列原则：一是遵循法律、法规和职业规范；二是维护公司正当利益；三是不提供虚假信息；四是信息保密；五是不参与舞弊或行贿、受贿；六是不利用内部信息谋利；七是避免参与有利害关系的交易；八是当能力不足时，承认能力水平或能力的限制。

第二章　企业财务管理的原则和基本理论

企业是从事生产、流通和服务等经济活动，由人、财、物和信息等要素组成的有机整体，以生产或服务满足社会需要，实行自主经营、自负盈亏、承担风险、独立核算、依法设立的一种以盈利为目的的经济组织。企业财务管理是企业经营管理的一个关键环节，企业领导者在组织企业生产经营活动时，必须遵循一定的原则，从企业整体出发，在系统、要素、环境的有机联系和相互作用中，根据基本理论，运用一些量化数据进行分析，揭示企业的性质和运动规律，从而作出正确决策，使企业获得整体、全面的最佳经济效益和社会效益。

第一节　企业财务管理原则

财务管理的原则，也是理财原则，是指人们对财务活动的共同认识，财务管理原则的特征主要有：

一是，理财原则必须符合大量观察和事实，被多数人所接受。财务理论有不同的流派和争论，甚至存在完全相反的理论，而原则是被现实反复证明并被多数人接受，具有共同认识的特征。

二是，理财原则是财务交易和财务决策的基础。财务管理实务是应用于企业，并为企业决策提供依据。“应用”是指理财原则的应用，各种财务管理程序和方法是根据理财原则建立的。

三是，理财原则为解决新的问题提供指引。已经开发出来、被广泛应用的程序和方法，只能解决常规问题，当问题不符合任何既定程序和方法时，原则为解决新问题提供预先的感性认识，指导人们寻找解决问题的方法。

四是，原则不一定在任何情况下都绝对正确，具体问题具体分析。原则的正确性与应用环境有关，在一般情况下它是正确的，而在特殊情况下不一定正确。随着人们对客观世界的认识越来越深刻，原则也在发生着变化。

美国财务学家道格拉斯·R·爱默瑞和约翰·D·芬尼特对理财原则的概括具有代表性，共12条，如图2－1所示。

一、有关竞争环境的原则

有关竞争环境的原则是对资本市场中人的行为规律的基本认识。

1. 自利行为原则

自利行为原则是指人们在进行决策时按照自己的财务利益行事，在其他条件相同的情况下，人们会选择对自己经济利益最大的行动。

自利行为原则的依据是理性的经济人假设。所谓理性的经济人指人们对每一项交易都会衡量其代价和利益，并且会选择对自己最有利的方案来行动。自利行为原则假设企业决策人对企业目标具有合理的认识程度，并且对如何达到目标具有合理的理解。在这种假设情况下，企业会采取对自己最有利的行动。因为商业交易的目的是获利，在从事商业交易时人们总是为了自身的利益作出选择和决定，否则他们就不必从事商业交易。在“其他

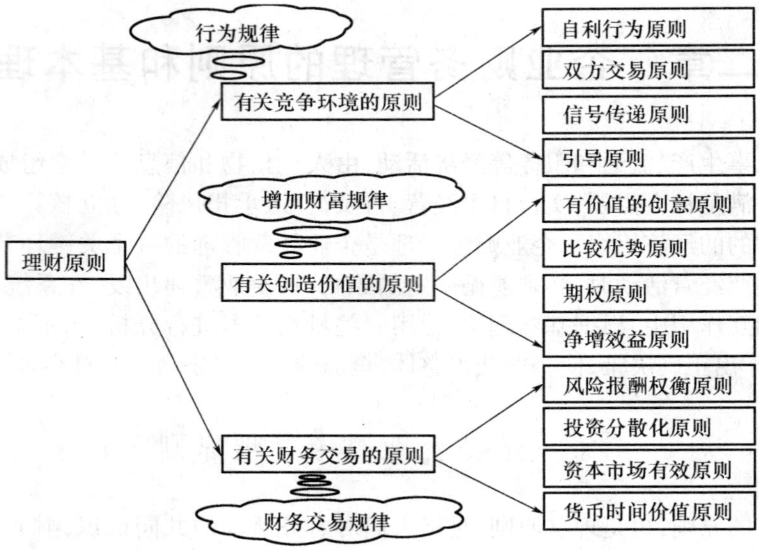

图 2－1 理财原则

条件都相同时”,所有财务交易参与者都会选择对自己经济利益最大的行动。

自利行为原则的一个重要应用是委托－代理理论。该理论认为应当把企业看成是各种“自利的人”的集合。如果企业只有业主一个人,他的行为将十分明确和统一;如果企业是一个大型的公司,所有的关系人之间存在利益冲突。一个公司涉及的利益关系人包括普通股股东、优先股股东、债券持有者、银行、短期债权人、政府、社会公众、经理人员、员工、客户、供应商、社区等。这些人或集团都是按自利行为原则行事。企业和各种利益关系人之间的关系,大部分属于委托代理关系,这种相互依赖又相互冲突的利益关系,需要通过“契约”来协调。因此,委托代理理论是以自利行为原则为基础。

自利行为原则的另一个应用是机会成本的概念。当一个人采取某个行动时,就等于取消了其他可能的行动,因此他必然要用这个行动与其他的可能行动相比,看该行动是否对自己最有利。采用一个方案而放弃另一个方案时,被放弃方案中收益最大的是被采用方案的机会成本,也称择机代价。尽管人们对机会成本或择机代价的概念有分歧,他们的计算也经常会遇到困难,但是人们都不否认机会成本是一个在决策时不能不考虑的重要问题之一。

2. 双方交易原则

双方交易原则是指每一项交易都至少存在两方,在一方根据自己的经济利益决策时,另一方也会按照自己的经济利益决策行动,并且对方和你一样聪明、勤奋和富有创造力。因此,你在决策时要正确预见对方的反应。即不要以自我为中心,低估了竞争对手可能会导致失败。

双方交易原则的建立依据是商业交易至少有两方,交易是“零和博弈”,以及各方都是自利的。显然每一项交易都有一个买方和一个卖方,无论是买方市场还是卖方市场,在已经成为事实的交易中,有买才有卖,买进的资产和卖出的资产总是一样多。那么,一方的获利只能以另一方的付出为基础,一个高的价格使购买人受损,同时也会使卖方受益,反之亦然。一方得到的与另一方失去的一样多，从总体上看双方收益之和等于零，故称为“零和博弈”。在“零和博弈”中，双方都按自利行为原则行事，谁都想获利而不是吃亏。交易的双方如果都这么想，那么买卖是不是就不能成交了呢？当然不会。这与事实上人们获取的信息不对称有关。买卖双方由于信息不对称，因而对交易有不同的预期。不同的预期导致了买卖，当双方都认为某交易价格对自己是有利的情况下，交易实现。

双方交易原则要求在理解财务交易时不能“以我为中心”，在谋求自身利益的同时要注意对方的存在，并且要思量对方也在遵循自利行为原则行事。因此，在决策时不仅要考虑自利行为原则，还要使对方有利，否则交易就无法实现。除非对方不自利或者很愚蠢，不知道自己的利益是什么，然而，这样估计商业对手本身就不明智。比如平时我们买东西砍价时，你要考虑这个东西的成本，也要为卖家留一定的利润空间，作为商家的定价，要让自己有利可图，更要给顾客实惠，使顾客从心里感觉得到这个东西质优价廉，只有这样，买卖才能成交。

双方交易原则还要求在理解财务交易时要注意税收的影响。由于税收的存在，税收会影响所有的交易，主要是利息的税前扣除，使得一些交易表现为“非零和博弈”。政府是不请自来的交易第三方，凡是交易，政府都要从中收取税金，而在交易中合理避税可以使交易双方都受益，但其他纳税人会承担更大的税收份额，从更大的范围来看并没有改变“零和博弈”。

3. 信号传递原则

信号传递原则是自利行为原则的延伸，是指行动可以传递信息，由于人们或公司是遵循自利行为原则行事的，因此，信号传递原则要求根据公司的行为判断它未来的收益状况。例如：一个经常大量配股的公司可能传递出自身的现金产生能力较差；一个大量购买国库券的公司可能传递出缺少净现值为正数的投资机会；内部持股人出售股份，常常是公司盈利能力恶化的重要信号。其实投资股票或基金的人都会或多或少地关注政府的政策发布、公司经营情况等方面的新闻，从市场的活动中得到信息和行为，从中分析得出一些判断。但因我们所能获得的行为信息本身就带有一定的片面性和滞后性，当公司宣告（包括财务报告）与其行动不一致时，行动比公司的声明更有说服力。听其言，观其行。所谓事实胜于雄辩，观察公司的行动所显示出的信号，分析其实质性的意义。

信号传递原则还要求公司在决策时不仅要考虑行动方案本身，还要考虑该项行动可能给人们传达的信息，也就是交易的信息效应。在市场上，每个人都在利用他人交易的信息，自己交易的信息也会被别人所利用，因此，应考虑交易的信息效应。例如，一个会计师事务所从简陋的办公室迁入豪华的写字楼，会向客户传达收费高、服务质量高、值得信赖的信息。所以，一个公司在作出降价、迁址等决策时，不仅要考虑决策本身的收益和成本，还要考虑信息效应的收益和成本。

4. 引导原则

引导原则是指当所有办法都失败时，寻找一个可以信赖的榜样作为自己的引导。所谓“当所有办法都失败”，是指我们的理解力存在局限性，不知道如何作对自己有利，或者寻找最准确答案的成本过高，以至于不值得把问题完全搞清楚。在这种情况下，不要继续坚持采用正式的决策分析程序，包括收集信息、建立备选方案、采用模型评价方案等，而是直接模仿成功榜样或者大多数人的作法。例如，你一个人在一个陌生的城市里寻找一家就餐的饭馆，不值得或没有时间去获取饭店的调查信息，你应当找一家顾客较多的饭馆就餐。引导原则不会帮你找到最好的方案，却常常可以使你避免采取最差的行动。它是一个次优化的准则，不要把引导原则混同于"盲目模仿"，其最好的结果是得出近似最优的结论，最差的结果是模仿了别人的错误。引导原则是行动传递原则的一种运用。很多人去这家饭馆就餐的事实，意味着很多人对这家饭馆的评价比较满意。承认行动传递信号，就必然承认引导原则。

引导原则的一个重要应用是"行业标准"概念。例如，资本结构的选择问题，理论不能提供公司最优资本结构的实用化模型。观察本行业成功企业的资本结构，或者多数企业的资本结构，不要与他们的水平偏离太远，就成了资本结构决策的一种简便、有效的方法。再如，对一项房地产的估价，如果系统的估价方法成本过高，不如观察一下近期类似房地产的交易价格。

引导原则的另一个重要应用是"免费跟庄"概念。一个"领头羊"花费资源得出最佳的行动方案，其他"追随者"通过模仿节省了开发资源成本和开发信息处理成本。有时"领头羊"成了"革命烈士"，而"追随者"成了"成功人士"。所以对于知识产权的保护力度要加强，《中华人民共和国专利法》和《中华人民共和国著作权法》是在知识产权领域中保护领头人的法律，包括强制"追随者"向"领头羊"付费和对网络信息的发布的限制等，这样才能避免免费跟庄问题的影响。在投资领域不存在这样的限制，许多小股民经常跟随"庄家"或机构投资者，以节省信息成本。当然"庄家"会根据信息传递原则分析散户行为，恶意炒作股票，损害小股民利益。因此，各国证券监管机构都禁止操纵股价的恶意炒作，以维持证券市场的公平性。

二、有关创造价值的原则

有关创造价值的原则，是人们对增加企业财富基本规律的认识。

1. 有价值的创意原则

有价值的创意原则，是指新创意能获得额外报酬。有价值的创意原则的依据是竞争理论，它认为企业的竞争优势可以分为产品（或服务）差异化和成本领先两方面。产品（或服务）差异化是指产品本身、销售交货、营销渠道等客户广泛重视的方面在产业内独树一帜。任何独树一帜都来源于新的创意。创造和保持产品差异化的企业，如果其产品溢价超过了为产品的独特性而附加的成本，它就能获得高于平均水平的利润。正是许多新产品的发明，使得发明人和生产企业变得更加富有。

有价值的创意原则主要应用于直接投资项目。一个项目依靠什么取得正的净现值？即超额收益的现值。项目必须是一个有创意的投资项目。重复过去的投资项目或者别人的已有作法，最多只能取得平均报酬率，维持而不是增加股东财富。任何一项创新的优势都是暂时的，新的创意迟早要被别人效仿，失去原有的优势，有创意的项目有竞争优势，可能会减少现有项目的价值或者使它变得没有意义，所以企业要想保持长期的竞争优势，只有不断创新，通过一系列的短期优势才能维持产品差异化，并不断增加股东财富。

该项原则还应用于经营和销售活动。例如，连锁经营方式的创意使得麦当劳的投资人变得非常富有。而金融资产投资活动不是事先创造的，是通过金融资产的投资组合分析得出的。

2. 比较优势原则

比较优势原则是指专长能创造价值。没有比较优势的人很难取得超出平均水平的收入，没有比较优势的企业很难增加股东财富。比较优势原则的依据是分工理论。要求是企业要将主要精力放在自己的比较优势上，而不是日常运用。每一个人作最适合自己的工作，每个企业生产最适合它生产的产品，社会的经济效率才会提高，也使社会资源得到合理利用，达到最优配置。

比较优势原则的一个应用是“人尽其才，物尽其用”。在有效的市场中，你不必要求自己什么都能作好，但要知道谁能作好。对于某一件事情，如果有人比你自己作得更好，就支付报酬让他代替你去作。同时你去作比别人作得更好的事情，让别人给你报酬，如果每个人都去作他自己作得最好的事情，每项工作就都有最称职的人来完成，就会产生经济效率，每个企业生产它自己最能有效生产的产品和提供服务，一个国家的经济效率就会得到提高。

比较优势原则的另一个应用是优势互补。合资、合并、收购等都是出于优势互补原则。一方有某种优势，如先进的生产技术，另一方有其他优势，如杰出的销售网络，两者结合可以使各自的优势快速融合，资源共享，并形成新的优势。

3. 期权原则

期权是作某种事情的权利，没有任何义务，即不附带义务的权利，它是有经济价值的。期权原则的依据是金融期权交易，期权原则要求在估价时要考虑期权的价值。

期权概念最初产生于金融期权交易，它是指所有者(期权购买人)能够要求出票人(期权出售者)履行期权合同上载明的交易，而出票人不能要求所有者去作任何事情。在财务上，一个明确的期权合约经常是指按照预先约定的价格买卖一项资产的权利。

广义的期权不限于财务合约，任何不附带义务的权利都属于期权。许多资产都存在隐含的期权。例如，一个企业可以决定某个资产出售或者不出售，如果价格不令人满意就什么事也不作，如果价格令人满意就出售。这种选择权是广泛存在的。一个投资项目，本来预期有正的净现值，因此被采纳并实施了，上马以后发现它并没有原来设想的那么好。此时，决策人不会让事情按原计划一直发展下去，而会决定方案下马或者修改方案，使损失减少到最低。这种后续的选择权是有价值的，它改变了项目原有的净现值。在评价项目时就应考虑到后续选择权是否存在价值，以及它的价值有多少。有时一项资产附带的期权比该资产本身更有价值。

4. 净增效益原则

净增效益原则是指财务决策建立在未来净增效益的基础上，一项决策的价值取决于它和替代方案相比所增加的净收益。

净增效益原则的依据是比较理论。一项决策的优劣是与其他可替代方案(包括维持现状而不采取行动)相比较而言的。如果一个方案的净收益大于替代方案，那么它是一个比替代方案好的决策，其价值是增加的净收益。在财务决策中净收益通常用现金流量计量，一个方案的净收益是指该方案现金流入减去现金流出的差额，也称为现金流量净额或净现金流量。现代财务管理关注现金流量而不是收益，其主要原因有：首先，为计算公司利润，必须采用持续变动的一系列公认会计原则进行财务处理。当采取不同的折旧政策、收入确认方法及其他原则时，利润数据常常发生显著的变化。其次，现金流量易于计算，而且通常不会产生歧义。第三，在编制资本预算，特别是涉及多个期间时，运用收益而不是现金流量进行分析可能产生错误的结果。在进行资本预算决策时，侧重于增加现金流量也有助于将注意力集中于那些真正相关的因素上。一个方案的现金流入是指该方案引起的现金流入量的增加额;一个方案的现金流出是指该方案引起的现金流出量的增加额。"方案引起的增加额"也叫相关现金流量,是指这些现金流量依存于特定方案,如果不采纳该方案就不会发生这些现金流入和现金流出,也就是不要考虑决策无关成本,只分析方案之间有区别的部分,要考虑方案对企业现金流量总额的直接和间接影响。

净增效益原则的应用领域之一是差额分析法,也就是在分析投资方案时只分析它们有差别的部分,即相关成本,而对于相同的部分即无关成本可以不考虑。净增效益原则初看似乎很容易理解,但实际贯彻起来需要周密地考察方案对企业现金流量总额的直接和间接影响。例如,一项新产品投产的决策引起的现金流量,不仅包括新设备投资,还包括动用企业现有非货币资源对现金流量的影响;不仅包括固定资产投资,还包括需要追加的营运资金;不仅包括新产品的销售收入,还包括对现有产品销售积极或消极的影响;不仅包括产品直接引起的现金流入和现金流出,还包括对公司税务负担的影响等。

净增效益原则的另一个应用是沉没成本概念。沉没成本是指已经发生、不会被以后的决策改变的成本。沉没成本与将要采纳的决策无关,因此在分析决策方案时应将其排除。

三、有关财务交易的原则

有关财务交易的原则,是人们对于财务交易基本规律的认识。

1. 风险－报酬权衡原则

风险－报酬权衡原则是指风险和报酬之间存在一个权衡关系,高风险的背后必然隐藏着高报酬,高收益的投资机会必然伴随巨大风险,反之亦然。投资人必须对报酬和风险作出权衡,为追求较高报酬而承担较大风险,或者为减少风险而接受较低的报酬。财务经理要实现股东财富最大化的目标,也必须对风险和盈利能力进行最佳的平衡。

风险－报酬权衡原则的依据是自利行为原则与风险反感共同决定。在财务交易中,当其他一切条件相同时,人们倾向于高报酬和低风险。如果两个投资机会除了报酬不同以外,其他条件(包括风险)都相同,根据自利行为原则人们会选择报酬较高的投资机会。如果两个投资机会除了风险不同以外,其他条件(包括报酬)都相同,人们会选择风险小的投资机会,这是风险反感决定的。所谓风险反感是指人们普遍对风险有反感,认为风险是不利的事情。"肯定的一元钱,其经济价值要大于不肯定的一元钱"。

如果人们都倾向于高报酬和低风险,而且都在按照他们自己的经济利益行事,那么竞争结果就产生了风险和报酬之间的权衡。你不可能在低风险的同时获取高报酬,因为这是每个人都想得到的。即使你最先发现了这样的机会并率先行动,别人也会迅速跟进,竞争会使报酬率降至与风险相当的水平。因此,现实的市场中只有高风险同时高报酬和低风险同时低报酬的投资机会。每个人都要求风险与报酬对等,不会去冒没有价值的风险。

2. 投资分散化原则

投资分散化原则,是指不要把全部财富投资于一个项目,而要分散投资,即不要把所有的鸡蛋放在一只篮子里。投资分散化原则的理论依据是马科·威茨的投资组合理论。该理论认为若干种股票组成的投资组合,其收益是这些股票收益的加权平均数,但其风险小于这些股票的加权平均风险,通过有效地进行证券投资组合,便可消减证券风险,达到降低风险的目的。

投资分散化原则具有普遍意义,不仅应用于证券投资,公司的各项决策都应注意投资分散化原则,以降低风险。不应把公司的全部投资集中于个别项目或个别产品;不应把销售集中于少数客户等。

3. 资本市场有效原则

资本市场是指证券买卖的市场。资本市场有效原则，是指在完全有效的资本市场中，频繁交易的金融资产的市场价格反映了所有可获得的信息，而且对新信息完全能迅速地作出调整，资本市场能迅速反应所有的信息资本市场的效率取决于新信息反映在每股价格上的速度。资本市场有效原则的依据是有效市场理论。

资本市场的效率原则要求理财时重视市场对企业的估价。股价可以综合反映公司的业绩，弄虚作假，人为地改变会计方法对于企业价值的提高毫无用处。当市场对公司的评价降低时，应分析公司的行为是否出了问题并设法改进，而不应设法欺骗市场。

资本市场有效原则要求理财时慎重使用金融工具。如果资本市场是有效的，股票的市价等于股票的内在价值，购买或出售金融工具的交易的净现值为零，投资者只获得与投资风险相称的报酬（即报酬与资本成本相同），很难增加股东财富。公司作为从资本市场上取得资金的一方，不要企图通过筹资获取正的净现值（增加股东财富），应靠生产性投资增加股东财富。在资本市场上，只获得与投资风险相称的报酬，也就是与资本成本相同的报酬，不会增加股东财富。在资本市场获得超额收益，靠的是能力而不是运气。

4. 货币时间价值原则

货币时间价值原则，是指在进行财务计量时要考虑货币时间价值因素。“货币的时间价值”是指货币在经过一定时间的投资和再投资后所增加的价值。货币时间价值原则的依据是货币投入市场后其数额会随时间的推移不断增加。决定货币时间价值的因素有两个：一是时间长短，二是收益率高低。期限越长，利率越高，其将来值越高而现值越低；反之亦然。

企业财务管理部门要充分考虑货币的时间价值，遵循货币时间价值原则，首先应用是“现值”概念。由于不同时间的资金价值不同，由于今天的一元比一年后的一元具有更高的价值，所以在进行价值大小对比时，不同时间的货币价值不能直接相加减，必须将不同时间点的资金折算为同一时间点后才能进行大小的比较。通常，把不同时间的货币价值折算到现在时点的过程，称为折现，折现使用的百分率称为折现率，折现后的价值称为现值。财务估价中，广泛使用现值计量资产的价值。

货币时间价值原则的另一个重要应用“早收晚付”观念，充分合理地运用资金。对于不附带利息的货币收支，与其晚收不如早收，与其早付不如晚付。货币在自己手上，可以随时投资获利，还可以用于现期消费或支付款项，因此早收晚付在经济上是有利的。

第二节　资金时间价值

一、资金时间价值的概念

资金时间价值又称货币时间价值，是指一定量的货币资金在不同时点上的价值量的差别。通常情况下，在利润平均化规律的影响下，等量货币资本在相同时间内应获得等量利润。因此，从量的规定性来看，资金时间价值相当于没有风险和通货膨胀情况下的社会平均利润率。

资金不会自动随时间变化而增值，闲置的资金不会增值，而且还可能随着通货膨胀贬值，资金在生产和流通过程中，只有在投资过程中才会有收益，随着时间推移而产生的增值，是货币所有者让渡其使用权而参与社会财富分配的一种形式。资金时间价值来源于资金进入社会再生产过程后的价值增值，其实质是资金周转使用后带来的利润或实现的增值。公司将筹资的资金用于购建劳动资料和劳动对象，劳动者借以进行生产经营活动，从而实现价值转移和价值创造，带来货币的增值。

相同的资金在不同的时点上，其价值是不同的，资金时间价值可以被看成是资金的使用成本。由于社会资源具有稀缺性特征，又能够带来更多社会产品，所以现在物品的效用要高于未来物品的效用。从经济学角度而言，现在的货币能够支配现在商品满足人们现实需要，而将来货币只能支配将来商品满足人们将来不确定需要，如果要节省现在的一元不消费而改在一年后消费，因为现在单位货币价值要高于未来单位货币的价值，所以在一年后消费时必须有大于一元可供消费，作为弥补延迟消费的贴水，投资者进行投资就必须推迟消费，对投资者放弃现期消费应给予报酬，利息便是这一报酬，这种报酬的量应与推迟的时间成正比。

资金的时间价值有两种表现形式，即相对数和绝对数。绝对数即时间价值额，是指资金在运用过程中所增加的价值数额，即一定数额的资金与时间价值率的乘积，也是使用货币资本的机会成本，衡量资金时间价值的大小通常是用利息，其实质内容是社会资金的平均利润。资金时间价值是时间的函数，随时间的推移而发生价值的变化。相对数即时间价值率，一般用无风险的投资收益率来代替。在实务中，国库券利率，银行存、贷款利率，各种债券利率，都可以看作是投资报酬率，然而它们并非时间价值率，只有在没有风险和通货膨胀情况下，这些报酬才与时间价值率相同。由于国债的信誉度最高、风险最小，所以如果通货膨胀率很低就可以将国债利率视同时间价值率。货币的时间价值是公司资金利润率的最低限度。

财务管理中对时间价值的研究，主要是对资金的筹集、投放、使用和收回等从量上进行分析，以便找出适用于分析方案的数学模型，改善财务决策的质量。企业在生产经营决策中将货币时间价值作为一个重要的因素来考虑，在筹资管理中，资金的获取是需要付出代价的，这个代价就是资金成本。资金成本直接关系到企业的经济效益，是筹资决策需要考虑的一个首要问题；在项目投资决策中，项目投资的长期性决定了必须考虑货币时间价值。由于竞争，市场经济中各部门投资的利润率趋于平均化，每个企业在投资某项目时，至少要取得社会平均的利润率，否则不如投资于另外的项目或另外的行业。因此，货币的时间价值成为评价投资方案的基本标准；在证券投资管理中，收益现值法是证券估价的主要方法，同样要求考虑货币时间价值；在企业存货管理中，对销售积压存货、保管费用等，都应充分考虑货币的时间价值，以使资金发挥最大的经济效益。

二、资金时间价值的计算

由于资金具有时间价值，因此同一笔资金，在不同的时间点，其价值是不同的。计算资金的时间价值，其实质就是不同时点上资金价值的等值换算。等值换算是指不同时间点上的不同金额，在某一折现率条件下具有相等的价值。

反映资金时间价值的财务指标，主要有终值和现值两种。现值是指未来某一时点上的一定量资金折算到现在所对应的金额，也就是本金，通常记作 P。终值又称将来值，是现在一定量的资金折算到未来某一时点所对应的金额，也就是本利和，通常记作 F。现值和终值是相对的,第五年相对于第一年来说是终值,但相对于第十年来说是现值。连接现值和终值并实现两者相互折算的百分数称为折现率。资金时间价值有绝对数和相对数,分别用利息和利率表示,利率经常被当作折现率使用。现值和终值对应的时点之间可以划分为若干个计息周期。资金的支付形式有一次性支付和等额支付,下面先介绍一次性支付的终值和现值。

1. 单利终值与现值的计算

单利是指只对借贷的原始金额或本金计算利息的一种计息方法。我国银行存款一般是按照单利计算利息。在今后的计算中,设定以下符号:

P 为现值;F 为终值;i 为折现率,通常用利率替代,指每年利息与本金之比;n 为计息期期数,表示第几期期末;I 为利息。期数 i 与利率 n 要对应,如果 i 为年利率,n 为几年,如果 i 为月利率,n 为几个月。

(1)单利终值的计算

单利终值是本金与未来利息之和。其计算公式为

$$\text{利息 } I = P \cdot i \cdot n$$

$$\text{终值 } F = P + I = P + P \cdot i \cdot n = P(1 + i \cdot n)$$

式中,分式$(1 + i \cdot n)$称为单利终值系数。

【例 2-1】 将 1 000 元存入银行,年利率为 10%,按单利计算一年末、两年末、三年末的利息及终值各是多少?

解 一年末利息:1 000 × 10% = 100(元)

一年末终值:1 000 × (1 + 10%) = 1 100(元)

两年末利息:1 000 × 10% × 2 = 200(元)

两年末终值:1 000 × (1 + 10% × 2) = 1 200(元)

三年末利息:1 000 × 10% × 3 = 300(元)

三年末终值:1 000 × (1 + 10% × 3) = 1 300(元)

(2)单利现值的计算

单利现值是确定未来终值的现在价值。根据 $F = P(1 + i \cdot n)$ 得到单利现值的计算公式为

$$P = F \cdot \frac{1}{1 + i \cdot n}$$

式中,分式$\frac{1}{1 + i \cdot n}$称为单利现值系数。

【例 2-2】 银行存款年利率为 10%,某人三年后想获得 65 000 现金,按单利计算,现在应存入银行多少钱?

$$P = 65\ 000 \div (1 + 10\% \times 3) = 50\ 000(\text{元})$$

2. 复利终值与现值的计算

复利,就是不仅本金要计算利息,本金所生的利息在下期也要加入本金一起计算利息,即通常所说的“利滚利”,我国银行贷款一般是按照复利计算。相比较而言,复利法更能确切地反映本金及其增值部分的时间价值。

(1)复利终值的计算

复利终值是指一定数量的本金在一定的利率下,按照复利的方法计算出的若干时期以

后的本金和利息。例如公司将一笔资金 P 存入银行，年利率为 i，如果每年计息一次，则 n 年后的本利和就是复利终值 F。如图 2－2 所示，横线代表时间的延续，用数字标出各期的顺序号，表示每期期末，时间轴是连续的，第 t 期期末就是第 $(t+1)$ 期期初，竖线的位置表示支付时间，竖线的长短代表支付金额的大小，下端数字表示支付的金额。

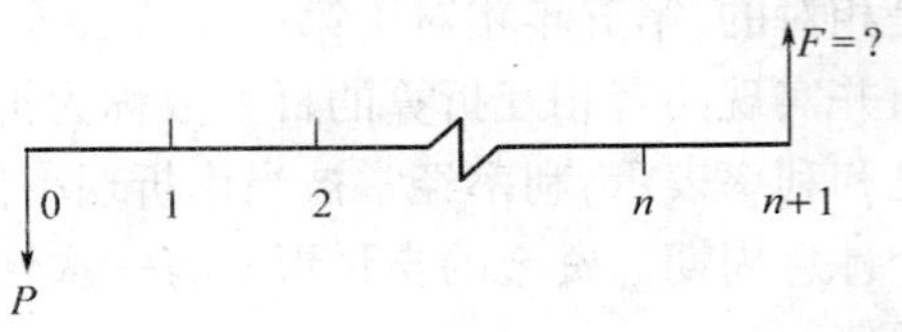

图 2－2　复利终值示意图

一年末终值：$F_1 = P + P \cdot i = P \cdot (1+i)$

一年末利息：$I_1 = P \cdot (1+i) - P = P \cdot i$

两年末终值：$F_2 = F_1 + F_1 \cdot i = F_1 \cdot (1+i) = P \cdot (1+i)(1+i) = P \cdot (1+i)^2$

两年末利息：$I_2 = P \cdot (1+i)^2 - P$

由此可以推出 n 年后复利终值的计算公式为

$$F = P(1+i)^n$$

$$I_n = P(1+i)^n - P$$

式中，$(1+i)^n$ 称为复利终值系数，用符号 $(F/P, i, n)$ 表示。可以通过查“复利终值系数表”（见附表）获得。例如 $(F/P, 8\%, 7)$，表示利率为 8%，7 期的复利终值系数为 1.714，即现在收付 1 元，按年利率为 8% 计算，到第 7 年末，其终值为 1.714 元。

【例 2－3】　将 1 000 元存入银行，年利率为 10%，按复利计算一年末、两年末、三年末的终值及利息各是多少？

解　一年末终值：$1\ 000 \times (1+10\%) = 1\ 000(F/P, 10\%, 1) = 1\ 100$（元）

一年末利息：$I_1 = 1\ 100 - 1\ 000 = 100$（元）

两年末终值：$1\ 000 \times (1+10\%)^2 = 1\ 000(F/P, 10\%, 2) = 1\ 210$（元）

两年末利息：$I_2 = 1\ 210 - 1\ 000 = 210$（元）

三年末终值：$1\ 000 \times (1+10\%)^3 = 1\ 000(F/P, 10\%, 3) = 1\ 331$（元）

三年末利息：$I_3 = 1\ 331 - 1\ 000 = 331$（元）

（2）复利现值的计算

复利现值是指未来一定时间的特定资金按复利计算的现在价值，即为取得未来一定本利和现在所需要的本金。例如将 n 年后的一笔资金 F，按年利率 i 折算为现在的价值，这就是复利现值，如图 2－3 所示。

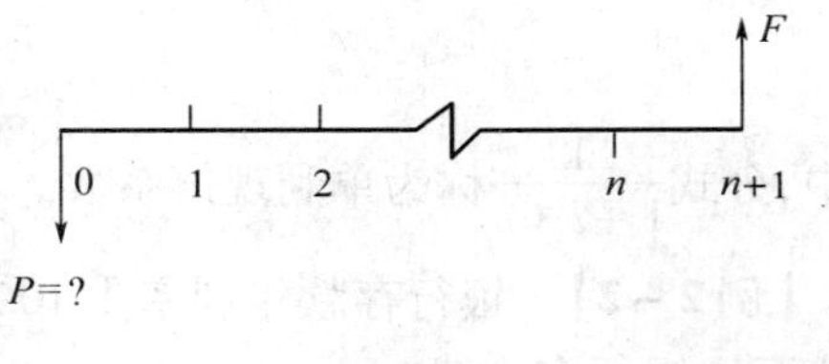

图 2－3　复利现值示意图

现值可由终值扣除资金时间价值的因素后求得，这种由终值求现值的方法称为贴现（或折现）法。折算时使用的利率称为折现率。

根据 $F = P(1+i)^n$ 得到复利现值的计算公式为

$$P = F \cdot \frac{1}{(1+i)^n}$$

式中的分式 $\frac{1}{(1+i)^n}$ 称为复利现值系数，用符号 $(P/F, i, n)$ 表示。可以通过查“复利现值系数表”(见附表)获得。例如$(P/F,8\%,7)$,表示利率为8%,7期的复利现值系数为0.583,即第7年末收付1元,按年利率为10%计算,其现值为0.583元。

【例2-4】 甲公司计划5年后需要资金300万元进行技术改造,当银行利率为10%时,公司现在应存入银行资金多少?

$$P=F\cdot\frac{1}{(1+i)^n}=\frac{300}{(1+10\%)^5}=300(P/F,10\%,5)=300\times0.621=186.3(\text{万元})$$

3. 年金终值与现值的计算

年金是指一定时期内一系列相等金额的收付款项,即等额、定期的系列收支。每期流入(或流出)的金额通常记作A。年金具有两个特点:一是金额相等;二是时间间隔相等。在现实工作中年金应用很广泛,如分期付款赊购、分期偿还贷款、发放养老金、分期支付工程款、每年相同的销售收入、支付租金、提取折旧等都属于年金收付形式。

年金按其每次收付款项发生的时点不同可以分为普通年金、即付年金、递延年金、永续年金等。

在年金的计算中,设定以下符号:

A为每年收付的金额;i为利率;F为年金终值;P为年金现值;n为期数。

(1)普通年金的计算

普通年金又称后付年金,是指从第一期开始,在一定时期内每期期末等额收付的系列款项,即各期期末收付的年金。普通年金有时也简称年金。例如$i=10\%$,$n=4$,表示4期内每年1 000元的普通年金。收付形式如图2-4所示。

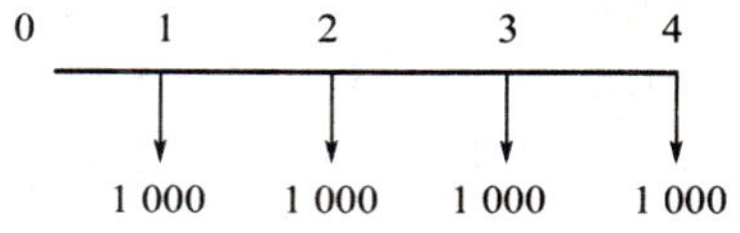

图2-4 普通年金示意图

①普通年金终值的计算

普通年金终值是指其最后一次支付时的本利和,它是每期期末等额收付款项的复利终值之和。例如,$A=1\ 000$元,$i=10\%$,第4期期末的普通年金终值的计算过程见图2-5。

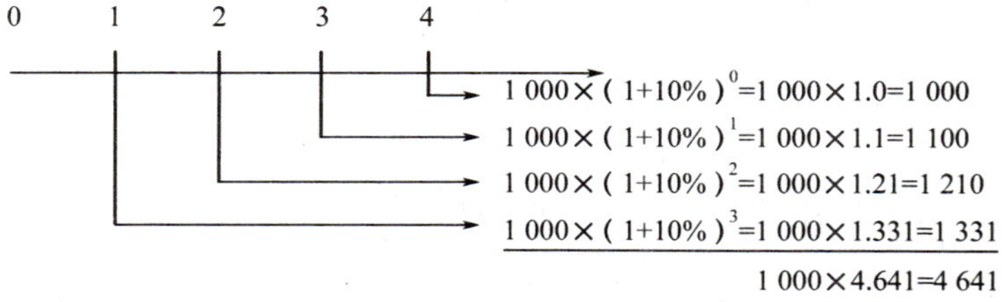

图2-5 普通年金终值计算示意

$$\begin{aligned}F&=1\ 000\times(1+10\%)^0+1\ 000\times(1+10\%)^1+1\ 000\times(1+10\%)^2+1\ 000\times(1+10\%)^3\\&=1\ 000\times1+1\ 000\times1.1+1\ 000\times1.21+1\ 000\times1.331\\&=1\ 000\times4.641\\&=4\ 641(\text{元})\end{aligned}$$

在第一期期末的1 000元,应赚得3期的利息,因此,到第四期期末其终值为1 331元;在第二期期末的1 000元,应赚得2期的利息,因此,到第四期期末其终值为1 210元;在第三期期末的 1 000 元,应赚得 1 期的利息,因此,到第四期期末其终值为 1 100 元;第四期期末的 1 000 元,没有计息,其价值是 1 000 元。全部终值加总得 4 641 元。

由于每年支付额相等,折算终值的系数是有规律的,用上述方法计算时可以简化,由此可以推导出普通年金终值的计算公式。

设每年的支付金额为 A,利率为 i,期数为 n,则根据复利终值的方法计算年金终值 F:

$$F = A + A(1+i) + A(1+i)^2 + A(1+i)^3 + \cdots + A\,(1+i)^{n-1}$$

式中各项为等比数列,首项是 A,公比是 $(1+i)$,根据等比数列求和公式得年金终值公式:

$$F = \frac{A \cdot [1-(1+i)^n]}{1-(1+i)} = A \cdot \frac{(1+i)^n - 1}{i}$$

式中,分式 $\frac{(1+i)^n - 1}{i}$ 称为年金终值系数,是普通年金为 1 元、利率为 i、经过 n 期的年金终值,记作 $(F/A,i,n)$。上式也可写作:

$$F = A \cdot (F/A,i,n)$$

可据此编制年金终值系数表(见附表),使计算方便,以供查阅。例如,通过查表获得 $(F/A,8\%,7)$ 的年金终值系数为 8.923,即每年年末收付 1 元,按年利率为 8% 计算,到第 7 年年末,其年金终值为 8.923 元。

【例 2-5】 小李自 2003 年年底开始,每年都要向五位失学儿童捐款。每年捐款 10 000元,帮助这些失学儿童从小学一年级读完九年义务教育。假设每年定期存款利率都是 3%,则小李九年捐款在 2011 年底相当于多少钱?

$$F = A \cdot \frac{(1+i)^n - 1}{i} = 10\,000 \times \frac{(1+3\%)^9 - 1}{3\%} = 101\,591(\text{元})$$

或者

$$F = 10\,000 \times (F/A,3\%,9) = 10\,000 \times 10.159 = 101\,590(\text{元})$$

②偿债基金的计算

偿债基金是指为使年终值达到既定金额每年应支付的年金数额。

根据年金终值计算公式 $F = A \cdot \frac{(1+i)^n - 1}{i}$ 可得到偿债基金计算公式:

$$A = F \cdot \frac{i}{(1+i)^n - 1}$$

式中,分式 $\frac{i}{(1+i)^n - 1}$ 称为偿债基金系数,是年金终值系数的倒数。记作:

$$A = F \cdot (A/F,i,n)$$

偿债基金计算公式的含义是:它可以把终值折算为每年需要支付的年金金额。在利率为 i 的情况下,如果第 n 期期末需要清偿的债务为 F,那么每期期末需要提取的准备金为 A。偿债基金系数可以通过表格查阅,亦可根据年金终值系数求倒数确定。

【例 2-6】 某工厂欲积累一笔设备更新基金,拟在 3 年后更新设备,此项目投资总额 500 万元,从现在起每年等额存入银行一笔款项。银行存款年利率为 10%,每年末需要存入多少元?

$$A = 500 \times (A/F,10\%,3) = 500 \times 0.302\,11 = 151.06(\text{万元})$$

或

$$A = 500 \times \frac{1}{(F/A,10\%,3)} = 500 \times \frac{1}{3.31} = 151.06(\text{万元})$$

因此,在银行利率为 10% 时,每年存入 151.06 万元,3 年后可得 500 万元,用来更新设备。

有一种折旧方法,称为偿债基金法,其理论依据是"折旧的目的是保持简单再生产"。为在若干年后购置设备,并不需要每年提存设备原值与使用年限的算术平均数,由于利息不断增加,每年只需提存较少的数额即按偿债基金提取折旧,即可在使用期满时得到设备原值。偿债基金的年折旧额等于偿债基金系数乘以固定资产原值。

③普通年金现值的计算

普通年金现值是指一定时期内为在每期期末收付相等金额的款项,现在需要的金额。例如,$i=10\%$,$A=1\ 000$ 元,其普通年金现值的计算如图 2-6 所示。

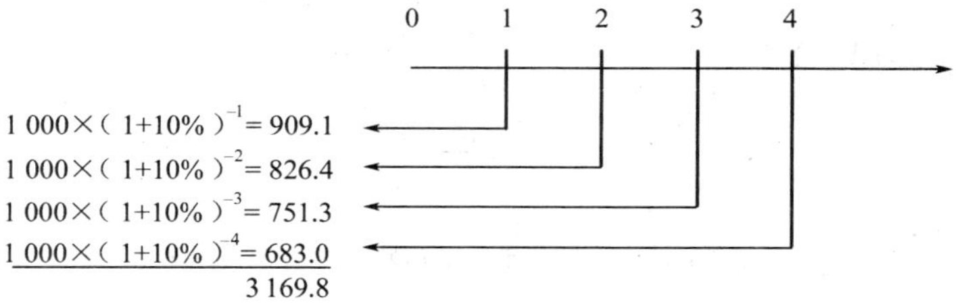

图 2-6 普通年金现值计算示意图

$$\begin{aligned}P&=1\ 000\times(1+10\%)^{-1}+1\ 000\times(1+10\%)^{-2}+1\ 000\times(1+10\%)^{-3}+1\ 000\times(1+10\%)^{-4}\\&=1\ 000\times0.909\ 1+1\ 000\times0.826\ 4+1\ 000\times0.751\ 3+1\ 000\times0.683\ 0\\&=1\ 000\times3.169\ 8\\&=3\ 169.8(\text{元})\end{aligned}$$

从图 2-6 可知,第一期期末的 1 000 元到第一期期初,经历了 1 个计息期,其复利现值为 909.1 元;第二期期末的 1 000 元到第一期期初,经历了 2 个计息期,其复利现值为 826.4 元;第三期期末的 1 000 元到第一期期初,经历了 3 个计息期,其复利现值为 751.3 元;第四期期末的 1 000 元到第一期期初,经历了 4 个计息期,其复利现值为 683.0 元。将以上四项加总得 3 169.8 元,即为四期的年金现值。

通过复利现值计算年金现值存在一定的规律性,由此可以推导出普通年金现值的计算公式。

根据复利现值的方法计算年金现值 P 的计算公式为

$$P=A(1+i)^{-1}+A(1+i)^{-2}+A(1+i)^{-3}+\cdots+A(1+i)^{-n}$$

式中各项为等比数列,首项是 A,公比是 $(1+i)^{-1}$,根据等比数列求和公式:

$$P=A\cdot\frac{1-(1+i)^{-n}}{i}=A\cdot\frac{1}{i}\left[1-\frac{1}{(1+i)^n}\right]=A\cdot\frac{(1+i)^n-1}{i(1+i)^n}$$

式中,分式 $\frac{(1+i)^n-1}{i(1+i)^n}$,或 $\frac{1}{i}\left[1-\frac{1}{(1+i)^n}\right]$ 称为年金现值系数,是指普通年金为 1 元,利率为 i,经过 n 期的年金现值,记为 $(P/A,i,n)$。上式也可写作:

$$P=A\cdot(P/A,i,n)$$

可据此编制"年金现值系数表"(见附表),以供查阅。例如,可以通过查表获得 $(P/A,8\%,7)$ 的年金现值系数为 5.206,即每年末收付 1 元,按年利率为 8% 计算,到第 7 年年末,其年金现值为5.206元。

【例2-7】 某公司投资一项专利产品，预计每年可得收益300万元，在年利率10%的情况下，5年后要求连本带利全部收回，问期初购买专利一次性投入应以多少钱为限才合算？

$$P = A \cdot \frac{(1+i)^n - 1}{i(1+i)^n} = 300 \times \frac{(1+10\%)^5 - 1}{10\%(1+10\%)^5} = 1\,137.24(\text{万元})$$

或

$$P = A \cdot (P/A, i, n) = 300 \times (P/A, 10\%, 5) = 300 \times 3.791 = 1\,137.3(\text{万元})$$

④资本回收的计算

资本回收指为使现值达到既定金额每年应支付的年金数额。

根据年金现值计算公式 $P = A \cdot \frac{(1+i)^n - 1}{i(1+i)^n}$ 可得到：

$$A = P \cdot \frac{i(1+i)^n}{(1+i)^n - 1}$$

式中，分式 $\frac{i(1+i)^n}{(1+i)^n - 1}$ 称为资本回收系数，是年金现值系数的倒数。记作：

$$A = P \cdot (A/P, i, n)$$

资本回收计算公式的含义是：它可以把现值折算为每年需要支付的年金金额。如果当前投入资本为现值 P，在每期利率为 i 的情况下，经过 n 期期末等额将 P 收回，那么每期期末应回收金额为年金 A 时才能连本带利回收。资本回收系数可以制成表格备查，亦可根据年金现值系数求倒数确定。

【例2-8】 假设以10%的年利率借款100万元，投资于某个寿命为10年的项目，每年至少收回多少现金才是有利的？

$$A = P \cdot \frac{i(1+i)^n}{(1+i)^n - 1} = 100 \times \frac{10\% \times (1+10\%)^{10}}{(1+10\%)^{10} - 1} = 16.27(\text{万元})$$

或

$$A = P \cdot (A/P, i, n) = 100 \times (A/P, 10\%, 10) = 100 \times 0.162\,7 = 16.27(\text{万元})$$

因此，每年至少要收回现金16.27万元，才能还清贷款本利。

此外，个人住房贷款月供额也可以通过等额本息还款法计算住房贷款月供额。

$$\text{住房贷款月供额} = \text{贷款本金}(A/P, i, n)$$

$$\text{每月还款额} = \text{贷款本金} \times \frac{\text{月利率} \times (1+\text{月利率})^{\text{还款期数}}}{(1+\text{月利率})^{\text{还款期数}} - 1}$$

(2)即付年金的计算

即付年金又称先付年金或预付年金，是指从第一期开始，在一定时期内每期期初等额收付的系列款项，即每期期初支付的年金。即付年金与普通年金的区别仅在于付款时间不同。即付年金的收付行为发生在每期期初，而普通年金的收付行为发生在每期期末。即付年金支付形式如图2-7所示。

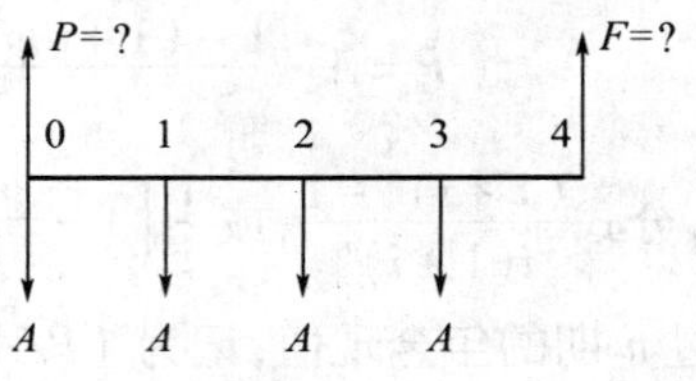

图2-7 即付年金示意图

①即付年金终值的计算

即付年金终值是指一定时期内每期期初等额收付款项的复利终值之和。例如，$A=1\ 000$ 元，$i=10\%$，第四期期末的年金终值的计算见图 2－8。

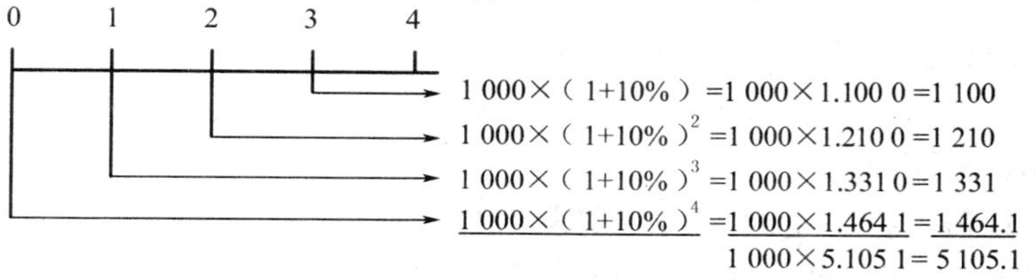

图 2－8　即付年金终值计算示意图

$$
\begin{aligned}
F &= 1\ 000\times(1+10\%)^1+1\ 000\times(1+10\%)^2+1\ 000\times(1+10\%)^3+1\ 000\times(1+10\%)^4\\
&= 1\ 000\times1.1+1\ 000\times1.21+1\ 000\times1.331+1\ 000\times1.464\ 1\\
&= 1\ 000\times5.105\ 1\\
&= 5\ 105.1(\text{元})
\end{aligned}
$$

从图 2－8 可知，第一期期初的 1 000 元，有 4 个计息期，其复利终值为 1 464.1 元；第二期期初的 1 000 元，有 3 个计息期，其复利终值为 1 331 元；第三期期初的 1 000 元，有 2 个计息期，其复利终值为 1 210 元；而第四期期初的 1 000 元，有 1 个计息期，其复利终值为 1 100 元。将以上四项加总得 5 105.1 元，即为整个的即付年金终值。

即付年金终值的计算公式为

$$F=A(1+i)+A(1+i)^2+\cdots+A(1+i)^n$$

式中各项为等比数列，首项为 $A(1+i)$，公比为 $(1+i)$，根据等比数列的求和公式可知：

$$
\begin{aligned}
F &= \frac{A(1+i)\cdot[1-(1+i)^n]}{1-(1+i)}=\frac{A(1+i)\cdot[(1+i)^n-1]}{i}=A(1+i)(F/A,i,n)\\
&= A\cdot\frac{1+i-(1+i)^{n+1}}{-i}=A\cdot\left[\frac{(1+i)^{n+1}-1}{i}-1\right]
\end{aligned}
$$

即付年金与普通年金的付款期数相同，但由于其付款时间的不同，即付年金终值比普通年金终值多计算一期利息。把每年的即付年金 A 都乘以 $(1+i)$，就是普通年金 $A(1+i)$。因此，可在普通年金终值的基础上乘以 $(1+i)$ 就是即付年金的终值。所以，即付年金终值等于即付年金乘以 $(1+i)$，再乘以普通年金终值系数。式中的 $\left[\frac{(1+i)^{n+1}-1}{i}-1\right]$ 是即付年金终值系数，或称 1 元的即付年金终值。它和普通年金终值系数 $\left[\frac{(1+i)^n-1}{i}\right]$ 相比，期数加 1，而系数减 1，得到即付年金终值系数，可记作：

$$F=A[(F/A,i,n+1)-1]=A(1+i)(F/A,i,n)$$

并可利用“年金终值系数表”查得 $(n+1)$ 期的值，减去 1 后得出 1 元的预付年金终值系数。

【例 2－9】　按政府有关规定，贫困大学生在大学学习期间可享受政府贷款，设某学生在大学 4 年学习期间，每年年初从银行借款 5 000 元用以支付学费，若按年利率 5% 计算复利，第 3 年年末一次归还全部本息要多少钱？

$$F=A\cdot[(F/A,i,n+1)-1]=5\ 000\times[(F/A,5\%,4+1)-1]$$

查“年金终值系数表”：$(F/A,5\%,5)=5.526$

$$F=5\,000\times(5.526-1)=22\,630(\text{元})$$

或

$$F=A(1+i)(F/A,i,n)=5\,000\times(1+5\%)(F/A,5\%,4)$$

查“年金终值系数表”：$(F/A,5\%,4)=4.310$

$$F=5\,000\times(1+5\%)\times4.310=22\,628(\text{元})$$

②即付年金现值的计算

即付年金现值是指一定时期内每期期初收付款项的复利现值之和。例如，$A=1\,000$ 元，$i=10\%$，$n=4$，其即付年金现值的计算如图 2－9 所示。

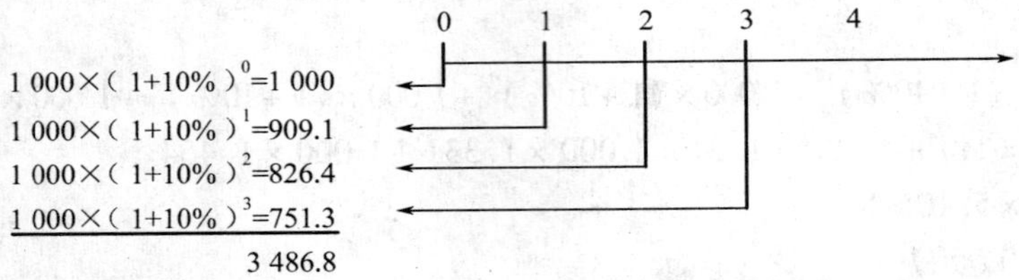

图 2－9　即付年金现值计算示意图

从图 2－9 可知，第一期期初的 1 000 元，没有计息期，其复利现值仍然为 1 000 元；第二期期初的 1 000 元到第一期初，经历了 1 个计息期，其复利现值为 909.1 元；第三期期初的 1 000元到第一期初，经历了 2 个计息期，其复利现值为 826.4 元；第四期期初的 1 000 元到第一期初，经历了 3 个计息期，其复利现值为 751.3 元。将以上四项加总得 3 486.8 元，即为四期的即付年金现值。

即付年金现值的计算公式为

$$P=A+A(1+i)^{-1}+A(1+i)^{-2}+\cdots+A(1+i)^{-(n-1)}$$

式中各项为等比数列，首项是 A，公比是 $(1+i)^{-1}$，根据等比数列求和公式：

$$P=\frac{A\cdot[1-(1+i)^{-n}]}{1-(1+i)^{-1}}=\frac{A(1+i)\cdot[1-(1+i)^{-n}]}{i}=\frac{A(1+i)\cdot[(1+i)^{n}-1]}{i(1+i)^{n}}=A(1+i)(P/A,i,n)$$

$$=A\cdot\frac{[1-(1+i)^{-n}](1+i)}{i}=A\cdot\left[\frac{(1+i)^{(n-1)}-1}{i(1+i)^{n-1}}+1\right]$$

从以上的计算可以看出，即付年金与普通年金的付款期数相同，但由于其付款时间的不同，即付年金现值比普通年金现值少折算一期利息。把每年的即付年金 A 都乘以 $(1+i)$，就是普通年金 $A(1+i)$。所以，即付年金现值等于即付年金乘以 $(1+i)$，再乘以普通年金现值系数。式中的 $\left[\frac{(1+i)^{(n-1)}-1}{i(1+i)^{n-1}}+1\right]$ 是即付年金现值系数，或称 1 元的即付年金现值。它是在普通年金现值系数的基础上，期数减 1，系数加 1 所得的结果。即付年金现值可记作：

$$P=A\cdot[(P/A,i,n-1)+1]$$

可利用“年金现值系数表”查得 $(n-1)$ 期的年金现值，然后加 1，得出 1 元的即付年金现值系数。

【例 2－10】　购买汽车现价 40 万元，也可以采用 5 年分期付款，每年年初支付 10 万元，银行年利率为 10%，该项分期付款相当于一次现金支付的购价是多少？哪一种付款方式合算？

$$P_1 = 40(\text{万元})$$

$$P_2 = A \cdot [(P/A,i,n-1)+1] = 10 \times [(P/A,10\%,5-1)+1]$$
$$= 10 \times (3.170+1) = 41.7(\text{万元})$$

因为现购 40 万元小于分期付款现值，所以选现购合算。

（3）递延年金的计算

递延年金指第一次收付款发生时间是在第二期或者第二期以后的年金。递延年金是普通年金的特殊形式，在所分析的期间中，一般用 m 表示递延期数，前 m 期没有年金收付，从第 $m+1$ 期开始形成普通年金，递延年金的收付形式如图 2－10 所示。

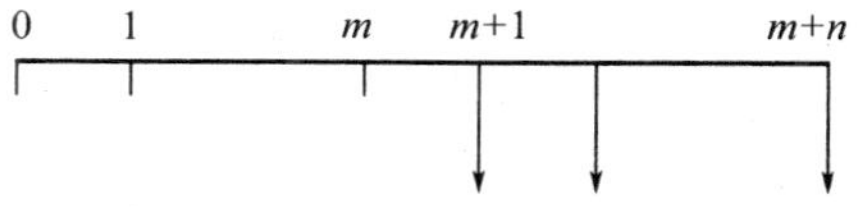

图 2－10　递延年金

①递延年金终值的计算

递延年金终值的计算方法与普通年金终值的计算方法相同，其终值的大小与递延期限无关。

$$F = A(F/A,i,n)$$

式中，“n”表示的是 A 的个数，与递延期无关。

②递延年金现值的计算

递延年金现值是自若干时期后开始每期等额系列收付款项的现值之和。其现值计算方法有两种。

方法一

先将递延年金视为 n 期普通年金，求出递延期末的现值，即第 m 期普通年金现值，然后再将该现值视为终值，折算为第一期期初的现值：

$$P_0 = A \cdot (P/A,i,n) \cdot (P/F,i,m)$$

或者先将递延年金视为 n 期普通年金，求出在 n 期普通年金终值，然后再折算到第一期期初的现值：

$$P_0 = A \cdot (F/A,i,n) \cdot (P/F,i,m+n)$$

式中，m 为递延期；n 为连续收支期数。

方法二

假设在递延期中也进行支付，先计算（$m+n$）期的年金现值，然后，扣除实际并未支付的递延期的年金现值，即减去 m 期年金现值：

$$P_0 = A \cdot [(P/A,i,m+n) - (P/A,i,m)]$$

【例 2－11】 某人 4 年后开始上大学，连续 4 年每年需要费用 10 000 元，在年利率 10% 的情况下，问其父母现在应存入银行多少钱？

这里递延年金 $A = 10\ 000$ 元，如图2－11所示，从图中可以看出，前三期没有发生收付款项，递延期 $m=3$。第一次支付在第 4 期期末，连续 4 期发生等额的收付款项，即$n=4$。

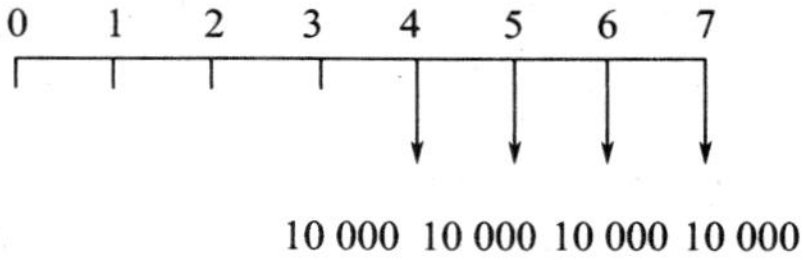

图 2－11　递延年金现值

方法一 如图 2－12：

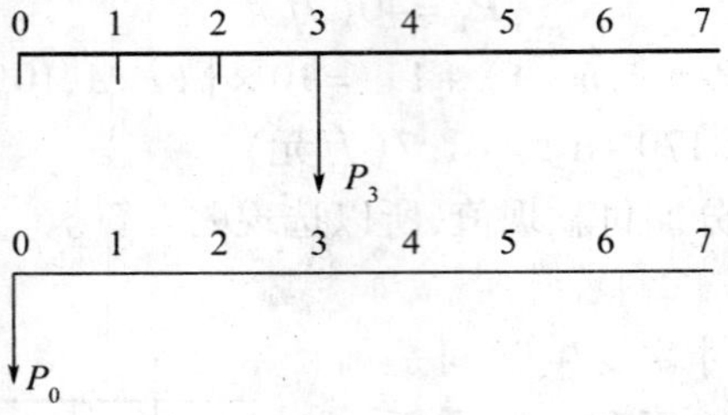

图 2－12 递延年金现值的计算过程示意图

$P_3 = A \cdot (P/A, i, n) = 10\,000 \times (P/A, 10\%, 4) = 10\,000 \times 3.170 = 31\,700$(元)

$P_0 = P_3 \cdot (P/F, 10\%, 3) = 31\,700 \times 0.751\,3 = 23\,816$(元)

同理：$P_7 = A \cdot (F/A, i, n) = 10\,000 \times (F/A, 10\%, 4) = 10\,000 \times 4.641 = 46\,410$(元)

$P_0 = P_7 \cdot (P/F, 10\%, 7) = 46\,410 \times 0.513\,2 = 23\,818$(元)

两种计算方法相差 2 元，是因小数点的尾数造成的。

方法二 如图 2－13：

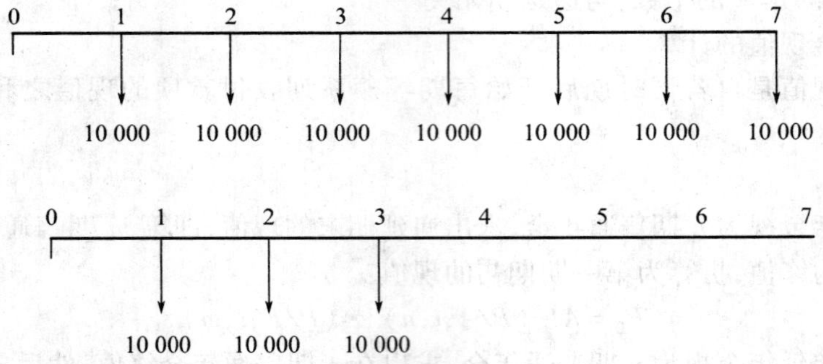

图 2－13 递延年金现值的计算过程示意图

$P_{(m+n)} = A \cdot (P/A, i, m+n) = 1\,000 \times (P/A, 10\%, 3+4) = 10\,000 \times 4.868 = 48\,680$(元)

$P_{(m)} = A \cdot (P/A, i, m) = 1\,000 \times (P/A, 10\%, 3) = 10\,000 \times 2.487 = 24\,870$(元)

$P_{(n)} = P_{(m+n)} - P_{(m)} = 48\,680 - 24\,870 = 23\,814$(元)

【例 2－12】 某投资项目，有三个方案，其收益情况如下：方案一是现在起 10 年内每年末获利 20 万元；方案二是现在起 10 年内每年初获利 18 万元；方案三是前 3 年不获利，第 4 年起到第 10 年每年末获利 34 万元。假设按银行贷款利率 10% 复利计息，分别采用终值和现值方式比较，问哪一个方案获利能力强？

终值方式比较：

方案一 $F = 20 \times (F/A, 10\%, 10) = 20 \times 15.937 = 318.74$(万元)

方案二 $F = 18 \times [(F/A, 10\%, 10+1) - 1] = 18 \times (18.531 - 1) = 315.56$(万元)

或

$F = 18 \times (F/A, 10\%, 10) \times (1 + 10\%) = 18 \times 15.937 \times 1.1 = 315.55$(万元)

两种计算方法相差0.01万元,是因小数点的尾数造成的。

方案三 $F=34\times(F/A,10\%,7)=34\times9.487=322.56$(万元)

从计算结果可得出,采用第三个方案获利能力强。

现值方式比较:

方案一 $P=20\times(P/A,10\%,10)=20\times6.145=122.9$(万元)

方案二 $P=18\times[(P/A,10\%,10-1)+1]=18\times(5.759+1)=121.66$(万元)

或

$$P=18\times(P/A,10\%,10)\times(1+10\%)=18\times6.145\times1.1=121.67\text{(万元)}$$

方案三 $P=34\times(P/A,10\%,7)\times(P/F,10\%,3)=34\times4.868\times0.751=124.30$(万元)

或

$$P=34\times(F/A,10\%,7)\times(P/F,10\%,10)=34\times9.487\times0.386=124.51\text{(万元)}$$

或

$$P=34\times[(P/A,10\%,10)-(P/A,10\%,3)]=34\times(6.145-2.487)=124.37\text{(万元)}$$

采用第三个方案获利能力强。

(4)永续年金的计算

永续年金是指无限期定额支付的普通年金,如优先股股利、奖励基金、现实中的存本取息,都可视为永续年金的例子。由于永续年金持续期无限,没有终止时间,因此永续年金没有终值,只有现值。普通年金的期数 n 趋向于无穷大时形成永续年金,因此永续年金的现值可以看成是一个 n 趋向无穷大普通年金的现值,则永续年金现值通过普通年金现值计算如下:

$$P=A\cdot\frac{(1+i)^n-1}{i(1+i)^n}=A\cdot\frac{1-(1+i)^{-n}}{i}$$

当 $n\to\infty$ 时,由于 A,i 都是有界量,$(1+i)^{-n}$趋向无穷小,因此

$$P=\lim_{n\to\infty}A\cdot\frac{1-(1+i)^{-n}}{i}=\frac{A}{i}$$

故永续年金的现值为

$$P=A\cdot\frac{1}{i}$$

【例2-13】 某学校拟建立一项永久性的奖学金,每年计划颁发50 000元奖金。若银行年利率为8%,试计算该学校现在应存入银行多少钱?

$$P=50\ 000\times\frac{1}{8\%}=625\ 000\text{(元)}$$

4. 各系数之间的关系

显然,现值、终值系数的所有公式都只需要三个因素:计息方式、每期计息利率和期数。在复利计息方式下,由不同利率 i 和期数 n 的组合计算出各种情况下的现值和终值系数,并依照一定顺序排列成复利现值系数表、复利终值系数表、年金现值系数表、年金终值系数表等。在计算资金的时间价值时,只需要根据 i,n 两个因素查相应表格,即可获得有关现值系数和终值系数。上述公式存在以下关系:

(1)倒数关系

复利终值系数为$(F/P,i,n)=(1+i)^n$;复利现值系数为$(P/F,i,n)=\frac{1}{(1+i)^n}$。二者互为倒数关系。

普通年金终值系数为$(F/A,i,n)=\frac{(1+i)^n-1}{i}$；偿债基金系数为$(A/F,i,n)=\frac{i}{(1+i)^n-1}$。二者互为倒数关系。

普通年金现值系数为$(P/A,i,n)=\frac{(1+i)^n-1}{i(1+i)^n}$；资本回收系数为$(A/P,i,n)=\frac{i(1+i)^n}{(1+i)^n-1}$。二者互为倒数关系。

(2)置换关系

普通年金现值系数的置换

$$(P/A,i,n)=\frac{(1+i)^n-1}{i(1+i)^n}=\frac{(1+i)^n-1}{i}\cdot\frac{1}{(1+i)^n}=(F/A,i,n)\cdot(P/F,i,n)$$

资本回收系数的置换

$$(A/P,i,n)=\frac{i(1+i)^n}{(1+i)^n-1}=\frac{i}{(1+i)^n-1}\cdot(1+i)^n=(A/F,i,n)\cdot(F/P,i,n)$$

(3)投资回收系数与偿债基金系数的关系

$$(A/F,i,n)=(A/P,i,n)-i$$

5. 利率与期数的推算

在介绍复利计算基本公式时，都假设利率 i 和期数 n 为已知量，主要研究 P,A,F 之间的换算关系。但在财务管理实务中有时 P,A,F 已知，需计算 i 或 n 值，可以用公式法和内插法。

(1)利率 i 的推算

利率、现值(或者终值)系数之间存在一定的数量关系。已知现值(或者终值)系数，则可以通过内插法(见图 2－14)公式计算出对应的利率：

$$i=i_1+\frac{B-B_1}{B_2-B_1}\cdot(i_2-i_1)$$

式中，i 为所要求的利率；B 为 i 对应的现值(或者终值)系数；B_1,B_2 为现值(或者终值)系数表中与 B 相邻的系数；i_1,i_2 为 B_1,B_2 对应的利率。

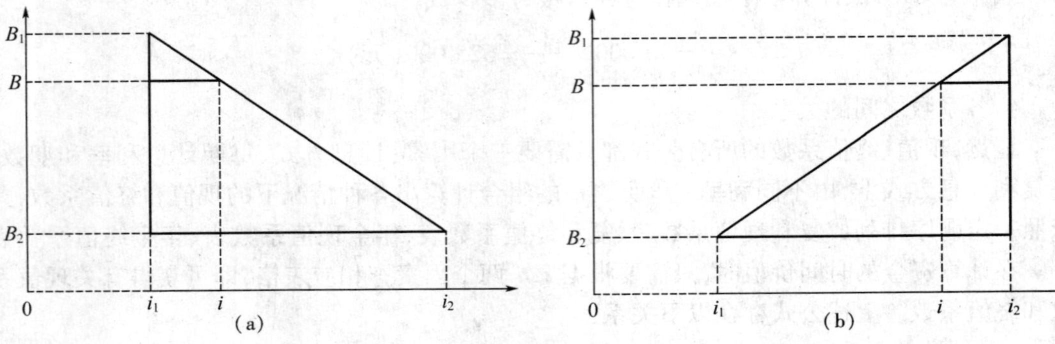

图 2－14　内插法示意图

第一，若已知复利现值(或者终值)系数 B 以及期数 n 可以查“复利现值(或者终值)系数表”，找出与已知复利现值（或者终值）系数最接近的两个系数及其对应的利率，按内插法公式计算出利率。

第二，若已知年金现值（或者终值）系数 B 以及期数 n，可以查“年金现值（或者终值）系数表”，找出与已知年金现值（或者终值）系数最接近的两个系数及其对应的利率，按内插法公式计算出利率。

第三，即付年金折现率的推算可以参照普通年金折现率的推算方法。

第四，永续年金的折现率可以通过其现值计算公式求得：$i=\dfrac{A}{P}$。

【例 2－14】 某人年初存入 1 000 元，第 5 年末得到 1 500 元，银行的年利率是多少？

方法一 由公式 $F=P(1+i)^n$ 可知

$$\sqrt[n]{\frac{F}{P}}=1+i$$

$$i=\sqrt[n]{\frac{F}{P}}-1=\sqrt[5]{\frac{1\ 500}{1\ 000}}-1=8.45\%$$

方法二 由 $1\ 500=1\ 000(F/P,i,5)$ 得

$$(F/P,i,5)=1.5$$

由复利终值系数表中查得，1.5 介于 8% 与 9% 之间，用内插法计算：

$i_1=8\%$ 时

$$B_1=(F/P,8\%,5)=1.469<1.5$$

$i_2=9\%$ 时

$$B_2=(F/P,9\%,5)=1.539>1.5$$

$$i=i_1+\frac{B-B_1}{B_2-B_1}\cdot(i_2-i_1)=8\%+\frac{1.5-1.469}{1.539-1.469}\times(9\%-8\%)=8.44\%$$

不同计算方法相差 0.01%，是因小数点的尾数造成的。

(2)期数的推算

期数 n 的推算，其原理和步骤与折现率 i 的推算相同。

$$n=n_1+\frac{B-B_1}{B_2-B_1}\cdot(n_2-n_1)$$

【例 2－15】 若年利率为 10%，现某人每年年末等额存入银行 1 000 元，问此人要在几年后才能使资金达到 10 000 元？

$$F=10\ 000=1\ 000(F/A,10\%,n)$$

$$(F/A,10\%,n)=10$$

查普通年金终值系数表。在 $i=10\%$ 所在列上纵向查找，查找大于和小于 10 的临界系数值。

$n_1=7$ 时

$$B_1=9.487<10$$

$n_2=8$ 时

$$B_2=11.436>10$$

可见，期数应在 7 至 8 之间，可用插值法求 n：

$$n=n_1+\frac{B-B_1}{B_2-B_1}\cdot(n_2-n_1)=7+\frac{10-9.487}{11.436-9.487}\times(8-7)=7.26(\text{年})$$

三、实际利率与名义利率

在实际经济活动中，计息周期有年、半年、季、月、周、日等多种。当计息期小于支付期，一年内多次复利，要注意实际利率与名义利率。复利次数大于一次的 n 年末的终值计算公式为

$$F=P\cdot\left(1+\frac{r}{m}\right)^{mn}$$

式中，F 为终值；P 为现值；r 为年利率（又叫名义利率）；m 为一年内复利次数；n 为计息年数；mn 为计息次数。

当 m 趋于无穷大时，称为连续复利下的复利终值。

$$F=P\cdot\left(1+\frac{r}{m}\right)^{mn}=\lim_{m\to\infty}P\cdot\left(1+\frac{r}{m}\right)^{mn}=Pe^{rn}$$

【例 2－16】 某企业于年初存入 100 万元，在年利率为 8%，半年复利一次的情况下，到第 10 年末，该企业能得到本利和为多少？

$$F=100\times\left(1+\frac{8\%}{2}\right)^{2\times10}=100\times(1+4\%)^{20}=100\times(F/P,4\%,20)=219.1(\text{元})$$

如果以“年”为计息期，当利息在一年内要复利几次时所给出的年利率叫作名义利率。将计息周期实际发生的利率称为计息周期利率，计息周期利率乘以每年计息周期次数等于名义利率。也就是计息周期利率＝名义利率/复利计息次数。假设按季度计算利息，季利率为 2%，通常称为“年利率 8%，每季计息一次”，这个 8% 是名义利率，一个计息周期的利率就是 2%。

实际利率是按照短于一年的计息期计算复利，并将全年利息额除以年初的本金，也就是一年内复利的次数恰好等于一，此时的年利率称为实际年利率，也称实际利率。按单利计息，名义利率与实际利率是一致的。按复利计息时，实际年利率和名义利率之间的关系为

$$i=\left(1+\frac{r}{m}\right)^{m}-1$$

式中，r 为名义利率；m 为每年复利计息次数；i 为实际利率。

第一，当计息周期为一年时，实际年利率与名义利率相等；计息周期短于一年时，实际年利率大于名义利率；计息周期长于一年时，实际年利率小于名义利率。第二，名义利率越大，计息周期越短，实际年利率与名义利率的差异就越大。第三，名义利率不能完全反映资金的时间价值，实际年利率才能真正反映资金的时间价值。

当 m 趋于无穷大时，称为连续复利下的实际利率。

$$i=\lim_{m\to\infty}\left[\left(1+\frac{r}{m}\right)^{m}-1\right]=\lim_{m\to\infty}\left\{\left[\left(1+\frac{r}{m}\right)^{\frac{m}{r}\cdot r}\right]-1\right\}=e^{r}-1$$

【例 2－17】 如果 1 月 1 日将 1 元存入银行，假设银行存款年利率为 12%，每半年复利一次，每季度复利一次，每月复利一次，每周复利一次，每天复利一次，那么一年末（12 月 31 日）得到本利和各为多少？实际利率各是多少？

表 2－1 名义利率、实际利率的比较

计息周期	一年内计息次数/m	计息周期利率/%	终值/元	实际年利率/%
年	1	12	$1\times(1+12\%)=1.12$	12
半年	2	6	$1\times\left(1+\frac{12\%}{2}\right)^{2}=1.1236$	12.36
季	4	3	$1\times\left(1+\frac{12\%}{4}\right)^{4}=1.125509$	12.550 9
月	12	1	$1\times\left(1+\frac{12\%}{12}\right)^{12}=1.126825$	12.682 5
周	52	0.230 8	$1\times\left(1+\frac{12\%}{52}\right)^{52}=1.127341$	12.734 1
日	365	0.032 9	$1\times\left(1+\frac{12\%}{365}\right)^{365}=1.127475$	12.747 5
连续		——	$1\times e^{12\%}=1.127497$	12.749 7

【例 2－18】 某人连续三年年末等额存入银行 10 000 元，年利率为 12%，按季计息，求此人 3 年末可收回的资金。

计息期利率

$$i_{季}=\frac{12\%}{4}=3\%$$

方法一

$$F=10\,000\times(1+3\%)^{8}+10\,000\times(1+3\%)^{4}+10\,000=33\,922.79(元)$$

方法二

将每年末的 10 000 元等值到该年的每个季度末，然后按 12 个年金，利率为 3%，求终值。

$$A=10\,000\times(A/F,3\%,4)=2\,390(元)$$

$$F=2\,390\times(F/A,3\%,12)=2\,390\times14.192=33\,918.88(元)$$

方法三 先计算实际利率，然后按 3 个年金，利率为实际利率，求终值。

$$i_{年}=\left(1+\frac{12\%}{4}\right)^{4}-1=12.551\%$$

$$F=10\,000\times(F/A,12.551\%,3)=10\,000\times\frac{(1+12.551\%)^{3}-1}{12.551\%}=33\,922.83(元)$$

不同计算方法结果有差异，是因小数点的尾数造成的。

第三节 风险与报酬

估价时折现率的确定应当根据投资者要求的必要报酬率。不同风险的投资，需要使用不同的折现率，风险与收益存在对等关系，风险越大要求的必要报酬率越高。但究竟用多少报酬来补偿特定的风险是确定折现率的关键问题。

一、风险的概念

风险是指在一定条件下和一定时期内可能发生的各种结果的变动程度,风险可能给投资人带来超出预期的收益,也可能带来超出预期的损失。从财务角度来说,风险主要指无法达到预期报酬的可能性。在风险存在的情况下,人们只能事先估计到采取某种行动可能导致的结果,以及每种结果出现的可能性,而行动的真正结果究竟会怎样,不能事先确定。

风险是事件本身的不确定性,具有客观性。风险是"一定条件下"的风险。风险的大小随时间延续而变化,是"一定时期内"的风险。严格说来,风险和不确定性是有区别的。风险是指事前可以知道所有可能的结果,以及每种结果的概率。不确定性是指事前不知道所有可能结果,或者虽然知道可能结果但不知道它们出现的概率,或者两者都不知道,而只能作些粗略的估计。不确定性投资方案,是指对各种情况出现的可能性不清楚,无法加以计量的投资决策。但是,在面对实际问题时,两者很难区分,风险问题的概率往往不能准确知道,不确定性问题也可以估计一个概率,对不确定性投资方案中的各种情况出现的可能性规定一些主观概率,就可以将不确定性投资方案转化为风险性的投资方案。因此在财务管理实务领域对风险和不确定性不作严格区分,都视为"风险"问题对待,把风险理解为可测定概率的不确定性。

总之,某一行动的结果具有多种可能而不肯定,就叫有风险;反之,若某一行动的结果很肯定,就叫没有风险。如购买政府发行的国库券,该国库券的利率到期肯定可以实现。从财务管理的角度看,风险就是企业在各项财务活动过程中,由于各种难以预料或无法控制的因素作用,使企业的实际收益与预计收益发生背离,从而有蒙受经济损失的可能性。但是,人们在投资活动中,由于主观努力,把握时机,往往能有效地避免失败,并取得较高的收益。

从企业本身来看,风险可分为经营风险和财务风险两大类。经营风险是指因生产经营方面的原因给企业盈利带来的不确定性。经营风险是任何商业活动都有的,也称为商业风险。企业生产经营的许多方面都会受到来源于企业外部和内部的诸多因素的影响,具有很大的不确定性。经营风险主要来自于:由于原材料供应地的政治经济情况变动,运输路线改变,原材料价格变动,新材料、新设备的出现等因素带来的供应方面的风险;由于产品生产方向不对头,产品更新时期掌握不好,生产质量不合格,新产品、新技术开发试验不成功,生产组织不合理等因素带来的生产方面的风险;由于出现新的竞争对手,消费者爱好发生变化,销售决策失误,产品广告推销不力以及货款回收不及时等因素带来的销售方面的风险。此外还有外部的环境变化,如天灾、经济不景气、通货膨胀等。所有这些生产经营方面的不确定性,都会引起企业的利润或利润率的高低变化。财务风险又称筹资风险,是指由于举债给企业财务成果带来的不确定性。企业举债经营,全部资金中除自有资金外还有一部分借入资金,这会对自有资金的盈利能力造成影响,当企业息税前资金利润率高于借入资金利息率时,使用借入资金获得的利润除了补偿利息外还有剩余,因而使自有资金利润率提高。反之亦然。同时,借入资金需还本付息,如果企业息税前利润还不够支付到期债务,就要用自有资金来支付,使企业发生亏损,若企业亏损严重,财务状况恶化,陷入财务困境,就会出现无法还本付息甚至招致破产的危险。总之,由于诸多因素的影响,企业息税前资金利润率和借入资金利息率差额具有不确定性,从而引起自有资金利润率的高低变化,这种风险即为财务风险。这种风险程度的大小受借入资金对自有资金比例的影响,借入资金比例大,风险程度就会随之增大,反之亦然。

二、单项资产的风险和报酬

资金的时间价值是投资者在无风险条件下进行投资所要求的报酬率,但是,在长期财务决策中,必须考虑风险因素,计量风险程度。由于投资风险的存在,要使投资者愿意承担一份风险,必须给予一定报酬作为补偿。风险越大,补偿越高,要求的报酬率越高。在投资报酬率相同的情况下,人们都会选择风险小的投资,结果竞争使其风险增加,报酬率下降。风险和报酬的这种联系是市场竞争的结果。风险报酬的表现形式有两种,风险收益额和风险收益率。投资者由于冒风险进行投资而获得的超过资金的时间价值的额外收益,称为风险收益额,又称为投资的风险价值或风险收益。在财务管理中,风险报酬通常用相对数,即风险收益率来加以计量。风险收益额对于投资额的比率,称为风险收益率。如果不考虑通货膨胀因素,投资者进行风险投资所要求或期望的投资报酬率等于无风险收益率与风险收益率之和。即

投资收益率 = 无风险投资收益率 + 风险投资收益率

1. 风险的衡量

风险是客观存在的,并广泛影响着企业的财务和经营活动。因此,需要将风险程度予以量化,进行较为准确的衡量。资金风险价值既然是超过资金时间价值之上的额外利润或损失,所以它的计量就可以利用概率论的方法,以额外利润或额外损失偏离平均资金利润率(资金利润率期望值)的程度(标准离差、标准离差率)与风险收益来确定。

(1)概率分布

某一事件在完全相同的条件下可能发生,也可能不发生,既可能出现这种结果,又可能出现那种结果,这类事件称为随机事件。概率是用百分数或小数来表示某一随机事件发生可能性及出现某种结果可能性大小的数值。通常把必然发生的事件的概率定为1,把不可能发生的事件的概率定为0,而一般随机事件的概率是介于0与1之间。概率越大表示该事件发生的可能性越大。如果把某一事件所有可能的结果都列示出来,对每一结果都给予一定的概率,便构成概率的分布。

(2)期望值

期望值是随机变量的均值。对于单项投资风险报酬率的评估来说,要计算的期望值即为期望报酬率,是指某一投资项目未来收益的各种可能结果,用概率为权数计算出来的加权平均数。期望投资报酬率的计算公式为

$$\overline{K} = \sum_{i=1}^{n} K_i P_i$$

式中,$\overline{K}$为期望投资报酬率;K_i 为第 i 个可能结果下的投资报酬率;P_i 为第 i 个可能结果出现的概率;n 为可能结果的总数。

概率分布有两种类型。一种是离散型分布,即概率分布在几个特定的随机变量上,概率分布图形成几条个别的直线;另一种是连续型概率分布,即概率分布在一定区间的连续各点上,概率分布图形成由一条曲线覆盖的平面。概率分布越集中,概率分布中的峰度越高,投资风险就越低。因为概率分布越集中,实际可能的结果就会越接近预期收益,实际收益率低于预期收益率的可能性就越小,因而其投资风险较低。所以,对有风险的投资项目,

不仅要考察其预期收益率的高低，而且要考察其风险程度的大小。

(3)离散程度

①方差

方差是各种可能的结果偏离期望值的综合差异，是反映离散程度的一种量度。方差计算公式为

$$\delta^2 = \sum_{i=1}^{n} (K_i - \overline{K})^2 \cdot P_i$$

②标准离差

标准离差是方差的平方根，因为方差的量纲是自变量的量纲的平方，在实务中一般不使用方差，而使用标准离差这个绝对数来衡量决策方案的风险程度。一般来说，标准离差越小，说明离散程度越小，风险也就越小；反之亦然。标准离差的计算公式为

$$\delta = \sqrt{\sum_{i=1}^{n} (K_i - \overline{K})^2 \cdot P_i}$$

标准离差是反映随机变量离散程度的一个指标，但标准离差是一个绝对指标，无法准确地反映随机变量的离散程度。标准离差只能用来比较期望值相同的各项投资的风险程度，如比较项目的期望报酬率不同，应计算反映离散程度的相对指标，即标准离差率来衡量决策方案的风险程度。

③标准离差率

标准离差率是某随机变量标准离差相对该随机变量期望值的比率。其计算公式为

$$V = \frac{\delta}{\overline{K}} \times 100\%$$

式中，V 为标准离差率；δ 为标准离差；$\overline{K}$为期望投资报酬率。

标准离差率用来比较期望值不同的各项投资的风险程度。标准离差率越大，风险越大，反之亦然。

【例 2－19】 有两个投资机会，甲项目和乙项目，销售前景可以比较准确地预测出来。假设未来的经济情况只有三种：繁荣、一般、较差，两个项目的预期报酬率及其概率分布情况如表 2－2 所示。分别计算甲、乙两个项目的期望报酬率、投资报酬率的方差、标准离差、标准离差率。

表 2－2　甲项目和乙项目投资报酬率的概率分布

经济情况	该种情况出现的概率		预期报酬率	
	甲	乙	甲	乙
繁荣	0.20	0.30	15%	20%
一般	0.60	0.40	10%	15%
较差	0.20	0.30	0	－10%

概率表示每一种经济情况出现的可能性，同时也是各种不同预期报酬率出现的可能性。例如甲项目未来经济情况出现繁荣的可能性是 0.20，假如这种情况真的出现，甲项目

就可获得15%的报酬率，也即采纳甲项目获利15%的可能性是0.20。当然，预期报酬率作为一种随机变量，受多种因素的影响。为了简化，假设其他因素都相同，只有经济情况一个因素影响预期报酬率。预期收益率的概率分布反映了投资报酬的不确定程度。分布范围越大，说明风险越高，相应投资报酬率的预期也就越高。

计算项目甲和项目乙的期望投资报酬率分别为

项目甲的期望投资报酬率 $=K_1P_1+K_2P_2+K_3P_3=0.2\times15\%+0.6\times10\%+0.2\times0=9\%$

项目乙的期望投资报酬率 $=K_1P_1+K_2P_2+K_3P_3=0.3\times20\%+0.4\times15\%+0.3\times(-10\%)=9\%$

从计算结果可以看出，两个项目的期望投资报酬率都是9%。两个项目的预期报酬率相同，但其概率分布不同，说明它们的风险不一样。两个项目的优劣需要了解概率分布的离散情况，即计算方差、标准离差和标准离差率。

$$\text{项目甲的方差}=\sum_{i=1}^{n}(K_i-\overline{K})^2\cdot P_i$$
$$=0.2\times(15\%-9\%)^2+0.6\times(10\%-9\%)^2+0.2\times(0-9\%)^2=0.002\,4$$

项目甲的标准离差 $=\sqrt{0.002\,4}=0.049$

$$\text{项目乙的方差}=\sum_{i=1}^{n}(K_i-\overline{K})^2\cdot P_i$$
$$=0.3\times(20\%-9\%)^2+0.4\times(15\%-9\%)^2+0.3\times(-10\%-9\%)^2$$
$$=0.015\,9$$

项目乙的标准离差 $=\sqrt{0.015\,9}=0.126$

项目甲的标准离差率 $=\dfrac{0.049}{0.09}\times100\%=0.544$

项目乙的标准离差率 $=0.126/0.09\times100\%=1.4$

乙项目的标准离差大于甲项目的标准离差，说明项目乙的风险大于项目甲的风险，应选择甲项目。

2. 风险的报酬

标准离差率虽然能正确评价投资风险程度的大小，但还无法将风险与报酬结合起来进行分析。如果要决定是否对某一投资项目进行投资，此时需要计算出该项目的风险报酬率。风险报酬系数将对风险的评价转化为报酬率。风险报酬率、风险价值系数和标准离差率之间的关系为

$$R_R=bV$$

式中，R_R 为风险报酬率；b 为风险价值系数；V 为标准离差率。

在不考虑通货膨胀因素的影响时，投资的总报酬率为

$$K=R_F+R_R=R_F+bV$$

式中，K 为投资报酬率；R_F 为无风险报酬率。

其中无风险报酬率 R_F 可用加上通货膨胀溢价的时间价值来确定，在财务管理实务中一般把短期政府债券的（如短期国库券）报酬率作为无风险报酬率。

【例2-20】 利用前例数据，并假设无风险报酬率为11%，风险价值系数为10%，计算两个项目的风险报酬率和投资报酬率。

项目甲的风险报酬率 $=bV=10\%\times0.544=5.44\%$

项目甲的投资报酬率 $=R_F+bV=11\%+10\%\times0.544=16.44\%$

项目乙的风险报酬率 $=bV=10\%\times1.4=14\%$

项目乙的投资报酬率 $=R_F+bV=11\%+10\%\times1.4=25\%$

从计算结果可以看出，项目乙的投资报酬率（25%）要高于项目甲的投资报酬率（16.44%），似乎项目乙是一个更好的选择。而从前面的分析来看，两个项目的期望报酬率是相等的，但项目乙的风险要高于项目甲，应选择项目甲。

风险价值系数（b）的数学意义是指该项投资的风险收益率占该项投资的标准离差率的比率。在实际工作中，确定单项投资的风险价值系数，是由投资者根据经验并结合其他因素或通过对历史资料的分析、统计回归、专家评议获得，或者由政府部门公布。通常有以下几种方法：

（1）根据以往同类项目的有关数据确定

【例 2－21】 某企业对丙项目进行投资，其同类项目的投资收益率为 17%，无风险收益率为 12%，收益标准离差率为 50%。根据投资收益率的计算公式，可计算如下：

$$b=(17\%-12\%)\div50\%=10\%$$

（2）由企业主管投资的人员会同有关专家确定

当投资项目缺乏同类项目的历史资料，可根据主观的经验加以确定，由企业主管投资的人员，如总经理、财务经理等会同有关专家研究确定。这时，风险价值系数大小的确定，在很大程度上取决于企业投资者对风险的态度。如果投资者都愿意冒风险，风险价值系数就定得小一些，与此相应，风险收益率也小，反之亦然。

资金风险价值是财务决策的又一基本依据。例如，在投资决策中除考虑资金时间价值的补偿外，还必须考虑资金风险收益的获取，进行必要的风险性投资，树立风险价值观念，权衡风险与收益的关系，选择有可能避免风险、分散风险，并获得较多收益的投资方案。并注意通过合理的投资组合防范不必要的投资风险；在筹资决策中将资本成本与筹资风险结合加以考虑，正确运用负债经营而获利，但同时注意防范财务危机；在外汇收支决策中，预先采取减少外汇风险的财务政策与措施，避免外汇损失，但同时应注意通过科学财务运作，在外汇筹集与投资中为企业谋取丰厚的外汇收益。

三、投资组合风险和报酬

投资者通常不是把自己的全部资金投放在单一资产上，而是同时向多项资产投资。这种同时以两个或两个以上资产作为投资对象而发生的投资，就是投资组合。如果同时以两种或两种以上的有价证券为投资对象，称为证券组合。通过证券投资组合，既可以抓住投资机会，又可以降低投资风险。投资组合理论认为，若干种证券组成的投资组合，其收益是这些证券收益的加权平均数，但是其风险不是这些证券风险的加权平均风险，投资组合能降低风险。这里的“证券”是“资产”的代名词，它可以是任何产生现金流的东西，例如一项生产性实物资产、一条生产线或者是一个企业。

1. 投资组合的期望收益率

投资组合的期望收益率由组成投资组合的各种投资项目的期望收益率的加权平均数构成。其权数等于各种投资项目在整个投资组合总额中所占的比例。其计算公式为

$$\overline{R_P}=\sum_{j=1}^{m}W_j\,\overline{R_j}$$

式中，$\overline{R_P}$为投资组合的期望收益率；W_j 为投资于第 j 项资产的资金占总投资额的比例；$\overline{R_j}$为投资于第 j 项资产的期望收益率；m 为投资组合中不同投资项目的总数。

【例 2－22】 某企业拟分别投资于 A 资产和 B 资产，其中，投资于 A 资产的期望收益率为 8%，计划投资额为 500 万元；投资于 B 资产的期望收益率为 12%，计划投资额为 500 万元。则该投资组合的期望收益率为

$$\overline{R_P} = \sum_{j=1}^{m} W_j \overline{R_j} = 8\% \times \frac{500}{500+500} + 12\% \times \frac{500}{500+500} = 10\%$$

2. 两项资产构成的投资组合的风险

在一个由两项资产构成的投资组合中，如果某一投资项目的收益率呈上升的趋势，另一投资项目的收益率有可能上升，也有可能下降，或者不变。在投资组合风险分析中，通常利用协方差和相关系数两个指标来测算投资组合中任意两个投资项目收益率之间的变动关系。

（1）协方差

协方差是一个用于测量投资组合中某一具体投资项目相对于另一投资项目风险的统计指标。例如，A 股票的价格如果随着经济形势由衰退转向繁荣而上涨，B 股票此时的价格是上涨、下跌还是静止不动？协方差就是对 A，B 两个股票价格之间的这种相互关系进行度量和评价。从本质上讲，组合内各种投资组合相互变化的方式影响着投资组合的整体方差，从而影响其风险。协方差的计算公式为

$$\mathrm{Cov}(R_1,R_2) = \frac{1}{n}\sum_{i=1}^{n}(R_{1i} - \overline{R_1})(R_{2i} - \overline{R_2})$$

式中，$\mathrm{Cov}(R_1,R_2)$为投资于两种资产收益率的协方差；R_{1i}为在第 i 种投资结构下投资于第一种资产的投资收益率；$\overline{R_1}$为投资于第一种资产的期望投资收益率；R_{2i}为在第 i 种投资结构下投资于第二种资产的投资收益率；$\overline{R_2}$为投资于第二种资产的期望投资收益率；n 为不同投资组合的种类数。

协方差的计算结果可能为正值也可能为负值。它们分别显示了两个投资项目之间收益率变动的方向。当协方差为正值时，表示两种资产的收益率呈同方向变化；协方差为负值时，表示两种资产的收益率呈相反方向变化。协方差的绝对值越大，表示这两种资产收益率关系越密切；协方差的绝对值越小，则说明这两种资产收益率的关系就越疏远。

（2）相关系数

由于各方面的原因，协方差的意义很难解释，至少对于应用是如此。为了使其概念能更易于接受，可以将协方差标准化，将协方差除以两个投资方案投资收益率的标准差之积，得出一个与协方差具有相同性质但却没有量化的数，这个数称为这两个投资项目的相关系数。相关系数的计算公式为

$$\rho_{12} = \frac{\mathrm{Cov}(R_1,R_2)}{\delta_1\delta_2}$$

式中，ρ_{12}为第一种和第二种投资收益率之间的相关系数；δ_1 和 δ_2 分别为投资于第一种资产和投资于第二种资产的收益率的标准离差。显然，协方差的另一计算公式为

$$\mathrm{Cov}(R_1,R_2) = \rho_{12}\delta_1\delta_2$$

相关系数的正负与协方差的正负相同。所以相关系数为正值时，表示两种资产收益率呈同方向变化，负值则意味着反方向变化。就其绝对值而言，相关系数值的大小，与协方差

大小呈同方向变化。相关系数总是在 -1 到 1 之间的范围内变动，-1 代表完全负相关，1 代表完全正相关，0 则表示不相关。

(3)两项资产构成的投资组合的总风险

投资组合的总风险由投资组合收益率的方差和标准离差来衡量。由两种资产组合而成的投资组合收益率方差的计算公式为

$$V_P = W_1^2\delta_1^2 + W_2^2\delta_2^2 + 2W_1W_2\mathrm{Cov}(R_1, R_2)$$

式中，V_P 为投资组合的方差；W_1 为第一项资产在总投资额中所占的比重；W_2 为第二项资产在总投资额中所占的比重；其他符号同前。

由两种资产组合而成的投资组合收益率的标准离差 δ_p 的计算公式为

$$\delta_P = \sqrt{V_p} = \sqrt{W_1^2\delta_1^2 + W_2^2\delta_2^2 + 2W_1W_2\mathrm{Cov}(R_1, R_2)}$$

【例 2-23】 按上例资料，假定投资 A，B 资产期望收益率的标准离差均为 9%。要求分别计算当 A，B 两项资产的相关系数分别为 1，0.4，0.1，0，-0.1，-0.4 和 -1 时的投资组合收益率的协方差、方差和标准离差。

根据题意，$W_1 = 50\%$，$W_2 = 50\%$，$\delta_1 = 9\%$，$\delta_2 = 9\%$，则

(1)该投资组合收益率的协方差 $\mathrm{Cov}(R_1, R_2) = 0.09 \times 0.09 \times \rho_{12} = 0.008\,1\rho_{12}$

(2)方差 $V_P = 0.5^2 \times 0.09^2 + 0.5^2 \times 0.09^2 + 2 \times 0.5 \times 0.5 \times \mathrm{Cov}(R_1, R_2)$

$= 0.004\,05 + 0.5 \times \mathrm{Cov}(R_1, R_2)$

(3)标准离差 $\delta_P = \sqrt{V_P} = \sqrt{0.004\,05 + 0.5\mathrm{Cov}(R_1, R_2)}$

当 $\rho_{12} = 1$ 时，$\mathrm{Cov}(R_1, R_2) = 0.008\,1 \times 1 = 0.008\,1$

$$V_P = 0.004\,05 + 0.5 \times 0.008\,1 = 0.008\,1$$

$$\delta_P = \sqrt{V_p} = \sqrt{0.008\,1} = 0.09$$

同理，可计算出当相关系数分别为 0.4，0.1，0，-0.1，-0.4 和 -1 时的协方差、方差和标准离差的值(计算过程略)，计算结果如表 2-3 所示。

表 2-3 投资组合的相关系数与协方差、方差及标准离差的关系

相关系数 ρ_{12}	1	0.4	0.1	0	-0.1	-0.4	-1
协方差 $\mathrm{Cov}(R_1, R_2)$	0.008 1	0.003 42	0.000 81	0	-0.000 81	-0.003 24	-0.008 1
方差 V_P	0.008 1	0.005 67	0.004 455	0.004 05	0.003 645	0.002 43	0
标准离差 δ_P	0.09	0.075 299	0.066 746	0.063 64	0.060 374	0.049 295	0

不论投资组合中两项资产之间的相关系数如何，只要投资比例不变，各项资产的期望收益率不变，则该投资组合的期望收益率就不变，都是 10%。但在不同的相关系数条件下，投资组合收益率的标准离差却随之发生变化。

当相关系数为 1 时，两项资产收益率的变化方向与变动幅度完全相同，会一同上升或下降，不能抵消任何投资风险。此时的标准离差最大，为 9%。

当相关系数为 -1 时，两项资产收益率的变化方向与变动幅度完全相反，表现为此增彼减，可以完全抵消全部投资风险。此时的标准离差最小，为 0。

当相关系数在 0 ~ 1 范围内变动时，表明单项资产收益率之间是正相关关系，它们之间

的正相关程度越低，其投资组合可分散的投资风险的效果就越大。如当相关系数为0.4时，标准离差约为7.53%；当相关系数为0.1时，标准离差约为6.67%。

当相关系数在-1~0范围内变动时，表明单项资产收益率之间是负相关关系，它们之间的负相关程度越低（绝对值越小），其投资组合可分散的投资风险的效果就越小。如当相关系数为-0.4时，标准离差约为4.93%；当相关系数为-0.1时，标准离差约为6.04%。

当相关系数为零时，表明单项资产收益率之间是无关。此时的标准离差约为6.36%。其投资组合可分散的投资风险的效果比正相关时的效果要大，但比负相关时的效果要小。

当相关系数ρ_{12}分别为1，-1和-0.4时，A，B资产投资组合的标准离差与期望收益率之间的关系可以用图2-15来表示。

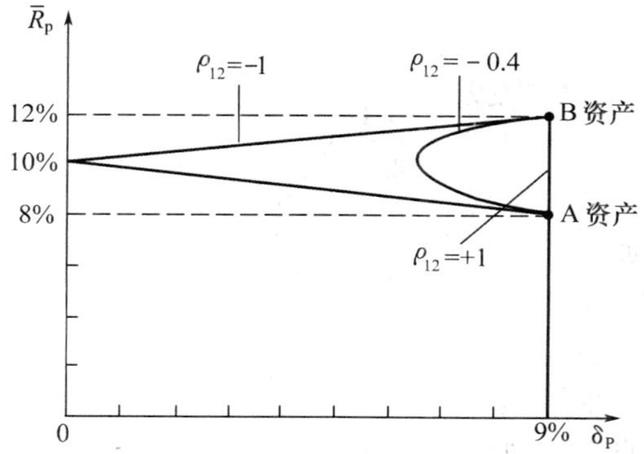

图2-15　投资组合的标准离差与期望收益率的关系示意图

从图2-15中，还可以看出，无论资产之间的相关系数大小如何，投资组合的收益率都不会低于所有单个资产中的最低收益率，投资组合的风险也不会高于所有单个资产中的最高风险。这一结论同样适用于由多项资产构成的投资组合。

3. 多项资产构成的投资组合的风险及其分散化

在投资组合中，总风险由系统风险和非系统风险构成。有些个别资产的风险可以被分散掉，有些则不能，无法分散掉的是系统风险，可以分散掉的是非系统风险。

（1）系统风险

系统风险是指市场收益率整体变化所引起的市场上所有资产的收益率的变动性，它是由那些影响整个市场的风险因素引起的，因而又称为市场风险或不可分散风险。这些风险因素包括宏观客观经济状况的变化、税制改革、国家财政政策和货币政策的变化、世界能源状况的改变、战争、自然灾害、经济衰退、通货膨胀、高利率等，都会使资产收益率发生变动。这类风险涉及所有企业或投资项目，不能通过多元化投资来分散，即使投资者持有的是收益水平及变动情况相当分散的证券组合，也将遭受这种风险的影响，它是无法消除的，但可回避。这种风险对不同的企业、不同的资产也有不同的影响。

（2）非系统风险

非系统风险是指由于某一种特定原因对某一特定资产收益率造成影响的可能性，即发生于个别企业的特有事项所造成的风险，对特定的资产带来价格下跌或者对某一投资者带来经济损失，所以又称为公司特有风险或可分散风险。它是由公司自身的一些重要事件引起的，例如，某企业发生罢工、法律纠纷、失去销售市场或开发新产品成功或失败等，涉及某一具体企业的信用风险、经营风险、破产风险，等等，可能会影响该企业的收益率。非系统风险与政治、经济和其他影响所有资产的系统因素无关，这些事件对各公司来说基本上是随机发生的。可以通过多元化投资来分散，即发生于一家公司的不利事件可以被其他公司的有利事件所抵消。当同时持有两种完全负相关的股票时，所有的可分散风险都可以分散掉；当两种股票完全正相关时，分散持有股票则不能抵消风险。实际上，大多数的股票都是不完全正相关。一般说来，随机选取两种股票，其相关系数为 +0.6 左右的最多；而对绝大多数两种股票而言，r 往往在 +0.5 ~ +0.7 之间。在这种情况下，把两种股票或证券加以组合有可能抵减风险，但不能全部消除风险。如果股票种类较多，则能分散掉大部分风险。而当股票种类足够多时，则几乎能把所有的非系统风险分散掉。在多数发达国家的股票市场上，非系统风险占总风险的 60% ~75%。通过分散投资，非系统性风险能够被降低或消除。

在投资实践中，投资组合中投资项目增加的初期，风险分散的效应比较明显，但增加到一定程度风险分散的效应就会逐渐减弱。因此，不应当过分夸大投资多样性和增加投资项目的作用。经验数据显示，当投资组合中的资产数量达到 20 个左右时，绝大多数非系统风险可被消除。此时，如果继续增加投资项目，对分散风险已没有多大实际意义，更不能指望通过风险分散化来达到完全消除全部风险的目的。这是因为被分散的风险只是非系统风险，而系统风险是不能通过风险的分散来消除的。投资组合风险的分散情况如图 2－16 所示。

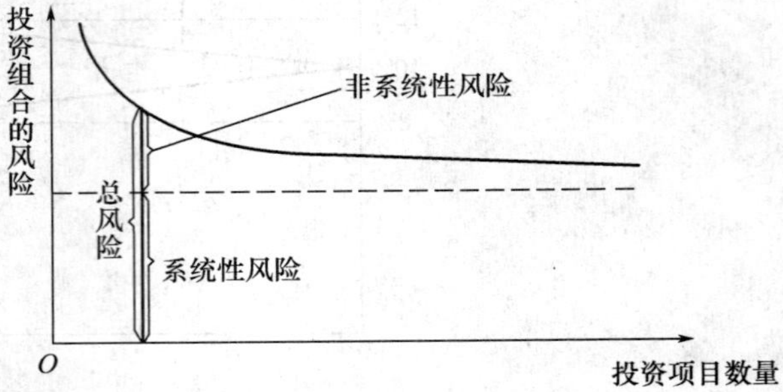

图 2－16　投资组合风险分散示意图

资产的风险可以用标准差计量，这个标准差是指它的整体风险。承担风险会从市场上得到回报，回报的大小取决于系统风险，也就是说，一项资产的期望报酬率高低取决于该资产的系统风险大小。

四、资本资产定价模型（CAPM）

1. β 系数

β 系数是用来计量风险的数量。由于非系统风险可通过投资多样化效果消除，因而 β 系数实质上只用于计量系统风险。

（1）单项资产的 β 系数

单项资产的 β 系数是指可以反映单项资产收益率与市场上全部资产的平均收益率之间变动关系的一个量化指标，即单项资产所含的系统风险对市场组合平均风险的影响程度。其计算公式为

$$\beta = \frac{\text{某种资产的风险报酬率}}{\text{市场组合的风险报酬率}}$$

上述公式是一个高度简化的公式，β 系数有多种计算方法，实际计算过程十分复杂。但是单项资产的 β 系数一般不需投资者自己计算，而由一些投资服务机构定期计算并公布。

β 系数还可以按以下公式计算：

$$\beta=\frac{\mathrm{Cov}(R_i,R_\mathrm{m})}{V_\mathrm{m}}$$

式中，$\mathrm{Cov}(R_i,R_\mathrm{m})$ 为单项资产 i 与市场组合的协方差（表示该资产对系统风险的影响）；V_m 为当全部资产作为一个市场投资组合时的方差（即该市场的系统风险）。

当 $\beta=1$ 时，表示该单项资产的收益率与市场平均收益率呈相同比例的变化，其风险情况与市场投资组合的风险情况一致，即如果市场收益上升 10%，则该单项资产的收益也上升 10%，反之亦然。如果 $\beta=0.5$，说明该单项资产的收益变动幅度只有市场收益变动幅度的一半，即如果市场收益上升 10%，则该单项资产的收益上升 5%。如果 $\beta=2$，说明这种资产收益变动幅度为市场收益变动幅度的两倍。总之，某一单项资产 β 值的大小反映了这一资产的变动与整个市场收益变动之间的倍数关系。

（2）投资组合的 β 系数

对投资组合来说，其系统风险程度也可以用 β 系数来衡量。它反映特定投资组合的风险，即该组合的报酬率相对于整个市场组合报酬率的变异程度。投资组合的 β 系数是所有单项资产 β 系数的加权算术平均数，权数为各种资产在投资组合中所占的比重。投资组合的 β 系数受到单项资产的 β 系数和各种资产在投资组合中所占比重两个因素的影响。其计算公式为

$$\beta_\mathrm{P}=\sum_{i=1}^{n}w_i\beta_i$$

式中，β_p 为投资组合的 β 系数；w_i 为投资组合中的第 i 种资产所占的比重；β_i 为第 i 种投资的 β 系数；n 为投资组合中资产的数量。

【例 2-24】 某投资组合由 A，B，C 三项资产组成，有关机构公布的各项资产的 β 系数分别为 0.8，1.0 和 1.7。假定各项资产在投资组合中的比重分别为 25%，45% 和 30%，则该投资组合的 β 系数是多少？

$$\beta_\mathrm{p}=0.8\times25\%+1.0\times45\%+1.7\times30\%=1.16$$

如果一个高 β 值资产（$\beta>1$）被加入到一个平均风险组合（β_p）中，则组合风险将会提高；反之亦然。所以，一种资产的 β 值可以度量该资产对整个投资组合风险的贡献，β 值可以作为这一资产风险程度的一个大致度量。

【例 2-25】 一个投资者拥有 10 万元现金进行组合投资，共投资 5 种股票且各占 20%，即 2 万元。如果这 5 种股票的 β 值皆为 1.2，则组合的 β 值为 $\beta_\mathrm{p}=1.2$。该组合的风险比市场风险大，即其价格波动的范围较大，收益率的变动也较大。现在假设完全售出其中的一种股票且以一种 $\beta=0.7$ 的股票取而代之。此时，股票组合的 β 值将由 1.2 下降至 1.1。

$$\beta_\mathrm{p}=0.8\times1.2+0.2\times0.7=1.1$$

2. 资本资产定价模型的建立

1964 年，威廉·夏普（William Sharp）根据投资组合理论提出了资本资产定价模型。资本资产定价模型，是财务学形成和发展中最重要的里程碑。它第一次使人们可以量化市场的风险程度，并且能够对风险进行具体定价。资本资产定价模型的研究对象，是充分组合情况下风险与要求的收益率之间的均衡关系。资本资产定价模型解决了为补偿某一特定程度的风险，投资者应该获得多大的收益率的问题。

(1)资本资产定价模型的假设

在财务管理中,有许多模型论述风险和收益率的关系,其中一个最重要的模型为资本资产定价模型(Capital Asset Pricing Model,CAPM)。它是指财务管理中为揭示单项资产必要收益率与预期所承担的系统风险之间的关系而构建的一个数学模型。资本资产定价模型的主要目的在于协助投资者建立最优投资组合,并通过评估与决策各种资本资产的价值来制定出最合适的投资决策。这个模型被公认为是金融市场现代价格理论的主干,被广泛地应用于经济分析和实证研究,成为不同领域中决策的一个重要基础。

资本资产定价模型建立在如下基本假设之上:

一是所有投资者均追求单期财富的期望效用最大化,并以各备选组合的期望收益和标准差为基础进行组合选择。

二是所有投资者均可以无风险利率无限制地借入或贷出资金。

三是所有投资者拥有同样预期,即对所有资产收益的均值、方差和协方差等,投资者均有完全相同的主观估计。

四是所有的资产均可被完全细分,拥有充分的流动性且没有交易成本。

五是没有税金。

六是所有投资者均为价格接受者。即任何一个投资者的买卖行为都不会对股票价格产生影响。

七是所有资产的数量是给定的和固定不变的。

在以上假设的基础上提出了具有奠基意义的资本资产定价模型,它是建立在市场存在完善性和环境没有摩擦的基础之上的,与现实经济生活可能并不符合,但采用这些简化的形式,有助于进行基本的理论分析。随后,每一个假设逐步被放开,并在新的基础上进行研究,这些研究成果都是对资本资产定价模型的突破与发展。

(2)资本资产定价模型的基本表达式

由于非系统性风险在投资充分分散化后可以消除,而系统性风险无论如何不可能降到零,只能趋于正常的平均水平即市场整体水平,所以投资组合的总风险始终是存在的。投资者无论是进行单项投资还是进行投资组合,都要求对承担的风险进行补偿。但与单项投资不同,投资组合只要求对不可分散风险进行补偿,而不要求对可分散风险进行补偿。从收益与风险关系来看,系统性风险可以带来收益的补偿,而非系统性风险则得不到收益补偿,因而人们要求降低非系统性风险。对于系统性风险,人们则需根据自己的风险承受能力决定承担多大的系统性风险以期获得相应的收益报酬。如果有可分散风险的补偿存在,那么善于科学地进行投资组合的投资者将购买这部分股票,并抬高其价格,其最后的收益率只反映不能分散的风险。因此,投资组合的风险报酬是投资者因承担不可分散风险而要求的,超过时间价值的那部分额外报酬。可用下列公式计算:

$$R_P = \beta_P \cdot (R_m - R_F)$$

式中,R_P 为投资组合的风险报酬率;β_P 为投资组合的 β 系数;R_m 为市场组合的平均收益率;R_F 为无风险报酬率,一般用政府公债的利息率来表示。

【例 2-26】 某公司持有甲、乙、丙三种股票构成的证券组合,它们的 β 系数分别为 1.8,1.0 和 0.6,它们在证券组合中所占的比重分别为 50%,30% 和 20%。股票的市场报酬率为 15%,无风险报酬率为 10%。试确定这种证券组合的风险收益率。

先确定证券组合的 β 系数,然后计算证券组合的风险报酬率。

$$\beta_P = \sum_{i=1}^{n} w_i\beta_i = 50\% \times 1.8 + 30\% \times 1.0 + 20\% \times 0.6 = 1.32$$

$$R_P = \beta_P \cdot (R_m - R_F) = 1.32 \times (15\% - 10\%) = 6.6\%$$

计算出投资组合的风险报酬率后，便可根据风险收益率和投资额计算出投资组合的风险报酬额，即风险报酬额等于投资组合的风险报酬率乘以投资组合的投资额。

从以上计算可以看出，在其他因素不变的情况下，投资组合的风险报酬取决于证券组合的 β 系数，β 系数越大，则风险报酬就越大，否则就越小。但是，降低风险的同时，报酬率也会降低。调整各种证券在证券组合中的比重，可改变证券组合的风险程度、风险收益。

在特定条件下，资本资产定价模型的基本表达式为

$$R_i = R_F + \beta_i(R_m - R_F)$$

式中，R_i 为第 i 种单项资产或第 i 种投资组合的必要收益率；R_F 为无风险收益率；R_m 为市场组合的平均收益率；$(R_m - R_F)$ 为市场风险收益率；β_i 为第 i 种单项资产或第 i 种投资组合的 β 系数；$\beta_i(R_m - R_F)$ 为第 i 种资产或第 i 种投资组合的风险收益率。

从上式可以看出，单项资产或特定投资组合的必要收益率受到无风险收益率、市场组合的平均收益率和 β 系数三个因素的影响。

资本资产定价模型，通常用图形加以表示，称为证券市场线（简称 SML）。它说明必要收益率 K 与不分散风险 β 系数之间的关系（见图 2－17）。

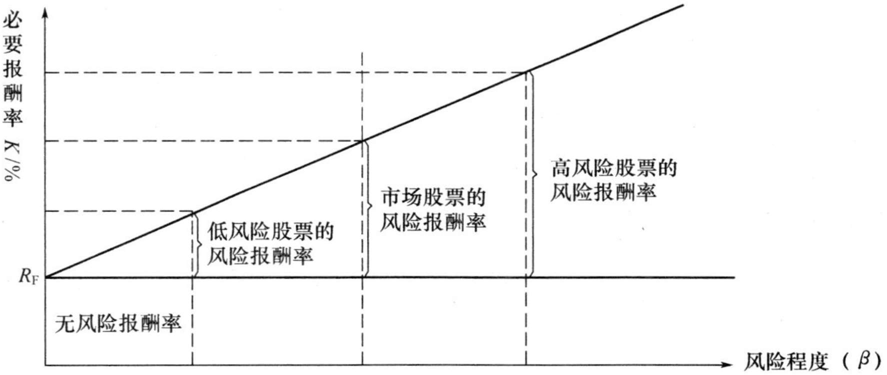

图 2－17 资产报酬率与 β 系数之间的关系

从图 2－17 中可以看出风险高低与收益水平高低之间的关系，必要报酬率是由无风险报酬率和风险报酬率两部分组成的，不同风险程度的资产的风险报酬率是不相同的。投资的必要收益与风险正相关，即投资者只有在一种投资的期望收益可以弥补其风险时才会投资这种风险性资产。β 系数是衡量资产在投资组合中风险的合适指标。从图中可以得出：

一是纵轴为要求的收益率，横轴是以 β 值表示的风险。

二是无风险证券的 $\beta=0$，表明此时的个别资产（或投资组合）的期望收益率为无风险收益率。故 R_F 成为证券市场线在纵轴的截距。

三是证券市场线的斜率表示经济系统中风险厌恶感的程度。一般投资者对风险的厌恶感越强，证券市场线的斜率越大，对风险资产所要求的风险补偿越大，对风险资产的要求收益率越高。

四是当 β 值越大，风险报酬的要求就越高，在无风险报酬率不变的情况下，必要报酬率

也就随之越高。β系数小于零,表明此时的个别资产(或投资组合)的必要收益率小于市场组合的平均收益率。β系数为1,表明此时的个别资产(或投资组合)的必要收益率同市场组合的平均收益率相同。β系数大于零,表明此时的个别资产(或投资组合)的必要收益率大于市场组合的平均期望收益率。

【例2-27】 某公司持有甲、乙、丙三种股票构成的证券组合,其β系数分别是1.4,1.1和0.8,在证券投资组合中所占比重分别为30%,60%和10%,股票的市场收益率为16%,无风险收益率为10%。计算该证券组合的β系数、风险收益率、必要投资收益率、甲公司股票的必要投资收益率。

证券组合β系数:$\beta_P = 1.4 \times 30\% + 1.1 \times 60\% + 0.8 \times 10\% = 1.16$

证券组合的风险收益率:$R_p = 1.16 \times (16\% - 10\%) = 6.96\%$

证券组合的必要投资收益率:$K = 10\% + 6.96\% = 16.96\%$

投资甲股票的必要投资收益率:$K_{甲} = 10\% + 1.4 \times (16\% - 10\%) = 18.4\%$

自提出资本资产定价模型以来,各种理论争议和经验证明便不断涌现。多年来,资本资产定价模型经受住了大量的经验上的证明,尽管该模型存在许多问题和疑问,但是以其科学的简单性、逻辑的合理性赢得了人们的支持,各种实证研究验证了β概念的科学性及适用性。

第三章　企业财务估价

第一节　债券与股票的估价

一、债券估价

债券估价具有重要的实际意义。企业运用债券形式从资本市场上筹资,必须要知道它如何定价。如果定价偏低,企业会因付出更多现金而遭受损失;如果定价偏高,企业会因发行失败而遭受损失。对于已经发行在外的上市交易的债券,估价仍然有重要意义。债券的价值代表了债券投资人要求的报酬率,对于经理人员来说,不知道债券如何定价就是不知道投资人的要求,也就无法使他们满意。

1. 债券的概念

(1)债券。债券是发行者为筹集资金,向债权人发行的,在约定时间支付一定比例的利息,并在到期时偿还本金的一种有价证券。

(2)债券面值。债券面值是指设定的票面金额,它代表发行人借入并且承诺于未来某一特定日期偿付给债券持有人的金额。

(3)债券票面利率。债券票面利率是指债券发行者预计一年内向投资者支付的利息占票面金额的比率。票面利率不同于实际利率。实际利率通常是指按复利计算的一年期的利率。债券的计息和付息方式有多种,可能使用单利或复利计息,利息支付可能半年一次、一年一次或到期日一次总付,这就使得票面利率可能不等于实际利率。

(4)债券的到期日。债券的到期日指偿还本金的日期。债券一般都规定到期日,以便到期时归还本金。

2. 债券的价值

债券的价值,又称债券的内在价值。根据资产的收入资本化定价理论,任何资产的内在价值都是在投资者预期的资产可获得的现金收入的基础上进行贴现决定的。运用到债券上,债券的价值是指进行债券投资时投资者预期可获得的现金流入的现值。债券的现金流入主要包括利息和到期收回的本金或出售时获得的现金两部分。当债券的购买价格低于债券价值时,才值得购买。

(1)债券价值计算的基本模型

债券价值的基本模型主要是指按复利方式计算的每年定期付息、到期一次还本情况下的债券的估价模型。

$$V = \sum_{t=1}^{n} \frac{i \cdot F}{(1+K)^t} + \frac{F}{(1+K)^n} = i \cdot F \cdot (P/A,K,n) + F \cdot (P/F,K,n)$$

$$V = I \cdot (P/A,K,n) + F \cdot (P/F,K,n)$$

式中,V 为债券价值;i 为债券票面利息率;I 为债券利息;F 为债券面值;K 为市场利率或投资人要求的必要收益率;n 为付息总期数。

【例 3-1】　长庆油田公司债券面值为 1 000 元,票面利率为 6%,期限为 3 年,某企业要对这种债券进行投资，当前的市场利率为 8%，问债券价格为多少时才能进行投资？

$$V = 1\,000 \times 6\% \times (P/A, 8\%, 3) + 1\,000 \times (P/F, 8\%, 3)$$
$$= 60 \times 2.577 + 1\,000 \times 0.794 = 948.62(\text{元})$$

该债券的价格必须低于 948.62 元时才能进行投资。

(2)一次还本付息的单利债券价值模型

我国很多债券属于一次还本付息、单利计算的存单式债券，其价值模型为

$$V = \frac{F(1 + i \cdot n)}{(1 + K)^n} = F(1 + i \cdot n) \cdot (P/F, K, n)$$

公式中符号含义同前式。

【例 3-2】 长庆油田公司拟购买另一家公司的企业债券作为投资，该债券面值 1 000 元，期限 3 年，票面利率 5%，单利计息，当前市场利率为 6%，该债券发行价格为多少时才能购买？

$$V = 1\,000 \times (1 + 5\% \times 3) \times (P/F, 6\%, 3) = 1\,000 \times 1.15 \times 0.840 = 966(\text{元})$$

该债券的价格必须低于 966 元时才适宜购买。

(3)零息债券的价值模型

零息债券的价值模型是指到期只能按面值收回，期内不计息债券的估价模型。

$$P = \frac{F}{(1 + K)^n} = F \cdot (P/F, K, n)$$

公式中的符号含义同前式。

【例 3-3】 某油田企业债券面值 1 000 元，期限 3 年，期内不计息，到期按面值偿还，市场利率 6%，价格为多少时，企业才能购买？

$$V = 1\,000 \times (P/F, 6\%, 3) = 1\,000 \times 0.840 = 840(\text{元})$$

该债券的价格只有低于 840 元时，企业才能购买。

3. 债券的收益率

(1)短期债券收益率的计算

短期债券由于期限较短，一般不用考虑货币时间价值因素，只需考虑债券价差及利息，将其与投资额相比，即可求出短期债券收益率。其基本计算公式为

$$K = \frac{S_1 - S_0 + I}{S_0}$$

式中，S_0 为债券购买价格；S_1 为债券出售价格；I 为债券利息；K 为债券投资收益率。

【例 3-4】 某油田企业以 920 元购进一张面值 1 000 元，票面利率 5%，每年付息一次的债券，并于 1 年后以 970 元的市价出售，问该债券的投资收益率是多少？

$$K = \left(\frac{970 - 920 + 50}{920 \times 100\%}\right) = 10.87\%$$

该债券的投资收益率为 10.87%。

(2)长期债券收益率的计算

对于长期债券，由于涉及时间较长，需要考虑货币时间价值，其投资收益率一般是指购进债券后一直持有至到期日可获得的收益率，它是使债券利息的年金现值和债券到期收回本金的复利现值之和等于债券购买价格时的贴现率。

①一般债券收益率的计算

一般债券的价值模型为

$$V = I \cdot (P/A, K, n) + F \cdot (P/F, K, n)$$

式中,V 为债券的购买价格;I 为每年获得的固定利息;F 为债券到期收回的本金或中途出售收回的资金;K 为债券的投资收益率;n 为投资期限。

由于无法直接计算收益率,必须采用逐步测试法及内插法来计算,即:先设定一个贴现率代入上式,如计算出的 V 正好等于债券买价,该贴现率即为收益率;如计算出的 V 与债券买价不等,则须继续测试,再用内插法求出收益率。

【例 3-5】 某油田公司 2005 年 1 月 1 日用平价购买一张面值为 1 000 元的债券,其票面利率为 8%,每年 1 月 1 日计算并支付一次利息,该债券于 2010 年 1 月 1 日到期,按面值收回本金,计算其到期收益率。

$$I = 1\ 000 \times 8\% = 80(\text{元}), F = 1\ 000(\text{元});$$

设收益率 $i = 8\%$,则

$$V = 80 \times (P/A, 8\%, 5) + 1\ 000 \times (P/F, 8\%, 5) = 1\ 000(\text{元})$$

用 8% 计算出来的债券价值正好等于债券买价,所以该债券的收益率为 8%。可见,平价发行的每年复利计息一次的债券,其到期收益率等于票面利率。

如该公司购买该债券的价格为 1 100 元,即高于面值,则该债券收益率应为多少?

要求出收益率,必须使下式成立:$1\ 100 = 80 \times (P/A, i, 5) + 1\ 000 \times (P/F, i, 5)$

通过前面计算已知,$i = 8\%$ 时,上式等式右边为 1 000 元。由于利率与现值呈反向变化,即现值越大,利率越小。而债券买价为 1 100 元,收益率一定低于 8%,降低贴现率进一步试算。

用 $i_1 = 6\%$ 试算:

$$V_1 = 80 \times (P/A, 6\%, 5) + 1\ 000 \times (P/F, 6\%, 5) = 80 \times 4.212 + 1\ 000 \times 0.747 = 1\ 083.96(\text{元})$$

由于贴现结果仍小于 1 100 元,还应进一步降低贴现率试算。

用 $i_2 = 5\%$ 试算:

$$V_2 = 80 \times (P/A, 5\%, 5) + 1\ 000 \times (P/F, 5\%, 5) = 80 \times 4.329 + 1\ 000 \times 0.784 = 1\ 130.32(\text{元})$$

用内插法计算:

$$i = 5\% + \frac{1\ 130.32 - 1\ 100}{1\ 130.32 - 1\ 083.96} \times (6\% - 5\%) = 5.65\%$$

所以如果债券的购买价格为 1 100 元时,债券的收益率为 5.65%。

②一次还本付息的单利债券收益率的计算

【例 3-6】 某油田公司 2006 年 1 月 1 日以 1 020 元购买一张面值为 1 000 元,票面利率为 10%,单利计息的债券,该债券期限 5 年,到期一次还本付息,计算其到期收益率。

一次还本付息的单利债券价值模型为

$$V = F(1 + i \cdot n) \cdot (P/F, K, n)$$

$$1\ 020 = 1\ 000 \times (1 + 5 \times 10\%) \times (P/F, K, 5)$$

$$(P/F, K, 5) = 1\ 020 \div 1\ 500 = 0.68$$

查复利现值表,5 年期的复利现值系数等于 0.68 时,$K = 8\%$。

如此时查表无法直接求得收益率,则可用内插法计算。

债券的收益率是进行债券投资时选购债券的重要标准,它可以反映债券投资按复利计算的实际收益率。如果债券的收益率高于投资人要求的必要报酬率,则可购进债券;否则就应放弃此项投资。

4. 债券投资的优缺点

(1)债券投资的优点

①投资收益稳定。进行债券投资一般可按时获得固定的利息收入,收益稳定。

②投资风险较低。相对于股票投资而言,债券投资风险较低。政府债券有国家财力作后盾,通常被视为无风险证券。而企业破产时企业债券的持有人对企业的剩余财产有优先求偿权,因而风险较低。

③流动性强。大企业及政府债券很容易在金融市场上迅速出售,流动性较强。

(2)债券投资的缺点

①无经营管理权。债券投资者只能定期取得利息,无权影响或控制被投资企业。

②购买力风险较大。由于债券面值和利率是固定的,如投资期间通货膨胀率较高,债券面值和利息的实际购买力就会降低。

二、股票估价

1. 股票的有关概念

(1)股票的含义

股票是股份公司发给股东的所有权凭证,是股东借以取得股利的一种有价证券。股票持有者即为该公司的股东,对该公司财产有要求权。

股票可以按不同的方法和标准分类:按股东所享有的权利,可分为普通股和优先股;按票面是否标明持有者姓名,分为记名股票和不记名股票;按股票票面是否记明入股金额,分为有面值股票和无面值股票;按能否向股份公司赎回自己的财产,分为可赎回股票和不可赎回股票。我国目前各公司发行的都是不可赎回的、记名的、有面值的普通股票,只有少量公司过去按当时的规定发行过优先股票。

(2)股票价格

股票本身是没有价值的,仅是一种凭证。它之所以有价格,可以买卖,是因为它能给持有人带来预期收益。一般说来,公司第一次发行时,要规定发行总额和每股金额,一旦股票发行后上市买卖,股票价格就与原来的面值分离。这时的价格主要由预期股利和当时的市场利率决定,即股利的资本化价值决定了股票价格。此外,股票价格还受整个经济环境变化和投资者心理等复杂因素的影响。

股市上的价格分为开盘价、收盘价、最高价和最低价等,投资人在进行股票估价时主要使用收盘价。

股票的价格会随着经济形势和公司的经营状况而升降。

(3)股利

股利是公司对股东投资的回报,它是股东所有权在分配上的体现。股利是公司税后利润的一部分。

2. 股票的价值

股票的价值又称股票的内在价值,是进行股票投资所获得的现金流入的现值。股票带给投资者的现金流入包括两部分:股利收入和股票出售时的资本利得。因此股票的内在价值由一系列的股利和将来出售股票时售价的现值所构成,通常当股票的市场价格低于股票内在价值才适宜投资。

(1)股票价值的基本模型

$$V = \sum_{t=1}^{n} \frac{d_t}{(1+K)^t} + \frac{V_n}{(1+K)^n}$$

式中,V 为股票内在价值;d_t 为第 t 期的预期股利;K 为投资人要求的必要资金收益率;V_n 为未来出售时预计的股票价格;n 为预计持有股票的期数。

股票价值的基本模型要求无限期的预计历年的股利,如果持有期是个未知数的话,上述模型实际上很难计算。因此应用的模型都是假设股利零增长或固定比例增长时的价值模型。

(2)股利零增长、长期持有的股票价值模型股利零增长、长期持有的股票价值模型为

$$V = \frac{d}{K}$$

式中,V 为股票内在价值;d 为每年固定股利;K 为投资人要求的资金收益率。

【例 3-7】 长庆油田公司拟投资购买并长期持有某公司股票,该股票每年分配股利 2 元,必要收益率为 10%,该股票价格为多少时适合购买?

$$V = d \div K = 2 \div 10\% = 20(元)$$

股票价格低于 20 元时才适合购买。

(3)长期持有股票,股利固定增长的股票价值模型

设上年股利为 d_0,本年股利为 d_1,每年股利增长率为 g,则股票价值模型为

$$V = \frac{d_0(1+g)}{(K-g)} = \frac{d_1}{(K-g)}$$

【例 3-8】 长庆油田公司拟投资某公司股票,该股票上年每股股利为 2 元,预计年增长率为 2%,必要投资报酬率为 7%,该股票价格为多少可以投资?

$$V = \frac{d_0(1+g)}{(K-g)}$$

$$V = \frac{2 \times (1+2\%)}{(7\% - 2\%)} = 40.8(元)$$

该股票价格低于 40.8 元时才可以投资。

(4)非固定成长股票的价值

有些公司的股票在一段时间里高速成长,在另一段时间里又正常固定增长或固定不变,这样我们就要分段计算,才能确定股票的价值。

【例 3-9】 某油田企业持有 A 公司股票,其必要报酬率为 12%,预计 A 公司未来三年股利高速增长,成长率为 20%,此后转为正常增长,增长率为 8%。公司最近支付的股利是 2 元,计算该公司的股票价值。

首先,计算非正常增长期的股利现值,见表 3-1。

表 3-1 股利现值计算表

年份	股利	现值因素	现值
1	2×1.2=2.4	0.892 9	2.143 0
2	2.4×1.2=2.88	0.797 2	2.295 9
3	2.88×1.2=3.456	0.711 8	2.460 0
合计(3 年股利现值)			6.898 9

其次，按固定股利成长模型计算固定增长部分的股票价值：

$$V_3 = \frac{d_3 \cdot (1+g)}{K-g} = \frac{3.456 \times 1.08}{0.12-0.08} = 93.312(\text{元})$$

由于这部分股票价值是第三年年底以后的股利折算的内在价值，需将其折算为现值：

$$V_3 \cdot (P/F, 12\%, 3) = 93.312 \times 0.712 = 66.438(\text{元})$$

最后，计算股票目前的内在价值：

$$V = 6.8989 + 66.438 = 73.34(\text{元})$$

3. 股票投资的收益率

(1)短期股票收益率的计算

如果企业购买的股票在一年内出售，其投资收益主要包括股票投资价差及股利两部分，不须考虑货币时间价值，其收益率计算公式如下：

$$K = (S_1 - S_0 + d)/S_0 \times 100\% = (S_1 - S_0)/S_0 + d/S_0$$

$$K = \text{预期资本利得收益率} + \text{股利收益率}$$

式中，K 为短期股票收益率；S_1 为股票出售价格；S_0 为股票购买价格；d 为股利。

【例 3-10】 2009 年 3 月 10 日，长庆油田公司购买某公司每股市价为 20 元的股票，2010 年 1 月，长庆油田公司每股获现金股利 1 元。2010 年 3 月 10 日，长庆油田公司将该股票以每股 22 元的价格出售，问投资收益率应为多少？

$$K = \frac{(22-20+1)}{20 \times 100\%} = 15\%$$

该股票的收益率为 15%。

(2)股票长期持有，股利固定增长的收益率的计算

由固定增长股利价值模型，我们知道：

$$V = \frac{d_1}{K-g}$$

将公式移项整理，求 K，可得到股利固定增长收益率的计算模型：

$$V = \frac{d_0(1+g)}{K-g} = \frac{d_1}{K-g}$$

【例 3-11】 中石油股票的价格为 40 元，预计下一期的股利是 2 元，该股利将以大约 10% 的速度持续增长，该股票的预期收益率为多少？

$$K = \frac{2}{40+10\%} = 15\%$$

该股票的收益率为 15%。

(3)一般情况下股票投资收益率的计算

一般情况下，企业进行股票投资可以取得股利，股票出售时也可收回一定资金，只是股利不同于债券利息，股利是经常变动的，股票投资的收益率是使各期股利及股票售价的复利现值等于股票买价时的贴现率。即

$$V = \sum_{t=1}^{n} \frac{d_t}{(1+K)^t} + \frac{V_n}{(1+K)^n}$$

式中，V 为股票的买价；d_t 为第 t 期的股利；K 为投资收益率；V_n 为股票出售价格；n 为持有股票的期数。

【例 3-12】 长庆油田公司于 2007 年 6 月 1 日投资 600 万元购买某种股票 100 万股，

在2008年、2009年和2010年的5月30日分得每股现金股利分别为0.6元、0.8元和0.9元,并于2010年5月30日以每股8元的价格将股票全部出售,试计算该项投资的收益率。

用逐步测试法计算,先用20%的收益率进行测算:

$$V=\frac{60}{(1+20\%)}+\frac{80}{(1+20\%)^2}+\frac{890}{(1+20\%)^3}$$

$$=60\times0.8333+80\times0.6944+890\times0.5787=620.59(\text{万元})$$

由于620.59万元比600万元大,再用24%测试:

$$V=\frac{60}{(1+24\%)}+\frac{80}{(1+24\%)^2}+\frac{890}{(1+24\%)^3}$$

$$=60\times0.8065+80\times0.6504+890\times0.5245=567.23(\text{万元})$$

然后用内插法计算如下:

$$K=20\%+\frac{620.59-600}{620.59-567.23}\times4\%=21.54\%$$

4.股票投资的优缺点

(1)股票投资的优点

①投资收益高。股票投资风险大,收益也高,只要选择得当,就能取得优厚的投资收益。

②购买力风险低。与固定收益的债券相比,普通股能有效地降低购买力风险。因为通货膨胀率较高时,物价普遍上涨,股份公司盈利增加,股利也会随之增加。

③拥有经营控制权。普通股股票的投资者是被投资企业的股东,拥有一定的经营控制权。

(2)股票投资的缺点

①收入不稳定。普通股股利的有无、多少,须视被投资企业经营状况而定,因此,收入很不稳定。

②价格不稳定。股票价格受众多因素影响,极不稳定。

③求偿权居后。企业破产时,普通股投资者对被投资企业的资产求偿权居于最后,其投资有可能得不到全额补偿。

三、基金估价

1.投资基金的含义

投资基金,是一种利益共享、风险共担的集合投资方式,即通过发行基金股份或受益凭证等有价证券聚集众多的不确定投资者的出资,交由专业投资机构经营运作,以规避投资风险并谋取投资收益的证券投资工具。

2.投资基金的种类

(1)按组织形态不同的分类

根据组织形态的不同,可分为契约型基金和公司型基金。

①契约型基金

契约型基金又称为单位信托基金,是指把受益人(投资者)、管理人、托管人三者作为基金的当事人,由管理人与托管人通过签订信托契约的形式发行受益凭证而设立的一种基金。契约型基金由基金管理人负责基金的管理操作;由基金托管人作为基金资产的名义持有人,负责基金资产的保管和处置,对基金管理人的运作实行监督。

②公司型基金

公司型基金是按照公司法以公司形态组成的，它以发行股份的方式募集资金，一般投资者购买该公司的股份即为认购基金，也就成为该公司的股东，凭其持有的基金份额依法享有投资收益。

③契约型基金与公司型基金的比较

一是资金的性质不同。契约型基金的资金是信托财产，公司型基金的资金为公司法人的资本。二是投资者的地位不同。契约型基金的投资者购买受益凭证后成为基金契约的当事人之一，即受益人；公司型基金的投资者购买基金公司的股票后成为该公司的股东，以股息或红利形式取得收益。因此，契约型基金的投资者没有管理基金资产的权利，而公司型基金的股东通过股东大会和董事会享有管理基金公司的权利。三是基金的运营依据不同。契约型基金依据基金契约运营基金，公司型基金依据基金公司章程运营基金。

(2)按变现方式不同的分类

根据变现方式的不同，可分为封闭式基金和开放式基金。

①封闭式基金

封闭式基金是指基金的发起人在设立基金时，限定了基金单位的发行总额，筹集到这个总额后，基金即宣告成立，并进行封闭，在一定时期内不再接受新的投资。基金单位的流通采取在交易所上市的办法，通过二级市场进行竞价交易。

②开放式基金

开放式基金是指基金发起人在设立基金时，基金单位的总数是不固定的，可视经营策略和发展需要追加发行。投资者也可根据市场状况和各自的投资决策，或者要求发行机构按现期净资产值扣除手续费后赎回股份或受益凭证，或者再买入股份或受益凭证，增加基金单位份额的持有比例。

③封闭式基金与开放式基金的比较

一是期限不同。封闭式基金通常有固定的封闭期，而开放式基金没有固定期限，投资者可随时向基金管理人赎回。二是基金单位的发行规模要求不同。封闭式基金在招募说明书中列明其基金规模，开放式基金没有发行规模限制。三是基金单位转让方式不同。封闭式基金的基金单位在封闭期限内不能要求基金公司赎回。开放式基金的投资者则可以在首次发行结束一段时间(多为3个月)后，随时向基金管理人或中介机构提出购买或赎回申请。四是基金单位的交易价格计算标准不同。封闭式基金的买卖价格受市场供求关系的影响，并不必然反映公司的净资产值。开放式基金的交易价格则取决于基金的每单位资产净值的大小，基本不受市场供求影响。五是投资策略不同。封闭式基金的基金单位数不变，资本不会减少，因此基金可进行长期投资。开放式基金因基金单位可随时赎回，为应付投资者随时赎回兑现，基金资产不能全部用来投资，更不能把全部资本用来进行长线投资，必须保持基金资产的流动性。

(3)按投资标的不同的分类

根据投资标的不同，可分为股票基金、债券基金、货币基金、期货基金、期权基金、认股权证基金、专门基金等。

①股票基金

股票基金是所有基金品种中最为流行的一种类型，它是指投资于股票的投资基金，其投资对象通常包括普通股和优先股，其风险程度较个人投资股票市场要低得多，且具有较强的变现性和流动性，因此它也是一种比较受欢迎的基金类型。

②债券基金

债券基金是指投资管理公司为稳健型投资者设计的,投资于政府债券、市政公债、企业债券等各类债券品种的投资基金。债券基金一般情况下定期派息,其风险和收益水平通常较股票基金低。

③货币基金

货币基金是指由货币存款构成投资组合,协助投资者参与外汇市场投资,赚取较高利息的投资基金。其投资工具包括银行短期存款、国库券、政府公债、公司债券、银行承兑票据及商业票据等。这类基金的投资风险小,投资成本低,安全性和流动性较高,在整个基金市场上属于低风险的安全基金。

④期货基金

期货基金是指投资于期货市场以获取较高投资回报的投资基金。由于期货市场具有高风险和高回报的特点,因此投资期货基金既可能获得较高的投资收益,同时也面临着较大的投资风险。

⑤期权基金

期权基金就是以期权作为主要投资对象的基金。期权交易就是期权购买者向期权出售者支付一定费用后,取得在规定时期内的任何时候,以事先确定好的协定价格,向期权出售者购买或出售一定数量的某种商品合约的权利的一种买卖。

⑥认股权证基金

认股权证基金就是指以认股权证为主要投资对象的基金。认股权证是指由股份有限公司发行的、能够按照特定的价格,在特定的时间内购买一定数量该公司股票的选择权凭证。由于认股权证的价格是由公司的股份决定的,一般来说,认股权证的投资风险较通常的股票要大得多。因此,认股权证基金也属于高风险基金。

(7)专门基金

专门基金由股票基金发展演化而成,属于分类行业股票基金或次级股票基金,包括黄金基金、资源基金、科技基金、地产基金等,这类基金的投资风险较大,收益水平较易受到市场行情的影响。

3. 投资基金的估价与收益率

(1)基金的价值

①基金单位净值

基金单位净值是在某一时点每一基金单位(或基金股份)所具有的市场价值,计算公式为

$$基金单位净值 = 基金净资产价值总额/基金单位总份额$$

$$基金净资产价值总额 = 基金资产总值 - 基金负债总额$$

②基金的报价

开放型基金的柜台交易价格完全以基金单位净值为基础,通常采用两种报价形式:认购价(卖出价)和赎回价(买入价)。

$$基金认购价 = 基金单位净值 + 首次认购费$$

$$基金赎回价 = 基金单位净值 - 基金赎回费$$

(2)基金收益率

基金收益率用以反映基金增值的情况,它通过基金净资产的价值变化来衡量。

【例 3-13】 某企业年初购买某基金 100 份，当初基金的单位净值为 120 元，至年末，该企业基金份数增加到 110 份，年末单位基金净值 125 元。

$$基金收益率=\frac{110\times125-100\times120}{100\times120}=14.58\%$$

【例 3-14】 已知 ABC 公司是一个基金公司，相关资料如下：

资料一：年初，ABC 公司的基金资产总额（市场价值）为 27 000 万元，其负债总额（市场价值）为 3 000 万元，基金份数为 8 000 万份。在基金交易中，该公司收取首次认购费和赎回费，认购费率为基金资产净值的 2%，赎回费率为基金资产净值的 1%。

资料二：年末，ABC 公司按收盘价计算的资产总额为 26 789 万元，其负债总额为 345 万元，已售出 10 000 万份基金单位。

资料三：年末，某投资者持有该基金 2 万份，到下年年末，该基金投资者持有的份数不变，预计此时基金单位净值为 3.05 元。

要求：①根据资料一计算当年年初 ABC 公司的下列指标：

基金净资产价值总额；基金单位净值；基金认购价；基金赎回价。

②根据资料二计算当年年末的 ABC 公司基金单位净值。

③根据资料三计算下一年年末该投资者的预计基金收益率。

答案：

①基金净资产价值总额 $=27\,000-3\,000=24\,000$（万元）

基金单位净值 $=24\,000/8\,000=3$（元）

基金认购价 $=3+3\times2\%=3.06$（元）

基金赎回价 $=3-3\times1\%=2.97$（元）

$$②基金单位净值=\frac{26\,789-345}{10\,000}=2.64（元）$$

$$③预计基金收益率=\frac{3.05-2.64}{2.64\times100\%}=15.53\%$$

4. 基金投资的优缺点

(1) 基金投资的优点

基金投资的最大优点是能够在不承担太大风险的情况下获得较高收益。原因在于投资基金具有专家理财优势，具有资金规模优势。

(2) 基金投资的缺点

①无法获得很高的投资收益。投资基金在投资组合过程中，在降低风险的同时，也丧失了获得巨大收益的机会。

②在大盘整体大幅度下跌的情况下，投资人可能承担较大风险。

第二节 资本成本

资本成本是衡量资本结构优化程度的标准，也是对投资获得经济效益的最低要求。企业筹得的资本付诸使用以后，只有投资报酬率高于资本成本率，才能表明所筹集的资本取得了较好的经济效益。

一、资本成本的原理

1. 资本成本的含义

资本成本是指企业为筹集和使用资本而付出的代价,包括筹资费用和占用费用。资本成本是资本所有权与资本使用权分离的结果。对出资者而言,由于让渡了资本使用权,必须要求取得一定的补偿,资本成本表现为让渡资本使用权所带来的投资报酬。对筹资者而言,由于取得了资本使用权,必须支付一定代价,资本成本表现为取得资本使用权所付出的代价。

(1)筹资费

筹资费,是指企业在资本筹措过程中为获得资本而付出的代价,如向银行支付的借款手续费,因发行股票、公司债券而支付的发行费等。筹资费用通常在资本筹集时一次性发生,在资本使用过程中不再发生,因此,视为筹资数额的一项扣除。

(2)占用费

占用费,是指企业在资本使用过程中因占用资本而付出的代价,如向银行等债权人支付的利息,向股东支付的股利等。占用费用是因为占用了他人资金而必须支付的,是资本成本的主要内容。

2. 资本成本的作用

(1)资本成本是比较筹资方式、选择筹资方案的依据

各种资本的资本成本率,是比较、评价各种筹资方式的依据。在评价各种筹资方式时,一般会考虑的因素包括对企业控制权的影响、对投资者吸引力的大小、筹资的难易和风险、资本成本的高低等,而资本成本是其中的重要因素。在其他条件相同时,企业筹资应选择资本成本最低的方式。

(2)加权资本成本是衡量资本结构是否合理的依据

企业财务管理目标是企业价值最大化,企业价值是企业资产带来的未来经济利益的现值。计算现值时采用的贴现率通常会选择企业的加权资本成本,当加权资本成本率最小时,企业价值最大,此时的资本结构是企业理想的最佳资本结构。

(3)资本成本是评价投资项目可行性的主要标准

资本成本是企业对投入资本所要求的报酬率,即最低必要报酬率。任何投资项目,如果它预期的投资报酬率超过该项目使用资金的资本成本率,则该项目在经济上就是可行的。因此,资本成本率是企业用以确定项目要求达到的投资报酬率的最低标准。

(4)资本成本是评价企业整体业绩的重要依据

一定时期企业资本成本率的高低,不仅反映企业筹资管理的水平,还可作为评价企业整体经营业绩的标准。企业的生产经营活动,实际上就是所筹集资本经过投放后形成的资产营运,企业的总资产报酬率应高于其加权资本成本率,才能带来剩余收益。

3. 影响资本成本的因素

(1)总体经济环境

总体经济环境和状态决定企业所处的国民经济发展状况和水平,以及预期的通货膨胀。总体经济环境变化的影响,反映在无风险报酬率上,如果国民经济保持健康、稳定、持续增长,整个社会经济的资金供给和需求相对均衡且通货膨胀水平低,资金所有者投资的风险小,预期报酬率低,筹资的资本成本相应就比较低。相反,如果国民经济不景气或者经济过热,通货膨胀持续居高不下,投资者投资风险大,预期报酬率高,筹资的资本成本就高。

(2)资本市场条件

资本市场效率表现为资本市场上的资本商品的市场流动性。资本商品的流动性高,表现为容易变现且变现时价格波动较小。如果资本市场缺乏效率,证券的市场流动性低,投资者投资风险大,要求的预期报酬率高,那么通过资本市场筹集的资本其资本成本就比较高。

(3)企业经营状况和筹资状况

企业内部经营风险是企业投资决策的结果,表现为资产报酬率的不确定性;企业筹资状况导致的财务风险是企业筹资决策的结果,表现为股东权益资本报酬率的不确定性。两者共同构成企业总体风险,如果企业经营风险高,财务风险大,则企业总体风险水平高,投资者要求的预期报酬率高,企业筹资的资本成本相应就大。

(4)企业对筹资规模和时限的需求

在一定时期内,国民经济体系中资金供给总量是一定的,资本是一种稀缺资源。因此企业一次性需要筹集的资金规模越大、占用资金时限越长,资本成本就越高。当然,筹资规模、时限与资本成本的正向相关性并非线性关系,一般说来,筹资规模在一定限度内,并不引起资本成本的明显变化,当筹资规模突破一定限度时,才引起资本成本的明显变化。

二、个别资本成本的计算

个别资本成本是指单一筹资方式的资本成本,包括银行借款资本成本、公司债券资本成本、筹资租赁资本成本、普通股资本成本和留存收益成本等,其中前三类是债务资本成本,后两类是权益资本成本。个别资本成本率可用于比较和评价各种筹资方式。

1.资本成本计算的基本模式

(1)一般模式

为了便于分析比较,资本成本通常不考虑时间价值的一般通用模型计算,用相对数即资本成本率表达。计算时,将初期的筹资费用作为筹资额的一项扣除,扣除筹资费用后的筹资额称为筹资净额,通用的计算公式是:

$$\text{资金成本率}=\frac{\text{年资金占用费}}{\text{筹资总额}-\text{筹资费用}}=\frac{\text{年资金占用费}}{\text{筹资总额}(1-\text{筹资费用率})}$$

(2)折现模式

对于金额大、时间超过一年的长期资本,更准确一些的资本成本计算方式是采用折现模式,即将债务未来还本付息或股权未来股利分红的折现值与目前筹资净额相等时的折现率作为资本成本率。即:

由

$$\text{筹资净额现值}-\text{未来资本清偿额现金流量现值}=\text{零}$$

得

$$\text{资本成本率}=\text{所采用的折现率}$$

2.银行借款资本成本的计算

银行借款资本成本包括借款利息和借款手续费用。利息费用税前支付,可以起抵税作用,一般计算税后资本成本率,税后资本成本率与权益资本成本率具有可比性。银行借款的资本成本率按一般模式计算为

$$K_b=\frac{\text{年利率}\times(1-\text{所得税率})}{1-\text{手续费率}}\times 100\%=\frac{i(1-T)}{1-f}\times 100\%$$

式中，K_b 为银行借款资本成本率；i 为银行借款年利率；f 为筹资费用率；T 为所得税税率。

对于长期借款，考虑时间价值问题，还可以用折现模式计算资本成本率。

【例 3-15】 某石油公司取得 5 年期长期借款 200 万元，年利率 10%，每年付息一次，到期一次还本，借款费用率 2%，企业所得税税率 25%，该项借款的资本成本率为

$$K_b = \frac{i(1-T)}{1-f} \times 100\% = \frac{10\% \times (1-25\%)}{1-2\%} \times 100\% = 7.65\%$$

考虑时间价值，该项长期借款的资本成本计算如下（M 为债务面值）：

$$M(1-f) = \sum_{t=1}^{n} \frac{i_t(1-T)}{(1-K_b)^t} + \frac{M}{(1-K_b)^n}$$

$$200 \times (1-2\%) = 200 \times 10\% \times (1-25\%) \times (P/A, K_b, 5) + 200(P/F, 5)$$

按插值法计算，得：$K_b = 8.00\%$。

3. 公司债券资本成本的计算

公司债券资本成本包括债券利息和借款发行费用。债券可以溢价发行，也可以折价发行，其资本成本率按一般模式计算为

$$K_b = \frac{\text{年利息} \times (1-\text{所得税率})}{\text{筹资总额}(1-\text{手续费率})} \times 100\% = \frac{I(1-T)}{L(1-f)} \times 100\%$$

式中，L 为公司债券筹资总额；I 为公司债券年利息。

【例 3-16】 某石油企业以 1 100 元的价格，溢价发行面值为 1 000 元、期限 5 年、票面利率为 7% 的公司债券一批。每年付息一次，到期一次还本，发行费用率 3%，所得税税率 25%。该批债券的资本成本率为

$$K_b = \frac{1\,000 \times 7\% \times (1-25\%)}{1\,100(1-3\%)} \times 100\% = 4.92\%$$

考虑时间价值，该项公司债券的资本成本计算如下：

$$1\,100 \times (1-3\%) = 1\,000 \times 7\% \times (1-25\%) \times (P/A, K_b, 5) + 1\,000 \times (P/F, K_b, 5)$$

按插值法计算，得：$K_b = 3.76\%$。

4. 筹资租赁资本成本的计算

筹资租赁各期的租金中，包含有本金每期的偿还和各期手续费用（即租赁公司的各期利润），其资本成本率只能按贴现模式计算。

【例 3-17】 某石油企业筹资租赁设备，该设备价值 60 万元，租期 6 年，租赁期满时预计残值 5 万元，归租赁公司。每年年末租金 131 283 元，则

$$600\,000 - 50\,000 \times (P/F, K_b, 6) = 131\,283 \times (P/A, K_b, 6)$$

按插值计算得：$K_b = 10\%$。

5. 普通股资本成本的计算

普通股资本成本主要是向股东支付的各期股利。由于各期股利并不一定固定，随企业各期收益波动，因此普通股的资本成本只能按贴现模式计算，并假定各期股利的变化具有一定的规律性。如果是上市公司普通股，其资本成本还可以根据该公司的股票收益率与市场收益率的相关性，按资本资产定价模型法估计。

（1）股利折现模型法

股利折现模型的基本形式为

$$P_0 = \sum_{t=1}^{n} \frac{D_t}{(1+K_c)^t}$$

式中，P_0 为普通股筹资净额，即发行价格扣除发行费用；D_t 为普通股第 t 年股利；K_c 为普通股投资必要收益率，即普通股资金成本率。

运用上面的模型测算普通股筹资成本，因具体的股利政策而有所不同。

①固定股利折现模型

如果公司采用固定股利政策，即每年分派固定数额的现金股利，则普通股筹资成本可按下式测算：

$$\text{普通股筹资成本}=\frac{\text{每年固定股利}}{\text{普通股筹资金额}\times(1-\text{普通股筹资费率})}\times 100\%$$

【例 3-18】 某石油公司拟发行一批普通股，发行价格 12 元，每股发行费用 2 元，预计每年分派现金股利 1.2 元。则该普通股筹资成本测算为

$$\text{普通股筹资成本}=\frac{1.2}{12-2}\times 100\%=12\%$$

②固定成长股利政策

假定资本市场有效，股票市场价格与价值相等。假定某股票本期支付的股利为 D_0，未来各期股利按 g 速度增长。目前股票市场价格为 P_0，则普通股资本成本为

$$K_s=\frac{D_0(1+g)}{P_0(1-f)}+g=\frac{D_1}{P_0(1-f)}+g$$

式中，K_s 为普通股成本；D_0 为预期年股利额；P_0 为普通股市价；g 为普通股利年增长率；D_1 为预期年股利额。

【例 3-19】 某石油公司普通股市价 30 元，筹资费用率 2%，本年发放现金股利每股 0.6 元，预期股利年增长率为 10%。则

$$K_s=\frac{0.6\times(1+10\%)}{30\times(1-2\%)}+10\%=12.24\%$$

(2)资本资产定价模型法

假定资本市场有效，股票市场价格与价值相等。假定无风险报酬率为 R_f，市场平均报酬率为 R_m，某股票贝塔系数为 β，则普通股资本成本率为

$$K_s=R_f+\beta(R_m-R_f)$$

【例 3-20】 某石油公司普通股 β 系数为 1.5，此时一年期国债利率 5%，市场平均报酬率 15%，则该普通股资本成本率为

$$K_s=5\%+1.5\times(15\%-5\%)=20\%$$

(3)无风险利率加风险溢价法

无风险利率加风险溢价法认为，由于普通股的求偿权不仅在债权之后，而且还次于优先股，因此，持有普通股股票的风险要大于持有债权的风险。这样，股票持有人就必然要求一定的风险补偿。一般情况看，通过一段时间的统计数据，可以测算出某公司普通股股票期望收益率超出无风险利率的大小，即风险溢价 R_p。无风险利率 R_f 一般用同期国债收益率表示，这是证券市场最基础的数据。因此，用无风险率加风险溢价法计算普通股筹资成本的公式为

$$K_s=R_f+R_p$$

【例 3-21】 假定某石油股份公司普通股的风险溢价估计为 8%，而无风险利率为 5%，则该石油公司普通股筹资的成本为

$$\text{普通股融资成本}=5\%+8\%=13\%$$

6. 留存收益资本成本的计算

留存收益是企业税后净利形成的，是一种所有者权益，其实质是所有者向企业的追加投资。企业利用留存收益筹资无需发生筹资费用。如果企业将留存收益用于再投资，所获得的收益率低于股东自己进行一项风险相似的投资项目的收益率，企业就应该将其分配给股东。留存收益的资本成本率，表现为股东追加投资要求的报酬率，其计算与普通股成本相同，也分为股利增长模型法和资本资产定价模型法，不同点在于留存收益资本成本不考虑筹资费用。

(1)股利增长模型法

$$K_s = \frac{D_0(1+g)}{P_0} + g = \frac{D_1}{P_0} + g$$

(2)资本资产定价模型法

$$K_s = R_f + \beta(R_m - R_f)$$

三、加权资本成本的计算

加权资本成本是指多元化筹资方式下的综合资本成本，反映了企业资本成本整体水平的高低。在衡量和评价单一筹资方案时，需要计算个别资本成本；在衡量和评价企业筹资总体的经济性时，需要计算企业的加权资本成本。加权资本成本用于衡量企业资本成本水平，确立企业理想的资本结构。

企业加权资本成本，是以各项个别资本在企业总资本中的比重为权数，对各项个别资本成本率进行加权平均而得到的总资本成本率。计算公式为

$$K_w = \sum_{t=1}^{n} K_t W_t$$

式中，K_w 为加权资本成本；K_t 为第 t 种个别资本成本；W_t 为第 t 种个别资本在全部资本中的比重。

加权资本成本的计算，存在着权数价值的选择问题，即各项个别资本按什么权数来确定资本比重。通常，可供选择的价值形式有账面价值、市场价值、目标价值等。

1. 账面价值权数

即以各项个别资本的会计报表账面价值为基础来计算资本权数，确定各类资本占总资本的比重。其优点是资料容易取得，可以直接从资产负债表中得到，而且计算结果比较稳定。其缺点是，当债券和股票的市价与账面价值差距较大时，导致按账面价值计算出来的资本成本，不能反映目前从资本市场上筹集资本的现时机会成本，不适合评价现时的资本结构。

2. 市场价值权数

即以各项个别资本的现行市价为基础来计算资本权数，确定各类资本占总资本的比重。其优点是能够反映现时的资本成本水平，有利于进行资本结构决策。但现行市价处于经常变动之中，不容易取得，而且现行市价反映的只是现时的资本结构，不适用未来的筹资决策。

3. 目标价值权数

即以各项个别资本预计的未来价值为基础来确定资本权数，确定各类资本占总资本的比重。目标价值是目标资本结构要求下的产物，是公司筹措和使用资金对资本结构的一种要求。对于公司筹措新资金，需要反映期望的资本结构来说，目标价值是有益的，适用于未

来的筹资决策，但目标价值的确定难免具有主观性。

以目标价值为基础计算资本权重，能体现决策的相关性。目标价值权数的确定，可以选择未来的市场价值，也可以选择未来的账面价值。选择未来的市场价值，与资本市场现状联系比较紧密，能够与现时的资本市场环境状况结合起来，目标价值权数的确定一般以现时市场价值为依据。但市场价值波动频繁，可行方案是选用市场价值的历史平均值，如30日、60日、120日均价等。总之，目标价值权数是主观愿望和预期的表现，依赖于财务经理的价值判断和职业经验。

【例3-22】 大庆石油公司2005年期末的长期资本账面总额为1 000万元，其中：银行长期贷款400万元，占40%；长期债券150万元，占15%；普通股450万元，占45%。长期贷款、长期债券和普通股的个别资本成本分别为5%，6%，9%。普通股市场价值为1 600万元，债务市场价值等于账面价值。该公司的加权资本成本为

按账面价值计算：

$$K_w = 5\% \times 40\% + 6\% \times 15\% + 9\% \times 15\% = 6.95\%$$

按市场价值计算：

$$K_w = \sum_{t=1}^{n} K_t W_t = \frac{5\% \times 400 + 6\% \times 150 + 9\% \times 1\,600}{400 + 150 + 1\,600} = 8.05\%$$

四、边际资本成本的计算

边际资本成本是企业追加筹资的成本。企业的个别资本成本和加权资本成本，是企业过去筹集的单项资本的成本和目前使用全部资本的成本。然而，企业在追加筹资时，不能仅仅考虑目前所使用资本的成本，还要考虑新筹集资金的成本，即边际资本成本。边际资本成本，是企业进行追加筹资的决策依据。筹资方案组合时，边际资本成本的权数采用目标价值权数。

【例3-23】 某企业拥有长期资金400万元，其中长期借款60万元，资本成本3%；长期债券100万元，资本成本10%；普通股240万元，资本成本13%。平均资本成本为10.75%。由于扩大经营规模的需要，拟筹集新资金。经分析，认为筹集新资金后，仍应保持目前的资本结构，即长期借款占15%，长期债券占25%，普通股占60%，并测算出了随筹资的增加各种资本成本的变化，见表3-2。

表3-2 边际资本成本计算表

资金种类	目标资本结构	新筹资额	资本成本
长期借款	15%	45 000元以内	3%
		45 000~90 000元	5%
		90 000元以上	7%
长期债券	25%	200 000元以内	10%
		200 000~400 000元	11%
		400 000元以上	12%
普通股	60%	300 000元以内	13%
		300 000~600 000元	14%
		600 000元以上	15%

因为花费一定的资本成本率只能筹集到一定限度的资金，超过这一限度多筹集资金就要多花费资本成本，引起原资本成本的变化，于是就把在保持某资本成本的条件下可以筹集到的资金总限度称为现有资本结构下的筹资突破点。在筹资突破点范围内筹资，原来的资本成本不会改变；一旦筹资额超过筹资突破点，即便维持现有的资本结构，其资本成本也会增加。筹资突破点的计算公式为

筹资突破点 = 可用某一待定成本筹集到的某种资金额/该种资金在资金结构中所占的比重

在花费 3% 资本成本时，取得的长期借款筹资限额为 45 000 元，其筹资突破点便为 4 500/15% =300 000（元）；而在花费 5% 资本成本时，取得的长期借款筹资限额为 90 000 元，其筹资突破点则为 90 000/15% =600 000（元）。

按此方法，资料中各种情况下的筹资突破点的计算结果见表 3 -3。

表 3 -3　筹资突破点

资金种类	资本结构	资本成本	新筹资额	筹资突破点
长期借款	15%	3%	45 000 元以内	300 000 元以内
		5%	45 000 ~ 90 000 元	300 000 ~ 600 000 元
		7%	90 000 元以上	600 000 元以上
长期债券	25%	10%	200 000 元以内	800 000 元 以内
		11%	200 000 ~ 400 000 元	800 000 ~ 1600 000 元
		12%	400 000 元以上	1 600 000 元以上
普通股	60%	13%	300 000 元以内	500 000 元 以内
		14%	300 000 ~ 600 000 元	500 000 ~ 1000 000 元
		15%	600 000 元以上	1 000 000 元以上

根据上一步计算出的筹资突破点，可以得到 7 组筹资总额范围：①30 万元以内；②30 ~ 50 万元；③50 ~ 60 万元；④60 ~ 80 万元 ；⑤80 ~ 100 万元；⑥100 ~ 160万元；⑦160 万元以上。对以上 7 组筹资总额范围分别计算加权平均资本成本 ，即可得到各种筹资总额范围的边际资本成本，其计算结果见表 3 -4。

表 3 -4　筹资总额范围的边际资本成本

筹资总额范围	资金种类	资本结构	资本成本	加权平均资本成本
300 000 以内	长期借款	15%	3%	3% ×15% =0.45%
	长期债券	25%	10%	10% ×25% =2.5%
	普通股	60%	13%	13% ×60% =7.8%
				10.75%
300 000 ~ 500 000 元	长期借款	15%	15%	5% ×15% =0.75%
	长期债券	25%	10%	10% ×25% =2.5%
	普通股	60%	13%	13% ×60% =7.8%
				11.05%
500 000 ~ 600 000 元	长期借款	15%	5%	5% ×15% =0.75%
	长期债券	25%	10%	10% ×25% =2.5%
	普通股	60%	14%	14% ×60% =8.4%
				11.65%

表 3-4(续)

筹资总额范围	资金种类	资本结构	资本成本	加权平均资本成本
600 000 ~ 800 000 元	长期借款 长期债券 普通股	15% 25% 60%	7% 10% 14%	7% ×15% =1.05% 10% ×25% =2.5% 14% ×60% =8.4% 11.95%
800 000 ~ 1 000 000 元	长期借款 长期债券 普通股	15% 25% 60%	7% 11% 14%	7% ×15% =1.05% 11% ×25% =2.75% 14% ×60% =8.4% 12.2%
1 000 000 ~ 1 600 000 元	长期借款 长期债券 普通股	15% 25% 60%	7% 11% 15%	7% ×15% =1.05% 11% ×25% =2.75% 15% ×60% =9% 12.8%
1 600 000 元以上	长期借款 长期债券 普通股	15% 25% 60%	7% 12% 15%	7% ×15% =1.05% 12% ×25% =3% 15% ×60% =9% 13.05%

第三节　企业价值评估

一、企业价值评估概述

企业价值评估是财务管理的重要工具之一，具有广泛的用途，是现代财务的必要组成部分。

1. 企业价值评估的意义

企业价值评估简称价值评估，是一种经济评估方法，目的是分析和衡量企业（或者企业内部的一个经营单位、分支机构）的公平市场价值并提供有关信息，以帮助投资人和管理当局改善决策。

(1)价值评估使用的方法

价值评估是一种经济“评估”方法。评估是一种定量分析，但它并不是完全客观和科学的。一方面它使用许多定量分析模型，具有一定的科学性和客观性。另一方面它又使用许多主观估计的数据，带有一定的主观估计性质。价值评估是一种“分析”方法，要通过符合逻辑的分析来完成。企业价值评估涉及大量的信息，有了合理的概念框架，可以指导评估人正确选择模型和有效地利用信息。因此，必须正确理解企业价值的有关概念。

(2)价值评估提供的信息

价值评估提供的是有关“公平市场价值”的信息。价值评估不否认市场的有效性，但是不承认市场的完善性。在完善的市场中，企业只能取得投资者要求的风险调整后收益，市场价值与内在价值相等，价值评估没有什么实际意义。在这种情况下，企业无法为股东创造价值。股东价值的增加，只能利用市场的不完善才能实现。价值评估认为市场只在一定程度上有效,即并非完全有效。价值评估正是利用市场的缺陷寻找被低估的资产。当评估价值与市场价格相差悬殊时必须十分慎重,评估人必须令人信服地说明评估值比市场价格更好的原因。

企业价值受企业状况和市场状况的影响,随时都会变化。价值评估依赖的企业信息和市场信息也在不断流动,新信息的出现随时可能改变评估的结论。因此,企业价值评估提供的结论有很强的时效性。

(3)价值评估的目的

价值评估的目的是帮助投资人和管理当局改善决策。它的主要用途表现在以下三个方面:

价值评估可以用于投资分析。价值评估是基础分析的核心内容。投资人据此原理寻找并且购进被市场低估的证券或企业,以期获得高于市场平均报酬率的收益。

价值评估可以用于战略分析。战略是指一整套的决策和行动方式,包括刻意安排的有计划的战略和非计划的突发应变战略。战略管理是指涉及企业目标和方向、带有长期性、关系企业全局的重大决策和管理。战略管理可以分为战略分析、战略选择和战略实施。战略分析是指使用定价模型清晰地说明经营设想和发现这些设想可能创造的价值,目的是评价企业目前和今后增加股东财富的关键因素是什么。价值评估在战略分析中起核心作用。例如,收购属于战略决策,收购企业要估计目标企业的合理价格,在决定收购价格时要对合并前后的价值变动进行评估,以判断收购能否增加股东财富,以及依靠什么来增加股东财富。

价值评估可以用于以价值为基础的管理。如果把企业的目标设定为增加股东财富,而股东财富就是企业的价值,那么,企业决策正确性的根本标志是能否增加企业价值。不了解一项决策对企业价值的影响,就无法对决策进行评价。在这种意义上说,价值评估是改进企业一切重大决策的手段。为了搞清楚财务决策对企业价值的影响,需要清晰描述财务决策、企业战略和企业价值之间的关系。在此基础上实行以价值为基础的管理,依据价值最大化原则制定和执行经营计划,通过度量价值增加来监控经营业绩并确定相应报酬。

2. 企业价值评估的对象

企业价值评估的首要问题是明确"要评估的是什么",也就是价值评估的对象是什么。价值评估的一般对象是企业整体的经济价值。企业整体的经济价值是指企业作为一个整体的公平市场价值。

企业整体价值可以分为实体价值和股权价值、持续经营价值和清算价值、少数股权价值和控股权价值等类别。

(1)企业的整体价值

企业的整体价值观念主要体现在以下四个方面:

①整体不是各部分的简单相加

企业的整体性功能,表现为它可以通过特定的生产经营活动为股东增加财富,这是任何单项资产所不具有的。企业是有组织的资源,各种资源的结合方式不同就可以产生不同效率的企业。企业单项资产价值的总和不等于企业整体价值。会计报表反映的资产价值,都是单项资产的价值。资产负债表的"资产总计"是单项资产价值的合计,而不是企业作为整体的价值。

②整体价值来源于要素的结合方式

企业的整体价值来源于各部分之间的联系。只有整体内各部分之间建立有机联系时，才能使企业成为一个有机整体。各部分之间的有机联系，是企业形成整体的关键。因此，企业资源的重组即改变各要素之间的结合方式，可以改变企业的功能和效率。

③部分只有在整体中才能体现出其价值

企业是整体和部分的统一。部分依赖整体，整体支配部分。部分只有在整体中才能体现出它的价值，一旦离开整体，这个部分就失去了作为整体中一部分的意义，如同人的手臂一旦离开人体就失去了手臂的作用。企业的一个部门在企业整体中发挥它的特定作用，一旦将其从整体中剥离出来，它就具有了另外的意义。企业的有些部分是可以剥离出来单独存在的，如一台设备；有些部分是不能单独存在的，如商誉。可以单独存在的部分，其单独价值不同于作为整体一部分的价值。因此，一个部门被剥离出来，其功能会有别于它原来作为企业一部分时的功能和价值，剥离后的企业也会不同于原来的企业。

④整体价值只有在运行中才能体现出来

企业的整体功能，只有在运行中才能得以体现。企业是一个运行着的有机体，一旦成立就有了独立的"生命"和特征，并维持它的整体功能。如果企业停止运营，整体功能随之丧失，不再具有整体价值，它就只剩下一堆机器、存货和厂房，此时企业的价值是这些财产的变现价值，即清算价值。

(2)企业的经济价值

经济价值是经济学家所持的价值观念。它是指一项资产的公平市场价值，通常用该资产所产生的未来现金流量的现值来计量。注意区分会计价值与经济价值、现时市场价值与公平市场价值。

①会计价值与市场价值

会计价值是指资产、负债和所有者权益的账面价值。会计价值与市场价值不同。例如，某公司年资产负债表中显示，股东权益的账面价值为30亿元，总股份数为5亿股。该股票全年平均市价为20元/股，市场价值约为100亿元，与股权的会计价值相差悬殊。

②区分现时市场价值与公平市场价值

企业价值评估的目的是确定一个企业的公平市场价值。所谓"公平市场价值"是指在公平的交易中，熟悉情况的双方，自愿进行资产交换或债务清偿的金额。资产被定义为未来的经济利益。所谓"经济利益"，其实就是现金流入。资产就是未来可以带来现金流入的东西。由于不同时间的现金不等价，需要通过折现处理，因此，资产的公平市场价值就是未来现金流入的现值。

(3)企业整体经济价值的类别

①实体价值与股权价值

企业全部资产的总体价值，称为"企业实体价值"。企业实体价值是股权价值与债务价值之和。

企业实体价值=股权价值+债务价值

股权价值在这里不是所有者权益的会计价值(账面价值)，而是股权的公平市场价值。债务价值也不是它们的会计价值(账面价值)，而是债务的公平市场价值。

大多数企业购并是以购买股份的形式进行的，因此评估的最终目标和双方谈判的焦点是卖方的股权价值。但是，买方的实际收购成本等于股权成本加上所承接的债务。

②持续经营价值与清算价值

企业能够给所有者提供价值的方式有两种：一种是由营业所产生的未来现金流量的现值，称为持续经营价值（简称续营价值）；另一种是停止经营，出售资产产生的现金流，称为清算价值。这两者的评估方法和评估结果有明显区别。我们必须明确拟评估的企业是一个持续经营的企业还是一个准备清算的企业，评估的价值是其持续经营价值还是其清算价值。在大多数的情况下，评估的是企业的持续经营价值。

一个企业的公平市场价值，应当是续营价值与清算价值较高的一个，如图 3－1 所示。

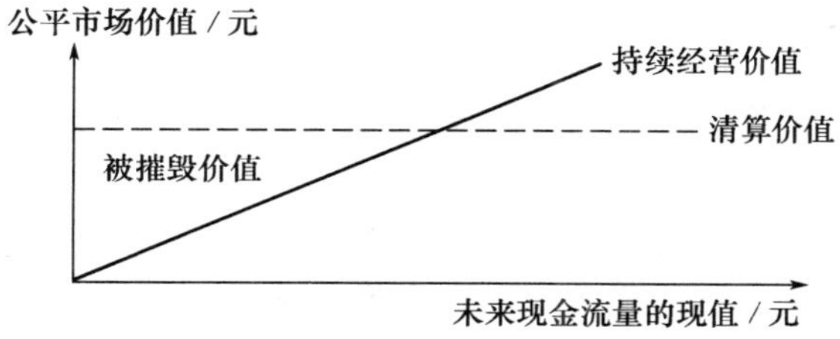

图 3－1　企业的公平市场价值

一个企业持续经营的基本条件，是其持续经营价值超过清算价值。依据理财的“自利原则”，当未来现金流的现值大于清算价值时，投资人会选择持续经营。如果现金流量下降，或者资本成本提高，使得未来现金流量现值低于清算价值，则投资人会选择清算。

一个企业的持续经营价值已经低于其清算价值，本应当进行清算。但是，也有例外，就是控制企业的人拒绝清算，企业得以持续经营。这种持续经营，摧毁了股东本来可以通过清算得到的价值。

③少数股权价值与控股权价值

在股票市场上交易的只是少数股权，大多数股票并没有参加交易。掌握控股权的股东，不参加日常的交易。我们看到的股价，通常只是少数已经交易的股票价格。它们衡量的只是少数股权的价值。少数股权与控股股权的价值差异，明显地出现在收购交易当中。一旦控股权参加交易，股价会迅速飙升，甚至达到少数股权价值的数倍。在评估企业价值时，必须明确拟评估的对象是少数股权价值，还是控股权价值。

如图 3－2 所示，从少数股权投资者来看，*V*（当前）是企业股票的公平市场价值。它是现有管理和战略条件下企业能够给股票投资人带来的现金流量现值。对于谋求控股权的投资者来说，*V*（新的）是企业股票的公平市场价值。它是企业进行重组，改进管理和经营战

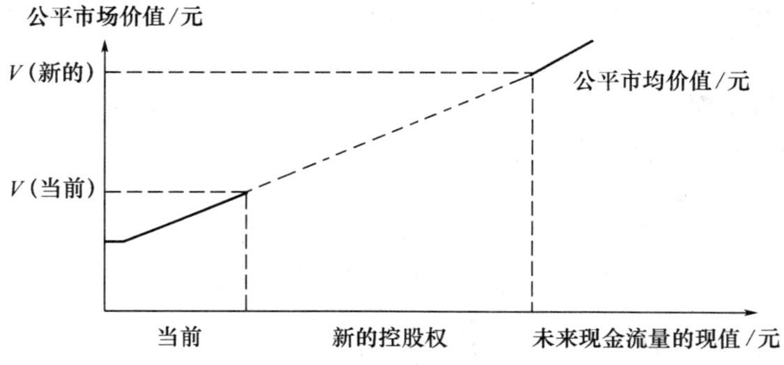

图 3－2　少数股权价值与控股权价值

略后可以为投资人带来的未来现金流量的现值。新的价值与当前价值的差额称为控股权溢价,它是由于转变控股权增加的价值。

$$控股权溢价 = V(新的) - V(当前)$$

总之,在进行企业价值评估时,首先要明确拟评估的对象是什么,搞清楚是企业实体价值还是股权价值,是续营价值还是清算价值,是少数股权价值还是控股权价值。它们是不同的评估对象,有不同的用途,需要使用不同的方法进行评估。

二、现金流量折现模型

现金流量模型是企业价值评估使用最广泛、理论上最健全的模型。

1. 现金流量模型的种类

任何资产都可以使用现金流量折现模型来估价,其价值都是以下三个变量的函数:

$$价值 = \sum_{t=1}^{n} \frac{现金流量_t}{(1 + 资本成本_t)^t}$$

(1)现金流量

"现金流量"是指各期的预期现金流量。不同资产的未来现金流量表现形式不同,债券的现金流量是利息和本金,投资项目的现金流量是项目引起的增量现金流量。在价值评估中可供选择的企业现金流量有三种:股利现金流量、股权现金流量和实体现金流量。依据现金流量的不同种类,企业估价模型也分股利现金流量模型、股权现金流量模型和实体现金流量模型三种。

①股利现金流量模型

股利现金流量模型的基本形式是:

$$股权价值 = \sum_{t=1}^{\infty} \frac{股利现金流量_t}{(1 + 股权资本成本)^t}$$

股利现金流量是企业分配给股权投资人的现金流量。

②股权现金流量模型

股权现金流量模型的基本形式是:

$$股权价值 = \sum_{t=1}^{\infty} \frac{股权现金流量_t}{(1 + 股权资本成本)^t}$$

股权现金流量是一定期间企业可以提供给股权投资人的现金流量,它等于企业实体现金流量扣除对债权人支付后剩余的部分。有多少股权现金流量会作为股利分配给股东,取决于企业的筹资和股利分配政策。如果把股权现金流量全部作为股利分配,则上述两个模型相同。

③实体现金流量模型

实体现金流量模型的基本形式是:

$$实体价值 = \sum_{t=1}^{\infty} \frac{实体现金流量_t}{(1 + 加权平均资本成本)^t}$$

$$股权价值 = 实体价值 - 债务价值$$

$$债务价值 = \sum_{t=1}^{n} \frac{偿还债务现金流量_t}{(1 + 等风险债务成本)^t}$$

实体现金流量是企业全部现金流入扣除成本费用和必要的投资后的剩余部分,它是企业一定期间可以提供给所有投资人(包括股权投资人和债权投资人)的税后现金流量。

在数据假设相同的情况下,三种模型的评估结果是相同的。由于股利分配政策有较大变动,股利现金流量很难预计,所以股利现金流量模型在实务中很少被使用。如果假设企业不保留多余的现金,而将股权现金全部作为股利发放,则股权现金流量等于股利现金流量,股权现金流量模型可以取代股利现金流量模型。

(2)资本成本

"资本成本"是计算现值使用的折现率。折现率是现金流量风险的函数,风险越大则折现率越大,因此折现率和现金流量要相互匹配。股权现金流量只能用股权资本成本来折现,实体现金流量只能用企业实体的加权平均资本成本来折现。

(3)现金流量的持续年数

"n"是指产生现金流量的时间,通常用"年"数来表示。从理论上说,现金流量的持续年数应当等于资源的寿命。企业的寿命是不确定的,通常采用持续经营假设,即假设企业将无限期的持续下去。预测无限期的现金流量数据是很困难的,时间越长,远期的预测越不可靠。为了避免预测无限期的现金流量,大部分估价将预测的时间分为两个阶段。第一阶段是有限的、明确的预测期,称为"详细预测期",或简称"预测期",在此期间需要对每年的现金流量进行详细预测,并根据现金流量模型计算其预测期价值;第二阶段是预测期以后的无限时期,称为"后续期",或"永续期",在此期间假设企业进入稳定状态,有一个稳定的增长率,可以用简便方法直接估计后续期价值。后续期价值也被称为"永续价值"或"残值"。这样,企业价值被分为两部分:

企业价值 = 预测期价值 + 后续期价值

2. 现金流量模型参数的估计

现金流量模型的参数包括预测期的年数、各期的现金流量和资本成本。这些参数是相互影响的,需要整体考虑,不可以完全孤立地看待和处理。

未来现金流量的数据需要通过财务预测取得。财务预测可以分为单项预测和全面预测。单项预测的主要缺点是容易忽视财务数据之间的联系,不利于发现预测假设的不合理之处。全面预测是指编制成套的预计财务报表,通过预计财务报表获取需要的预测数据。由于计算机的普遍应用,人们越来越多地使用全面预测。

(1)预测销售收入

预测销售收入是全面预测的起点,大部分财务数据与销售收入有内在联系。

销售收入取决于销售数量和销售价格两个因素,但是财务报表不披露这两项数据,企业外部的报表使用人无法得到价格和销量的历史数据,也就无法分别预计各种产品的价格和销量。他们只能直接对销售收入的增长率进行预测,然后根据基期销售收入和预计增长率计算预测期的销售收入。销售增长率的预测以历史增长率为基础,根据未来的变化进行修正。在修正时,要考虑宏观经济、行业状况和企业的经营战略。如果预计未来在这三个方面不会发生明显变化,则可以按上年增长率进行预测。如果预计未来有较大变化,则需要根据其主要影响因素调整销售增长率。

【例3-24】 某公司目前正处在高速增长的时期,2000年的销售增长了12%。预计2001年可以维持12%的增长率,2002年开始逐步下降,每年下降2个百分点,2005年下降1个百分点,即增长率为5%,2006年及以后各年按5%的比率持续增长,如表3-5所示。

表 3-5　某公司的销售预测

年份	基期	2001	2002	2003	2004	2005	2006	2007	2008	2009	2010
销售增长率	12%	12%	10%	8%	6%	5%	5%	5%	5%	5%	5%

(2)确定预测期间

预测的时间范围涉及预测基期、详细预测期和后续期。

①预测的基期

基期是指作为预测基础的时期,它通常是预测工作的上一个年度。基期的各项数据被称为基数,它们是预测的起点。基期数据不仅包括各项财务数据的金额,还包括它们的增长率以及反映各项财务数据之间联系的财务比率。

确定基期数据的方法有两种:一种是以上年实际数据作为基期数据;另一种是以修正后的上年数据作为基期数据。如果通过历史财务报表分析认为,上年财务数据具有可持续性,则以上年实际数据作为基期数据。如果通过历史财务报表分析认为,上年的数据不具有可持续性,就应适当进行调整,使之适合未来的情况。

某公司的预测以 2000 年为基期,以经过调整的 2000 年的财务报表数据为基数。该企业的财务预测将采用销售百分比法,需要根据历史数据确定主要报表项目的销售百分比,作为对未来进行预测的假设。

②详细预测期和后续期的划分

实务中的详细预测期通常为 5 ~7 年,如果有疑问还应当延长,但很少超过 10 年。企业增长的不稳定时期有多长,预测期就应当有多长。判断企业进入稳定状态的主要标志是两个:一是具有稳定的销售增长率,它大约等于宏观经济的名义增长率;二是具有稳定的净资本回报率,它与资本成本接近。

预测期和后续期的划分不是事先主观确定的,而是在实际预测过程中根据销售增长率和投资回报率的变动趋势确定的。

续前【例 3-24】,通过销售预测观察到某公司的销售增长率和净资本回报率在 2005 年恢复到正常水平(如表 3-6 所示)。销售增长率稳定在 5%,与宏观经济的增长率接近;净资本回报率稳定在 12.13%,与其资本成本 12% 接近。因此,该企业的预测期确定为 2001 ~2005 年,2006 年及以后年度为后续期。

表 3-6　某公司的增长率和净资本回报率　　单位:万元

年份	基期	2001	2002	2003	2004	2005	2006	2007	2008	2009	2010
销售增长率/%	12	12	10	8	6	5	5	5	5	5	5
经营利润	36.96	41.40	45.53	49.18	52.13	54.73	57.47	60.34	63.36	66.53	69.86
净资本	320.00	358.40	394.24	425.78	451.33	473.89	497.59	522.47	548.59	576.02	604.82
期初净资本回报率/%		12.94	12.71	12.47	12.24	12.13	12.13	12.13	12.13	12.13	12.13

(3)预计利润表和资产负债表

下面通过前述某公司的例子,说明预计利润表和资产负债表的编制过程。该公司的预计利润表和资产负债表，如表 3－7 和表 3－8 所示。

表 3－7 某公司的预计利润表 单位：万元

年份	基期	2001	2002	2003	2004	2005	2006
预测假设							
销售增长率/%	12	12	10	8	6	5	5
销售成本率/%	72.8	72.8	72.8	72.8	72.8	72.8	72.8
销售、管理费用/销售收入/%	8	8	8	8	8	8	8
折旧与摊销/销售收入/%	6	6	6	6	6	6	6
短期债务利率/%	6	6	6	6	6	6	6
长期债务利率/%	7	7	7	7	7	7	7
平均所得税率/%	30	30	30	30	30	30	30
利润表项目							
经营利润：							
一、销售收入	400.00	448.00	492.80	532.22	564.16	592.37	621.98
减：销售成本	291.20	326.14	358.76	387.46	410.71	431.24	452.80
销售和管理费用	32.00	35.84	39.42	42.58	45.13	47.39	49.76
折旧与摊销	24.00	26.88	29.57	31.93	33.85	35.54	37.32
二、税前经营利润	52.80	59.14	65.00	70.25	74.47	78.19	82.10
减：经营利润所得税	15.84	17.74	19.51	21.08	22.34	23.46	24.63
三、经营利润	36.96	41.40	45.53	49.18	52.13	54.73	57.47
金融损益：							
四、短期借款利息	3.84	4.30	4.73	5.11	5.42	5.69	5.97
加：长期借款利息	2.24	2.51	2.76	2.98	3.16	3.32	3.48
五、利息费用合计	6.08	6.81	7.49	8.09	8.58	9.00	9.45
减：利息费用抵税	1.82	2.04	2.25	2.43	2.57	2.70	2.84
六、税后利息费用	4.26	4.77	5.24	5.66	6.00	6.30	6.62
七、税后利润合计	32.70	36.63	40.29	43.51	46.13	48.43	50.85
加：年初未分配利润	20.00	24.00	50.88	75.97	98.05	115.93	131.72
八、可供分配的利润	52.70	60.63	91.17	119.48	144.17	164.36	182.58
减：应付普通股股利	28.70	9.75	15.20	21.44	28.24	32.64	34.27
九、未分配利润	24.00	50.88	75.97	98.05	115.93	131.72	148.31

注：表中 2005 年的短期借款利息 5.69，长期借款利息 3.32，数据四舍五入导致利息费用合计不为 9 万元。

表3－8　某公司的预计资产负债表　单位:万元

年份	基期	2001	2002	2003	2004	2005	2006
预测假设							
销售收入	400.00	448.00	492.80	532.22	564.16	592.37	621.98
经营现金/%	1	1	1	1	1	1	1
经营流动资产/%	39	39	39	39	39	39	39
经营流动负债/%	10	10	10	10	10	10	10
长期资产/销售收入/%	50	50	50	50	50	50	50
短期借款/净资本/%	20	50	50	50	50	50	50
长期借款/净资本/%	10	10	10	10	10	10	10
利润表项目							
经营资产:							
经营现金	4.00	4.48	4.93	5.32	5.64	5.92	6.22
经营流动资产	156.00	174.72	192.19	207.57	220.02	231.02	242.57
减:经营流动负债	40.00	44.80	49.28	53.22	56.42	59.24	62.20
＝经营营运资本	120.00	134.40	147.84	159.67	169.25	177.71	186.60
经营长期资产	200.00	224.00	246.40	266.11	282.08	296.18	310.99
减:经营长期负债	0	0	0	0	0	0	0
＝净经营长期资产	200.00	224.00	246.40	266.11	282.08	296.18	310.99
净经营资产总计	320.00	358.40	394.24	425.78	451.33	473.89	497.59
金融负债:							
短期借款	64.00	71.68	78.85	85.16	90.27	94.78	99.52
长期借款	32.00	35.84	39.42	42.58	45.13	47.39	49.76
金融负债合计	96.00	107.52	118.27	127.73	135.40	142.17	149.28
股本	200.00	200.00	200.00	200.00	200.00	200.00	200.00
年初未分配利润	20.00	24.00	50.88	75.97	98.05	115.93	131.72
本年利润	32.70	36.63	40.29	43.51	46.13	48.43	50.85
本年股利	28.70	9.75	15.20	21.44	28.24	32.64	34.27
年末未分配利润	24.00	50.88	75.97	98.05	115.93	131.72	148.31
股东权益合计	224.00	250.88	275.97	298.05	315.93	331.72	348.31
净负债及股东权益	320.00	358.40	394.24	425.78	451.33	473.89	497.59

在编制预计利润表和资产负债表时，两个表之间有数据的交换，需要一并考虑。下面以2001年的数据为例，说明主要项目的计算过程：

第一步，预计经营利润

①“销售收入”根据销售预测的结果填列。

②“销售成本”“销售、管理费用”以及“折旧与摊销”，使用销售百分比法预计。有关的销售百分比列示在“利润表预测假设”部分。

销售成本 = 448 × 72.8% = 326.14（万元）

销售、管理费用 = 448 × 8% = 35.84（万元）

折旧与摊销费用 = 448 × 6% = 26.88（万元）

③“投资收益”需要对投资收益的构成进行具体分析。要区分债权投资收益和股权投资收益。债权投资收益，属于金融活动产生的收益，应作为利息费用的减项，不列入经营收益。股权投资收益，一般可以列入经营性收益。某公司投资收益是经营性的，但是数量很小，并且不具有可持续性，故预测时将其忽略。

④“资产减值损失”和“公允价值变动收益”，通常不具有可持续性，可以不列入预计利润表。“营业外收入”和“营业外支出”属于偶然损益，不具有可持续性，预测时通常予以忽略。

⑤“经营利润”

税前经营利润 = 销售收入 - 销售成本 - 销售、管理费用 - 折旧与摊销
= 448 - 326.14 - 35.84 - 26.88 = 159.14（万元）

税前经营利润所得税 = 预计税前经营利润 × 预计所得税率 = 59.14 × 30% = 17.74（万元）

税后经营利润 = 59.14 - 17.74 = 41.40（万元）

接下来的项目是“利息费用”，其驱动因素是借款利率和借款金额，通常不能根据销售百分比直接预测。短期借款和长期借款的利率已经列入“利润表预测假设”部分，借款的金额需要根据资产负债表来确定。因此，预测工作转向资产负债表。

第二步，预计经营资产

①“经营现金”。现金资产包括现金及其等价物。现金资产可以分为两部分，一部分是生产经营所必需的持有量，目的是为了应付各种意外支付，它们属于经营现金资产。经营现金的数量因企业而异，需要根据最佳现金持有量确定。确定的方法可见本教材的“现金和有价证券管理”部分。某公司的经营现金资产，按销售额的 1% 预计。超额部分的现金，属于金融资产，列为金融负债的减项。

经营现金 = 448 × 1% = 4.48（万元）

②“经营流动资产”。经营流动资产包括应收账款、存货等项目，可以分项预测，也可以作为一个“经营流动资产”项目预测。预测时使用销售百分比法，有关的销售百分比已列在表 3 - 8 的资产负债表“预测假设”部分。

经营流动资产 = 448 × 39% = 174.72（万元）

③“经营流动负债”。表 3 - 8 将“经营流动负债”列在“经营流动资产”之后，是为了显示“经营营运资本”，在这里，经营营运资本是指“经营现金”加“经营流动资产”减去“经营流动负债”后的余额。

经营营运资本 =（经营现金 + 经营流动资产）- 经营流动负债
=（4.48 + 174.72）- 44.8 = 134.40（万元）

④“经营长期资产”。经营长期资产包括长期股权投资、固定资产、长期应收款等。某公司假设长期资产随销售增长，使用销售百分比法预测，其销售百分比为 50%。

长期资产 = 448 × 50% = 224.00（万元）

⑤“经营长期负债”。经营长期负债包括无息的长期应付款、专项应付款、递延所得税

负债和其他非流动负债。它们需要根据实际情况选择预测方法。不一定使用销售百分比法。某公司假设它们数额很小,可以忽略不计。

⑥“净经营资产总计”

净经营资产总计 = 经营营运资本 + 净经营长期资产
= (经营现金 + 经营流动资产 - 经营流动负债) +
(经营长期资产 - 经营长期负债)
= 经营资产 - 经营负债、净经营资产总计
= 134.40 + 224 = 358.40(万元)

第三步,预计融资

预计得出的净经营资产是全部的筹资需要,因此也可以称为“净资本”或“投资资本”。如何筹集这些资本取决于企业的筹资政策。

某公司存在一个目标资本结构,即有息负债/净资本为 30%,其中短期负债/净资本为 20%,长期负债/净资本为 10%。企业采取剩余股利政策,需要筹集资金时按目标资本结构配置留存收益(权益资本)和借款(债务资本),剩余的利润分配给股东。如果当期利润小于需要筹集的权益资本,在“应付股利”项目中显示为负值,表示需要向股东筹集的现金(增发新股)数额。如果有剩余现金,按目标资本结构同时减少借款和留存利润,企业不保存多余金融资产。在这种情况下,全部股权现金流量都作为股利分配给股东,股利现金流量和股权现金流量是相同的。

①“短期借款”和“长期借款”。根据目标资本结构确定应借款的数额:

短期借款 = 净经营资产 × 短期借款比例
= 358.40 × 20% = 71.68(万元)

长期借款 = 净经营资产 × 长期借款比例
= 358.40 × 10% = 35.84(万元)

②内部融资额。根据借款的数额,确定目标资本结构下需要的股东权益:

期末股东权益 = 净经营资产 - 借款合计
= 358.40 - (71.68 + 35.84) = 250.88(万元)

根据期末股东权益比期初股东权益的增加,确定需要的内部筹资数额:

内部筹资 = 期末股东权益 - 期初股东权益
= 250.88 - 224.00 = 26.88(万元)

企业也可以采取其他的融资政策,不同的融资政策会导致不同的融资额预计方法。

第四步,预计利息费用

现在有了借款的数额,可以返回利润表,预计利息支出。某公司的利息费用是根据当期期末有息债务和预期利率预计的。

利息费用 = 短期借款 × 短期利率 + 长期借款 × 长期利率
= 71.68 × 6% + 35.84 × 7% = 4.3008 + 2.5088 = 6.81(万元)

利息费用抵税 = 6.81 × 30% = 2.04(万元)

税后利息费用 = 6.81 - 2.04 = 4.77(万元)

第五步,计算净利润

净利润 = 经营净利润 - 净利息费用
= 41.40 - 4.77 = 36.63(万元)

第六步，计算股利和年末未分配利润

股利 = 本年净利润 - 股东权益增加
= 36.63 - 26.88 = 9.75（万元）

年末未分配利润 = 年初未分配利润 + 本年净利润 - 股利
= 24 + 36.63 - 9.75 = 50.88（万元）

将"年末未分配利润"数额填入 2001 年的资产负债表相应栏目，然后完成资产负债表其他项目的预计。

年末股东权益 = 股本 + 年末未分配利润
= 200 + 50.88 = 250.88（万元）

净负债及股东权益 = 净负债 + 股东权益
= 107.52 + 250.88 = 358.40（万元）

由于利润表和资产负债表的数据是相互衔接的，要完成2001 年利润表和资产负债表数据的预测工作，才能转向 2002 年的预测。

（4）预计现金流量

根据预计利润表和资产负债表编制预计现金流量表，只是一个数据转换过程，如表 3 - 9所示。

表 3 - 9　某公司的预计现金流量表　　单位：万元

年份	基期	2001	2002	2003	2004	2005	2006
税后经营利润	36.96	41.40	45.53	49.18	52.13	54.73	57.47
加：折旧与摊销	24.00	26.88	29.57	31.93	33.85	35.54	37.32
= 经营现金流量	60.96	68.28	75.10	81.11	85.98	90.27	94.79
减：经营营运资本增加		14.40	13.44	11.83	9.58	8.46	8.89
= 经营现金净流量		53.88	61.66	69.28	76.40	81.81	85.90
减：净经营长期资产增加		24.00	22.40	19.71	15.97	14.10	14.81
折旧与摊销		26.88	29.57	31.93	33.85	35.54	37.32
= 实体现金流量		3.00	9.69	17.64	26.58	32.17	33.78
融资流动：							
税后利息费用		4.77	5.24	5.66	6.00	6.30	6.62
- 短期借款增加		7.68	7.17	6.31	5.11	4.51	4.74
- 长期借款增加		3.84	3.58	3.15	2.55	2.26	2.37
+ 金融资产增加							
= 债务融资净流量		-6.75	-5.51	-3.80	-1.66	-0.47	-0.49
+ 股利分配		9.75	15.20	21.44	28.24	32.64	34.27
- 股权资本发行		0.00	0.00	0.00	0.00	0.00	0.00
= 股权融资流量		9.75	15.20	21.44	28.24	32.64	34.27
融资流量合计		3.00	9.69	17.64	26.58	32.17	33.78

有关项目说明如下：

①实体现金流量

a. 经营现金流量。经营现金流量是指在没有资本支出和经营营运资本变动时，企业可以提供给投资人的现金流量总和。它有时也被称为“常用现金流量”。

经营现金流量 = 税后经营利润 + 折旧与摊销

= 41.40 + 26.88 = 68.28（万元）

公式中的“折旧与摊销”，是指在计算利润时已经扣减的固定资产折旧和长期资产摊销数额。

b. 经营现金净流量。经营现金净流量是指经营现金流量扣除经营营运资本增加后的剩余现金流量。如果企业没有资本支出，它就是可以提供给投资人（包括股东和债权人）的现金流量。

经营现金净流量 = 经营现金流量 - 经营营运资本增加

= 68.28 - 14.40 = 53.88（万元）

c. 实体现金流量。实体现金流量是经营现金净流量扣除资本支出后的剩余部分。它是企业在满足经营活动和资本支出后，可以支付给债权人和股东的现金流量。

实体现金流量 = 经营现金净流量 - 资本支出

= 53.88 - （24 + 26.88） = 3.00（万元）

公式中的“资本支出”，是指用于购置各种长期资产的支出，减去无息长期负债增加额。长期资产包括长期投资、固定资产、无形资产和其他长期资产。无息长期负债包括各种不需要支付利息的长期应付款、专项应付款和其他长期负债等。购置长期资产支出的一部分现金可以由无息长期负债提供，其余的部分必须由企业实体现金流量提供（扣除）。因此，经营净流量扣除了资本支出，剩余部分才可以提供给投资人。

假设某公司没有无息长期负债，因此资本支出等于购置长期资产的现金流出，即等于长期资产增加额与本期折旧与摊销之和。

由于资本支出和经营营运资本增加都是企业的投资现金流出，因此它们的合计称为“本期总投资”。

本期总投资 = 经营营运资本增加 + 资本支出

本年在发生投资支出的同时，还通过“折旧与摊销”收回一部分现金。因此“净”的投资现金流出是本期总投资减去“折旧与摊销”后的剩余部分，称之为“本期净投资”。

本期净投资 = 本期总投资 - 折旧与摊销

本期净投资 = 经营营运资本增加 + 资本支出 - 折旧与摊销

= 14.40 + 50.88 - 26.88 = 38.40（万元）

本期净投资是股东和债权人提供的，可以通过净经营资产的增加来验算。

本期净投资 = 期末净经营资产 - 期初净经营资产

= （期末净负债 + 期末股东权益） - （期初净负债 + 期初股东权益）

= 358.40 - 320 = 38.40（万元）

因此，实体现金流量的公式也可以写成：

实体现金流量 = 税后经营利润 - 本期净投资

= 41.40 - 38.40 = 3.00（万元）

②股权现金流量

股权现金流量与实体现金流量的区别，是它需要再扣除与债务相联系的现金流量。

股权现金流量 = 实体现金流量 - 债权人现金流量
= 实体现金流量 - 税后利息支出 - 偿还债务本金 + 新借债务
= 实体现金流量 - 税后利息支出 + 债务净增加

2001 年股权现金流量 = 2.995 2 - 4.766 7 + 7.68 + 3.84 = 9.748 5(万元)

股权现金流量模型也可以用另外的形式表达:以属于股东的净利润为基础扣除股东的净投资,得出属于股东的现金流量。

股权现金流量 = 实体现金流量 - 债权人现金流量
= 税后经营利润 + 折旧与摊销 - 经营营运资本增加 - 资本支出 - 税后利息费用 + 债务净增加
= (利润总额 + 利息费用) × (1 - 税率) - 净投资 - 税后利息费用 + 债务净增加
= (税后利润 + 税后利息费用) - 净投资 - 税后利息费用 + 债务净增加
= 税后利润 - (净投资 - 债务净增加)

2001 年股权现金流量 = 36.628 5 - (38.4 - 7.68 - 3.84) = 9.748 5(万元)

如果企业按照固定的负债率为投资筹集资本,企业保持稳定的财务结构,"净投资"和"债务净增加"存在固定比例关系,则股权现金流量的公式可以简化为

股权现金流量 = 税后利润 - (1 - 负债率) × 净投资
= 税后利润 - (1 - 负债率) × (资本支出 - 折旧与摊销) - (1 - 负债率) × 营业流动资产增加

2001 年股权现金流量 = 36.6285 - (1 - 30%) × 38.4 = 9.748 5(万元)

该公式表示,税后净利是属于股东的,但要扣除净投资。净投资中股东负担部分是"(1 - 负债率) × 净投资",其他部分的净投资由债权人提供。税后利润减去股东负担的净投资,剩余的部分成为股权现金流量。

③融资现金流量

融资现金流量包括债务融资净流量和股权融资净流量两部分。

(a)债务融资净流量

债务融资净流量 = 税后利息支出 + 偿还债务本金(或" - 债务增加") + 超额金融资产增加
= 4.77 - 7.68 - 3.84 = -6.75(万元)

(b)股权融资净流量

股权融资净流量 = 股利分配 - 股权资本发行
= 9.75 - 0 = 9.75(万元)

(c)融资流量合计

融资流量合计 = 债务融资净流量 + 股权融资净流量
= -6.75 + 9.75 = 3(万元)

④现金流量的平衡关系

由于企业提供的现金流量就是投资人得到的现金流量,因此它们应当相等。"实体现金流量"是从企业角度观察的,企业产生剩余现金用正数表示,企业吸收投资人的现金则用负数表示。"融资现金流量"是从投资人角度观察的实体现金流量,投资人得到现金用正数

表示,投资人提供现金则用负数表示。实体现金流量应当等于融资现金流量。

现金流量的这种平衡关系,给我们提供了一种检验现金流量计算是否正确的方法。

(5)后续期现金流量增长率的估计

后续期价值的估计方法有许多种,包括永续增长模型、经济利润模型、价值驱动因素模型、价格乘数模型、延长预测期法、账面价值法、清算价值法和重置成本法等。这里只讨论现金流量折现的永续增长模型。

永续增长模型如下:

$$后续期价值 = \frac{现金流量_{t+1}}{资本成本 - 现金流量增长率}$$

现金流量的预计在前面已经讨论过,这里说明现金流量增长率估计。

在稳定状态下,实体现金流量、股权现金流量和销售收入的增长率相同,因此,可以根据销售增长率估计现金流量增长率。

我们先看一下某公司的例子,它在2006年进入永续增长阶段。如果我们把预测期延长到2010年,就会发现后续期的销售增长率、实体现金流量增长率和股权现金流量增长率是相同的(如表3-10所示)。

表3-10 某公司的预计后续现金流量表 单位:万元

年份	2006	2007	2008	2009	2010
税后经营利润	57.47	60.34	63.36	66.53	69.86
加:折旧与摊销	37.32	39.18	41.14	43.20	45.36
=经营现金毛流量	94.79	99.53	104.51	109.73	115.22
减:经营资产净增加	23.69	24.88	26.12	27.43	28.80
折旧与摊销	37.32	39.18	41.14	43.00	45.36
=实体现金流量	33.78	35.47	37.24	39.10	41.06
融资流动:					
税后利息费用	6.62	6.95	7.30	7.66	8.04
-短期借款增加	4.74	4.98	5.22	5.49	5.76
-长期借款增加	2.37	2.49	2.61	2.74	2.88
=债权人现金流量	-0.49	-0.52	-0.54	-0.57	-0.60
+股利分配	34.27	35.98	37.78	39.67	41.65
-股权资本发行	0.00	0.00	0.00	0.00	0.00
=股权现金流量	34.27	35.98	37.78	39.67	41.65
融资流量合计	33.78	35.47	37.24	39.10	41.06
现金流量增长率:					
实体现金流量增长率/%	5	5	5	5	5
债权人现金流量增长率/%	5	5	5	5	5
股权现金流量增长率/%	5	5	5	5	5

为什么这三个增长率会相同呢？因为在“稳定状态下”，经营效率和财务政策不变，即资产息前税后经营利润率、资本结构和股利分配政策不变，财务报表将按照稳定的增长率在扩大的规模上被复制。影响实体现金流量和股权现金流量的各因素都与销售额同步增长，因此现金流量增长率与销售增长率相同。

(6)企业价值的计算

①实体现金流量模型

续前例：假设某公司的加权平均资本成本是12%，用它折现实体现金流量可以得出企业实体价值，扣除债务价值后可以得出股权价值。有关计算过程见表3－11所示。

表3－11　某公司的实体现金流量折现　　单位：万元

年份	基期	2001	2002	2003	2004	2005
实体现金流量		3.00	9.69	17.64	26.58	32.17
平均资本成本/%		12.00	12.00	12.00	12.00	12.00
折现系数(12%)		0.892 9	0.797 2	0.711 8	0.635 5	0.567 4
预测期现金流量现值	58.10	2.67	7.73	12.55	16.89	18.25
后续期增长率						5.00%
期末现金流量现值	273.80					482.55
总价值	331.90					
债务价值	96.00					
股权价值	235.90					

$$\text{预测期现金流量现值} = \sum \text{各期现金流量现值} = 58.10(\text{万元})$$

$$\text{后续期终值} = \frac{\text{现金流量}_{t+1}}{\text{资本成本} - \text{现金流量增长率}}$$

$$= \frac{32.17 \times (1 + 5\%)}{12\% - 5\%} = 482.55(\text{万元})$$

$$\text{后续期现值} = \text{后续期终值} \times \text{折现系数}$$

$$= 482.55 \times 0.567\ 4 = 273.80(\text{万元})$$

$$\text{企业实体价值} = \text{预测期现金流量现值} + \text{后续期现值}$$

$$= 58.10 + 273.80 = 331.90(\text{万元})$$

$$\text{股权价值} = \text{实体价值} - \text{债务价值} = 331.90 - 96 = 235.90(\text{万元})$$

估计债务价值的标准方法是折现现金流量法，最简单的方法是账面价值法。本例采用账面价值法。

②股权现金流量模型

假设某公司的股权资本成本是15.034 6%，用它折现股权现金流量，可以得到企业股权的价值。有关计算过程如表3－12所示。

表3－12　某公司的股权现金流量折现　　单位：万元

年份	基期	2001	2002	2003	2004	2005
股权现金流量		9.75	15.20	21.44	28.24	32.64

表 3-12(续)

年份	基期	2001	2002	2003	2004	2005
股权成本/%		15.034 6	15.034 6	15.034 6	15.034 6	15.034 6
折现系数		0.869 3	0.755 7	0.656 9	0.571 1	0.496 4
预测期现金流量现值	66.38	8.47	11.49	14.08	16.13	16.20
(后续期现金流量增长率)						5%
+残值现值	169.52					341.49
=股权价值	235.90					
+债务价值	96.00					
=公司价值	331.90					

3. 现金流量模型的应用

(1)股权现金流量模型的应用

股权现金流量模型分为三种类型:永续增长模型、两阶段增长模型和三阶段增长模型。

①永续增长模型

永续增长模型假设企业未来长期稳定、可持续的增长。在永续增长的情况下,企业价值是下期现金流量的函数。

永续增长模型的一般表达式如下:

$$股权价值=\frac{下期股权现金流量}{股权资本成本-永续增长率}$$

永续增长模型的特例是永续增长率等于零,即零增长模型。

$$股权价值=\frac{下期股权现金流量}{股权资本成本}$$

永续增长模型的使用条件:企业必须处于永续状态。所谓永续状态是指企业有永续的增长率和投资资本回报率。使用永续增长模型,企业价值对增长率的估计值很敏感,当增长率接近折现率时,股票价值趋于无限大。因此,对于增长率和股权成本的预测质量要求很高。

【例 3-25】 A 公司是一个规模较大的跨国公司,目前处于稳定增长状态。2001 年每股净利润为 13.7 元。根据全球经济预期,长期增长率为 6%。预计该公司的长期增长率与宏观经济相同。为维持每年 6% 的增长率,需要每股股权本年净投资 11.2 元。据估计,该企业的股权资本成本为 10%。请计算该企业 2001 年每股股权现金流量和每股股权价值。

每股股权现金流量 = 每股净利润 - 每股股权本年净投资

= 13.7 - 11.2 = 2.5(元/股)

每股股权价值 = (2.5 × 1.06) ÷ (10% - 6%) = 66.25(元/股)

②两阶段增长模型

两阶段增长模型的一般表达式:

股权价值 = 预测期股权现金流量现值 + 后续期价值的现值

假设预测期为 n 则:

$$股权价值 = \sum_{t=1}^{n} \frac{股权现金流量_t}{(1+股权资本成本)^t} + \frac{\dfrac{股权现金流量_{n+1}}{股权资本成本-永续增长率}}{(1+股权资本成本)^n}$$

两阶段增长模型的使用条件:两阶段增长模型适用于增长呈现两个阶段的企业。第一个阶段为超常增长阶段,增长率明显快于永续增长阶段;第二个阶段具有永续增长的特征,增长率比较低,是正常的增长率。

【例 3-26】 B 公司是一个高技术企业,具有领先同业的优势。2000 年每股销售收入 20 元,预计 2001~2005 年的销售收入增长率维持在 20% 的水平。到 2006 年增长率下滑到 3%。目前该公司经营营运资本占销售收入的 40%,销售增长时可以维持不变。目前每股资本支出 3.7 元,每股折旧费 1.7 元,为支持销售每年增长 20%,资本支出需同比增长,折旧费也会同比增长。净资本中净负债占 10%,销售增长时维持此资本结构不变。目前每股净利润 4 元,预计与销售同步增长。

2000 年该企业的 β 值为 1.3,稳定阶段的 β 值为 1.1。国库券的利率为 3%,市场组合的预期报酬率为 12.230 8%。

要求:计算目前的股票价值。

计算过程显示在表 3-13 中。

表 3-13 B 企业的股票价值评估 单位:万元

年　份	2000	2001	2002	2003	2004	2005	2006
经营营运资本增加:							
收入增长率 /%		20	20	20	20	20	3
每股收入	20.00	24.00	28.80	34.56	41.47	49.77	51.26
经营营运资本/收入 /%	40	40	40	40	40	40	40
经营营运资本	8.00	9.60	11.52	13.82	16.59	19.91	20.50
经营营运资本增加	1.33	1.60	1.92	2.30	2.76	3.32	0.60
每股股权本年净投资:							
资本支出	3.70	4.44	5.33	6.39	7.67	9.21	9.48
减:折旧	1.70	2.04	2.45	2.94	3.53	4.23	4.36
加:经营营运资本增加	1.33	1.00	1.92	2.30	2.76	3.32	0.60
=实体本年净投资	3.33	4.00	4.80	5.76	6.91	8.29	5.72
×(1-负债比例)/%	90	90	90	90	90	90	90
=股权本年净投资	3.00	3.60	4.32	5.18	6.22	7.46	5.15
每股股权现金流量:							
净利润	4.00	4.80	5.76	6.91	8.29	9.95	10.25
-股权本年净投资	3.00	3.60	4.32	5.18	6.22	7.46	5.15
=股权现金流量	1.00	1.20	1.44	1.73	2.07	2.49	5.10
股权成本:							

表 3-12(续)

年　份	2000	2001	2002	2003	2004	2005	2006
无风险利率 /%		3	3	3	3	3	3
市场组合报酬率 /%		12.23	12.23	12.23	12.23	12.23	12.23
β		1.30	1.30	1.30	1.30	1.30	1.10
股权资本成本 /%		15.00	15.00	15.00	15.00	15.00	13.15
每股股权价值计算:							
股权现金流量		1.20	1.44	1.73	2.07	2.49	5.10
折现系数		0.869 6	0.756 1	0.657 5	0.571 8	0.497 2	0.439 4
预测期现值	5.69	1.04	1.09	1.14	1.19	1.24	
后续期价值	24.98					50.24	
股权价值合计	30.67						

各项数据的计算过程简要说明如下:

(a)根据给出资料确定各年的增长率:有限预测期增长率 20%,后续期增长率 3%。

(b)计算各年销售收入:本年收入 = 上年收入 ×(1 + 增长率)

(c)计算经营营运资本:经营营运资本 = 本年收入 × 经营营运资本百分比

(d)计算经营营运资本增加额:经营营运资本增加 = 本年经营营运资本 - 上年经营营运资本

(e)计算本年净投资:本年净投资 = 资本支出 - 折旧 + 经营营运资本增加

其中,各年的资本支出和折旧费按收入的增长率递增。

(f)计算股权本年净投资:股权本年净投资 = 实体本年净投资 ×(1 - 负债比例)

(g)计算股权现金流量:股权现金流量 - 净利润 - 股权本年净投资

(h)计算资本成本:

$$第一阶段的资本成本 = 3\% + 1.3 \times (12.230\,8\% - 3\%) = 15\%$$

$$第二阶段的资本成本 = 3\% + 1.1 \times (12.230\,8\% - 3\%) = 13.153\,8\%$$

(i)计算企业价值:

$$后续期终值 = \frac{后续期第一年现金流量}{资本成本 - 永续增长率}$$

$$= 5.101\,1 \div (13.153\,8\% - 3\%) = 50.24(元/股)$$

$$后续期现值 = 50.24 \times 0.497\,2 = 24.98(元/股)$$

$$预测期现值 = \sum 现金流量 \times 折现系数 = 5.69(元/股)$$

$$每股股权价值 = 24.98 + 5.69 = 30.67(元/股)$$

③三阶段增长模型

三阶段增长模型包括一个高速增长阶段、一个增长率递减的转换阶段和一个永续增长的稳定阶段。

股权价值 = 增长期现金流量现值 + 转换期现金流量现值 + 后续期现金流量现值

$$= \sum_{t=1}^{n} \frac{增长期现金流量_t}{(1+资本成本)^t} + \sum_{t=n+1}^{n+m} \frac{转换期现金流量_t}{(1+资本成本)^t} + \frac{\dfrac{后续期现金流量_{n+m+1}}{资本成本-永续增长率}}{(1+资本成本)^{n+m}}$$

模型的使用条件是被评估企业的增长率应当与模型假设的三个阶段特征相符。

【例 3-27】 C 企业 2000 年的有关数据如下:销售收入每股 10 元,每股净收益占收入的 25%,每股资本支出 1.2 元,每股折旧 0.70 元,每股经营营运资本 4 元。

预计 2001～2005 年期间每股销售收入增长率可以保持在 33% 的水平。2006～2010年增长率按算术级数均匀减少至 6%,2011 年及以后保持 6% 的增长率不变。该企业在经营中没有负债,预计将来也不利用负债。资本支出、折旧与摊销、经营营运资本、每股净收益等与销售收入的增长率相同。

2001～2005 年的 β 值为 1.25,2006 年开始每年按算术级数均匀下降,2000 年降至1.1,并可以持续。已知无风险利率为 7%,股票投资的平均风险补偿率为 5.5%。

要求:估计该企业股票的价值。

有关的计算过程已经显示在表 3-14 中,其他的有关说明如下:

表 3-14　C 企业的股票价值的估计　　单位:万元

年份	2000	2001	2002	2003	2004	2005	2006	2007	2008	2009	2010
销售增长率/%		33.0	33.0	33.0	33.0	33.0	27.6	22.2	16.8	11.4	6.0
每股收入	10.00	13.30	17.69	23.53	31.29	41.62	53.10	64.89	75.79	84.43	89.50
净收益/收入/%		25	25	25	25	25	25	25	25	25	25
每股净收益	2.50	3.33	4.42	5.88	7.82	10.40	13.28	16.22	18.95	21.11	22.37
资本支出	1.20	1.60	2.12	2.82	3.75	4.99	6.37	7.79	9.10	10.13	10.74
减:折旧	0.70	0.93	1.24	1.65	2.19	2.91	3.72	4.54	5.31	5.91	6.26
(经营营运资本)	4.00	5.32	7.08	9.41	12.52	16.65	21.24	25.96	30.32	33.77	35.80
加:经营营运资本增加		1.32	1.76	2.33	3.11	4.13	4.59	4.72	4.36	3.46	2.03
=本年经投资		1.99	2.64	3.51	4.67	6.21	7.25	7.96	8.15	7.68	6.50
股权自由现金流量		1.34	1.78	2.37	3.15	4.19	6.03	8.26	10.80	13.43	15.87
β		1.25	1.25	1.25	1.25	1.25	1.22	1.19	1.16	1.13	1.10
无风险利率/%		7.0	7.0	7.0	7.0	7.0	7.0	7.0	7.0	7.0	7.0
风险补偿率/%		5.5	5.5	5.5	5.5	5.5	5.5	5.5	5.5	5.5	5.5
股权资本成本/%		13.875	13.875	13.875	13.875	13.875	13.710	13.545	13.380	13.215	13.050
折现系数		0.878 2	0.771 2	0.677 2	0.594 7	0.522 2	0.459 3	0.404 5	0.356 7	0.315 1	0.278 7
高成长期现值	8.22	1.18	1.37	1.61	1.87	2.19					
转换期现值	18.62						2.77	3.34	3.85	4.23	4.42
后续期现值	66.51										238.66
每股价值	93.35										

(a)增长率

高增长阶段每年增长33%。

$$转换阶段每年增长率递减=(33\%-6\%)\div 5=5.4\%$$

$$2006年的增长率=33\%-5.4\%=27.6\%$$

以下年度的增长率可以类推。

(b)本年净投资

$$本年净投资=资本支出-折旧+经营营运资本增加$$

$$2001年本年净投资=1.596-0.931\,0+1.32=1.985(元)$$

以下各年按此类推。

(c)股权现金流量

$$股权现金流量=每股净收益-每股股权本年净投资$$

$$2001年股权现金流量=3.325-1.985=1.34(元)$$

以下各年按此类推。

(d)资本成本

$$高增长阶段的资本成本=7\%+1.25\times 5.5\%=13.675\%$$

$$转换阶段的资本成本每年递减=(13.875\%-13.05\%)\div 5=0.165\%$$

转换阶段的资本成本也可以先计算各年的β值：

$$转换阶段\beta的递减=(1.25-1.1)\div 5=0.03$$

然后，再用资本资产定价模型，分别计算各年的资本成本：

$$2006年的\beta=1.25-0.03=1.22$$

$$2006年的资本成本=7\%+1.22\times 5.5\%=13.71\%$$

$$稳定阶段的资本成本=7\%+1.1\times 5.5\%=13.05\%$$

(e)折现系数

折现系数需要根据资本成本逐年滚动计算。

$$某年折现系数=\frac{上年折现系数}{1+本年资本成本}$$

$$2001年折现系数=1\div(1+13.187\,5\%)=0.878\,2$$

$$2002年折现系数=0.878\,2\div(1+13.875\%)=0.771\,2$$

以下各年按此类推。

(f)各阶段的价值

$$高增长阶段的现值=各年现金流量折现求和=8.22(元/股)$$

$$转换阶段的现值=各年现金流量折现求和=18.62(元/股)$$

$$后续阶段的终值=\frac{15.873\,3\times(1+6\%)}{13.05\%-6\%}$$

$$=238.66(元/股)$$

$$后续阶段的现值=238.66\times 0.278\,7=66.51(元/股)$$

$$每股价值=8.22+18.62+66.51=93.35(元/股)$$

(2)实体现金流量模型的应用

在实务中大多使用股权现金流量模型。主要原因是股权成本受资本结构的影响较大，估计起来比较复杂。债务增加时，风险上升，股权成本会上升，而上升的幅度不容易测定。

加权平均资本成本受资本结构的影响较小，比较容易估计。债务成本较低，增加债务比重是加权平均资本成本下降。与此同时，债务增加使风险增加，股权成本上升，使得加权平均资本成本上升。在无税和交易成本的情况下，债务成本的下降也会大部分被股权成本的上升所抵消，平均资本成本对资本结构变化不敏感，估计起来比较容易。

实体现金流量模型，如同股权现金流量模型一样，也可以分为三种类型，基于篇幅问题和股权现金流量基本类似，故只介绍前两种：

①永续增长模型

$$实体价值 = \frac{下期实体现金流量}{加权平均资本成本 - 永续增长率}$$

②两阶段增长模型

实体价值 = 预测期实体现金流量现值 + 后续期价值的现值

设预测期为 n，则：

$$实体价值 = \sum_{t=1}^{n} \frac{实体现金流量_t}{(1 + 加权平均资本成本)^t} + \frac{\dfrac{实体现金流量_{n+1}}{加权平均资本成本 - 永续增长率}}{(1 + 加权平均资本成本)^n}$$

下面通过一个例子说明实体现金流量模型的应用。

【例 3 – 28】 D 企业刚刚收购了另一个企业，由于收购借入巨额资金，使得财务杠杆很高。2000 年年底投资资本总额为 6 500 万元，其中有息债务 4 650 万元，股东权益 1 850 万元，净资本的负债率超过 70%。目前发行在外的股票有 1 000 万股，每股市价 12 元；固定资产净值 4 000 万元，经营营运资本 2 500 万元；本年销售额 10 000 万元，税前经营利润 1 500 万元，税后借款利息 200 万元。

预计 2001 ~ 2005 年销售增长率为 8%，2006 年增长率减至 5%，并且可以持续。

预计税后经营利润、固定资产净值、经营营运资本对销售的百分比维持 2000 年的水平。所得税税率和债务税后利息率均维持 2000 年的水平。借款利息按上年末借款余额和预计利息率计算。

企业的融资政策：在归还借款以前不分配股利，全部多余现金用于归还借款。归还全部借款后，剩余的现金全部发放股利。

当前的加权平均资本成本为 11%，2006 年及以后年份资本成本降为 10%。

企业平均所得税税率为 30%，借款的税后利息率为 5%。债务的市场价值按账面价值计算。

要求：通过计算分析，说明该股票被市场高估还是低估了。

预测期现金流量的现值计算过程如表 3 – 15 所示。

表 3 – 15 D 企业预测期现金流量的现值计算 单位：万元

年份	2000	2001	2002	2003	2004	2005	2006
利润表假设：							
销售增长率		0.08	0.08	0.08	0.08	0.08	0.05
税前经营利润率	0.15	0.15	0.15	0.15	0.15	0.15	0.15
所得税率	0.30	0.30	0.30	0.30	0.30	0.30	0.30

表 3-15(续)

年份	2000	2001	2002	2003	2004	2005	2006
债务税后利息率	0.05	0.05	0.05	0.05	0.05	0.05	0.05
利润表项目:							
销售收入	10 000	10 800.00	11 664.00	12 597.12	13 604.89	14 693.28	15 427.94
税前经营利润	1 500	1 620.00	1 749.60	1 889.57	2 040.73	2 203.99	2 314.19
税后经营利润	1 050	1 134.00	1 224.72	1 322.70	1 428.51	1 542.79	1 619.93
税后借款利息	200	232.50	213.43	190.94	164.68	134.24	99.18
净利润	850	901.50	1 011.30	1 131.76	1 263.83	1 408.55	1 520.75
减:应付普通股股利	0	0.00	0.00	0.00	0.00	0.00	0.00
=本期利润留存	850	901.50	1 011.30	1 131.76	1 263.83	1 408.55	1 520.75
资产负债表假设:							
经营营运资本净额/销售	0.25	0.25	0.25	0.25	0.25	0.25	0.25
固定资产/销售收入	0.40	0.40	0.40	0.40	0.40	0.40	0.40
资产负债项目:							
经营营运资本净额	2 500	2 700.00	2 916.00	3 149.28	3 401.22	3 673.32	3 856.99
固定资产净值	4 000	4 320.00	4 665.60	5 038.85	5 441.96	5 877.31	6 171.18
净资本总计	6 500	7 020.00	7 581.00	8 188.13	8 843.18	9 550.63	10 028.16
有息债务	4 650	4 268.50	3 818.81	3 293.58	2 684.79	1 983.69	940.47
股本	1 000	1 000.00	1 000.00	1 000.00	1 000.00	1 000.00	1 000.00
年初未分配利润	0	850.00	1 751.50	2 762.80	3 894.55	5 158.39	6 566.94
本期利润留存	850	901.50	1 011.30	1 131.76	1 263.83	1 408.55	1 520.75
年末未分配利润	850	1 751.50	2 762.80	3 894.55	5 158.39	6 566.94	8 087.69
股东权益合计	1 850	2 751.50	3 762.80	4 894.55	6 158.39	7 566.94	9 087.69
净负债及股东权益	6 500	7 020.00	7 581.60	8 188.13	8 843.18	9 550.63	10 028.16
现金流量:							
税后经营利润		1 134.00	1 224.72	1 322.70	1 428.51	1 542.79	1 619.93
减:本年净投资		520.00	561.00	606.53	685.05	707.45	177.53
=实体现金流量		614.00	663.12	716.17	773.46	835.34	1 142.40
资本成本		0.11	0.11	0.11	0.11	0.11	0.10
折现系数		0.900 9	0.811 6	0.731 2	0.658 7	0.593 5	0.539 5
成长期现值	2 620.25	553.15	538.20	523.66	509.50	495.73	616.33
后续期现值	13 559.21					22 848.05	
实体价值合计	16 179.46						

表 3－15(续)

年份	2000	2001	2002	2003	2004	2005	2006
债务价值	4 650.00						
股权价值	11 529.46						
股数	1 000.00						
每股价值	11.53						

下面以 2001 年数据为例,说明各项目的计算过程:

销售收入 = 上年销售收入 ×(1 + 增长率)
= 10 000 ×(1 + 8%) = 10 800(万元)

税前经营利润 = 销售收入 × 税前经营利润率
= 10 800 × 15% = 1 620(万元)

税后经营利润 = 税前经营利润 ×(1 － 所得税税率)
= 1 620 ×(1 － 30%) = 1 134(万元)

税后借款利息 = 年初有息债务 × 借款税后利息率
= 4 650 × 5% = 232.50(万元)

净利润 = 税后经营利润 － 税后利息
= 1 134 － 232.50 = 901.50(万元)

经营营运资本 = 销售收入 ×(经营营运资本／销售)
= 10 800 × 25% = 2 700(万元)

$$固定资产 = 销售收入 \times \frac{固定资产}{销售收入}$$
= 10 800 × 40% = 4 320(万元)

本年净投资 = 年末净资本 － 年初净资本
= 7 020 － 6 500 = 520(万元)

归还借款 = 利润留存 － 本年净投资
= 901.50 － 520 = 381.50(万元)

有息债务 = 年初有息债务 － 归还借款
= 4 650 － 381.5 = 4 268.5(万元)

实体现金流量 = 息前税后经营利润 － 本年净投资
= 1 134 － 520 = 614(万元)

预测期现金流量现值合计 = 2 620.25(万元)

后续期终值 = 1 142.40 ÷(10% － 5%) = 22 848.05(万元)

后续期现值 = 22 848.05 × $(1 + 11\%)^{-5}$ = 13 559.21(万元)

企业实体价值 = 2 620.25 + 13 559.21 = 16 179.46(万元)

股权价值 = 实体价值 － 债务价值
= 16 179.46 － 4 650 = 11 529.46(万元)

每股价值 = 11 529.46 ÷ 1 000 = 11.53(元／股)

该股票目前市价为每股 12 元,所以它被市场高估了。

三、相对价值法

相对价值法，也称价格乘数法或可比交易价值法等。这种方法是利用类似企业的市场定价来估计目标企业价值的一种方法。它的假设前提是存在一个支配企业市场价值的主要变量（如净利等）。市场价值与该变量（如净利等）的比值，各企业是类似的、可以比较的。

其基本作法是：首先，寻找一个影响企业价值的关键变量（如净利）；其次，确定一组可以比较的类似企业，计算可比企业的市价/关键变量的平均值（如平均市盈率）；然后，根据目标企业的关键变量（如净利）乘以得到的平均值（平均市盈率），计算目标企业的评估价值。

相对价值法，是将目标企业与可比企业对比，用可比企业的价值衡量目标企业的价值。如果可比企业的价值被高估了，则目标企业的价值也会被高估。实际上，所得结论是相对于可比企业来说的，以可比企业价值为基准，是一种相对价值，而非目标企业的内在价值。

1. 相对价值模型的原理

相对价值模型分为两大类，一类是以股权市价为基础的模型，包括股权市价/净利、股权市价/净资产、股权市价/销售额等比率模型。另一类是以企业实体价值为基础的模型，包括实体价值/息前税后营业利润、实体价值/实体现金流量、实体价值/投资资本、实体价值/销售额等比率模型。我们这里只讨论三种最常用的股权市价比率模型。

（1）市价/净利比率模型

①基本模型

市价/净利比率，通常称为市盈率，即

$$\text{市盈率} = \frac{\text{每股市价}}{\text{每股净利}}$$

运用市盈率估价的模型如下：

目标企业每股价值 = 可比企业平均市盈率 × 目标企业的每股净利

该模型假设股票市价是每股净利的一定倍数。每股净利越大，则股票价值越大。同类企业有类似的市盈率，所以目标企业的股权价值可以用每股净利乘以可比企业的平均市盈率计算。

②模型原理

为什么平均市盈率可以作为计算股价的乘数呢？影响市盈率高低的基本因素有哪些？

根据股利折现模型，处于稳定状态企业的股权价值为

$$P_0 = \frac{\text{股利}_1}{\text{股权成本} - \text{增长率}}$$

两边同时除以每股净利$_0$：

$$\frac{P_0}{\text{每股净利}_0} = \frac{\dfrac{\text{股利}_1}{\text{每股净利}_0}}{\text{股权成本} - \text{增长率}}$$

$$= \frac{\dfrac{\text{每股净利}_0 \times (1 + \text{增长率}) \times \text{股利支付率}}{\text{每股净利}_0}}{\text{股权成本} - \text{增长率}}$$

$$=\frac{\text{股利支付率}\times(1+\text{增长率})}{\text{股权成本}-\text{增长率}}$$

$$=\text{本期市盈率}$$

上述根据当前市价和同期净利计算的市盈率,称为本期市盈率,简称市盈。

这个公式表明,市盈率的驱动因素是企业的增长潜力、股利支付率和风险(股权资本成本)。这三个因素类似的企业,才会具有类似的市盈率。可比企业实际上应当是这三个比率类似的企业,同业企业不一定都具有这种类似性。

如果把公式两边同除的当前"每股净利$_0$",换为预期下期"每股净利$_1$",其结果称为"内在市盈率"或"预期市盈率":

$$\frac{P_0}{\text{每股净利}_1}=\frac{\dfrac{\text{股利}_1}{\text{每股净利}_1}}{\text{股权成本}-\text{增长率}}$$

$$\text{内在市盈率}=\frac{\text{股利支付率}}{\text{股权成本}-\text{增长率}}$$

如果用内在市盈率为股票定价,其结果应与现金流量模型一致。关注影响市盈率可比性的因素,以便合理选择可比企业,防止误用市盈率估价模型。市盈率估价模型被误用是很常见的事情。例如,有人认为市盈率低的股票更便宜,其实不一定。一个企业的市盈率比同行业高,可能是因为它有更高的增长率或者风险较低,而不是被市场高估了。再如,不管企业的这三个比率高低,用行业平均的市盈率为新股定价,也是很不科学的。这些误用都与不理解市盈率的原理有关。有些人只重视"如何作",不重视"为什么",其实,在不懂"为什么"的情况下去"作",是很容易出错的。

在影响市盈率的三个因素中,关键是增长潜力。所谓"增长潜力"类似,不仅指具有相同的增长率,还包括增长模式的类似性,例如同为永续增长,还是同为由高增长转为永续低增长。

③模型的适用性

市盈率模型的优点:首先,计算市盈率的数据容易取得,并且计算简单;其次,市盈率把价格和收益联系起来,直观地反映投入和产出的关系;再次,市盈率涵盖了风险补偿率、增长率、股利支付率的影响,具有很高的综合性。

市盈率模型的局限性:如果收益是负值,市盈率就失去了意义。再有,市盈率除了受企业本身基本面的影响以外,还受到整个经济景气程度的影响。在整个经济繁荣时市盈率上升,整个经济衰退时市盈率下降。如果目标企业的β值为1,则评估价值正确反映了对未来的预期。如果企业的β值显著大于1,经济繁荣时评估价值被夸大,经济衰退时评估价值被缩小。如果β值明显小于1,经济繁荣时评估价值偏低,经济衰退时评估价值偏高。如果是一个周期性的企业,则企业价值可能被歪曲。

因此,市盈率模型最适合连续盈利,并且β值接近于1的企业。

【例3-29】 甲企业今年的每股净利是0.5元,分配股利0.35元/股,该企业净利润和股利的增长率都是6%,β值为0.75。政府长期债券利率为7%,股票的风险附加率为5.5%。问该企业的本期净利市盈率和预期净利市盈率各是多少?

乙企业与甲企业是类似企业,今年实际净利为1元,根据甲企业的本期净利市盈率对乙企业估价,其股票价值是多少?乙企业预期明年净利是1.06元,根据甲企业的预期净利市盈率对乙企业估价,其股票价值是多少?

$$\text{甲企业股利支付率} = \text{每股股利} \div \text{每股净利} = 0.35 \div 0.5 = 70\%$$

$$\text{甲企业股权资本成本} = \text{无风险利率} + \beta \times \text{风险附加率} = 7\% + 0.75 \times 5.5\% = 11.125\%$$

$$\text{甲企业本期市盈率} = [\text{股利支付率} \times (1 + \text{增长率})] \div (\text{资本成本} - \text{增长率}) = [70\% \times (1 + 6\%)] \div (11.125\% - 6\%) = 14.48$$

$$\text{甲企业预期市盈率} = \text{股利支付率} \div (\text{资本成本} - \text{增长率}) = 70\% \div (11.125\% - 6\%) = 13.66$$

$$\text{乙企业股票价值} = \text{目标企业本期每股净利} \times \text{可比企业本期市盈率} = 1 \times 14.48 = 14.48(\text{元/股})$$

$$\text{乙企业股票价值} = \text{目标企业预期每股净利} \times \text{可比企业预期市盈率} = 1.06 \times 13.66 = 14.48(\text{元/股})$$

如果目标企业的预期每股净利变动与可比企业相同，则根据本期市盈率和预期市盈率进行估价的结果相同。

值得注意的是：在估价时目标企业本期净利必须要乘以可比本期净利市盈率，目标企业预期净利必须要乘以可比企业预期市盈率，两者必须匹配。这一原则不仅适用于市盈率，也适用于市净率和收入乘数；不仅适用于未修正价格乘数，也适用于后面所讲的各种修正的价格乘数。

(2)市价/净资产比率模型

①基本模型

市价与净资产的比率，通常称为市净率，即

$$\text{市净率} = \text{市价} \div \text{净资产}$$

这种方法假设股权价值是净资产的函数，类似企业有相同的市净率，净资产越大则股权价值越大。因此，股权价值是净资产的一定倍数，目标企业的价值可以用每股净资产乘以平均市净率计算。

$$\text{股权价值} = \text{可比企业平均市净率} \times \text{目标企业净资产}$$

②市净率的驱动因素

市净率是哪些因素决定的？如果把股利折现模型的两边同时除以同期股权账面价值，就可以得到市净率：

$$\frac{P_0}{\text{股权账面价值}_0} = \frac{\dfrac{\text{股利}_0 \times (1 + \text{增长率})}{\text{股权账面价值}_0}}{\text{股权成本} - \text{增长率}}$$

$$= \frac{\dfrac{\text{股利}_0}{\text{每股收益}_0} \times \dfrac{\text{每股收益}_0}{\text{股权账面价值}_0} \times (1 + \text{增长率})}{\text{股权成本} - \text{增长率}}$$

$$= \frac{\text{股东权益收益率} \times \text{股利支付率} \times (1 + \text{增长率})}{\text{股权成本} - \text{增长率}}$$

$$= \text{本期市净率}$$

该公式表明，驱动市净率的因素有权益报酬率、股利支付率、增长率和风险。其中权益报酬率是关键因素。这四个比率类似的企业，会有类似的市净率。不同企业市净率的差别，也是由于这四个比率不同引起的。

如果把公式中的“股权账面价值$_0$”换成预期下期的“股权账面价值$_1$”，则可以得出内在市净率，或称预期市净率。

$$\frac{P_0}{\text{股权账面价值}_1}=\frac{\dfrac{\text{股利}_0\times(1+\text{增长率})}{\text{股权账面价值}_1}}{\text{股权成本}-\text{增长率}}$$

$$=\frac{\dfrac{\text{股利}_0}{\text{每股收益}_1}\times\dfrac{\text{每股收益}_1}{\text{股权账面价值}_1}\times(1+\text{增长率})}{\text{股权成本}-\text{增长率}}$$

$$=\frac{\text{股利支付率}\times\text{股东权益收益率}_1}{\text{股权成本}-\text{增长率}}$$

$$=\text{内在市净率}$$

使用内在市净率作为价格乘数计算企业价值，所得结果与现金流量模型的结果应当一致。

③模型的适用性

市净率估价模型的优点：首先，净利为负值的企业不能用市盈率进行估价，而市净率极少为负值，可用于大多数企业；其次，净资产账面价值的数据容易取得，并且容易理解；再次，净资产账面价值比净利稳定，也不像利润那样经常被人为操纵；最后，如果会计标准合理并且各企业会计政策一致，市净率的变化可以反映企业价值的变化。

市净率的局限性：首先，账面价值受会计政策选择的影响，如果各企业执行不同的会计标准或会计政策，市净率会失去可比性；其次，固定资产很少的服务性企业和高科技企业，净资产与企业价值的关系不大，其市净率比较没有什么实际意义；最后，少数企业的净资产是负值，市净率没有意义，无法用于比较。

因此，这种方法主要适用于需要拥有大量资产、净资产为正值的企业。

【例3－30】 在表3－16中，列出了2000年汽车制造业6家上市企业的市盈率和市净率，以及全年平均实际股价。请你用这6家企业的平均市盈率和市净率评价万科地产的股价，哪一个更接近实际价格，为什么？

表3－16 市盈率和市净率评价万科地产的股价

公司名称	每股收益	每股净资产	平均价格	市盈率	市净率
保利地产	0.53	3.43	11.98	22.60	3.49
东风汽车	0.37	2.69	6.26	16.92	2.33
深深房	0.52	4.75	15.40	29.62	3.24
深振业	0.23	2.34	6.10	26.52	2.61
亿城股份	0.19	2.54	6.80	35.79	2.68
天房发展	0.12	2.01	5.99	49.92	2.98
平均				30.23	2.89
万科地产	0.06	1.92	6.03		

$$按市盈率估价 = 0.06 \times 30.23 = 1.81（元/股）$$

$$按市净率估价 = 1.92 \times 2.89 = 5.55（元/股）$$

市净率的评价更接近实际价格。因为汽车制造业是一个需要大量资产的行业。由此可见,合理选择模型的种类对于正确估价是很重要的。

(3)市价/收入比率模型

①基本模型

这种方法是假设影响企业价值的关键变量是销售收入,企业价值是销售收入的函数,销售收入越大则企业价值越大。既然企业价值是销售收入的一定倍数,那么目标企业的价值可以用销售收入乘以平均收入乘数估计。

由于市价/收入比率的使用历史不长,不像市盈率和市净率应用得广泛和悠久,还没有一个公认的比率名称,这里暂且称之为"收入乘数"。

$$收入乘数 = 股权市价 \div 销售收入 = 每股市价 \div 每股销售收入$$

$$目标企业股权价值 = 可比企业平均收入乘数 \times 目标企业的销售收入$$

②基本原理

收入乘数是哪些财务比率决定的?

如果将股利折现模型的两边同时除以每股销售收入,则可以得出收入乘数:

$$\frac{P_0}{每股收入_0} = \frac{\dfrac{股利_0 \times (1 + 增长率)}{每股收入_0}}{股权成本 - 增长率}$$

$$= \frac{\dfrac{股利_0}{每股净利_0} \times \dfrac{每股净利_0}{每股收入_0} \times (1 + 增长率)}{股权成本 - 增长率}$$

$$= \frac{销售净利率_0 \times 股利支付率 \times (1 + 增长率)}{股权成本 - 增长率}$$

$$= 本期收入乘数$$

根据上述公式可以看出,收入乘数的驱动因素是销售净利率、股利支付率、增长率和股权成本。其中,销售净利率是关键因素。这四个比率相同的企业,会有类似的收入乘数。

如果把公式中的"每股收入$_0$"换成预期下期的"每股收入$_1$",则可以得出内在收入乘数的计算公式:

$$\frac{P_0}{每股收入_1} = \frac{\dfrac{股利_1}{每股收入_1}}{股权成本 - 增长率} = \frac{\dfrac{股利_1}{每股净利_1} \times \dfrac{每股净利_1}{每股收入_1}}{股权成本 - 增长率}$$

$$= \frac{销售净利率_1 \times 股利支付率}{股权成本 - 增长率} = 内在收入乘数$$

根据内在收入乘数计算的企业价值,应当与现金流量模型计算的结果一致。

③模型的适用性

收入乘数估价模型的优点:首先,它不会出现负值,对于亏损企业和资不抵债的企业,也可以计算出一个有意义的价值乘数;其次,它比较稳定、可靠,不容易被操纵;最后,收入乘数对价格政策和企业战略变化敏感,可以反映这种变化的后果。

收入乘数估价模型的局限性：不能反映成本的变化，而成本是影响企业现金流量和价值的重要因素之一。

因此，这种方法主要适用于销售成本率较低的服务类企业，或者销售成本率趋同的传统行业的企业。

【例 3-31】 某石油公司 2002 年每股销售收入为 83.06 美元，每股净利润 3.91 元。公司采用固定股利支付率政策，股利支付率为 74%。预期利润和股利的长期增长率为 6%。该公司的 β 值为 0.75，该时期的无风险利率为 7%，市场平均报酬率为 12.5%。

$$销售净利率=3.91\div 83.06=4.6\%$$

$$股权资本成本=7\%+0.75\times(12.5\%-7\%)=11.125\%$$

$$收入乘数=\frac{4.6\%\times 74\%\times(1+6\%)}{11.125\%-6\%}=0.704$$

$$按收入乘数估价=83.06\times 0.704=58.47(元)$$

2. 相对价值模型的应用

(1) 可比企业的选择

相对价值法应用的主要困难是选择可比企业。通常的作法是选择一组同业的上市企业，计算出它们的平均市价比率，作为估计目标企业价值的乘数。

根据前面的分析可知，市盈率取决于增长潜力、股利支付率和风险（股权资本成本）。选择可比企业时，需要先估计目标企业的这三个比率，然后按此条件选择可比企业。在三个因素中，最重要的驱动因素是增长率，应给予格外重视。处在生命周期同一阶段的同业企业，大体上有类似的增长率，可以作为判断增长率类似的主要依据。

如果符合条件的企业较多，可以根据规模的类似性进一步筛选，以提高可比性的质量。

按照这种方法，如果能找到一些符合条件的可比企业，余下的事情就好办了。

【例 3-32】 乙企业是一个制造业企业，其每股收益为 0.5 元/股，股票价格为 15 元。假设制造业上市企业中，增长率、股利支付率和风险与乙企业类似的有 6 家，它们的市盈率如表 3-17 所示。用市盈率法评估乙企业的股价被市场高估了还是低估了？

表 3-17 市盈率法评估的股价

企业名称	价格/收益
A	14.4
B	24.3
C	15.2
D	49.3
E	32.1
F	33.3
平均数	28.1

由于股票价值 $=0.5\times 28.1=14.05$（元/股），实际股票价格是 15 元，所以乙企业的股

票被市场高估了。

"价格/收益"的平均数通常采用简单算术平均。

在使用市净率和收入乘数模型时,选择可比企业的方法与市盈率类似,只是它们的驱动因素有区别。

(2)修正的市价比率

选择可比企业的时候,往往没有像上述举例那么简单。经常找不到符合条件的可比企业。尤其是要求的可比条件较严格,或者同行业的上市企业很少的时候经常找不到足够的可比企业。

采用修正的市价比率是解决问题的办法之一。

①修正市盈率

在影响市盈率的诸驱动因素中,关键变量是增长率。增长率的差异是市盈率差异的主要驱动因素。因此,可以用增长率修正实际市盈率,把增长率不同的同业企业纳入可比范围。

$$修正市盈率 = 实际市盈率 \div (预期增长率 \times 100)$$

修正的市盈率,排除了增长率对市盈率的影响,剩下的部分是由股利支付率和股权成本决定的市盈率可以称为"排除增长率影响的市盈率"。

【例 3-33】 依前【例 3-32】数据。各可比企业的预期增长率如表 3-18 所示。

表 3-18 可比企业的预期增长率

企业名称	实际市盈率	预期增长率/%
A	14.4	7
B	24.3	11
C	15.2	12
D	49.3	22
E	32.1	17
F	33.3	18
平均数	28.1	14.5

乙企业的每股净利是 0.5 元/股,假设预期增长率是 15.5%。

有两种评估方法:

(a)修正平均市盈率法

$$\begin{aligned}修正平均市盈率 &= 可比企业平均市盈率 \div (平均预期增长率 \times 100)\\ &= 28.1 \div 14.5 = 1.94\end{aligned}$$

$$\begin{aligned}乙企业每股价值 &= 修正平均市盈率 \times 目标企业增长率 \times 100 \times 目标企业每股净利\\ &= 1.94 \times 15.5\% \times 100 \times 0.5\\ &= 15.04(元/股)\end{aligned}$$

实际市盈率和预期增长率的"平均数"通常采用简单算术平均。修正市盈率的"平均数"根据平均市盈率和平均预期增长率计算。

(b)股价平均法

这种方法是根据各可比企业的修正市盈率估计乙企业的价值：

目标企业每股价值 = 可比企业修正市盈率 × 目标企业预期增长率 ×100 × 目标企业每股净利

然后，将得出股票估价进行算术平均，计算过程见表 3 – 19 所示。

表 3 – 19 修正市盈率估计企业的价值

企业名称	实际市盈率	预期增长率/%	修正市盈率	乙企业每股净利/元	乙企业预期增长率/%	乙企业每股价值/元
A	14.4	7	2.06	0.5	15.5	15.965 0
B	24.3	11	2.21	0.5	15.5	17.127 5
C	15.2	12	1.27	0.5	15.5	9.842 5
D	49.3	22	2.24	0.5	15.5	17.360 0
E	32.1	17	1.89	0.5	15.5	14.647 5
F	33.3	18	1.85	0.5	15.5	14.337 5
平均数						14.880 0

②修正市净率

市净率的修正方法与市盈率类似。市净率的驱动因素有增长率、股利支付率、风险和股东权益净利率。其中，关键因素是股东权益净利率。因此：

修正的市净率 = 实际市净率 ÷（预期股东权益净利率 ×100）

目标企业每股价值 = 修正平均市净率 × 目标企业股东权益净利率 × 100 × 目标企业每股净资产

③修正收入乘数

收入乘数的修正方法与市盈率类似。收入乘数的驱动因素是增长率、股利支付率、销售净利率和风险。其中，关键的因素是销售净利率。因此：

修正收入乘数 = 实际收入乘数 ÷（预期销售净利率 ×100）

目标企业每股价值 = 修正平均收入乘数 × 目标企业销售净利率 ×100 × 目标企业每股收入

如果候选的可比企业在非关键变量方面也存在较大差异，就需要进行多个差异因素的修正。修正的方法是使用多元回归技术，包括线性回归或其他回归技术。首先，使用整个行业全部上市公司甚至跨行业上市公司的数据，把市价比率作为因变量，把驱动因素作为自变量，求解回归方程。然后，利用该方程计算所需要的乘数。通常，多因素修正的数据处理量较大，需要借助计算机才能完成。

此外，在得出评估价值后还需要全面检查评估的合理性。例如，公开交易企业的股票流动性高于非上市企业。因此，非上市企业的评估价值要减掉一部分。一种简便的办法是按上市成本的比例减少其评估价值。当然，如果是为新发行的原始股定价，该股票将很快具有流动性，则无须折扣。再如，对于非上市企业的评估往往涉及控股权的评估，而可比企业大多选择上市企业，上市企业的价格与少数股权价值相联系，不含控股权价值。因此，非上市目标企业的评估值需要加上一笔额外的费用，以反映控股权的价值。

总之,由于认识价值是一切经济和管理决策的前提,增加企业价值是企业的根本目的,所以价值评估是财务管理的核心问题。价值评估是一个认识企业价值的过程,由于企业充满了个性化的差异,因此每一次评估都带有挑战性。不能把价值评估(或资产评估)看成是履行某种规定的程序性工作,而应始终关注企业的真实价值到底是多少,它受哪些因素驱动,尽可能进行深入的分析。

第四章　企业财务预测

第一节　企业资金需要量的预测

一、资金需要量预测概述

资金需要量预测是指估计企业未来的融资需求。

(1)资金需要量预测是融资计划的前提。企业要对外提供产品和服务,必须要有一定的资产。销售增加时,要相应增加流动资产,甚至还需增加固定资产。为取得扩大销售所需增加的资产,企业要筹措资金。这些资金,一部分来自保留盈余,另一部分通过外部融资取得。通常,销售增长率较高时保留盈余不能满足资金需要,即使获利良好的企业也需外部融资。对外融资,需要寻找提供资金的人,向他们作出还本付息的承诺或提供盈利前景,并使之相信其投资是安全的并且可以获利,这个过程往往需要较长时间。因此,企业需要预先知道自己的财务需求,提前安排融资计划,否则就可能发生资金周转问题。

(2)资金需要量预测有助于改善投资决策。根据销售前景估计出的融资需要不一定总能满足,因此,就需要根据可能筹措到的资金来安排销售增长,以及有关的投资项目,使投资决策建立在可行的基础上。

(3)资金需要量预测的真正目的是有助于应变。资金需要量预测与其他预测一样不可能很准确。从表面上看,不准确的预测只能导致不准确的计划,从而使预测和计划失去意义。其实并非如此,预测给人们展现了未来的各种可能的前景,促使人们制定出相应的应急计划。预测和计划是超前思考的过程,其结果并非仅仅是一个资金需要量数字,还包括对未来各种可能前景的认识和思考。预测可以提高企业对不确定事件的反应能力,从而减少不利事件出现带来的损失,增加利用有利机会带来的收益。

二、资金总量预测

1. 定性预测法

定性预测法是指利用直观的资料,依靠个人的经验和主观分析、判断能力,对未来资金需要量作出预测的方法。其预测过程是:首先由熟悉财务情况和生产经营情况的专家,根据过去所积累的经验进行分析判断,提出预测的初步意见;然后,通过召开座谈会或发出各种表格等形式,对上述预测的初步意见进行修正补充。这样经过一次或几次以后,得出预测的最终结果。

定性预测法虽然十分实用,但它不能揭示资金需要量与有关因素之间的数量关系。例如,预测资金需要量应和企业生产经营规模相联系。生产规模扩大,销售数量增加,会引起资金需求增加;反之,则会使资金需求量减少。

2. 比率预测法

比率预测法是指依据财务比率与资金需要量之间的关系,预测未来资金需要量的方法。能用于资金预测的比率可能会很多,如存货周转率、应收账款周转率等,但最常用的是资金与销售额之间的比率。

3. 资金习性预测法

资金习性预测法是指根据资金习性预测未来资金需要量的方法。这里所说的资金习性是指资金的变动与产销量变动之间的依存关系。按照资金习性，可以把资金区分为不变资金、变动资金和半变动资金。

不变资金是指在一定的产销量范围内，不受产销量变动的影响而保持固定不变的那部分资金。这部分资金包括：为维持营业而占用的最低数额的现金，原材料的保险储备，必要的成品储备，以及厂房、机器设备等固定资产占用的资金。

变动资金是指随产销量的变动而同比例变动的那部分资金。它一般包括直接构成产品实体的原材料、外购件等占用的资金。此外在最低储备以外的现金、存货、应收账款等也具有变动资金的性质。

半变动资金是指虽然受产销量变化的影响，但不成同比例变动的资金，如一些辅助材料所占用的资金。半变动资金可采用一定的方法划分为不变资金和变动资金两部分。

资金习性预测法有两种形式：一种是根据资金占用总额同产销量的关系来预测资金需要量；另一种是采用先分项后汇总的方式预测资金需要量。

设产销量为自变量 x，资金占用量为因变量 y，它们之间的关系可用下式表示：

$$y = a + bx$$

式中，a 为不变资金；b 为单位产销量所需变动资金，其数值可采用高低点法或回归直线法求得。

(1) 高低点法

资金预测的高低点法是指根据企业一定期间资金占用的历史资料，按照资金习性原理和 $y = a + bx$ 直线方程式，选用最高收入期和最低收入期的资金占用量之差，同这两个收入期的销售额之差进行对比，先求 b 的值，然后再代入原直线方程，求出 a 的值，从而估计推测资金发展趋势。其计算公式为

$$b = \frac{\text{最高收入期资金占用量} - \text{最低收入期资金占用量}}{\text{最高销售收入} - \text{最低销售收入}}$$

$$a = \text{最高收入期资金占有量} - b \times \text{最高销售收入}$$

或

$$a = \text{最低收入期资金占有量} - b \times \text{最低销售收入}$$

【例 4-1】 某石油企业历史上现金占用与销售收入之间的关系如表 4-1 所示。

表 4-1 现金占用与销售收入变化情况表 单位：万元

年度	销售收入(X_i)	现金占用(Y_i)
1	2 000 000	110 000
2	2 400 000	130 000
3	2 600 000	140 000
4	2 800 000	150 000
5	3 000 000	160 000

根据以上资料采用高低点法计算如下：

$$每元销售收入占用变动资金 = \frac{160\ 000 - 110\ 000}{3\ 000\ 000 - 2\ 000\ 000} = 0.05$$

$$销售收入占用变动资金总额 = 160\ 000 - 0.05 \times 3\ 000\ 000 = 10\ 000(万元)$$

或 $$销售收入占用变动资金总额 = 110\ 000 - 0.05 \times 2\ 000\ 000 = 10\ 000(万元)$$

存货、应收账款、流动负债、固定资产等也可根据历史资料作同样的划分，然后汇总列于表 4-2 中。

表 4-2 资金需要量预测表(分项预测) 单位:万元

	年度不变资金(a)	每元销售收入所需变动资金(b)
流动资产		
现金	10 000	0.05
应收账款	60 000	0.14
存货	100 000	0.22
小计	170 000	0.41
减:流动负债		
应付账款及应付费用	80 000	0.11
净资金占用	90 000	0.30
固定资产		
厂房、设备	510 000	0
所需资金合计	600 000	0.30

根据表 4-2 的资料得出预测模型为

$$y = 600\ 000 + 0.30x$$

如果下年的预计销售收入为 3 500 000 万元，则

$$下年的资金需要量 = 600\ 000 + 0.30 \times 3\ 500\ 000 = 1\ 650\ 000(万元)$$

高低点法简便易行，在石油企业资金变动趋势比较稳定的情况下，较为适宜。

(2)回归直线法

回归直线法是根据若干期业务量和资金占用的历史资料，运用最小平方法原理计算不变资金和单位销售额变动资金的一种资金习性分析方法。其计算公式为

$$a = \frac{\sum x_i^2 \sum y_i - \sum x_i \sum x_i y_i}{n \sum x_i^2 - (\sum x_i)^2}$$

或 $$b = \frac{\sum y_i - na}{\sum x_i}$$

式中，y_i 为第 i 期的资金占用量；x_i 为第 i 期的产销量。

【例 4-2】 某石油企业产销量和资金变动情况如表 4-3 所示。下年预计销售量为 150 万件，试计算下年的资金需要量。

表 4-3　产销量与资金变化情况表

年度	产销量(X_i)/万件	资金占用(Y_i)/万件
1	120	100
2	110	95
3	100	90
4	120	100
5	130	105
6	140	110

(1)根据表 4-3 整理出表 4-4 。

表 4-4　回归直线法计算表

年度	产销量(X_i)/万件	资金占用(Y_i)/万件	$X_i Y_i$	X_i^2
1	120	100	12 000	14 400
2	110	95	10 450	12 100
3	100	90	9 000	10 000
4	120	100	12 000	144 000
5	130	105	13 650	16 900
6	140	110	15 400	19 600
合计 $n=6$	$\sum X_i = 720$	$\sum Y_i = 600$	$\sum X_i Y_i$	$\sum X_i^2 = 87\ 400$

(2)把表 4-4 的有关资料代入公式:

$$a = \frac{\sum x_i^2 \sum y_i - \sum x_i \sum x_i y_i}{n\sum x_i^2 - (\sum x_i)^2} = \frac{87\ 400 \times 600 - 720 \times 72\ 500}{6 \times 87\ 400 - 720^2} = 40(\text{万元})$$

$$b = \frac{n\sum x_i y^i - \sum x_i \sum y_i}{n\sum x_i^2 - (\sum x_i)^2} = \frac{6 \times 72\ 500 - 720 \times 600}{6 \times 87\ 400 - 720^2} = 0.5$$

或

$$b = \frac{\sum y_i - na}{\sum x_i} = \frac{600 - 6 \times 40}{720} = 0.5$$

(3)把 $a=40, b=0.5$ 代入 $y=a+bx$ 得:$y=40+0.5$。

(4)把下年预计销售量 150 万件代入上式,得出下年资金需要量为

$$40+0.5 \times 150 = 115(\text{万元})$$

从理论上讲,回归直线法是一种计算结果最为精确的方法。

三、外部融资需求

1. 外部融资需求预测的步骤

预测的基本步骤如下:

(1)销售预测

财务预测的起点是销售预测。一般情况下,财务预测把销售数据视为已知数,作为财务预测的起点。销售预测本身不是财务管理的职能,但它是财务预测的基础,销售预测完成后才能开始财务预测。

销售预测对财务预测的质量有重大影响。如果销售的实际状况超出预测很多,企业没有准备足够的资金添置设备或储备存货,则无法满足顾客需要,不仅会失去盈利机会,并且会丧失原有的市场份额。相反,销售预测过高,筹集大量资金购买设备并储备存货,则会造成设备闲置和存货积压,使资产周转率下降,导致权益收益率降低,股价下跌。

(2)估计需要的资产

通常,资产是销售收入的函数,根据历史数据可以分析出该函数关系。根据预计销售收入,以及资产与销售收入的函数,可以预测所需资产的数额。大部分经营负债也是销售的函数,亦应预测负债的自发增长,这种增长可以减少企业外部融资的数额。

(3)估计各项费用和保留盈余

假设各项费用也是销售的函数,可以根据预计销售收入估计费用、支出和损失,并在此基础上确定净收益。净收益和股利支付率共同决定保留盈余所能提供的资金数额。

(4)估计所需融资

根据预计资产总量,减去已有的资产、负债的自发增长和内部提供的资金来源便可得出外部融资的需求。

2. 基本步骤

销售额比率法是指以资金与销售额的比率为基础,预测未来资金需要量的方法。应用销售额比率法预测资金需要量时,是以下列假定为前提的:

一是企业的部分资产和负债与销售额同比例变化;

二是企业各项资产、负债与所有者权益结构已达到最优。

销售额比率法的计算公式为

$$对外融资需要量=\frac{A}{S_1}(\Delta S)-\frac{B}{S_1}(\Delta XS)-PE(S_2)$$

或

$$对外筹资需要量=\frac{\Delta S}{S_1}(A-B)-PE(S_2)$$

式中,A 为随销售变化的资产(变动资产);B 为随销售变化的负债(变动负债);S_1 为基期销售额;S_2 为预测期销售额;ΔS 为销售的变动额;P 为销售净利率;E 为留存收益比率;$\frac{A}{S_1}$ 为变动资产占基期销售额的百分比;$\frac{B}{S_1}$ 为变动负债占基期销售额的百分比。

应用销售额比率法预测资金需要量通常需要经过以下步骤:

(1)预计销售额增长率;

(2)确定随销售额变动而变动的资产和负债项目;

(3)确定需要增加的资金数额;

(4)根据有关财务指标的约束确定对外融资数额。

【例4-3】 某石油公司2001年12月31日的资产负债表如表4-5所示。

表4-5　资产负债表

单位:万元

资产		负债与所有者权益	
现金	5 000	应付费用	10 000
应收账款	15 000	应付账款	5 000
存货	30 000	短期借款	25 000
固定资产净值	30 000	公司债券	10 000
		实收资本	20 000
		留存收益	10 000
资产合计	80 000	负债与所有者权益合计	80 000

假定该石油公司2001年的销售收入为100 000万元,销售净利率为10%,股利支付率为60%,石油公司现有生产能力尚未饱和,增加销售无需追加固定资产投资。经预测,2002年销售收入将提高到120 000万元,石油公司销售净利率和利润分配政策不变。

现将销售额比率法的预测程序说明如下:

(1)预计销售额增长率

$$销售额增长率 = \frac{120\ 000 - 100\ 000}{100\ 000} \times 100\% = 20\%$$

(2)确定随销售额变动而变动的资产和负债项目

该石油公司资产负债表中,资产方除固定资产外都将随销售量的增加而增加,因为较多的销售量需要占用较多的存货,发生较多的应收账款,导致现金需求增加。在负债与所有者权益一方,应付账款和应付费用也会随销售的增加而增加,但实收资本、公司债券、短期借款等不会自动增加。石油公司的利润如果不全部分配出去,留存收益也会有恰当增加。预计随销售增加而自动增加的项目列示在表4-6中。

表4-6　销售额比率表

资产	占销售收入/%	负债与所有者权益	占销售收入/%
现金	5	应付费用	10
应收账款	15	应付账款	5
存货	30	短期借款	不变动
固定资产	不变动	公司债券	不变动
		实收资本	不变动
		留存收益	不变动
合计	50	合计	15

在表4-6中,不变动是指该项目不随销售的变化而变化。表中的各项目占销售收入百分比反映的是石油公司资本(资产)的密集度,它是以表4-5中有关项目的数字除以销售收入求得,如存货:30 000 ÷ 100 000 = 30%。

(3)确定需要增加的资金数额

从表4－6中可以看出，销售收入每增加100元，必须增加50元的资金占用，但同时增加15元的资金来源。从50%的资金需求中减去15%自动产生的资金来源，还剩下35%的资金需求。因此，每增加100元的销售收入，该公司必须取得35元的资金来源。本例中，销售收入从100 000万元增加到120 000万元，增加了20 000万元，按照35%的比率可预测将增加7 000万元的资金需求。

(4)根据有关财务指标的约束条件，确定对外融资数额

上述7 000万元的资金需求有些可通过企业内部来筹集。依题意，该石油公司2002年净利润为12 000万元(120 000×10%)，公司股利支付率为60%，则将有40%的利润即4 800万元被留存下来(即留存收益率为40%)，从7 000万元中减去4 800万元的留存收益，则还有2 200万元的资金必须向外界来融通。

根据上述资料，可求得2002年该石油公司对外融资数额为

$$50\% \times 20\,000 - 15\% \times 20\,000 - 10\% \times 40\% \times 120\,000 = 2\,200(\text{万元})$$

第二节　企业增长速度预测

一、企业增长方式

由于企业要以发展求生存，销售增长是任何企业都无法回避的问题。企业增长的财务意义是资金增长。在销售增长时企业往往需要补充资金，这主要是因为销售增加通常会引起存货和应收账款等资产的增加。销售增长得越多，需要的资金越多。

从资金来源上看，企业增长的实现方式有三种：

(1)完全依靠内部资金增长

有些小企业无法取得借款，有些大企业不愿意借款，它们主要是靠内部积累实现增长。内部的财务资源是有限的，往往会限制企业的发展，无法充分利用扩大企业财富的机会。

(2)主要依靠外部资金增长

从外部筹资，包括增加债务和股东投资，也可以提高增长率。主要依靠外部资金实现增长是不能持久的。增加负债会使企业的财务风险增加，筹资能力下降，最终会使借款能力完全丧失；增加股东投入资本，不仅会分散控制权，而且会稀释每股盈余，除非追加投资有更高的回报率，否则不能增加股东财富。

(3)平衡增长

平衡增长，就是保持目前的财务结构和与此有关的财务风险，按照股东权益的增长比例增加借款，以此支持销售增长。这种增长，一般不会消耗企业的财务资源，是一种可持续的增长方式。

二、企业内含增长率

销售额增加引起的资金需求增长，有两种途径来满足：一是内部保留盈余的增加；二是外部融资(包括借款和股权融资，不包括经营负债的自然增长)。如果不能或不打算从外部融资，则只能靠内部积累，从而限制了销售的增长。此时的销售增长率，称为“内含增长率”。

【例4－4】 某公司上年销售收入为3 000万元，销售增长率为33.33%。假设经营资

产销售百分比为66.67%,经营负债销售百分比为6.17%,计划销售净利率为4.5%,股利支付率为30%。假设外部融资等于零:

0=资产销售百分比-负债销售百分比-计划销售净利率×[(1+增长率)÷增长率]×(1-股利支付率)

0=0.666 7-0.061 7-4.5%×[(1+增长率)÷增长率]×0.7

19.206=[1÷增长率+1]

18.206=1÷增长率

增长率=5.493%

验算:

新增销售额=3 000×5.493%=164.79(万元)

外部融资额=(资产销售百分比×新增销售额)-(负债销售百分比×新增销售额)-[销售利润率×计划销售额×(1-股利支付率)]

=(0.666 7×164.79)-(0.061 7×164.79)-(4.5%×3 164.79×0.7)

=109.9-10.2-99.7

=0(万元)

三、企业可持续增长率

1.可持续增长率的概念

可持续增长率是指不增发新股并保持目前经营效率和财务政策条件下公司销售所能增长的最大比率。

可持续增长率的假设条件如下:

(1)公司目前的资本结构是个目标结构,并且打算继续维持下去;

(2)公司目前的股利支付率是一个目标支付率,并且打算继续维持下去;

(3)不愿意或者不打算发售新股,增加债务是其唯一的外部筹资来源;

(4)公司的销售净利率将维持当前水平,并且可以涵盖负债的利息;

(5)公司的资产周转率将维持当前的水平。

在上述假设条件成立时,销售的实际增长率与可持续增长率相等。

虽然企业各年的财务比率总会有些变化,但上述假设基本上符合大多数公司的情况。大多数公司不能随时增发新股。据国外的有关统计资料显示,上市公司平均20年出售一次新股。我国上市公司增发新股亦有严格的审批程序,并且至少要间隔一定年限。改变经营效率(改变资产周转率和销售净利率)和财务政策(增发股份或改变资产负债率和收益留存率),对于一个理智的公司来说是件非常重大的事情。当然,对于根本就没有明确的经营和财务政策的企业除外。

平衡增长的资产、负债和股东权益的关系如表4-7所示。

表4-7 平衡增长的资产、负债和股东权益

年初资产100万元	年初负债40万元
	年初股东权益60万元
新增资产10万元	新增负债4万元
	新增股东权益6万元

企业的增长不可以高于或低于可持续增长率。问题在于管理人员必须事先预计并且加以解决在公司超过可持续增长率之上的增长所导致的财务问题。如果不增发新股,超过部分的资金只有两个解决办法:提高资产收益率,或者改变财务政策。提高经营效率并非总是可行的,改变财务政策是有风险和极限的,因此超常增长只能是短期的。尽管企业的增长时快时慢,但从长期来看总是受到可持续增长率的制约。

2. 可持续增长率的计算

(1)根据期初股东权益计算可持续增长率

限制销售增长的是资产,限制资产增长的是资金来源(包括负债和股东权益)。在不改变经营效率和财务政策的情况下(即企业平衡增长),限制资产增长的是股东权益的增长率。因此,可持续增长率的计算公式可推导如下:

$$\begin{aligned}可持续增长率 &= 股东权益增长率\\ &= \frac{股东权益本期增加}{期初股东权益}\\ &= \frac{本期净利 \times 本期收益留存率}{期初股东权益}\\ &= 期初权益资本净利率 \times 本期收益留存率\\ &= \frac{本期净利}{本期销售} \times \frac{本期销售}{期末总资产} \times \frac{期末总资产}{期初股东权益} \times 本期收益留存率\\ &= 销售净利率 \times 总资产周转率(次数) \times 收益留存率 \times\\ &\quad 期初权益期末总资产乘数\end{aligned}$$

应注意,这里的"权益乘数"是用"期初权益"计算的,而不要用"期末权益"计算。

【例 4-5】 A 公司 2005~2009 年的主要财务数据如表 4-8 所示。

表 4-8 根据期初股东权益计算的可持续增长率 单位:万元

年度	2005	2006	2007	2008	2009
收入	1 000.00	1 100.00	1 650.00	1 375.00	1 512.50
税后利润	50.00	55.00	82.50	68.75	75.63
股利	20.00	22.00	33.00	27.50	30.25
留存利润	30.00	33.00	49.50	41.25	45.38
股东权益	330.00	363.00	412.50	453.75	499.13
负债	60.00	66.00	231.00	82.50	90.75
总资产	390.00	429.00	643.50	536.25	589.88
可持续增长率的计算:					
销售净利率	5.00%	5.00%	5.00%	5.00%	5.00%
销售/总资产	2.564 1	2.564 1	2.564 1	2.564 1	2.564 1
总资产/期初股东权益	1.300 0	1.300 0	1.772 7	1.300 0	1.300 0
收益留存率	0.6	0.6	0.6	0.6	0.6
可持续增长率	10.00%	10.00%	13.64%	10.00%	10.00%
实际增长率		10.00%	50.00%	-16.67%	10.00%

根据可持续增长率公式(期初股东权益)计算如下：

可持续增长率(2006 年) = 销售净利率 × 资产周转率 × 期初权益乘数 × 收益留存率

= 5% × 2.564 1 × 1.3 × 0.6 = 10%

实际增长率(2006 年) = (本年销售 - 上年销售)/上年销售

= (1 100 - 1 000)/1 000 = 10%

其他年份的计算方法与此相同。

(2)根据期末股东权益计算的可持续增长率

可持续增长率也可以全部用期末数和本期发生额计算，而不使用期初数。其推导过程如下：

由于：企业增长所需资金的来源有增加负债和增加股东权益两个来源

所以：资产增加 = 股东权益增加 + 负债增加 ①

假设：资产周转率不变即资产随销售正比例增加

则有：资产增加/本期资产总额 = 销售增加/本期销售额

资产增加 = (销售增加/本期销售额) × 本期资产总额 ②

假设：不增发新股，销售净利率不变

则有：股东权益增加 = 收益留存率 × (净利润/销售额) × (基期销售额 + 销售增加额) ③

假设：财务结构不变即负债和股东权益同比例增加

则有：负债的增加额 = 股东权益增加 × (负债/股东权益) = 收益留存率 × (净利率/销售额) × (基期销售额 + 销售增加额) × (负债/股东权益) ④

将②③④代入①：

(销售增加/本期销售额) × 本期资产总额 = 收益留存率 × (净利率/销售额) × (基期销售额 + 销售增加额) + 收益留存率 × (净利率/销售额) × (基期销售额 + 销售增加额) × (负债/股东权益)

整理以后得：

$$\frac{\text{可持续}}{\text{增长率}} = \frac{\text{销售增加}}{\text{基期销售}}$$

$$= \frac{\text{收益留存率} \times \text{销售净利率} \times (1 + \text{负债} / \text{股东权益})}{\text{资产} / \text{销售额} - [\text{收益留存率} \times \text{销售净利率} \times (1 - \text{负债} / \text{股东权益})]}$$

如果分子和分母，同时乘以(销售/资产)：

$$\frac{\text{可持续}}{\text{增长率}} = \frac{\text{收益留存率} \times (\text{净利} / \text{销售}) \times (\text{资产} / \text{权益}) \times (\text{销售} / \text{资产})}{1 - \text{收益留存率} \times (\text{净利} / \text{销售}) \times (\text{资产} / \text{权益}) \times (\text{销售} / \text{资产})}$$

使用【例 4 - 5】的数据，根据本公式计算的可持续增长率见表 4 - 9。

表 4 - 9　根据期末股东权益计算的可持续增长率　　单位：万元

年度	2005	2006	2007	2008	2009
收入	1 000.00	11 000.00	1 650.00	1 375.00	1 512.50
税后利润	50.00	55.00	82.50	68.75	75.63
股利	20.00	22.00	33.00	27.50	30.25

表 4-9(续) 单位:万元

股东权益	330.00	363.00	412.50	453.75	499.13
留存利润	30.00	33.00	49.50	41.25	45.38
负债	60.00	66.00	231.00	82.50	90.75
总资产	390.00	429.00	643.50	536.25	589.88
可持续增长率的计算:					
销售净利率	5.00%	5.00%	5.00%	5.00%	5.00%
销售/总资产	2.564 1	2.564 1	2.564 1	2.564 1	2.564 1
总资产/期末股东权益	1.181 8	1.181 8	1.560 0	1.181 8	1.181 8
收益留存率	0.6	0.6	0.6	0.6	0.6
可持续增长率	10.00%	10.00%	13.64%	10.00%	10.00%
实际增长率		10.00%	50.00%	-16.67%	10.00%

根据可持续增长率(期末股东权益)公式计算如下:

$$可持续增长率(2006年)=\frac{5\%\times2.564\ 1\times1.181\ 8\times0.6}{1-5\%\times2.564\ 1\times1.181\ 8\times0.6}=10\%$$

其他各年的可持续增长率的计算方法与此相同。

通过比较表 3-2 和表 3-3 可以看出,两个公式计算的可持续增长率是一致的。

3. 可持续增长率与实际增长率

实际增长率和可持续增长率经常不一致。通过分析两者的差异,可以了解企业的经营业绩和财务政策有何变化?高速增长的资金从哪里来?能否持续下去?

仍用【例 4-5】的例子,来说明分析的方法。

(1)公司经营政策有何变化

①2006 年的经营效率和财务政策与 2005 年相同。2006 年的实际增长率、2005 年和 2006 年的可持续增长率均为 10%。

②2007 年权益乘数提高,另外三个财务比率没有变化。实际增长率上升为 50%,可持续增长率上升为 13.64%,上年的可持续增长率为 10%。提高财务杠杆,提供了高速增长所需要的资金。

③2008 年权益乘数下降,另外三个财务比率没有变化。实际增长率下降为 -16.67%,上年的可持续增长率为 13.64%,本年的可持续增长率为 10%。为了归还借款,使财务杠杆恢复到历史正常水平,降低了销售增长速度。

④2009 年的经营效率和财务政策与 2008 年相同。实际增长率、上年和本年的可持续增长率均为 10%。

(2)高速增长所需的资金从哪里来

该公司 2007 年的实际增长率是 50%,大大超过上年的可持续增长率 10%。

①计算超常增长的销售额

按可持续增长率计算的销售额 = 上年销售 ×(1 + 可持续增长率)

= 1 100 ×(1 + 10%)= 1 210(万元)

超常增长的销售额 = 实际销售 - 可持续增长销售 = 1 650 - 1 210 = 440(万元)

②计算超常增长所需资金

实际销售需要资金 = 实际销售 ÷ 本年资产周转率 = 1 650 ÷ 2.564 1 = 643.5(万元)

持续增长需要资金 = 可持续增长销售 ÷ 上年资产周转率

= [1 100 × (1 + 10%)] ÷ 2.564 1 = 471.90(万元)

超常部分销售所需资金 = 实际增长需要资金 - 可持续增长需要资金

= 643.5 - 471.9 = 171.6(万元)

③分析超常增长的资金来源

留存收益提供资金 = 49.5(万元)

按可持续增长率增长提供留存收益 = 33 × (1 + 10%) = 36.3(万元)

超常增长产生的留存收益 = 实际利润留存 - 可持续增长利润留存

= 49.5 - 36.3 = 13.2(万元)

负债提供资金 = 231 - 66 = 165(万元)

按可持续增长率增长需要增加负债 = 66 × 10% = 6.6(万元)

超常增长额外负债 = 165 - 6.6 = 158.4(万元)

上述有关的计算过程可见表 4 - 10。

表 4 - 10 超常增长的资金来源

单位:万元

年度	2005	2006	2007	假设增长 10%	差额
收入	1 000.00	1 100.00	1 650.00	1 210.00	440.00
税后利润	50.00	55.00	82.50	60.50	22.00
股利	20.00	22.00	33.00	24.20	8.80
留存利润	30.00	33.00	49.50	36.30	13.20
所有者权益	330.00	363.00	412.50	399.30	13.20
负债	60.00	66.00	231.00	72.60	158.40
总资产	390.00	429.00	643.50	471.90	171.60
可持续增长率的计算:					
销售净利率	5.00%	5.00%	5.00%	5.00%	
销售/总资产	2.564 1	2.564 1	2.564 1	2.564 1	
总资产/期末股东权益	1.181 8	1.181 8	1.560 0	1.181 8	
留存率	0.6	0.6	0.6	0.6	
可持续增长率	10.00%	10.00%	13.64%	10.00%	
实际增长率		10.00%	50.00%	10.00%	

因此,超常增长额外所需的 171.6 万元资金,有 13.2 万元来自超常增长本身引起的留存收益增加,另外的 158.4 万元来自额外增加的负债。正是这一增量权益资金和增量借款的比例不同于原来的资本结构,使得权益乘数提高到 1.56。

(3)增长潜力分析

2006 年的经营业绩和财务政策决定的可持续增长率是 10%,而 2007 年的实际增长率是50%。通过以上分析可知，这种高增长主要是依靠外部注入资金取得的。这种高增长率是否能继续下去呢？

2008年如果真的想继续50%的增长率，它必须继续进一步增加负债或进行权益筹资。根据2007年数据计算的可持续增长率是13.64%，这就是说，2008年维持2007年的四项财务比率，也只能取得13.64%的增长。超常增长不是维持财务比率的结果，而是"提高"财务比率的结果。

如果想要维持50%的增长率，2008年需要额外补充多少资金呢？

$$需要资金总额=计划销售\div计划资产周转率$$
$$=[1\,650\times(1+50\%)]\div2.564\,1$$
$$=2\,475\div2.564\,1=965.25(万元)$$

留存收益提供资金 $=2\,475\times5\%\times0.6=74.25$（万元）

假设除留存收益外，全部使用负债补充资金，则财务杠杆为

$$权益乘数=总资产\div期末权益=965.25\div(412.5+74.25)$$
$$=965.25\div486.75=1.983\,1$$

2008年该公司通过提高财务杠杆维持了50%的增长率。如果今后要继续维持50%的增长率，还需要进一步提高财务杠杆。财务杠杆的高低是重要的财务政策，不可能随便提高，更不可能无限提高。既然公司的财务杠杆不能持续提高，则50%的增长率就是不可持续的。销售净利率、资产周转率和股利分配率，如同财务杠杆一样，都不可能无限提高，从而限制了企业的增长率。因此，超常增长是不可能持续的。

表4-11　提高财务杠杆支持高增长　　单位：万元

年度	2005	2006	2007	2008
收入	1 000.00	1 100.00	1 650.00	2 475.00
税后利润	50.00	55.00	82.50	123.75
股利	20.00	22.00	33.00	49.50
留存利润	30.00	33.00	49.50	74.25
股东权益	330.00	363.00	412.50	486.75
负债	60.00	66.00	231.00	478.50
总资产	390.00	429.00	643.50	965.25
可持续增长率的计算：				
销售净利率	5.00%	5.00%	5.00%	5.00%
销售/总资产	2.564 1	2.564 1	2.564 1	2.564 1
总资产/期末股东权益	1.181 8	1.181 8	1.560 0	1.983 1
留存率	0.6	0.6	0.6	0.6
可持续增长率	10.00%	10.00%	13.64%	18.00%
实际增长率		10.00%	50.00%	50.00%

企业的增长潜力来源于上述4个财务比率的可持续水平。如果通过技术和管理创新，使销售净利率和资产周转率提高到一个新水平，则企业增长率可以相应提高。财务杠杆和收益留存率受到资本市场的制约，通过提高这两个比率支持高增长，只能是一次性的临时解决办法，不可能持续使用。

那么，通过筹集权益资金支持高增长是否可行？

我们假设2010年该公司计划增长50%，由于4个财务比率已经不能再提高，因此只能在保持资本结构的前提下，同时筹集权益资本和增加负债。其结果是销售增长了50%，净利润也增长了50%，但是权益净利率没有任何提高，仍然是15.15%（见表4－12）。这就是说，如果新增投资的报酬率不能超过要求的报酬率（资本成本），单纯的销售增长不会增加股东财富，是无效的增长。

表4－12　无效的增长　单位：万元

年度	2005	2006	2007	2008	2009	2010
收入	1 000.00	1 100.00	1 650.00	1 375.00	1 512.50	2 268.75
税后利润	50.00	55.00	82.50	68.75	75.63	113.45
股利	20.00	22.00	33.00	27.50	30.25	45.38
留存利润	30.00	33.00	49.50	41.25	45.38	68.07
筹集权益资本						181.50
股东权益	330.00	363.00	412.50	453.75	499.13	748.69
负债	60.00	66.00	231.00	82.50	90.75	136.13
总资产	390.00	429.00	643.50	536.25	589.88	884.82
可持续增长率的计算：						
销售净利率	5.00%	5.00%	5.00%	5.00%	5.00%	5.00%
销售/总资产	2.564 1	2.564 1	2.564 1	2.564 1	2.564 1	2.564 1
总资产/期末股东权益	1.181 8	1.181 8	1.560 0	1.181 8	1.181 8	1.181 8
留存率	0.6	0.6	0.6	0.6	0.6	0.6
可持续增长率	10.00%	10.00%	13.64%	10.00%	10.00%	10.00%
实际增长率		10.00%	50.00%	－16.67%	10.00%	50.00%
权益净利率	15.15%	15.15%	20.00%	15.15%	15.15%	15.15%

因此，如无特殊原因，该公司今后的增长应当在10%左右波动，不应当追求无效的增长，任何过快的增长都会引发后续的低增长。

通过上面的举例可以看出，可持续增长率是企业当前经营效率和财务政策决定的内在增长能力，实际增长率是本年销售额比上年销售额的增长百分比。在不增发新股的情况下，它们之间有如下联系：

一是，如果某一年的经营效率和财务政策与上年相同，则实际增长率、上年的可持续增长率以及本年的可持续增长率三者相等。这种增长状态，在资金上可以永远持续发展下去，可称之为平衡增长。当然，外部条件是公司不断增加的产品能为市场所接受。

二是，如果某一年的公式中的4个财务比率有一个或多个数值增长，则实际增长率就会超过上年的可持续增长率，本年的可持续增长率也会超过上年的可持续增长率。由此可见，超常增长是“改变”财务比率的结果，而不是持续当前状态的结果。企业不可能每年提高这4个财务比率，也就不可能使超常增长继续下去。

三是，如果某一年的公式中的4个财务比率有一个或多个数值比上年下降，则实际销售增长就会低于上年的可持续增长率，本年的可持续增长率也会低于上年的可持续增长率。这是超常增长之后的必然结果，公司对此事先要有所准备。如果不愿意接受这种现实，继续勉强冲刺，现金周转的危机很快就会来临。

四是，如果公式中的4个财务比率已经达到公司的极限水平，单纯的销售增长无助于增加股东财富。销售净利率和资产周转率的乘积是资产净利率，它体现了企业运用资产获取收益的能力，决定于企业的综合效率。至于采用“薄利多销”还是“厚利少销”的方针，则是经营政策选择的问题。收益留存率和权益乘数的高低是财务政策选择问题，取决于决策人对收益与风险的权衡。因此，企业的综合效率和承担风险的能力，决定了企业的增长速度。

实际上一个理智的企业在增长问题上并没有很大的回旋余地，尤其是从长期来看更是如此。一些企业由于发展过快陷入危机甚至破产，另一些企业由于增长太慢遇到困难甚至被其他企业收购，这说明不当的增长足以毁掉一个企业。

第五章　企业筹资管理

第一节　企业筹资概述

一、企业筹资与分类

企业筹资是指企业根据其生产经营、对外投资以及调整资本结构等需要，通过一定的渠道，采取恰当的方式，获取所需资金的一种行为。

企业筹集的资金可按不同的标准进行分类，主要分类如下：

1. 按照资金的来源渠道不同的分类

按照资金的来源渠道不同，可分为权益性筹资和负债性筹资。

权益性筹资或称为自有资金筹资，是指企业通过发行股票、吸收直接投资、内部积累等方式筹集资金。企业采用吸收自有资金的方式筹集资金，一般不用还本，财务风险小，但付出的资金成本相对较高。

负债性筹资或称为借入资金筹资，是指企业通过发行债券、向银行借款、筹资租赁等方式筹集的资金。企业采用借入资金的方式筹集资金，到期要归还本金和支付利息，一般承担较大风险，但相对而言，付出的资金成本较低。

2. 按照所筹资金使用期限长短不同的分类

按照所筹资金使用期限的长短，可分为短期资金筹集和长期资金筹集。

短期资金，是指使用期限在一年以内或超过一年的一个营业周期以内的资金。短期资金主要投资于现金、应收账款、存货等，一般在短期内可收回。短期资金通常采用商业信用、短期银行借款、短期筹资券、应收账款转让等方式来筹集。

长期资金，是指使用期限在一年以上或超过一年的一个营业周期以上的资金。长期资金主要投资于新产品的开发和推广、生产规模的扩大、厂房和设备的更新等，一般需几年甚至十几年才能收回。长期资金通常采用吸收直接投资、发行股票、发行债券、长期借款、筹资租赁和利用留存收益等方式来筹集。

二、筹资渠道

筹资渠道是指筹措资金来源的方向与通道，体现资金的来源与流量。目前我国企业筹资渠道主要包括：

1. 银行信贷资金

银行对企业的各种贷款，是我国目前各类企业最为重要的资金来源。我国银行分为商业性银行和政策性银行两种。商业性银行主要有中国银行、中国农业银行、中国工商银行、中国建设银行、交通银行等；政策性银行主要有国家开发银行、中国进出口银行和农业发展银行。商业性银行是以盈利为目的、从事信贷资金投放的金融机构，它主要为企业提供各种商业贷款。政策性银行主要为特定企业提供政策性贷款。

2. 其他金融机构资金

其他金融机构也可以为企业提供一定的资金来源，其他金融机构主要指信托投资公司、保险公司、金融租赁公司、证券公司、财务公司等。它们所提供的各种金融服务，既包括信贷资金投放，也包括物质的融通，还包括为企业承销证券等金融服务。

3. 其他企业资金

其他企业资金也可以为企业提供一定的资金来源。企业在生产经营过程中，往往形成部分暂时闲置的资金，并为一定的目的而进行相互投资。另外，企业间的购销业务可以通过商业信用方式来完成，从而形成企业间的债权债务关系，形成债务人对债权人的短期信用资金占用。企业间的相互投资和商业信用的存在，使其他企业资金也成为企业资金的重要来源。

4. 居民个人资金

居民个人资金也可以为企业提供一定的资金来源，企业职工和居民个人的结余资金，作为“游离”于银行及非金融机构等之外的个人资金，可用于对企业进行投资，形成民间资金来源渠道，从而为企业所用。

5. 国家资金

国家对企业的直接投资是国有企业特别是国有独资企业获得资金的主要渠道之一。现有国有企业的资金来源中，其资本部分大多是由国家财政以直接拨款方式形成的。除此之外，还有些国家对企业“税前还贷”或减免各种税款而形成的。不管是何种形式形成的，从产权关系上看，它们都属于国家投入的资金，产权归国家所有。

6. 企业内部资金

企业自留资金，也称企业内部留存，是指企业内部形成的资金，主要包括提取公积金和未分配利润等。这些资金的重要特征之一是，它们无须企业通过一定的方式去筹集，而直接由企业内部自动生成或转移。

三、筹资方式

筹资方式是指企业筹集资金所采用的具体形式。目前我国企业的筹资方式主要有以下七种：

1. 吸收直接投资

吸收直接投资，即企业按照“共同投资、共同经营、共担风险、共享利润”的原则直接吸收国家、法人、个人投入资金的一种筹资方式。

2. 发行股票

发行股票，即股份公司通过发行股票筹措权益性资本的一种筹资方式。

3. 利用留存收益

留存收益，是指企业按照从税后利润中提取的盈余公积金，根据投资人意愿和企业具体情况留存的应分配给投资者的未分配利润。利用留存收益筹资是指企业将留存收益转化为投资的过程，它是企业筹集权益性资本的一种重要方式。

4. 向银行借款

向银行借款，即企业根据借款合同从有关银行或非银行金融机构借入的需要还本付息的款项。

5. 利用商业信用

商业信用，是指商品交易中的延期付款或延期交货所形成的借贷关系，它是企业筹集短期资金的重要方式。

6. 发行公司债券

发行公司债券,即企业通过发行债券筹措债务性资本的一种筹资方式。

7. 融资租赁

融资租赁,也称资本租赁或财务租赁,是区别于经营租赁的一种长期租赁形式,是指出租人根据承租人对租赁物和供货人的选择或认可,将其从供货人处取得的租赁物,按融资租赁合同的约定出租给承租人占有、使用,并向承租人收取租金,最短租赁期限为一年的交易活动,它是企业筹集长期债务性资本的一种方式。

四、企业融资管理的原则

企业筹资管理的基本要求,是在严格遵守国家法律法规的基础上,分析影响筹资的各种因素,权衡资金的性质、数量、成本和风险,合理选择筹资方式,提高筹集效果。

1. 遵循国家法律法规,合法筹措资金

不论是直接筹资还是间接筹资,企业最终都通过筹资行为向社会获取资金。企业的筹资活动不仅为自身的生产经营提供资金来源,而且也会影响投资者的经济利益,影响社会经济秩序。企业的筹资行为和筹资活动必须遵循国家的相关法律法规,依法履行法律法规和投资合同约定的责任,合法合规筹资,依法信息披露,维护各方的合法权益。

2. 分析生产经营情况,正确预测资金需要量

企业筹资,首先要合理预测资金的需要量。筹资规模与资金需要量应当匹配一致,既避免因筹资不足,影响生产经营的正常进行,又要防止筹资过多,造成资金闲置。

3. 合理安排筹资时间,适时取得资金

企业筹集资金,还需要合理预测确定资金需要的时间。要根据资金需求的具体情况,合理安排资金的筹集时间,适时获取所需资金。使筹资与用资在时间上相衔接,既避免过早筹集资金形成的资金投放前闲置,又防止取得资金的时间滞后,错过资金投放的最佳时间。

4. 了解各种筹资渠道,选择资金来源

企业所筹集的资金都要付出资本成本的代价,不同的筹资渠道和筹资方式所取得的资金,其资本成本各有差异。企业应当在考虑筹资难易程度的基础上,针对不同来源资金的成本进行分析,尽可能选择经济、可行的筹资渠道与方式,力求降低筹资成本。

5. 研究各种筹资方式,优化资本结构

企业筹资要综合考虑股权资金与债务资金的关系、长期资金与短期资金的关系、内部筹资与外部筹资的关系,合理安排资本结构,保持适当偿债能力,防范企业财务危机,提高筹资效益。

五、企业资本金制度

资本金制度是国家就企业资本金的筹集、管理以及所有者的责权利等方面所作的法律规范。资本金是企业权益资本的主要部分,是企业长期稳定拥有的基本资金,此外,一定数额的资本金也是企业取得债务资本的必要保证。

1. 资本金的本质特征

设立企业必须有法定的资本金。资本金,是指企业在工商行政管理部门登记的注册资金,是投资者用以进行企业生产经营、承担民事责任而投入的资金。资本金在不同类型的

企业中表现形式有所不同，股份有限公司的资本金被称为股本，股份有限公司以外的一般企业的资本金被称为实收资本。

从性质上看，资本金是投资者创建企业所投入的资本，是原始启动资金；从功能上看，资本金是投资者用以享有权益和承担责任的资金，有限责任公司和股份有限公司以其资本金为限对所负债务承担有限责任；从法律地位来看，资本金要在工商行政管理部门办理注册登记，投资者只能按所投入的资本金而不是所投入的实际资本数额享有权益和承担责任，已注册的资本金如果追加或减少，必须办理变更登记；从时效来看，除了企业清算、减资、转让回购股权等特殊情形外，投资者不得随意从企业收回资本金，企业可以无限期地占用投资者的出资。

2. 资本金的筹集

(1)资本金的最低限额

有关法规制度规定了各类企业资本金的最低限额，我国《公司法》规定，股份有限公司注册资本的最低限额为人民币500万元，上市的股份有限公司股本总额不少于人民币3 000万元；有限责任公司注册资本的最低限额为人民币3万元，一人有限责任公司的注册资本最低限额为人民币10万元。

如果需要高于这些最低限额的，可以由法律、行政法规另行规定。比如，《注册会计师法》和《资产评估机构审批管理办法》均规定，设立公司制的会计师事务所或资产评估机构，注册资本应当不少于人民币30万元；《保险法》规定，采取股份有限公司形式设立的保险公司，其注册资本的最低限额为人民币2亿元。《证券法》规定，可以采取股份有限公司形式设立证券公司，在证券公司中属于经纪类的，最低注册资本为人民币5 000万元；属于综合类的，公司注册资本最低限额为人民币5亿元。

(2)资本金的出资方式

根据我国《公司法》等法律法规的规定，投资者可以采取货币资产和非货币资产两种形式出资。全体投资者的货币出资金额不得低于公司注册资本的30%；投资者可以用实物、知识产权、土地使用权等可以依法转让的非货币财产作价出资；法律、行政法规规定不得作为出资的财产除外。

(3)资本金缴纳的期限

资本金缴纳的期限，通常有三种办法：一是实收资本制，在企业成立时一次筹足资本金总额，实收资本与注册资本数额一致，否则企业不能成立；二是授权资本制，在企业成立时不一定一次筹足资本金总额，只要筹集了第一期资本，企业即可成立，其余部分由董事会在企业成立后进行筹集，企业成立时的实收资本与注册资本可能不相一致；三是折中资本制，在企业成立时不一定一次筹足资本金总额，类似于授权资本制，但规定了首期出资的数额或比例及最后一期缴清资本的期限。

我国《公司法》规定，资本金的缴纳采用折中资本制，资本金可以分期缴纳，但首次出资额不得低于法定的注册资本最低限额。股份有限公司和有限责任公司的股东首次出资额不得低于注册资本的20%，其余部分由股东自公司成立之日起两年内缴足，投资公司可以在5年内缴足。而对于一人有限责任公司，股东应当一次足额缴纳公司章程规定的注册资本额。

(4)资本金的评估

吸收实物、无形资产等非货币资产筹集资本金的，应按照评估确认的金额或者按合同、协议约定的金额计价。其中，为了避免虚假出资或通过出资转移财产，导致国有资产流失，国有及国有控股企业以非货币资产出资或者接受其他企业的非货币资产出资，需要委托有资格的资产评估机构进行资产评估，并以资产评估机构评估确认的资产价值作为投资作价的基础。经国务院、省政府批准实施的重大经济事项涉及的资产评估项目，分别由本级政府国有资产监管部门或者财政部门负责核准，其余资产评估项目一律实施备案制度。严格来说，其他企业的资本金评估时，并不一定要求必须聘请专业评估机构评估，相关当事人或者聘请的第三方专业中介机构评估后认可的价格也可成为作价依据。不过，聘请第三方专业中介机构来评估相关的非货币资产，能够更好地保证评估作价的真实性和准确性，有效地保护公司及其债权人的利益。

3. 资本金的管理原则

企业资本金的管理，应当遵循资本保全这一基本原则。实现资本保全的具体要求，可分为资本确定、资本充实和资本维持三部分内容。

(1)资本确定原则

资本确定，是指企业设立时资本金数额的确定。企业设立时，必须明确规定企业的资本总额以及各投资者认缴的数额。如果投资者没有足够认缴资本总额，企业就不能成立。为了强化资本确定的原则，法律规定由工商行政管理机构进行企业注册资本的登记管理。这是保护债权人利益、明晰企业产权的根本需要。根据《公司法》等法律法规的规定，一方面，投资者以认缴的资本为限对公司承担责任；另一方面，投资者以实际缴纳的资本为依据行使表决权和分取红利。

《企业财务通则》规定，企业获准工商登记(即正式成立)后30日内，应依据验资报告向投资者出具出资证明书等凭证，以此为依据确定投资者的合法权益，界定其应承担的责任。特别是占有国有资本的企业需要按照国家有关规定申请国有资产产权登记，取得企业国有资产产权登记证，但这并不免除企业向投资者出具出资证明书的义务，因为前者仅是国有资产管理的行政手段。

(2)资本充实原则

资本充实，是指资本金的筹集应当及时、足额。企业筹集资本金的数额、方式、期限均要在投资合同或协议中约定，并在企业章程中加以规定，以确保企业能够及时、足额筹得资本金。

对企业登记注册的资本金，投资者应在法律法规和财务制度规定的期限内缴足。如果投资者未按规定出资，即为投资者违约，企业和其他投资者可以依法追究其责任，国家有关部门还将按照有关规定对违约者进行处罚。投资者在出资中的违约责任有两种情况：一是个别投资者单方违约，企业和其他投资者可以按企业章程的规定，要求违约方支付延迟出资的利息、赔偿经济损失；二是投资各方均违约或外资企业不按规定出资，则由工商行政管理部门进行处罚。

企业筹集的注册资本，必须进行验资，以保证出资的真实可信。对验资的要求，一是依法委托法定的验资机构；二是验资机构要按照规定出具验资报告；三是验资机构依法承担提供验资虚假或重大遗漏报告的法律责任，因出具的验资证明不实给公司债权人造成损失的，除能够证明自己没有过错的外，在其证明不实的金额范围内承担赔偿责任。

(3)资本维持原则

资本维持，指企业在持续经营期间有义务保持资本金的完整性。企业除由股东大会或投资者会议作出增减资本决议并按法定程序办理者外，不得任意增减资本总额。

企业筹集的实收资本，在持续经营期间可以由投资者依照相关法律法规以及企业章程的规定转让或者减少，投资者不得抽逃或者变相抽回出资。除《公司法》等有关法律法规另有规定外，企业不得回购本企业发行的股份。在下列四种情况下，股份公司可以回购本公司股份：减少公司注册资本；与持有本公司股份的其他公司合并；将股份奖励给本公司职工；股东因对股东大会作出的公司合并、分立决议持有异议而要求公司收购其股份。

股份公司依法回购股份，应当符合法定要求和条件，并经股东大会决议。用于将股份奖励给本公司职工而回购本公司股份的，不得超过本公司已发行股份总额的5%；用于收购的资金应当从公司的税后利润中支出；所收购的股份应当在1年内转让给职工。

第二节 企业权益筹资

权益筹资或称为自由资金，是指企业通过吸收直接投资、发行股票、内部积累等方式筹集的资金。

一、吸收直接投资

1. 吸收直接投资的种类

企业采用吸收直接投资方式筹集的资金一般可分为以下四类：

(1)吸收国家投资

吸收国家投资是国有企业筹集自有资金的主要方式。国家投资是指有权代表国家投资的政府部门或者机构以国有资产投入企业，由此形成国家资本金。目前，除了国家以拨款形式投入企业所形成的各种资金外，用利润总额归还贷款后所形成的国家资金、财政和主管部门拨给企业的专用拨款以及减免税后形成的资金，也应视为国家投资。吸收国家投资一般具有以下特点：产权归属于国家；资金数额较大；只有国有企业才能采用；资金的运用和处置受国家约束较大。

(2)吸收法人投资

法人投资是指法人单位以其依法可以支配的资产投入企业，由此形成法人资本金，目前主要指法人单位在进行横向经济联合时所产生的联营、合资等投资。吸收法人投资一般具有如下特点：投资发生在法人单位之间；投资以参与企业利润分配为目的；投资方式灵活多样。

(3)吸收社会公众投资

社会公众投资是指社会个人或本企业内部职工以个人合法财产投入企业，由此形成个人资本金。吸收个人投资一般具有以下特点：参加投资的人员较多；每人投资的数额相对较少；以参与企业利润分配为目的。

(4)吸收外商投资

随着我国改革开放的不断前进，吸收外商投资已成为企业筹集资金的重要方式。外商投资是指外国投资者以及我国香港、澳门、台湾地区投资者投入的资金，由此形成外商资本金。吸收外商投资一般具有以下特点：一般只有中外合资、合作或外商独资经营企业才能采用；可以筹集外汇资金；出资方式比较灵活。

2. 吸收直接投资的出资方式

企业在采用吸收直接投资方式筹资时，投资者可以用现金、厂房、机器设备、材料物质、无形资产等作价出资。出资方式主要有以下四种：

(1)以现金出资

以现金出资是吸收投资中一种最主要的出资方式。有了现金,便可获取其他物质资源。因此企业应尽量动员投资者采用现金方式出资。吸收投资中所需投入现金的数额,取决于投入的实物、工业产权之外尚需多少资金来满足建厂的开支和日常周转需要。

(2)以实物出资

以实物出资就是投资者以厂房、建筑物、设备等固定资产和原材料、商品等流动资产所进行的投资。一般来说,企业吸收的实物应符合如下条件:一是确为企业科研、生产、经营所需;二是技术性能比较好;三是作价公平合理。实物出资所涉及的实物作价方法应按国家的有关规定执行。

(3)以工业产权出资

以工业产权出资是指投资者以专有技术、商标权、专利权等无形资产所进行的投资。一般来说,企业吸收的工业产权应符合以下条件:一是能帮助研究和开发出新的高科技产品;二是能帮助生产出适销对路的高科技产品;三是能帮助改进产品质量,提高生产效率;四是能帮助大幅度降低各种消耗;五是作价比较合理。

企业在吸收工业产权投资时应特别谨慎,认真进行技术时效性分析和财务可行性研究。因为以工业产权投资实际上是把有关技术资本化了,把技术的价值固定化了。而技术具有时效性,因其不断老化而导致价值不断减少甚至完全丧失,风险较大。

(4)以土地使用权出资

投资者也可以用土地使用权来进行投资。土地使用权是按有关法规和合同的规定使用土地的权利。企业吸收土地使用权投资应符合以下条件:一是企业科研、生产、销售活动所需要的;二是交通、地理条件比较适宜;三是作价公平合理。

3. 吸收直接投资的优缺点

(1)吸收直接投资的优点

①有利于增强企业信誉。吸收直接投资所筹集的资金属于自有资金,能增强企业的信誉和借款能力,对扩大企业经营规模、壮大企业实力具有重要作用。

②有利于尽快形成生产能力。吸收直接投资可以直接获取投资者的先进设备和先进技术,有利于尽快形成生产能力,尽快开拓市场。

③有利于降低财务风险。吸收直接投资可以根据企业的经营状况向投资者支付报酬,企业经营状况好,可向投资者多支付一些报酬,企业经营状况不好,则可不向投资者支付报酬或少支付报酬,报酬支付较为灵活,所以财务风险较小。

(2)吸收直接投资的缺点

①资金成本较高。一般而言,采用吸收直接投资方式筹集资金所需负担的资金成本较高,特别是企业经营状况较好和盈利较多时,更是如此。因为向投资者支付的报酬是根据其出资的数额和企业实现利润的比率来计算的。

②容易分散企业控制权。采用吸收直接投资方式筹集资金,投资者一般都要求获得与投资数量相适应的经营管理权,这是企业接受外来投资的代价之一。如果外部投资者的投资较多,则投资者会有相当大的管理权,甚至会对企业实行完全控制,这是吸收直接投资的不利因素。

二、发行普通股票

1. 股票的分类

(1)按股东权利和义务不同的分类

按股东权利和义务的不同,可分为普通股票和优先股票。

普通股票简称普通股,是股份公司依法发行的具有平等的权利、义务、股利不固定的股票。普通股具备股票的最一般特征,是股份公司资本的最基本部分。

优先股票简称优先股,是股份公司发行的、相对于普通股具有一定优先权的股票。这种优先权主要体现在股利分配和分取剩余财产权利上。从法律上讲,企业对优先股不承担法定的还本义务,是企业自有资金的一部分。

(2)按股票票面是否记名的分类

按股票票面是否记名,可分为记名股票和无记名股票。

记名股票是指在股票上载有股东姓名或名称并将其记入公司股东名册的股票。记名股票要同时附有股权手册,只有同时具备股票和股权手册,才能领取股息和红利。记名股票的转让、继承都要办理过户手续。

无记名股票是指在股票上不记载股东姓名或名称,也不将股东姓名或名称记入公司股东名册的股票。凡持有无记名股票者,都可以成为公司股东。无记名股票的转让、继承无须办理过户手续,只要将股票交给受让人,就可发生转让效力,移交股票。

我国《公司法》规定,公司向发起人、国家授权投资的机构和法人发行的股票,应当为记名股票;向社会公众发行的股票,可以为记名股票,也可以为无记名股票。

(3)按发行对象和上市地区的分类

按发行对象和上市地区,可分为 A 股、B 股、H 股和 N 股等。

在我国内地上市交易的股票主要有 A 股和 B 股。A 股是以人民币标明票面金额并以人民币认购和交易的股票。B 股是以人民币标明票面金额,以外币认购和交易的股票。另外,还有 H 股和 N 股,H 股为在香港上市的股票,N 股为在纽约上市的股票。

2. 普通股股东的权利

普通股股票的持有人称为普通股股东,普通股股东一般具有以下五种权利:

(1)公司管理权

普通股股东的管理权主要体现为在董事会选举中有选举权和被选举权,通过选出的董事会代表所有股东对企业进行控制和管理。具体来说,普通股股东的管理权主要包括投票权、查账权、阻止越权经营的权利。

(2)分享盈余权

分享盈余权,即普通股股东经董事会决定后有从净利润中分得股息和红利的权利。

(3)出让股份权

出让股份权,即股东有权出售或转让股票。

(4)优先认股权

优先认股权,即普通股股东拥有优先于其他投资者购买公司增发新股票的权利。

(5)剩余财产要求权

剩余资产要求权,即当公司解散、清算时,普通股股东对剩余财产有要求权。但是,公司破产清算时,财产的变价收入,首先要用来清偿债务,然后支付优先股股东,最后才能分配给普通股股东。

3. 股票发行

我国股份公司发行股票必须符合《证券法》和《上市公司证券发行管理办法》规定的发行条件。股票的发行方式有公募发行和私募发行,公募发行有自销方式和承销方式,承销方式具体分为包销和代销。

4. 股票上市

股票上市是指股份有限公司发行的股票经批准在证券交易所挂牌交易。

(1)股票上市的有利影响

①有助于改善财务状况。公司公开发行股票可以筹得自有资金,能迅速改善公司财务状况,并有条件得到利率更低的贷款。同时,公司一旦上市,就可以有更多的机会从证券市场上筹集资金。

②利用股票收购其他公司。一些公司常用出让股票而不是付现金的方式对其他企业进行收购。被收购企业也乐意接受上市公司的股票。因为上市的股票具有良好的流通性,持股人可以很容易将股票出手而得到资金。

③利用股票市场客观评价。对于已上市的公式来说,每时每日的股票行情,都是对公司客观的市场估计。

④利用股票激励职员。上市公司利用股票作为激励关键人员的有效手段。公开的股票市场提供了股票的准确价值,也可使职员的股票得以兑现。

⑤提高公司知名度,吸引更多顾客。股票上市公司为社会所知,并被认为经营优良,这会给公司带来良好的声誉,从而吸引更多的顾客,扩大公司的销售。

(2)股票上市的不利影响

①使公司失去隐私权。一家公司转为上市公司,其最大的变化是公司隐私权消失。国家证券管理机构要求上市公司将关键的经营情况向社会公众公开。

②限制经理人员操作的自由度。公司上市后,其所有重要决策都需要经董事会讨论通过,有些对公司至关重要的决策则须全体股东投票决定。股东们通常以公司盈利、分红、股价等来判断经理人员的业绩 ,这些压力往往使得公司经理人员只注重短期效益而忽略长期效益。

③上市成本高。公开上市需要很高的费用,这些费用包括:资产评估费、股票承销佣金、律师费、注册会计师费、材料印刷费、登记费等。这些费用的具体数额取决于每一个企业的具体情况、整个上市过程的难易程度和上市筹资的数额等因素。公司上市后还需花费一些费用为证券交易所、股东等提供资料,聘请注册会计师、律师等。

5. 普通股筹资的优缺点

(1)普通股筹资的优点

①没有固定的利息负担。公司有盈余,并认为适合分配股利时,就可以分配股利;公司盈余较少,或虽有盈余但资金短缺或有更有利的投资机会时,就可少支付或不支付股利。

②没有固定的到期日,无需偿还。利用普通股筹集的是永久性的资金,只有公司清算才需要偿还。它对保证企业最低的资金需求有重要意义。

③筹资风险小。由于普通股没有固定到期日,不用支付固定的股利,此种筹资实际上不存在不能偿付的风险,因此,筹资风险小。

④能增强公司的信誉。普通股本与留存收益构成公司偿还债务的基本保障,因而,普通

股筹资既可以提高公司的信用价值,同时也为使用更多的债务资金提供了强有力的支持。

⑤筹资限制少。利用优先股或债券筹资,通常有许多限制,这些限制往往会影响公司经营的灵活性,而利用普通股筹资则没有这种限制。

(2)普通股筹资的缺点

①资金成本较高。一般来说,普通股筹资的成本要大于债务资金。这主要是因为股利要从净利润中支付,而债务资金的利息可在税前扣除。另外,普通股的发行费用也比较高。

②容易分散企业控制权。利用普通股筹资,出售了新的股票,引进了新的股东,容易导致公司控制权的分散。

三、企业内部筹资

1. 企业内部筹资的渠道

企业内部筹资来源渠道有以下两个方面:

(1)盈余公积

盈余公积是指有指定用途的留存净利润,它是公司按照《公司法》规定从净利润中提取的积累资金,包括法定盈余公积金和任意盈余公积金。

(2)未分配利润

未分配利润是指未限定用途的留存净利润。这里有两层含义:一是这部分净利润没有分给公司的股东;二是这部分净利润未指定用途。

2. 企业内部筹资的优缺点

(1)企业内部筹资的优点

①资金成本较普通股低。用留存收益筹资,不用考虑筹资费用,资金成本较普通股低。

②保持普通股股东的控制权。用留存收益筹资,不用对外发行股票,由此增加的权益资本不会改变企业的股权结构,不会稀释原有股东的控制权。

③增强公司的信誉。留存收益筹资能够使企业保持较大的可支配的现金流,既可解决公司经营发展的资金需要,又能提供企业举债的能力。

(2)企业内部筹资的缺点

①筹资数额有限制。留存收益筹资最大可能的数额是企业当期的税后利润和上年未分配利润之和。如果企业经营亏损,则不存在这一渠道的资金来源。此外,留存收益的比例常常受的某些股东的限制。他们可能从消费需求、风险偏好等因素出发,要求股利支付比率要维持在一定水平上。留存收益过多,股利支付过少,可能会影响到今后的外部筹资。

②资金使用受制约。留存收益中某些项目的使用,如法定盈余公积金等,要受国家有关规定的制约。

第三节 企业负债筹资

负债筹资的主要方式有短期借款、商业信用、短期筹资券、应收账款转让、长期借款、发行债券和筹资租赁,其中前四种属于短期负债筹资,后三种属于长期负债筹资。

一、短期借款

短期借款是指企业向银行和其他非银行金融机构借入的期限在一年以内的借款。

1. 短期借款的种类

短期借款主要有生产周转借款、临时借款、结算借款等。按照国际通行做法，短期借款还可依偿还方式的不同，分为一次性偿还借款和分期偿还借款；依利息支付方法的不同，分为收款法借款、贴现法借款和加息法借款；依有无担保，分为抵押借款和信用借款。

2. 短期借款的信用条件

按照国际惯例，银行发行短期贷款时，常涉及以下信用条件：

(1) 信贷额度

信贷额度即贷款限额，是借款人与银行在协议中规定的允许借款人借款的最高限额。

(2) 周转信贷协定

周转信贷协定是银行从法律上承诺向企业提供不超过某一最高限额的贷款协定。在协定的有效期内，只要企业借款总额未超过最高限额，银行必须满足企业任何时候提出的借款要求。企业享有周转协定，通常要对贷款限额的未使用部分付给银行一笔承诺费。

【例 5-1】 某石油企业与银行商定周转信贷额为 2 000 万元，承诺费率为 0.5%，借款企业年度内使用了 1 400 万元，余额为 600 万元。则借款企业应向银行支付承诺费的金额为

$$\text{承诺费} = 600 \times 0.5\% = 3(\text{万元})$$

(3) 补偿性余额

它是银行要求借款人在银行中保持按贷款限额或实际借款额的一定百分比计算的最低存款余额。补偿性余额的要求提高了借款的实际利率。实际利率的计算公式为

$$\text{实际利率} = \frac{\text{名义借款金额} \times \text{名义利率}}{\text{名义借款金额} \times (1 - \text{补偿性余额比例})} = \frac{\text{名义利率}}{1 - \text{补偿性余额比例}}$$

补偿性余额有助于银行降低贷款风险，补偿其可能遭受的损失；但对借款企业来说，补偿性余额则提高了借款的实际利率，加重了企业的利息负担。

【例 5-2】 某石油企业按年利率 8% 向银行借款 100 万元，银行要求保留 20% 的补偿性余额，石油企业实际可动用的借款只有 80 万元。则该项借款的实际利率为

$$\text{补偿性余额贷款实际利率} = \frac{8\%}{1 - 20\%} \times 100\% = 10\%$$

(4) 借款抵押

银行向财务风险较大、信誉不好的企业发放贷款，往往需要有抵押品担保，以减少自己蒙受损失的风险。借款的抵押品通常是借款企业的办公楼、厂房等。

(5) 偿还条件

无论何种借款，银行一般都会规定还款的期限。根据我国金融制度的规定，贷款到期后仍无能力偿还的，视为逾期贷款，银行要照章加收逾期罚息。

(6) 以时间交易为贷款条件

当企业发生经营性临时资金需求，向银行申请贷款以求解决时，银行则以企业将要进行的实际交易为贷款基础，单独立项，单独审批，最后作出决定并确定贷款的相应条件和信用保证。

3. 借款利息的支付方式

(1) 利随本清法

利随本清法，又称收款法，是在借款到期时向银行支付利息的方法。采用这种方法，借款的名义利率等于实际利率。

(2)贴现法

贴现法是银行向企业发放贷款时,先从本金中扣除利息部分,在贷款到期时借款企业再偿还全部本金的一种计息方法。贴现法的实际贷款利率公式为

$$贴现贷款实际利率 = \frac{利息}{贷款金额 - 利息} \times 100\%$$

【例5-3】 某石油企业从银行取得借款200万元,期限1年,名义利率10%,利息20万元。按照贴现法付息,石油企业实际可动用的贷款为180万元(200-20),则该项借款的实际利率为

$$贴现贷款实际利率 = \frac{利息}{贷款金额 - 利息} \times 100\% = \frac{20}{200 - 20} \times 100\% \approx 11.11\%$$

$$或贴现贷款实际利率 = \frac{利率}{1 - 名义利率} \times 100\% = \frac{10\%}{1 - 10\%} \approx 11.11\%$$

4.短期借款筹资的优缺点

(1)短期借款筹资的优点

①筹资速度快。企业获得短期借款所需时间要比长期借款短得多,因为银行发放长期贷款前,通常要对企业进行比较全面的调查分析,花费时间较长。

②筹资弹性大。短期借款数额及借款时间弹性较大,企业可在需要资金时借入,在资金充裕时还款,便于企业灵活安排。

(2)短期借款筹资的缺点

①筹资风险大。短期借款的偿还期短,在筹资数额较大的情况下,如企业资金调度不周,就有可能出现无力按期偿付本金和利息,甚至被迫破产。

②与其他短期筹资方式相比,资金成本较高,尤其是在补偿性余额和附加利率情况下,实际利率常高于名义利率。

二、商业信用

1.商业信用的条件

商业信用的条件是指销货人对付款时间和现金折扣所作的具体规定,主要有以下几种形式:预收货款;延期付款,但不涉及现金折扣;延期付款,但早付款可享受现金折扣。

(1)预收货款

这是企业在销售商品时,要求买方在卖方发出货物之前支付货款的情形。一般用于以下两种情况:一是企业已知买方的信用欠佳;二是销售生产周期长、售价高的产品。在这种信用条件下,销货单位可以得到暂时的资金来源,购货单位则要预先垫支一笔资金。

(2)延期付款,但不涉及现金折扣

这是指企业购买商品时,卖方允许企业在交易发生后一定时期内按发票金额支付货款的情形,如“net45”,是指在45天内按发票金额付款。这种条件下的信用期间一般为30~60天,但有些季节性的生产企业可能为其顾客提供更长的信用期间。在这种情况下,买卖双方存在商业信用,买方可因延期付款而取得资金来源。

(3)延期付款,但早付款可享受现金折扣

在这种条件下,买方若提前付款,卖方可给予一定的现金折扣,如买方不享受现金折扣,则必须在一定时期内付清账款。如“2/10,n/30”便属于此种信用条件。应用现金折扣

的目的主要是为了加速账款的收现。现金折扣一般为发票金额的1% ~5%。

在这种条件下,双方存在信用交易。买方若在折扣期内付款,则可获得短期的资金来源,并能得到现金折扣;若放弃现金折扣,则可在稍长时间内占用卖方的资金。

2. 现金折扣成本的计算

在采用商业信用形式销售商品时,为鼓励购买单位尽早付款,销货单位往往都规定一些信用条件,这主要包括现金折扣和付款期间两部分内容。如果销货单位提供现金折扣,购买单位应尽量争取获得此项折扣,因为丧失现金折扣的机会成本很高。

【例5-4】 某石油企业拟以"2/10,n/30"信用条件购进一批原料。这一信用条件意味着企业如在10天内付款,可享受2%的现金折扣;若不享受现金折扣,货款应在30天内付清。则放弃折扣的成本为

$$放弃现金折扣的成本 = \frac{2\%}{1-2\%} \times \frac{360}{30-10} \times 100\% = 36.73\%$$

这表明只要石油企业筹资成本不超过36.73%,就应当在第10天付款。

三、短期筹资券

1. 短期筹资券的含义及特征

短期筹资券又称商业票据或短期债券,是由企业发行的无担保短期本票。在我国,短期筹资券是指企业依照《短期筹资券管理办法》的条件和程序在银行间债券市场发行和交易并约定在一定期限内还本付息的有价证券,是企业筹措短期(一年以内)资金的直接筹资方式。

我国短期筹资券具有以下特征:

(1)发行人为非金融企业;

(2)它是一种短期债券品种,期限不超过365天;

(3)发行利率(价格)由发行人和承销商协商确定;

(4)发行对象为银行间债券市场的机构投资者,不向社会公众发行;

(5)实行余额管理,待偿还金融券余额不超过企业净资产的40%;

(6)可以在全国银行间债券市场机构投资人之间流通转让。

2. 短期筹资券的发行

(1)短期筹资券的发行条件

一般来讲,只有实力雄厚、资信程度很高的大企业才有资格发行短期筹资券。在我国,短期筹资券的发行必须符合《短期筹资券管理办法》中规定的发行条件。

(2)短期筹资券的发行程序

①公司作出发行短期筹资券的决策;

②办理发行短期筹资券的信用评级;

③向有关审批机构提出发行申请;

④审批机关对企业提出的申请进行审查和批准;

⑤正式发行短期筹资券,取得资金。

3. 短期筹资券的优缺点

(1)短期筹资券的优点

①筹资成本较低。在西方,短期筹资券的利率加上发行成本,通常要低于银行的同期

贷款利率。但在我国，目前由于短期筹资券市场刚刚建立，还不完善，因而有时会出现短期筹资券的利率高于银行借款利率的情况。

②筹资数额比较大。一般而言，银行不会向企业发放巨额的短期借款，因此银行短期借款常常面临着数额的限制，而发行短期筹资券的数额往往较大，可以筹集更多的资金。

③可以提高企业信誉和知名度。由于能在货币市场上发行短期筹资券的都是著名的大公司，因而一个公司如果能发行自己的短期筹资券，说明该公司有较好的信誉；同时随着短期筹资券的发行，公司的威望和知名度也大大提高。

（2）短期筹资券的缺点

①筹资风险比较大。短期筹资券到期必须归还，一般不会有延期的可能。如果到期不归还，会对企业的信誉产生较严重的后果，因此风险较大。

②发行短期筹资券的弹性比较小。只有当企业的资金需求达到一定数量时才能使用短期筹资券，如果数量较小，则会加大单位资金的筹资成本。另外短期筹资券一般不能提前偿还，即使企业资金比较充裕，也要到期才能还款。

③发行短期筹资券的条件比较严格。并不是任何企业都能发行短期筹资券，必须是信誉好、实力强、效益高的企业才能使用，而一些小企业或信誉不够好的企业则不可能利用短期筹资券来筹集资金。

四、应收账款转让

1. 应收账款转让的含义及种类

（1）应收账款转让的含义

应收账款转让是指企业将应收账款出让给银行等金融机构以获取资金的一种筹资方式。应收账款转让筹资数额一般为应收账款扣减以下项目后的余额：一是允许客户在付款时扣除的现金折扣；二是贷款机构扣除的准备金、利息费和手续费。其中准备金是指因在应收账款收回过程中可能发生销货退回和折让等而保留的扣存款。

（2）应收账款转让的种类

应收账款转让按是否具有追索权可分为附加追索权的应收账款转让和不附加追索权的应收账款转让。其中，附加追索权的应收账款转让是指企业将应收账款转让给银行等金融机构，在有关应收账款到期无法从债务人处收回时，银行等金融机构有权向转让应收账款的企业追偿，或按照协议规定，企业有义务按照约定从金融机构回购部分应收账款，应收账款的坏账风险由企业承担；不附加追索权的应收账款转让是指企业将应收账款转让给银行等金融机构，在有关应收账款到期无法从债务人处收回时，银行等金融机构不能向转让应收账款的企业追偿，应收账款的坏账风险由银行承担。

2. 应收账款转让筹资的优缺点

（1）应收账款转让筹资的优点

①及时回笼资金，避免企业因赊销造成的现金流量不足。通过应收账款转让筹资，企业可以及时地收回销售商品和提供劳务的资金，增加现金流，缓解因应收账款带来的资金紧张程度，从而避免企业因赊销造成的现金流量不足的问题。

②节省收账成本，降低坏账损失风险，有利于改善企业的财务状况、提高资产的流动性。应收账款转让时，银行等金融机构均要掌握购货方的资信情况，而银行等金融机构只对有相当资信度的应收账款提供资金。所以，应收账款转让在一定程度上保证了账款的安

全,防止了坏账的发生。

(2)应收账款转让筹资的缺点

①筹资成本较高。应收账款转让筹资的手续费和利息都很高,从而增加了企业的筹资成本。

②限制条件较多。应收账款转让时,贷款机构对转让的应收账款和转让应收账款的公司都有一定的条件限制,不符合条件的,不接受转让。

五、长期借款

1. 长期借款的种类

我国目前各金融机构的长期借款种类主要有:

(1)按照用途,分为基本建设贷款、更新改造贷款、科技开发和新产品试制贷款等;

(2)按有无担保,分为信用贷款和抵押贷款。

2. 长期借款的程序

企业向金融机构借款,通常要经过以下步骤:

(1)企业提出申请

企业申请借款必须符合贷款原则和条件,填写包括借款金额、借款用途、偿还能力以及还款方式等主要内容的《借款申请书》,并提供以下资料:一是借款人及保证人的基本情况;二是财政部门或会计师事务所核准的上年度财务报告;三是原有的不合理借款的纠正情况;四是抵押物清单及同意抵押的证明,保证人拟同意保证的有关证明文件;五是项目建议书和可行性报告;六是贷款银行认为需要提交的其他资料。

(2)金融机构进行审批

银行接到企业的申请后,要对企业的申请进行审查,以决定是否对企业提供贷款。这一般包括以下几个方面:一是对借款人的信用等级进行评估;二是进行相关调查,贷款人受理借款人的申请后,应当对借款人的信用及借款的合法性、安全性和盈利性等情况进行调查,核实抵押、保证人情况,测定贷款的风险;三是贷款审批。

(3)签订借款合同

借款合同是规定借贷各方权利和义务的契约,其内容分基本条款和限制条款,限制条款又有一般性限制条款、例行性限制条款和特殊性限制条款之分。基本条款是借款合同必须具备的条款。限制条款是为了降低贷款机构的贷款风险而对借款企业提出的限制条件,它不是借款合同的必备条款。限制条款中,一般性限制条款最为常见,例行性限制条款次之,特殊性限制条款比较少见。

借款合同的基本条款包括:借款种类、借款用途、借款金额、借款利率、借款期限,还款资金来源及还款方式、保证条款、违约责任等。

借款合同的一般性限制条款通常包括:对企业流动资金保持量的规定,对企业支付现金股利的限制,对企业资本性支出规模的限制,对企业借入其他长期债务的限制。

借款合同的例行性限制条款一般包括:企业定期向贷款机构报送财务报表,企业不准在正常情况下出售大量资产,企业要及时偿付到期债务,禁止企业贴现应收票据或转让应收账款,禁止以资产作其他承诺的担保或抵押等。

借款合同的特殊性限制条款一般包括:贷款专款专用,要求企业主要领导购买人身保险,要求企业主要领导在合同有效期内担任领导职务等。

(4)企业取得借款

双方签订借款合同后,贷款银行按合同的规定按期发放贷款,企业便可取得相应的资金。贷款人不按合同约定按期发放贷款的,应偿付违约金。借款人不按合同的约定用款的,也应偿付违约金。

(5)企业偿还借款

企业应按借款合同的规定按时足额归还借款本息。如果企业不能按期归还借款,应在借款到期之前,向银行申请贷款展期,但是否展期,由贷款银行根据具体情况决定。

3. 长期借款筹资的优缺点

(1)长期借款筹资的优点

①筹资速度快。发行各种证券筹集长期资金所需时间一般较长。证券发行的准备工作,以及证券的发行都需要一定时间。而向银行借款与发行证券相比,一般所需时间较短,可以迅速地获取资金。

②借款弹性大。企业与银行可以直接接触,可通过直接商谈来确定借款的时间、数量和利息。在借款期间,如果企业情况发生了变化,也可与银行进行协商,修改借款的数量和条件。借款到期后,如有正当理由,还可延期归还。

③借款成本较低。就目前我国情况来看,利用银行借款所支付的利息比发行债券所支付的利息低。另外,也无须支付大量的发行费用。

④可以发挥财务杠杆的作用。不论企业赚钱多少,银行只按借款合同收取利息,在投资利润率大于借款利率的情况下,企业所有者将会因财务杠杆的作用而得到更多的收益。

(2)长期借款筹资的缺点

①筹资风险较高。企业举借长期借款,必须定期还本付息,在经营不利的情况下,可能会产生不能偿付的风险,甚至会导致破产。

②限制条件较多。企业与银行签订的借款合同中,一般都有一些限制条款,如定期报送有关报表、不准改变借款用途等,这些条款可能会限制企业的经营活动。

③筹资数量有限。银行一般不愿借出巨额的长期借款。因此,利用银行借款筹资都有一定的上限。

六、发行债券

1. 债券的种类

债券按不同的标准进行分类,主要的分类方式如下:

(1)按债券是否记名分类

按债券是否记名,可分为记名债券和不记名债券。

记名债券,是指在券面上注明债权人姓名或名称,同时在发行公司的债务人名册上进行登记的债券。

无记名债券,是指债券票面未注明债权人姓名或名称,也不用在债权人名册上登记债权人姓名或名称的债券。

(2)按债券能否转换为公司股票分类

按债券能否转换为公司股票,可分为可转换债券和不可转换债券。

可转换债券,是指在一定时期内,可以按规定的价格或一定比例,由持有人自由地选择转换为普通股的债券。

不可转换债券，是指不可以转换为普通股的债券。

(3)按有无特定的财产担保分类

按有无特定的财产担保，可分为信用债券和抵押债券。

信用债券，是指仅凭债券发行者的信用发行的、没有抵押品作抵押或担保人作抵押的债券。

抵押债券，是指以一定抵押品作抵押而发行的债券。抵押债券按抵押物品的不同，又可分为不动产抵押债券、设备抵押债券和证券信托债券。

2. 债券的发行

(1)债券的发行条件

我国发行公司债券，必须符合《公司法》《证券法》规定的有关条件。

(2)债券的发行程序

债券发行的基本程序如下：一是作出发行债券的决议；二是提出发行债券的申请；三是公告债券募集方法；四是委托证券机构发售；五是交付债券，收缴债券款，登记债券存根簿。

3. 债券的还本付息

(1)债券的偿还

债券偿还时间按其实际发生与规定的到期日之间的关系，分为到期偿还、提前偿还与滞后偿还三类。

①到期偿还。到期偿还，是指当债券到期后还清债券所载明的义务，又包括分批偿还和一次偿还两种。

②提前偿还。又称提前赎回或收回，是指在债券尚未到期之前就予以偿还。只有在企业发行债券的契约中明确规定了有关允许提前偿还的条款，企业才可以进行此项操作。提前偿还所支付的价格通常要高于债券的面值，并随到期日的临近而逐渐下降。具有提前偿还条款的债券可使企业筹资有较大的弹性。当企业资金有结余时，可提前赎回债券；当预测利率下降时，也可提前赎回债券，而后以较低的利率来发行新债券。

赎回有三种形式：即强制性赎回、选择性赎回和通知赎回。

强制性赎回，是指要保证公司拥有一定的现款来减少其固定负债，从而减少利息支付时，能够提前还债。强制性赎回有偿债基金和赎债基金两种形式。

偿债基金主要是为分期偿还未到期债券而设。它要求发行人在债券到期前陆续偿还债务，因而缩短了债务的有效期限，同时分散了还本付息的压力，这样，在某种程度上减少了违约的风险。但另一方面，在市场看好时(如市场价格高于面值)，强制性赎回使投资人遭受损失，举债公司要给予补偿，通常的办法是提高赎回价格。

赎债基金同样是举债人为提前偿还债券设立的基金，与偿还基金不同的是，赎债基金是债券持有人强制举债公司收回债券。赎债基金只能从二级市场上购回自己的债券，其主要任务是支持自己的债券在二级市场上的价格。

选择性赎回，是指举债公司有选择债券到期前赎回全部或部分债权的权利。选择性赎回的利息率略高于其他同类债券。

通知赎回，是指举债公司在到期日前准备赎回债券时，要提前一段时间向债券持有人发出赎债通知，告知赎回债券的日期和条件。债券持有人有权将债券在通知赎回日期之前售回举债公司，债券持有人的这种权利称为提前售回优先权。

通知赎回中，债券持有人还有一种提前售回选择权，指债券持有人有权选择在债券到期前某一个或某几个指定日期,按指定价格把债券售回举债公司,这和选择性赎回的选择主体正好相反。

③滞后偿还。债券在到期日之后偿还叫滞后偿还。这种偿还条款一般在发行时便订立,主要是给予持有人以延长持有债券的选择权。滞后偿还有转期和转换两种形式。

转期,指将较早到期的债券换成到期日较晚的债券,实际上是将债券的期限延长。常有两种方法:一是直接以新债券兑换旧债券;二是用发行新债券得到的资金来赎回旧债券。

转换,通常指股份有限公司发行的债券可以按一定的条件转换成本公司的股票。

(2)债券的付息

债券的付息主要表现在利息率的确定、付息频率和付息方式三个方面。利息率的确定有固定利率和浮动利率两种形式。债券付息频率主要有按年付息、按半年付息、按季付息、按月付息和一次性付息(利随本清、贴现发行)五种。付息方式有两种:一种是采取现金、支票或汇款的方式;另一种是息票债券的方式。

4. 债券筹资的优缺点

(1)债券筹资的优点

①资金成本低。利用债券筹资的成本要比股票筹资的成本低。这主要是因为债券的发行费用较低,债券利息在税前支付,部分利息由政府负担。

②保证控制权。债券持有人无权干涉企业的管理事务,如果现有股东担心控制权被稀释,则可采用债券筹资。

③可以发挥财务杠杆作用。债券利息负担固定,在企业投资效益良好的情况下,更多的收益可用于分配给股东,增加财富,或留归企业以扩大经营。

(2)债券筹资的缺点

①筹资风险高。债券有固定的到期日,并定期支付利息。利用债券筹资,要承担还本、付息的义务。在企业经营不景气时,向债券持有人还本、付息,会给企业带来更大的困难,甚至导致企业破产。

②限制条件多。发行债券的契约书中往往有一些限制条款。这种限制比短期债务严格得多,可能会影响企业的正常发挥和以后的筹资能力。

③筹资额有限。利用债券筹资有一定的限度,当公司的负债比率超过一定程度后,债券筹资的成本要迅速上升,有时甚至会发行不出去。

七、筹资租赁

1. 筹资租赁的形式

筹资租赁包括售后租回、直接租赁和杠杆租赁三种形式。

(1)售后租回

售后租回,即根据协议,企业将某资产卖给出租人,再将其租回使用。

(2)直接租赁

直接租赁,即承租人直接向出租人租入所需要的资产,并付出租金。

(3)杠杆租赁

杠杆租赁涉及承租人、出租人和资金出借者三方当事人。从承租人的角度来看,这种租赁与其他租赁形式并无区别,同样是按合同的规定,在基本租赁期内定期支付定额租金,取得资产的使用权。但对出租人却不同,出租人只出购买资产所需的部分资金作为自己的投资；另外以该资产作为担保向资金出借者借入其余资金。因此，它既是出租人又是贷款人，同时拥有对资产的所有权，既收取租金又要偿付债务。如果出租人不能按期偿还借款，资产的所有权就要转归资金的出借者。

2. 筹资租赁的程序

(1)选择租赁公司；

(2)办理租赁委托；

(3)签订购货协议；

(4)签订租赁合同；

(5)办理验货与投保；

(6)支付租金；

(7)处理租赁期满的设备。

3. 筹资租赁与经营租赁的区别

筹资租赁与经营租赁（也称营业租赁、短期租赁）的区别如表 5－1 所示。

表 5－1　筹资租赁与经营租赁对照表

项目	筹资租赁	经营租赁
租赁程序	由承租人向出租人提出正式申请，由出租人融通资金引进承租人所需设备，然后再租给承租人使用	承租人可随时向出租人提出租赁资产要求
租赁期限	租期一般为租赁资产寿命的一半以上	租赁期短，不涉及长期而固定的义务
合同约束	租赁合同稳定。在租期内，承租人必须连续支付租金，非经双方同意，中途不得退租	租赁合同灵活，在合理限制条件范围内，可以解除租赁契约
资产处置	租赁期满后，租赁资产的处置有三种方式可供选择：将设备作价转让给承租人；由出租人收回；延长租期续租	租赁期满后，租赁资产一般要归还给出租人
维修保养	租赁期内，出租人一般不提供维修和保养设备方面的服务	租赁期内，出租人提供设备保养、维修、保险等服务

4. 筹资租赁租金的计算

(1)筹资租赁租金的构成

筹资租赁租金包括设备价款和租息两部分，租息又可分为租赁公司的筹资成本、租赁手续费等。

(2)筹资租赁租金的支付形式

租金通常采用分次支付的方式，具体类型有：

①按支付间隔期的长短，可以分为年付、半年付、季付和月付等方式；

②按支付时期先后，可以分为先付租金和后付租金两种；

③按每期支付金额，可以分为等额支付和不等额支付两种。

(3)筹资租赁租金的计算方法

①后付租金的计算。根据年资本回收额的计算公式，可得出后付租金方式下每年年末

支付租金数额的计算公式：

$$A = \frac{P}{(P/A,i,n)}$$

②先付租金的计算。根据即付年金的现值公式，可得出先付等额租金的计算公式：

$$A = \frac{P}{[(P/A,i,n-1)+1]}$$

【例5-5】 某企业采用筹资租赁方式于20×7年1月1日从某租赁公司租入一台设备，设备价款为40 000元，租期为8年，到期后设备归企业所有，为了保证租赁公司完全弥补筹资成本、相关的手续费并有一定盈利，双方商定采用18%的折现率，试计算该企业每年年末应支付的等额租金。

解答：

$$A = \frac{40\ 000}{(P/A,18\%,8)} = \frac{40\ 000}{4.078} \approx 9\ 808.73(元)$$

【例5-6】 假如上例采用先付等额租金方式，则每年年初支付的租金额可计算如下：

$$A = \frac{40\ 000}{[(P/A,18\%,7)+1]} = \frac{40\ 000}{(3.812+1)} \approx 8\ 312.55(元)$$

5. 筹资租赁优缺点

(1)筹资租赁优点

①筹资速度快。租赁往往比借款购置设备更迅速、更灵活，因为租赁是筹资与设备购置同时进行，可以缩短设备的购进、安装时间，是企业尽快形成生产能力，有利于企业尽快占领市场，打开销路。

②限制条件少。如前所述，债券和长期借款都定有相当多的限制条款，虽然类似的限制在租赁公司中也有，但一般比较少。

③设备淘汰风险小。当今，科学技术迅速发展，固定资产更新周期日趋缩短。企业设备陈旧过时的风险很大，利用租赁筹资可减少这一风险。这是因为筹资租赁的期限一般为资产使用年限的一定比例，不会像自己购买设备那样整个期限都要承担风险，且多数租赁协议都规定由出租人承担设备陈旧过时的风险。

④财务风险小。租金在整个租期内分摊，不用到期归还大量本金。许多借款都在到期日一次偿还本金，这会给财务基础较弱的公司造成相当大的困难，有时会造成不能偿付的风险。

⑤税收负担轻。租金可在税前扣除，具有抵免所得税的效用。

(2)筹资租赁缺点

筹资租赁最主要缺点就是资金成本较高。一般来说，其租金要比举借银行借款或发行债券所负担的利息高得多。在企业财务困难时，固定的租金也会构成一项较沉重的负担。

第四节 企业其他筹资

衍生工具筹资主要包括兼具股权与债务特性的混合融资和其他衍生工具融资。我国上市公司目前最常见的主要有可转换债券、认股权证。

一、可转换债券

可转换债券是一种混合型证券，是公司普通债券与证券期权的组合体。可转换债券的持有人在一定期限内，可以按照事先规定的价格或者转换比例，自由地选择是否转换为公司普通股。按照转股权是否与可转换债券分离,可转换债券可以分为两类:一类是一般可转换债券,其转股权与债券不可分离,持有者直接按照债券面额和约定的转股价格,在约定的期限内将债券转换为股票;一类是可分离就交易的可转换债券,这类债券在发行时附有认股权证,是认股权证和公司债券的组合,又被称为"可分离的附认股权证的公司债",发行上市后公司债券和认股权证各自独立流通、交易。认股权证的持有者认购股票时,需要按照认购价(行权价)出资购买股票。

1. 可转换债券的基本性质

(1)证券期权性

可转换债券给予了债券持有者未来的选择权,在事先约定的期限内,投资者可以选择将债券转换为普通股票,也可以放弃转换权利,持有至债券到期还本付息。由于可转换债券持有人具有在未来按一定的价格购买股票的权利,因此可转换债券实质上是一种未来的买入期权。

(2)资本转换性

可转换债券在正常持有期,属于债权性质;转换成股票后,属于股权性质。在债券的转换期间中,持有人没有将其转换为股票,发行企业到期必须无条件地支付本金和利息。转换成股票后,债券持有人成为企业的股权投资者。资本双重性的转换,取决于投资者是否行权。

(3)赎回与回售

可转换债券一般都会有赎回条款,发债公司在可转换债券转换前,可以按一定条件赎回债券。通常,公司股票价格在一段时期内连续高于转股价格达到某一幅度时,公司会按事先约定的价格买回未转股的可转换公司债券。同样,可转换债券一般也会有回售条款,公司股票价格在一段时期内连续低于转股价格达到某一幅度时,债券持有人可按事先约定的价格将所持债券回卖给发行公司。

2. 可转换债券的基本要素

可转换债券的基本要素是指构成可转换债券基本特征的必要因素,它们代表了可转换债券与一般债券的区别。

(1)标的股票

可转换债券转换期权的标的物,就是可转换成的公司股票。标的股票一般是发行公司自己的普通股票,不过也可以是其他公司的股票,如该公司的上市子公司的股票。

(2)票面利率

可转换债券的票面利率一般会低于普通债券的票面利率,有时甚至还低于同期银行存款利率。因为可转换债券的投资收益中,除了债券的利息收益外,还附加了股票买入期权的收益部分。一个设计合理的可转换债券在大多数情况下,其股票买入期权的收益是以弥补债券利息收益的差额。

(3)转换价格

转换价格是指可转换债券在转换期间内据以转换为普通股的折算价格,即将可转换债券转换为普通股的每股普通股的价格。如每股 30 元,即是指可转换债券到期时,将债券金额按每股 30 元转换为相应股数的股票。由于可转换债券在未来可以行权转换成股票,在债券发售时,所确定的转换价格一般比发售日股票市场价格高出一定比例,如高出 10% ~30%。我国《可转换公司债券管理暂行办法》规定,上市公司发行可转换公司债券,以发行前 1 个月股票的平均价格为基准，上浮一定幅度作为转股价格。

(4)转换比率

转换比率是指每一份可转换债券在既定的转换价格下能转换为普通股股票的数量。在债券面值和转换价格确定的前提下，转换比率为债券面值与转换价格之商：

$$转换比率 = \frac{债券面值}{转换价格}$$

(5)转换期

转换期指的是可转换债券持有人能够行使转换权的有效期限。可转换债券的转换期可以与债券的期限相同，也可以短于债券的期限。转换期间的设定通常有四种情形：债券发行日至到期日；发行日至到期前；发行后某日至到期日；发行后某日至到期前。至于选择哪种，要看公司的资本使用状况、项目情况、投资者要求等。由于转换价格高于公司发债时股价，投资者一般不会在发行后立即行使转换权。

(6)赎回条款

赎回条款是指发债公司按事先约定的价格买回未转股债券的条件规定，赎回一般发生在公司股票价格在一段时期内连续高于转股价格达到某一幅度时。赎回条款通常包括：不可赎回期间与赎回期；赎回价格（一般高于可转换债券的面值）；赎回条件（分为无条件赎回和有条件赎回）等。

发债公司在赎回债券之前，要向债券持有人发出赎回通知，要求他们在将债券转股与卖回给发债公司之间作出选择。一般情况下，投资者大多会将债券转换为普通股。可见，设置赎回条款最主要的功能是强制债券持有者积极行使转股权，因此又被称为加速条款。同时也能使发债公司避免在市场利率下降后，继续向债券持有人支付较高的债券利率所蒙受的损失。

(7)回售条款

回售条款是指债券持有人有权按照事前约定的价格将债券卖回给发债公司的条件规定。回售一般发生在公司股票价格在一段时期内连续低于转股价格达到某一幅度时。回售对于投资者而言实际上是一种卖权，有利于降低投资者的持券风险。与赎回一样，回售条款也有回售时间、回售价格和回售条件等规定。

(8)强制性转换调整条款

强制性转换调整条款是指在某些条件具备之后，债券持有人必须将可转换债券转换为股票，无权要求偿还债权本金的规定。可转换债券发行之后，其股票价格可能出现巨大波动。如果股价长期表现不佳，又未设计回售条款，投资者就不会转股。公司可设置强制性转换调整条款，保证可转换债券顺利地转换成股票，预防投资者到期集中挤兑引发公司破产的悲剧。

3. 可转换债券的发行条件

(1)最近3年连续盈利，且最近3年净资产收益率平均在10%以上；属于能源、原材料、基础设施类的公司可以略低，但是不得低于7%；

(2)可转换债券发行后，公司资产负债率不高于70%；

(3)累计债券余额不超过公司净资产额的40%；

(4)上市公司发行可转换债券，还应当符合关于公开发行股票的条件。

发行分离交易的可转换公司债券，除符合公开发行证券的一般条件外，还应当符合的规定包括:公司最近一期末经审计的净资产不低于人民币 15 亿元;最近 3 个会计年度实现的年均可分配利润不少于公司债券 1 年的利息;最近 3 个会计年度经营活动产生的现金流量净额平均不少于公司债券 1 年的利息;本次发行后累计公司债券余额不超过最近一期末净资产额的 40%,预计所附认股权全部行权后募集的资金总量不超过拟发行公司债券金额等。分离交易的可转换公司债券募集说明书应当约定,上市公司改变公告的募集资金用途的,赋予债券持有人一次回售的权利。

所附认股权证的行权价格应不低于公告募集说明书日前 20 个交易日公司股票均价和前 1 个交易日的均价;认股权证的存续期间不超过公司债券的期限,自发行结束之日起不少于 6 个月;募集说明书公告的权证存续期限不得调整;认股权证自发行结束至少已满 6 个月起方可行权,行权期间为存续期限届满前的一段期间,或者是存续期限内的特定交易日。

4. 可转换债券的筹资特点

(1)筹资灵活性

可转换债券将传统的债务筹资功能和股票筹资功能结合起来,筹资性质和时间上具有灵活性。债券发行企业先以债务方式取得资金,到了债券转换期,如果股票市价较高,债券持有人将会年约定的价格转换为股票,避免了企业还本付息之负担。如果公司股票长期低迷,投资者不愿意将债券转换为股票,企业即时还本付息清偿债务,也能避免未来长期的股权资本成本负担。

(2)资本成本较低

可转换债券的利率低于同一条件下普通债券的利率,降低了公司的筹资成本;此外,在可转换债券转换为普通股时,公司无需另外支付筹资费用,又节约了股票的筹资成本。

(3)筹资效率高

可转换债券在发行时,规定的转换价格往往高于当时本公司的股票价格。如果这些债券将来都转换成了股权,这相当于在债券发行之际,就以高于当时股票市价的价格新发行了股票,以较少的股份代价筹集了更多的股权资金。因此,在公司发行新股时机不佳时,可以先发行可转换债券,以其将来变相发行普通股。

(4)存在不转换的财务压力

如果在转换期内公司股价处于恶化性的低位,持券者到期不会转股,会造成公司的集中兑付债券本金的财务压力。

(5)存在回售的财务压力

若可转换债券发行后,公司股价长期低迷,在设计有回售条款的情况下,投资者集中在一段时间内将债券回售给发行公司,加大了公司的财务支付压力。

(6)股价大幅度上扬风险

如果债券转换时公司股票价格大幅度上扬,公司只能以较低的固定转换价格换出股票,便会降低公司的股权筹资额。

混合性资金是指即具有某些股权性资金的特征又具有某些债权性资金的特征的资金形式。企业常见的混合性资金包括可转换债券和认股权证。

【例 5-7】 某特种钢股份有限公司为 A 股上市公司,2007 年为调整产品结构,公司拟分两阶段投资建设某特种钢生产线,以填补国内空白。该项目第一期计划投资额为 20 亿元,第二期计划投资额为 18 亿元,公司制定了发行分离交易可转换公司债券的融资计划。

经有关部门批准,公司于 2007 年 2 月 1 日按面值发行了 2 000 万张、每张面值 100 元的分离交易可转换公司债券，合计 20 亿元，债券期限为 5 年，票面年利率为 1%（如果单独按面值发行一般公司债券，票面年利率需要设定为 6%），按年计息。同时，每张债券的认购人获得公司派发的 15 份认股权证，权证总量为 30 000 万份，该认股权证为欧式认股权证；行权比例为 2:1（即 2 份认股权证可认购 1 股 A 股股票），行权价格为 12 元/股。认股权证存续期为 24 个月（即 2007 年 2 月 1 日至 2009 年 2 月 1 日），行权期为认股权证存续期最后五个交易日（行权期间权证停止交易）。假定债券和认股权证发行当日即上市。

公司 2007 年年末 A 股总数为 20 亿股（当年未增资扩股），当年实现净利润 9 亿元。假定公司 2008 年上半年实现基本每股收益 0.30 元，上半年公司股价一致维持在每股 10 元左右。预计认股权证行权期截止前夕，每股认股权证价格将为 1.5 元（公司市盈率维持在 20 倍的水平）。

根据上述资料，计算分析如下：

第一，发行分离交易的可转换公司债券后，2007 年可节约的利息支出为

$$20 \times (6\% - 1\%) \times \frac{11}{12} = 0.92(\text{亿元})$$

第二，2007 年公司基本每股收益为$\frac{9}{20} = 0.45$（元/股）

第三，为实现第二次融资，必须促使权证持有人行权，为此股价应当达到的水平为

$$12 + 1.5 \times 2 = 15(\text{元})$$

2008 年基本每股收益应达到的水平：$\frac{15}{20} = 0.75$（元）

第四，公司发行分离交易可转换公司债券的主要目标是分两阶段融通项目第一期、第二期所需资金，特别是努力促使认股权证持有人行权，以实现发行分离交易可转换公司债券的第二次融资；主要风险是第二次融资时，股价低于行权价格，投资者放弃行权，导致第二次融资失败。

第五，公司为了实现第二次融资目标，应当采取的具体财务策略主要有：

（1）最大限度发挥生产项目的效益，改善经营业绩；

（2）改善与投资者的关系及社会公众形象，提升公司股价的市场表现。

二、发行认股权证

认股权证全称为股票认购授权证，是一种由上市公司发行的证明文件，持有人有权在一定时间内以约定价格认购该公司发行的一定数量的股票。广义的权证（Warrant），是一种持有人有权于某一特定期间或到期日，按约定的价格，认购或沽出一定数量的标的资产的期权。按买或卖的不同权利，权证可分为认购权证和认沽权证，又称为看涨权证和看跌权证。

1. 认股权证的基本性质

（1）证券期权性。认股权证本质上是一种股票期权，属于衍生金融工具，具有实现融资和股票期权激励的双重功能。但认股权证本身是一种认购普通股的期权，它没有普通股的红利收入，也没有普通股相应的投票权。

（2）认股权证是一种投资工具。投资者可以通过购买认股权证获得市场价与认购价之间的股票差价收益，因此它是一种具有内在价值的投资工具。

2. 认股权证的种类

(1) 美式认股证与欧式认股证

美式认股证,指权证持有人在到期日前,可以随时提出履约要求,买进约定数量的标的股票。而欧式认股证,则是指权证持有人只能于到期日当天,才可买进标的股票。无论股证属欧式或美式,投资者均可在到期日前在市场出售转让其持有的认股权证。事实上,只有小部分权证持有人会选择行权,大部分投资者均会在到期前沽出权证。

(2) 长期认股权证与短期认股权证

短期认股权证的认股期限一般在 90 天以内。认股权证期限超过 90 天的,为长期认股权证。

3. 认股权证筹资的优缺点

(1) 认股权证筹资的优点

①为公司筹集额外的资金。认股权证不论是单独发行还是附带发行,大多都为发行公司筹得一笔额外资金。

②促进其他筹资方式的运用。单独发行的认股权证有利于将来发售股票,附带发行的认股权证可以促进其所依附证券的发行效率。而且由于认股权证具有价值,附认股权证的债券票面利率和优先股股利率通常较低。

(2) 认股权证的缺点

①稀释普通股收益。当认股权证执行时,提供给投资者的股票是新发行的股票,而并非二级市场的股票。这样,当认股权证行使时,普通股股份增多,每股收益下降。

②容易分散企业的控制权。由于认股权证通常随债券一起发售,以吸引投资者,当认股权证行使时,企业的股权结构会发生改变,稀释了原有股东的控制权。

第六章　企业资本结构优化

第一节　企业资本结构理论

资本结构是指企业资本总额中各种资本的结构及其比例关系。筹资管理中,资本结构有广义和狭义之分。广义的资本结构包括全部债务与股东权益的比率;狭义的资本结构则指长期债务与股东权益资本构成的比率。在狭义资本结构下,短期资本的需要量和筹集是经常变化的,而且在整个资本总额中所占的比重不稳定,因此,短期债务作为营运该资金来管理。本章所指的资本结构是指狭义的资本结构。

资本结构理论是关于公司资本结构、公司综合资本成本率与公司价值三者之间关系的理论。资本结构理论着重研究资本结构中负债与权益比例的变化对企业总价值的影响,它即是公司财务理论的重要内容,也是资本结构决策的重要理论基础。从资本结构理论的发展看,主要有早期资本结构理论、现代资本结构理论和新的资本结构理论。早期资本结构理论主要有三种观点:净损益观点、净营业收益观点和传统折中观点。现代资本结构理论主要是指 MM 理论,是新资本结构理论研究的基础。新的资本结构理论主要有权衡理论、代理成本理论、信号传递理论、优序融资理论和啄食理论等。MM 理论被认为是现代资本结构理论的开端,是最有影响力的资本结构理论,其后的很多理论都是在 MM 理论的基础上展开研究的,本章主要探讨 MM 理论。

一、资本结构的 MM 理论

资本结构的 MM 理论是由美国经济学家弗朗哥·莫迪利亚尼和默顿·米勒(简称 MM)于 1958 年在其《资本成本、公司财务和投资理论》中提出的,最初是无税模型。在文章中两位学者深入浅出地探讨了公司资本结构与公司价值的关系。1963 年 MM 又在《公司所得税和资本成本:一个修正》一文中提出了有税模型。MM 理论被认为是现代资本结构理论的开端,同时也是最有影响力的资本结构理论,其后的很多理论(如权衡理论和信息不对称理论等)都是在 MM 理论的基础上展开研究的。莫迪利亚尼和米勒由于在研究资本结构理论上所取得的突出成绩,分别于 1985 年和 1990 年获得诺贝尔经济学奖。

资本结构的 MM 理论是基于完美资本市场的假设条件提出来的,其核心内容是资本结构与公司价值、资本结构与资本成本的关系。其基本观点是:公司价值是由其全部资产的盈利能力决定的,而与实现资产融资的负债与权益资本结构无关。即在符合该理论的假设之下,公司的价值与其资本结构无关,公司的价值取决于其实际资产,而非各类债务和股权的市场价值。MM 的资本结构理论所依据的直接及隐含的假设条件如下:

一是公司的经营风险可以用息税前利润的方差来衡量,具有相同经营风险的公司将处于同一风险等级上;

二是投资者对企业未来风险与收益的预期相同,即所有投资者都是理性的,对公司的未来的息税前盈余将做出相同的估计;

三是投资者不支付证券交易成本,所有债务利率相同,即是完美资本市场,任何投资者和公司在股票和债券进行交易的市场中没有交易成本，而且以同等利率进行自由借贷；

四是借债无风险，即公司或个人投资者的所有债务利率均为无风险利率，与债务数量无关；

五是公司盈利的增长率为零，即全部现金流量是永续的，公司息前税前利润具有永续的零增长特征，债券也是永续的。

1. 无公司所得税条件下的MM理论

无公司所得税条件下的MM理论的基本思路是：由于资本市场上套利机制的作用，在上述假设和不考虑所得税的前提下，企业总价值将不受资本结构变动的影响，即对于具有相同风险的公司而言，即使负债比率由0增至100%，公司的综合资本成本及企业价值也不会因此而变动。

(1)资本结构与公司价值

MM理论(1958年)认为，公司市场价值取决于按照与其风险程度相适应的收益率进行资本化的预期收益水平，而与资本结构无关。即只要投资者预期的息税前利润相等，那么，处于同一风险等级的公司，负债公司的价值与无负债公司的价值相等(命题Ⅰ)。其表达式为

$$V_L = \frac{EBIT}{K_W} = V_U = \frac{EBIT}{K_{SU}}$$

式中 V_L——有负债公司总价值；

V_U——无负债公司总价值；

$EBIT$——息税前利润或公司全部资产的预期收益(永续)；

K_W——有负债公司的加权平均资本成本；

K_{SU}——无负债公司的权益资本成本或无负债公司股东要求的报酬率。

上式表明，公司的价值不受资本结构的影响；负债公司加权平均资本成本等于同一风险等级中无负债公司的股本成本；K_W 和 K_{SU} 的高低视公司的经营风险而定。因此，无论公司是否负债，公司的资本结构与公司价值无关。

(2)资本结构与资本成本

如不考虑所得税和财务危机成本，那么，无负债公司股东要求的预期报酬率就是公司资产的预期收益率，在市场均衡的条件下，股东要求的预期收益率就是公司股本或是公司全部资本成本，其表达式为

$$K_{SU} = K_W = \frac{EBIT}{V_U}$$

负债公司的权益资本成本与同一风险等级中无负债公司的权益资本成本之间的差额，就是负债公司所要承担的风险，即补偿风险。因此，负债公司的权益资本成本等于同一风险等级中无负债公司的权益资本成本，加上负债权益比率所确定的风险补偿或风险溢价(命题Ⅱ)，其表达式为

$$K_{SL} = K_{SU} + (K_{SU} - K_d)\frac{D}{E}$$

式中 K_{SL}——有负债公司权益资本成本；

K_{SU}——无负债公司权益资本成本；

K_d——有负债公司的资本成本；

D——有负债企业的债务市场价值；

E——其权益的市场价值；

D/E——财务杠杆（债务/权益）。

上式表明，有负债企业的权益成本随着负债程度增大而增加（命题Ⅱ的表达式），即负债公司的股本成本会随着杠杆比率的提高而增加，因此，低成本举债的利益正好被股本成本的上升所抵消。

无企业所得税情况下的资本结构 MM 理论如图 6－1 所示。

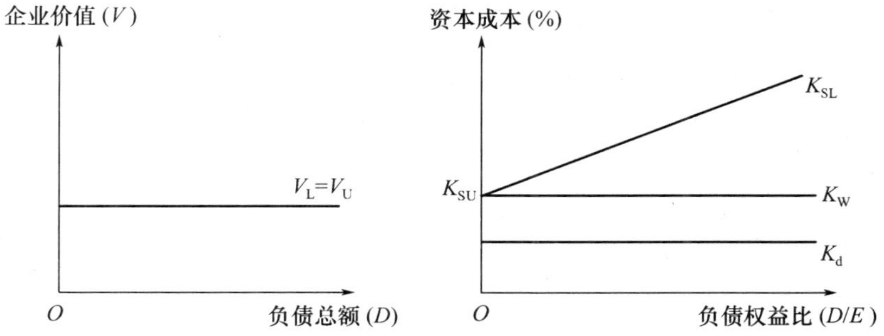

图 6－1 无企业所得税条件下 MM 的命题Ⅰ和命题Ⅱ

因是以低成本借入负债所得到的杠杆收益会被权益资本成本的增加而抵消，最终使有负债企业的加权平均资本成本 K_W 与无负债企业的加权平均资本成本 K_{SU} 相等，即 $K_W=K_{SU}$，（命题Ⅰ的表达式）。因此，在无公司所得税的条件下，资本结构不会影响公司价值和资本成本。

2. 有公司所得税条件下的 MM 理论

MM 理论不考虑公司所得税而得出的资本结构的相关结论显然是不符合实际情况的。莫迪利亚尼和米勒于 1963 年，MM 放松了"不存在公司所得税"的假设，提出了含税条件下的 MM 模型，公司价值会随着负债的杠杆效应的增加而增加。有公司税的 MM 理论又称为修正的 MM 理论。

（1）资本结构与公司价值

MM 认为，在考虑公司所得税的情况下，由于利息可以抵税，从而增加了公司税后现金流量，公司价值会随着负债比率的提高而增加，即负债公司价值等于相同经营风险等级的无负债公司价值加上税负节约的价值（命题Ⅰ），即债务利息抵税收益的现值。其表达式为

$$V_L = V_U + T \times D（利息抵税）$$

上式表明，由于债务利息可以在税前扣除，形成了债务利息的抵税收益，相当于增加了企业的现金流量，增加了企业的价值。随着负债比例的提高，企业价值也随之提高，在理论上全部融资来源于负债时，企业价值达到最大。因此，考虑公司所得税后，负债公司的价值会超过无负债公司的价值，且负债越高，这个差额就会越大。当负债达到 100% 时，公司价值最大。

为了计算债务利息抵税引起的企业总价值的增加，需要预测企业各期的债务利息现金流以及是否受风险因素的影响。再用与其风险相适应的折现率将各期债务利息的抵税收益现金流进行贴现，其现值即为利息抵税对企业价值的影响。

【例 6－1】 某公司在未来的十年内每年支付 1 000 万元的债务利息，在第十年末偿还 2 亿元本金。这些支付是无风险的。在此期间，每年的公司所得税率为 25%，无风险利率为 5%。试计算利息抵税可以使公司的价值增加多少？

未来十年内每年的利息抵税为 250 万元（25% ×1 000 万元）。如果将每年利息抵税的现金节省视为一个普通年金的现金流量，且无风险，故可以用 5% 的无风险利率进行现值计算：

$$TD(\text{利息抵税}) = 250 \times \frac{1-(1+5\%)^{-10}}{5\%} = 1\,930(\text{万元})$$

从计算结果可知，利息抵税使企业价值增加了 1 930 万元。因十年后最终本金的偿付不能在税前扣除，故不会产生抵税收益。

(2) 资本结构与资本成本

在考虑公司所得税的情况下，如果公司无负债经营，股东要求的收益率就等于公司资产收益率，或者说无负债公司股本成本等于公司全部资本成本。其表达式为

$$K_{SU} = K_{W} = \frac{EBIT(1-T)}{V_{U}}$$

如果公司负债经营且需要缴纳所得税，其股本成本就等于无负债公司股本成本加上一笔风险溢价，风险溢价的多少与杠杆比率和所得税税率高低有关。其表达式为

$$K_{SL} = K_{SU} + (K_{SU} - K_{d})(1-T)\frac{D}{E}$$

上式表明，负债公司的权益资本成本等于相同风险等级中无负债公司的权益资本成本加上，与以市值计算的债务与权益比例成比例的风险报酬（命题Ⅱ），风险报酬取决于企业的债务比例以及公司所得税税率（T）。

有企业所得税情况下的资本结构 MM 理论如图 6－2 所示。

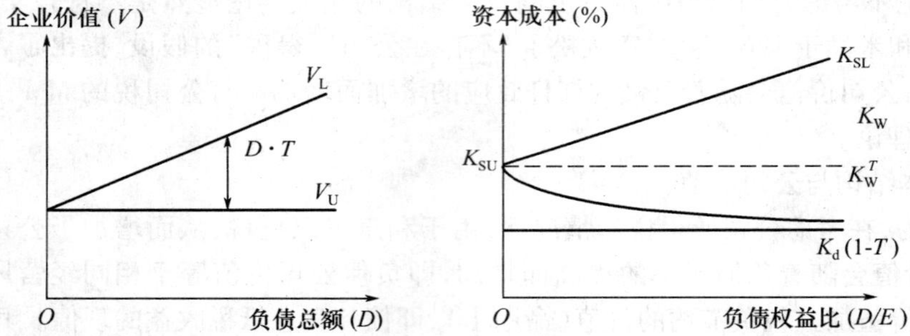

图 6－2 有企业所得税条件下 MM 的命题 I 和命题 Ⅱ

有公司税的 MM 理论的结论是：负债会因为赋税节余而增加企业价值，负债越多，企业价值越大，权益资本的所有者所获得的收益也越大。

综上所述，有公司所得税条件下的资本结构与资本成本 MM 理论与无公司所得税条件下的资本结构与资本成本 MM 理论所表述的有负债企业权益资本成本的含义是一致的，其仅有的差异是由（$1-T$）所得税引起的。由于（$1-T$）<1，使有负债企业的权益资本成本比无税时要小。

在考虑所得税的条件下，有负债企业的利息抵税收益也可以用加权平均资本成本来表示。在企业使用债务筹资是所支付的利息成本中，有一部分被利息抵税所抵消，使实际债务利息成本为 $K_d(1-T)$。考虑所得税时的负债企业加权平均资本成本为

$$K_W^T = \frac{E}{E+D}K_{SL} + \frac{D}{E+D}K_d(1-T) = \underbrace{\frac{E}{E+D}K_{SL} + \frac{D}{E+D}K_d}_{\text{税前}W} - \underbrace{\frac{D}{E+D}K_d T}_{\text{利息抵税的抵减}}$$

在考虑所得税的条件下，有负债企业的加权平均资本成本 K_W^T 随着债务筹资比例的增加而降低。

如果企业想通过调整债务结构来维持目标债务与股权比率，并计算债务利息抵税对企业价值的影响，可以利用公式 $V_L = V_U + PV$(利息抵税)计算有负债与无负债企业的价值之差($V_L - V_U$)求的。由无税条件下的 MM 理论可知，资本结构与企业价值无关，有负债企业的加权平均资本成本与无负债企业的资本成本相同。显然，可以根据在预期的目标债务与权益结构下，通过计算税前加权平均资本成本贴现企业的自由现金流，得出无负债企业的价值。最后，利用有负债企业的加权平均资本成本贴现企业的自由现金流，得出企业有负债的价值，并计算价值之差。

【例 6-2】 某公司预期明年生产的自由现金流量为 400 万元，此后自由现金流量每年按 4% 的比率增长。公司的权益资本成本为 10%，债务税前资本成本为 6%，公司所得税税率为 25%。如果公司维持 0.5 的目标债务与权益比率，债务利息抵税的价值是多少？

用税前加权平均资本成本的自由现金流量计算出该公司的无负债企业价值。

税前加权平均资本成本为

$$K_W^T \frac{E}{E+D}K_{SL} + \frac{D}{E+D}K_d = \frac{1}{1+0.5}\times 10\% + \frac{0.5}{1+0.5}\times 6\% = 8.67\%$$

则该公司的无负债企业价值为

$$V_U = \frac{400}{8.67\% - 4\%} = 8.565(\text{万元})$$

为了计算企业的有负债状态下的价值，要计算它的税后加权平均资本成本：

$$K_W^T = \frac{E}{E+D}K_{SL} + \frac{D}{E+D}K_d(1-T)$$

$$= \frac{1}{1+0.5}\times 10\% + \frac{0.5}{1+0.5}\times 6\% \times (1-0.25) = 8.17\%$$

包含债务利息抵税的企业价值为

$$V_U = \frac{400}{8.17\% - 4\%} = 9.592(\text{万元})$$

债务利息抵税的企业价值为：

$$PV(\text{利息抵税}) = V_L - V_U = 9.592 - 8.565 = 1.027(\text{万元})$$

除税收之外，债务和权益筹资的另一个重要区别就是，债务必须要偿还，否则企业就要破产；而企业却没有必要支付股利和实现资本利得的义务。如果破产成本高昂，这些成本就可能抵消债务筹资的抵税收益。

上述修正的 MM 理论考虑了企业所得税，但是并没有考虑个人所得税对债务比例与企业价值之间关系的影响。米勒(Merton Miller)在 1977 年进一步提出了同时考虑个人所得税和企业所得税的资本结构理论模型，他认为：在其他条件不变时，个人所得税会降低无负债公司的价值，并且当普通股投资收益的有效税率通常低于债务投资的有效税率时，有负

债企业的价值会低于 MM 理论考虑所得税时有负债企业的价值。

3. 根据 MM 理论确定投资项目的资本成本

根据企业加权平均资本成本作为项目资本成本必须满足以下假定：一是项目的系统风险与企业当前资产的平均系统风险相同。二是企业继续采用相同的资本结构为新项目筹资。如果不满足上述假定，企业就应当为每一个项目确定一个单独的可接受标准，即以项目的资本成本作为评价标准。

项目资本成本的大小主要取决于项目的系统风险。在现实世界中，企业某个具体项目的系统风险往往与企业投资的平均风险水平存在差异，项目的债务筹资水平会有所不同。如果项目的系统风险和资本结构与企业整体的系统风险和资本结构不同，如何计算项目现金流量的资本成本？

如果项目的系统风险与企业整体其他项目的系统风险不同，则应先参照可比企业计算项目的不考虑所得税情形下的无负债资本成本，并以此作为该项目的无负债的权益资本成本，再根据无税的 MM 命题Ⅱ计算有负债的权益资本成本，最后再计算该项目的加权平均资本成本。例如，假设 A 公司要开办一个新的部门，新部门的业务与公司的主营业务面临不同的系统风险。可以将新业务与具有相似经营风险且只单纯经营这种业务的其他企业作为可比企业进行对比，进而估计这一项目的无负债资本成本。假设有两家可比企业与 A 公司的新业务部门具有可比性，并具有如表 6.1 所示的特征。

表 6－1

企业	权益资本成本	债务资本成本	债务与价值比率
可比企业 1	12%	6%	40%
可比企业 2	10.7%	5.5%	25%

假设两家可比企业都保持目标资本结构，可通过计算税前加权平均资本成本估计每家可比企业的无负债资本成本（依据无所得税情况下的加权平均资本成本公式）。

可比企业 1：$K_W = 0.6 \times 12\% + 0.4 \times 6\% = 9.6\%$

可比企业 2：$K_W = 0.75 \times 10.7\% + 0.25 \times 5.5\% = 9.4\%$

根据这两家可比企业，估计 A 公司新业务的无负债时的资本成本为 9.5%（两家可比企业的平均值）。计算项目无负债资本成本的过程称为财务杠杆的卸载。

假设企业根据目标债务比率来为新项目筹资，企业不同的投资部门或不同类型的投资可能有不同的最优借款能力，所以这一目标的债务比率往往不同于企业总体的债务比率。

具体投资项目的权益资本成本取决于它的无负债资本成本，以及用于支持项目投资的增量筹资的债务与权益资本比率。

假设新项目的债务资本与权益资本的筹资比率相等，预期借债成本仍为 6%，给定项目的无负债资本成本为 9.5%，则项目的权益资本成本为

$$K_{SL} = K_{SU} + (K_{SU} - K_d)\frac{D}{E} = 9.5\% + (9.5\% - 6\%) \times \frac{0.5}{0.5} = 13\%$$

计算出项目的权益资本成本后，就可以确定项目的加权平均资本成本（假设公司的所得税税率为 25%），即

$$K_W^T = \frac{E}{E+D}K_{SL} + \frac{D}{E+D}K_d(1-T) = 0.5 \times 13\% + 0.5 \times 6\% \times (1-0.25) = 8.75\%$$

根据这些估计,A 公司的新项目决策应该使用 8.75% 的加权平均资本成本。

4. 对 MM 理论的评价

MM 理论的逻辑严谨性无懈可击,但其关于完美资本市场的假设与现实世界的真实情况存在较大的差距。例如,MM 理论假设个人能够与公司一起按照同样的利率借款,实际上,企业的借款利率往往要低于个人借款利率;MM 理论假设个人对债务要承担无限偿还责任,而企业对债务却仅承担有限责任,个人和企业在市场上的地位是有着明显差别的;MM 理论的证明要求市场不存在交易成本,而现实中套利行为所产生的收益有可能不足以弥补交易所引发的费用;MM 理论假设负债的增加不会改变负债的利息率,然而在实际中,随着企业负债比率的增加,企业处于财务困境及破产的可能性也会随之增大,债权人往往要求用更高的利息率来弥补这种风险的增加,这显然会对 MM 理论的结论产生影响。

当然,MM 理论所依赖的完美资本市场的假设与现实世界的差异还体现在很多方面,但这并不是说 MM 理论是错误的。完美资本市场条件下的 MM 理论是研究非完美资本市场条件下资本结构问题的基础,两者相互补充,组成一个有机的整体。特别是 MM 理论的提出引导了后续众多研究的不断深入,对此人们给予了极高的评价。

温斯顿认为,MM 理论对于财务经济学的影响可以与凯恩斯对宏观经济学的影响相提并论。MM 理论的提出,标志着现代资本结构理论的确立。随着对 MM 理论的不断完善和修正,资本结构理论逐步完成了从传统观点向现代理论的过度,这是资本结构理论史上的一次质的飞跃。

沈艺峰认为,这种质的变化体现在三个方面:一是,从内容上看,MM 理论建立在经济理论的基础上,是一般市场均衡理论在资本结构问题上的应用。可以认为,MM 理论对资本结构问题的认识已经在某种程度上具有理论的系统性。这显著地区别于传统资本结构理论对资本结构的零散看法。二是,在方法上,MM 理论利用了经济学的分析方法和技术,譬如套利过程与局部均衡。因此,MM 理论是一种分析方法上的贡献,永久地改变了经济分析在资本结构问题上的作用。三是,对 MM 理论的质疑和异议,使得 MM 理论能够更接近于实际。这些质疑绝大多数集中于 MM 理论所依赖的前提假设,而不是 MM 理论本身的逻辑推理过程。对 MM 理论假设条件的放宽,推动了资本结构理论的发展,并从中产生了一系列可以直接在实际中运用的理论。

二、资本结构的其他理论

1. 净损益观点

净损益观点又称为净收益理论,它是建立在以下假设条件之上的理论:一是负债的资本成本低于权益的资本成本;二是无论负债程度多高,公司的债务资本成本和权益资本成本大多不会变化。这种观点认为,在公司的资本结构中,债务资本的比例越高,公司的净收益或税后利润就越多,从而公司的价值就越高。按照这种观点,公司获取资本的来源和数量不受限,并且债务资本成本率和权益资本成本率都是固定不变的,不受财务杠杆的影响。由于债务的投资报酬率固定,债务人有优先求偿权,所以,债务投资风险低于股权投资风险,债务资本成本率一般低于股权资本成本率,因此,公司债务资本越多,债务资本比例越高,综合资本成本率就越低,从而公司的价值就越大。净收益观点下的资本结构与资本成本率和公司价值的关系如图 6-3 所示。

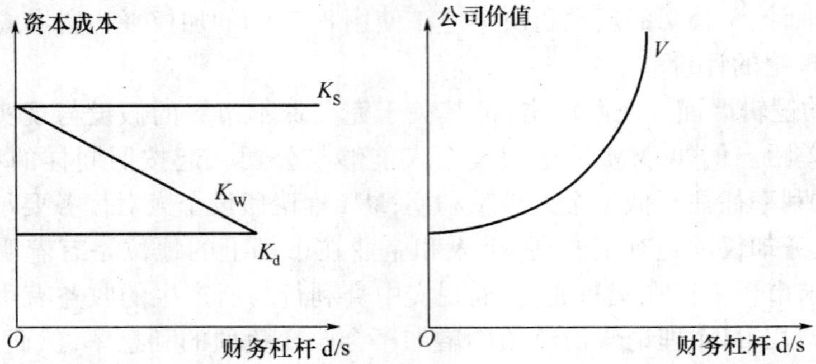

图 6-3 净收益理论下的资本结构与资本成本和公司价值的关系

其中，K_S，K_W，K_d 分别代表权益资本成本率、综合资本成本率和债务资本成本率，V 表示公司价值。当负债比率越高时，资本成本就越小，公司价值就越大；反之，当负债比率越低时，资本成本就越大，公司价值就越小。

这是一种极端的资本结构理论观点。这种观点虽然考虑了财务杠杆利益，但忽略了财务风险。当公司债务过多，债务资本比例过高，财务风险就会很高，公司的综合资本成本率就会上升，公司的价值反而会下降。

2. 净营业收益观点

净营业收益观点又称为净经营收益理论，它是建立在以下假设条件之上的理论：一是负债的资本成本低于权益的资本成本，且不随负债的增加而改变；二是公司的权益资本随着负债比例增加而增加；三是公司的综合资本成本不随负债的比例增加而改变。这种观点认为，在公司的资本结构中，债务资本的筹资数量和比例与公司的价值没有任何关系。债务资本的多寡，比例的高低，与公司的价值没有关系。按照这种观点，公司的债务资本成本率是固定的，但权益资本成本率是变动的，公司的债务越多，公司的财务风险就越大，股权资本成本率就越高；反之，公司债务资本越少，公司的财务风险就越小，股权资本成本率就越低。经加权平均计算后，公司的综合资本成本率不变，是一个常数。因此，资本结构与资本成本对公司的价值毫无影响。净营业收益观点下的资本结构与资本成本率和公司价值的关系如图 6-4 所示。

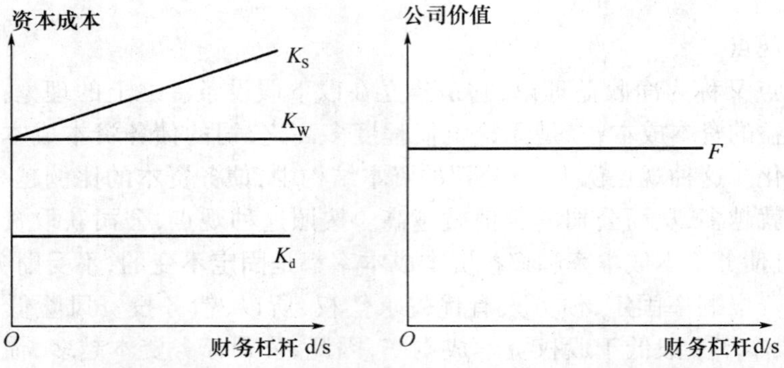

图 6-4 净营业收益观点下的资本结构与资本成本和公司价值的关系

其中，K_S，K_W，K_d 分别代表权益资本成本率、综合资本成本率和债务资本成本率，V 表示公司价值。无论公司的财务杠杆如何变动，公司的债务资本成本率是固定的，但股权资本成本率是变动的，综合资本成本率和公司价值都是固定的，因此，资本结构与公司的价值无关。从而决定公司价值的真正因素应该是公司的净营业收益。

这是另一种极端的资本结构理论观点。这种观点虽然认识到债务资本比例的变动会产生财务风险，也可能影响公司的债务资本成本率，但实际上公司的综合资本成本率不可能是一个常数。净经营收益理论过分夸大了财务风险的作用，忽视了资本结构与资本成本之间的内在联系。

3. 传统折中观点

传统折中观点又称为传统折中理论，20 世纪 50 年代初，针对净损益观点和净营业收益观点这两个极端的结论，一些研究者开始采用介于两者之间的思路，构建与现实相符合的资本结构理论模型，并取得一定成果。这种观点认为，增加债务资本对提高公司价值是有利的，但债务资本规模必须适度。如果公司债务过度，综合资本成本率只会上升，并使企业价值下降。按照这种观点，当公司在一定限度内使用财务杠杆时，债务资本与权益资本的风险都没有明显的增长，因此，债务资本成本和权益资本成本保持不变，但由于债务资本成本小于权益资本成本，由权益资本成本引起的综合资本成本的增加不能抵消由债务资本成本引起的综合资本成本的下降，所以，综合资本成本随着债务资本成本的增加而下降，公司的价值将不断上升。但是，当公司使用财务杠杆超过一定的限度以后，综合资本成本将因为债务资本成本的增加而迅速上升。传统折中观点下的资本结构与资本成本率和公司价值的关系如图 6－5 所示。

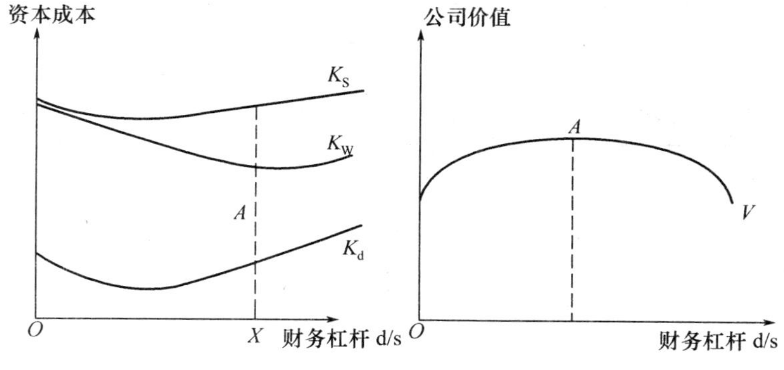

图 6－5　传统折中观点下的资本结构与资本成本和公司价值的关系

其中，K_S，K_W，K_d 分别代表权益资本成本率、综合资本成本率和债务资本成本率，V 表示公司价值。在综合资本成本最低点 A 就是公司的最佳资本结构。利用财务杠杆伴随着财务风险，从而会引起债务资本成本和权益资本成本的提高，同时，综合资本成本与负债权益比率密切相关，公司可以通过财务杠杆降低综合资本成本，每一公司都有最佳资本结构，该结构下公司的价值达到最大。

传统折中观点摒弃了资本成本不变的假定，更符合现实情况。但是，与净损益观点和净营业收益观点一样，其结论都建立在主观判断基础上的，缺乏严格的推理和证明。

4. 权衡理论

权衡理论又称为平衡理论，起源于 20 世纪 70 年代，人们发现制约公司无限追求免税优惠或负债最大化的关键因素在于债务上升而形成的企业风险和费用。权衡理论就是强调在平衡债务利息的抵税收益与财务困境成本的基础上,实现企业价值最大化时的最佳资本结构。此时所确定的债务比率是债务低税收益的边际价值等于增加的财务困境成本的现值。权衡理论放松了MM理论无破产危机的假设,认为当负债程度较低时,企业价值因税额庇护利益的存在而上升;当税负达到一定界限时,负债税额庇护利益开始为财务危机成本所抵消;当边际税额庇护利益等于边际财务危机成本时,企业价值最大,资本结构最优。因此,权衡理论被称为是最优资本结构理论。

按照这种观点,基于修正的MM理论的命题,有负债企业的价值是无负债企业价值加上低税收益的现值,再减去财务困境成本的现值。其表达式为

$$V_L = V_U + PV_S - PV_C$$

式中 V_L——有负债企业的价值;

V_U——无负债企业的价值;

PV_S——税负节约现值(或利息低税收益的现值);

PV_C——财务困境(危机)成本的现值。

权衡理论的企业价值与资本结构如图6-6所示。

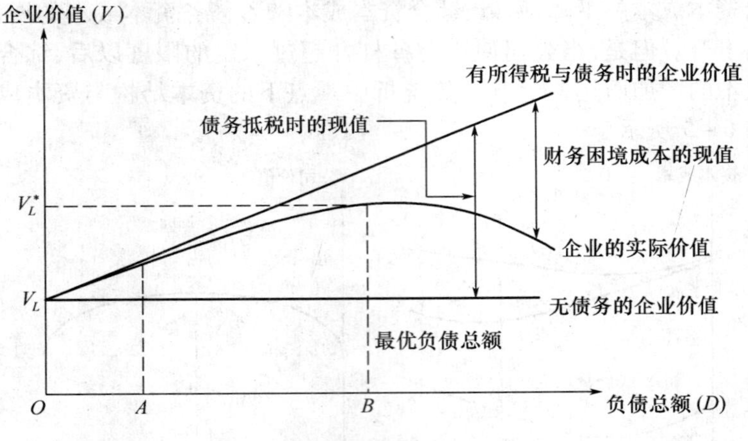

图6-6 基于权衡理论的企业价值与资本结构

由于债务利息的抵税收益,负债增加会增加企业的价值。随着债务比率的增加,财务困境成本的现值也会增加。如图6-6所示,负债总额达到A点前,债务抵税收益起主导作用;达到A点之后,财务困境成本的作用逐渐加强,直到B点,债务抵税收益与财务困境成本相平衡,企业价值达到最大V_L^*,因此,B点的债务与权益比率即为最佳资本结构;超过B点,财务困境的不利影响超过抵税收益,企业价值甚至可能加速下降。影响财务困境成本现值的两个重要因素:一是发生财务困境的可能性;二是企业发生财务困境的成本大小。权衡理论既考虑由负债带来的利益也考虑由负债带来的成本,并对它们进行适当平衡来确定资本结构的理论。

权衡理论有助于解释有关企业债务的难解之谜,财务困境成本的存在有助于解释为什么有的企业负债水平很低而没有充分利用债务低税收益。财务困境成本的大小和现金流的波动性有助于解释不同行业之间的企业杠杆水平的差异。

5. 代理成本理论

代理成本理论的创始人詹森和麦克林认为，企业资金结构会影响经理人的工作水平和其他行为选择，从而影响企业未来现金收入和企业市场价值。在现代企业组织中，股东与管理者是权益所有者与资产经营者之间的委托代理关系，股东与债权人是资本使用者与资本所有者之间的授权代理法律关系。代理成本就是为谋求股东、管理者和债权人之间利益均衡而导致的企业价值的下降。代理成本理论是指为正确处理股东与管理者之间、股东与债权人之间的代理关系而发生的费用。代理成本理论是通过研究代理成本与资本结构的关系而形成的。

这种观点认为，在资本结构的决策中，不完全契约、信息不对称以及经理人、股东与债权人之间的利益冲突将影响企业投资项目的选择，特别是在企业陷入财务危机困境时，更容易引起过度投资问题与投资不足问题，导致发生债务代理成本。债务代理成本损害了债权人的利益，降低了企业的价值，最终也将由股东承担这种损失。按照这种观点，负债程度越高，代理成本也越高，代理成本是负债比率的增函数，即企业债务的违约风险是财务杠杆系数的增函数；随着企业债务资本的增加，债权人的监管成本随之提升，债权人会要求更高的利率。这种代理成本最终要由股东承担，企业资本结构中债权比率过高将导致股东价值的降低。

按照这种观点，企业负债所引发的代理成本以及相应的代理收益，最终均反映在对企业价值产生的影响。在考虑企业价值的代理成本与代理收益后，资本结构的权衡理论的均衡模型可以扩展为，有负债企业的价值是无负债企业价值加上低税收益的现值，再减去财务困境成本的现值与代理成本现值的和。其表达式为

$$V_L = V_U + PV_S - PV_C - PV_D$$

式中 V_L——有负债企业的价值；

V_U——无负债企业的价值；

PV_S——预期税负节约的现值（或利息抵税收益的现值 + 债务代理收益的现值）；

PV_C——预期财务困境（危机、拮据）成本的现值；

PV_D——预期代理成本的现值。

代理成本理论对资本结构如何影响企业价值的主要因素以及内在逻辑关系提供了一个基本分析框架。但这些结论并非与企业的实际做法完全一致，代理成本将减少负债带来的节税利益，根据代理成本理论，债务资本适度的资本结构会增加股东的价值。如同投资等其他财务决策一样，资本结构决策通常是由经理人员在符合自身基本动机的基础上，同时综合考虑其他多种因素做出的。

上述资本结构的代理成本理论仅限于债务的代理成本。除此之外，还有一些代理成本涉及企业的雇员、消费者和社会等，在资本结构的决策中也应予以考虑。

6. 优序融资理论

优序融资理论又称为啄食理论，是当企业存在融资需求时，首先选择内部融资，其次会选择债务融资，最后选择股权融资。优序融资理论解释了当企业内部现金流不足以满足资本支出的资金需求时，更倾向于债务融资而不是股权融资。优序融资理论揭示了企业筹资时对不同筹资方式选择的顺序偏好。

这种观点认为，公司的资本结构是由内部现金流和公司投资机会等决定的，现实中并不存在所谓的最优资本结构。公司倾向于：首先采用内部融资，比如留存收益，因融资成本

较低，而且不会传导任何可能对股价不利的信息，同时可以避免外部融资引起的监督与控制；其次如果需要外部筹资，公司将先选择债务融资，再选择其他外部股权筹资，因为新债的融资成本低于新股的融资成本，而新股的发行将向市场传递消极的信息。这种筹资顺序的选择也不会传递对公司股价产生不利影响的信息。

按照这种观点，不存在明显的目标资本结构，因为虽然留存收益和增发新股均属股权融资，但前者优先选用，后者最后选用；获利能力较强的公司之所以安排较低的债权比率，并不是由于已确立较低的目标债权比率，而是由于不需要外部融资；获利能力较差的公司选用债权融资是由于没有足够的留存收益，而且在外部融资选择中债权融资为首选。

优序融资理论解释了企业筹资时对不同筹资方式选择顺序的偏好，但该理论并不能够解释现实生活中的资本结构规律。

7. 信号传递理论

在现代公司制企业中，所有权与经营权相分离是重要的特点。信号传递理论是在信息不对称框架下研究资本结构的一个分析，故又称为信息不对称理论。信号传递理论认为，公司可以通过调整资本结构来传递有关获利能力和风险方面的信息，以及公司如何看待股票市场的信息。相对于管理者，股东在信息方面处于劣势，管理者作为内部控制人员拥有外界投资者得不到的相关信息。在这种情况下，企业管理层的许多决策，如筹资方式、股利分配等，不仅具有财务上的意义，而且向市场和外部投资者传递着信号。外部投资者只能通过管理层的这些决策所传出的信息了解企业对未来收益的预期和投资风险，间接地评价企业价值。企业债务比例或资本结构就是一把内部信息传递给市场的工具。

按照资本结构的信号传递理论，公司价值被低估时会增加债务资本；反之，公司价值被高估时会增加股权资本。当然，公司的筹资选择并非完全如此，如公司有时可能并不希望通过筹资行为告知公众公司的价值被高估的信息，而是模仿被低估价值的公司去增加债务资本。按照这种观点，新股发行将对公司筹资产生消极影响，而新债发行对公司股东来说是个好消息。这是因为投资者通常认为提高负债比例的公司可能拥有较高质量的投资项目，因而愿意购买该公司的股票，从而提高了该公司的股价，增加了公司的价值。因此，公司的资本结构可以向投资者传递公司未来前景的信息。

第二节　杠杆原理

在企业运营过程中，风险主要表现为对未来经营成果的不确定性，可分为经营风险和财务风险两种。经营风险是指在不考虑企业负债融资的情况下，企业因产品价格、生产技术水平等经营方面的原因而导致企业未来收益的不确定性。财务风险又称为筹资风险，是指由于企业负债经营而引起到期不能偿还债务的可能性。在财务管理中，分别用杠杆原理来描述经营风险和财务风险等相关问题。

一、杠杆与杠杆效应

1. 杠杆效应的含义

“杠杆”一词是来源于物理学中的力学概念。它表示通过杠杆与支点的配合，在一定的作用力下产生力矩，使之发挥出抬高数倍于作用力的重物。自然界中的杠杆效应，是指在合适的支点上，通过使用杠杆，可以用很小的力量移动较重物体的现象。财务管理中也存在着类似的杠杆效应，表现为："支点"就是固定费用（包括生产经营方面的固定费用和财务方面的固定费用）比率，"作用力"就是业务量变动率，而"重物"就是利润变动率。如果其他因素保持不变，由于特定固定支出或费用的存在，导致当某一财务变量（业务量）以较小幅度变动时，另一相关变量（利润）会以较大幅度变动的现象称为杠杆效应。

财务管理中的杠杆效应包括经营杠杆效应、财务杠杆效应和总杠杆效应三种。企业利用负债筹资并确定其占全部资金比例的重要原因，是因为负债筹资具有财务杠杆效应，既可以产生杠杆利益增加企业受益，也可能带来一定的杠杆风险，不但会影响到企业税后利润的水平和变化，而且也会影响到企业综合风险和收益，因此，在资本结构决策中，企业必须权衡杠杆利益及其相关风险，进行合理规划与决策。

杠杆分析是财务经理在进行财务分析时经常运用的工具，为分析方便，做以下假设：一是企业仅销售一种产品，且价格不变；二是经营成本中的单位变动成本和固定成本总额在相关范围内保持不变。

要了解杠杆效应的原理，需要首先了解成本习性、边际贡献、息税前利润等相关知识。

2. 成本习性及分类

成本习性是指成本总额与业务量之间在数量上的依存关系。成本按习性可划分为固定成本、变动成本和混合成本三类。

（1）固定成本

固定成本是指成本总额在一定时期、一定业务量范围内，不受业务量增减变动影响而固定不变的成本。如固定资产按直线法计提的折旧费、保险费、办公费、管理人员工资等。这些费用每年支出水平基本相同，在产销量变动的一定范围内是固定的。其基本特征是：成本总额不随业务量的变动而变动，但单位固定成本与业务量的增减呈反方向变动。

固定成本还可以分为约束性固定成本和酌量性固定成本两类。约束性固定成本是指管理当局的决策行动不能改变其具体数额的固定成本。如折旧费、管理人员工资、长期租赁费等。酌量性固定成本是指管理当局的决策行动可以改变其数额的固定成本。如广告费、职工培训费、新产品研究开发费等。

（2）变动成本

变动成本是指成本总额在一定时期、一定业务量相关范围内，随着业务量增减变动而成正比例变动的成本。如直接材料、直接工资、按销售量支付的推销人员佣金、包装费等。这些费用每年支出水平受其业务量的影响而变动，但从产品的单位变动成本来看是保持不变的。其基本特征是：成本总额随业务量的变动而成正比例变动，但单位变动成本不变。

变动成本还可以分为技术性变动成本和酌量性变动成本两类。技术性变动成本是指与产量有明确的技术或实物关系。如生产单位产品需配备的零部件。酌量性变动成本是指通过管理当局决策行动可以改变的变动成本。如按销售收入的一定比例支付的销售佣金。

（3）混合成本

混合成本是指同时兼有股东成本与变动成本两种性质的成本。有些成本随业务量的变动而变动，但不成同比例变动，不能简单地归入变动成本和固定成本。其基本特征是：有一个初始量保持不变，在初始量的基础上，随业务量的变动而变动。

混合成本按其与业务量的关系又可分为半变动成本和半固定成本两种，如图 6 – 7 所示。

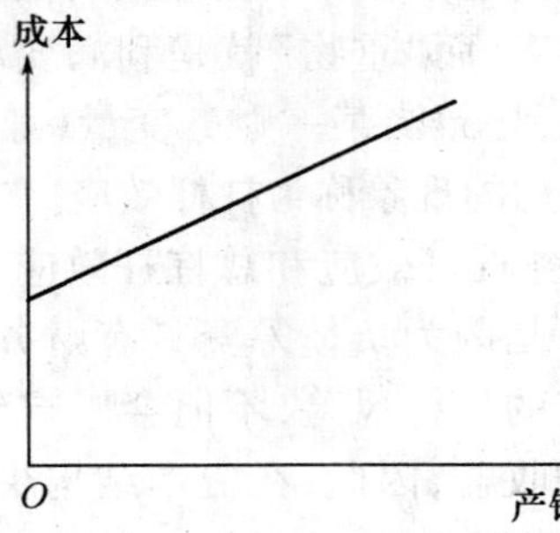

图6－7　半变动成本

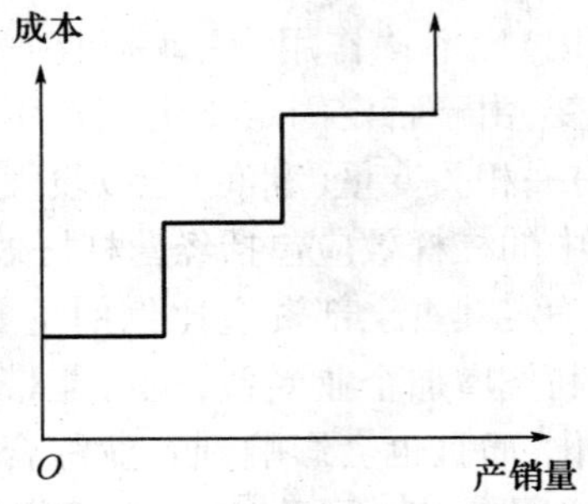

如6－7　半固定成本

半变动成本是混合成本的基本类型，通常在初始量的基础上（类似于固定成本），成本随业务量的增长而增长（类似于变动成本）。如企业的电话费、水电费、煤气费等。

半固定成本是成本随业务量的变化而呈阶梯式增长，产量在一定限度内，这种成本不变，当产量增长到一定限度后，这种成本就跳跃到一个新的水平。如企业质检员、化验员工资等。

在实际工作中，企业大量的费用项目属于混合成本，由于经营管理的需要，必须通过一定的方法将混合成本分解为固定成本和变动成本两部分。这也是计算边际贡献、分析杠杆效应的基本前提。

3. 边际贡献及计算

边际贡献是指销售收入减去变动成本以后的差额。是产品销售收入扣除自身的变动成本后为企业做出的贡献，而这种贡献要在扣除固定成本后才能成为真正的贡献（即利润）。其计算公式为

$$M = S - V \cdot Q = (P - V)Q = m \cdot Q$$

式中　M 或 TCM——边际贡献；

S——产品销售收入；

P——产品销售单价；

V——产品单位变动成本；

Q——产销业务量；

m——单位边际贡献。

这是一个十分有用的价值指标，当固定成本在相关范围内时，边际贡献指标越大，说明某产品对企业利润的贡献越大，企业的获利能力越强。

4. 息税前利润及盈亏平衡分析

息税前利润是指企业支付利息和缴纳所得税之前的利润。成本按习性分类后，息税前利润计算公式为

$$EBIT = S - V \cdot Q - F = (P - V)Q - F = M - F$$

式中　$EBIT$——息税前利润；

F——固定成本。

显然，不论利息费用的习性如何，它不会出现在计算息税前利润公式之中，即在上式的

固定成本和变动成本中不应包括利息费用的因素。企业计算息税前利润一般以损益表中的利润总额或净利润为计算起点，所以息税前利润还有多种计算方法，其计算公式为

$$EBIT = \text{利润总额} + \text{利息费用} = \text{净利润} + \text{所得税} + \text{利息费用}$$

当企业的营业收入总额与成本总额相等时，即当息税前利润等于零时，达到盈亏平衡点，此时的产品销售数量为 Q，其相关公式为

$$EBIT = Q(P - V) - F = 0$$

$$Q = \frac{F}{P - V}$$

【例 6－3】 华润公司 2011 年实现销售收入 142 800 万元，变动成本总额为 100 800 万元，固定成本总额为 4 260 万元。则该公司的边际贡献、息税前利润以及盈亏平衡点各是多少？

$$TCM = 142\ 800 - 100\ 800 = 42\ 000(\text{万元})$$

$$EBIT = 42\ 000 - 4\ 260 = 37\ 740(\text{万元})$$

$$Q = \frac{4\ 260}{142\ 800 - 100\ 800} = 300(\text{件})$$

超过盈亏平衡点以上的额外销售量，企业处于盈利状态，此时距盈亏点越远，利润将增加；盈亏点跌到盈亏点以下时，企业处于亏损状态，此时距盈亏点越远，亏损将加剧。

二、经营杠杆

1. 经营杠杆的含义

经营杠杆又称为营业杠杆，是指由于固定性经营成本的存在，而使企业的资产报酬率（息税前利润）的变动幅度大于产销业务量的变动幅度的现象。即由于固定成本的存在，当业务量发生较小变动时，企业的利润会产生比较大的变动。经营杠杆反映了资产报酬的波动性，用以评价企业的经营风险，用息税前利润（$EBIT$）表示资产总报酬。

在一定的产销业务量范围内，固定成本总额不会随着产品销售量的增加而增加，但是单位产品所负担的固定成本将减少，从而为企业带来额外的利益，使息税前利润的增长率（$\Delta EBIT/EBIT$）大于产销业务量的增长率（$\Delta Q/Q$），进而产生经营杠杆效应。当不存在固定成本（$F=0$）时，所有成本都是变动性经营成本，边际贡献（TCM）等于息税前利润（$EBIT$），此时息税前利润变动率与产销业务量的变动率完全一致。

注意，这里的固定成本是按照成本性态划分的。在相关范围内，固定成本不随业务量的变化而变化，而变动成本随着业务量的变化而成正比例地变动。固定成本通常包括管理人员的工资、固定的广告费支出、按使用年限计提的固定资产折旧费等，这里不包括企业由于债务融资所发生的利息费用。变动成本通常包括直接材料成本、直接人工成本、直接销售佣金和按业务量法计提的折旧费等。

2. 经营杠杆系数

只要企业存在固定性经营成本，就存在经营杠杆效应的作用。但不同的产销业务量，其经营杠杆效应的大小程度是不一样的。经营杠杆的大小可以用经营杠杆系数来表示。经营杠杆系数是衡量经营杠杆效应大小的指标，指的是息税前利润变动率相当于产销业务量变动率的倍数。其计算公式为

$$DOL=\frac{\text{息税前利润变动率}}{\text{产销量变动率}}=\frac{\frac{\Delta EBIT}{EBIT}}{\frac{\Delta Q}{Q}}$$

式中 DOL——经营杠杆系数；

$\Delta EBIT$——息税前利润变动额；

$EBIT$——变动前息税前利润；

ΔQ——产销业务量变动值；

Q——变动前产销业务量。

假定企业的成本－销量－利润保持线性关系，变动成本在营业收入中所占的比例不变，固定成本也保持稳定，经营杠杆系数便可以通过营业收入和成本来表示。利用上述定义表达式可作如下变换，得出经营杠杆系数的两个计算公式，即

$$DOL=\frac{\text{基期边际贡献}}{\text{基期息税前利润}}=\frac{Q(P-V)}{Q(P-V)-F}$$

$$=\frac{M}{M-F}=\frac{EBIT+F}{EBIT}$$

式中 $EBIT$——基期息税前利润；

Q——基期销售量；

F——基期固定成本；

P——基期销售单价；

V——基期单位产品的变动成本。

【例6－4】 华润公司2011年生产的A产品单价为4元，单位变动成本为1元，固定成本为50 000元，计算该公司销售量为50 000件和80 000件时的经营杠杆系数。

如果销售量为50 000件，则

$$DOL=\frac{50\,000\times(4-1)}{50\,000\times(4-1)-50\,000}=1.5$$

说明当销售额增长1%时，息税前利润增长1.5%。

如果销售量为80 000件，则

$$DOL=\frac{80\,000\times(4-1)}{80\,000\times(4-1)-50\,000}=1.26$$

说明当销售额增长1%时，息税前利润增长1.26%。

可见，在不同销售量水平下，经营杠杆系数也不同。

3. 经营杠杆与经营风险

经营风险是指企业未使用债务时经营的内在风险。经营杠杆反映了资产报酬的波动性，用以评价企业的经营风险。引起企业经营风险的主要原因是市场需求和生产成本等因素的不确定性，经营杠杆本身不是资产报酬不确定的根源，只是资产报酬波动的表现。但是，经营杠杆放大了市场和生产等因素变化对利润波动的影响。经营杠杆系数越大，表明资产报酬等利润波动程度越大，经营杠杆的作用越大，经营风险也就越大；反之，经营杠杆系数越小，表明资产报酬等利润波动程度越小，经营杠杆的作用越小，经营风险也就越小。经营杠杆系数的计算公式可变形为

$$DOL=\frac{EBIT+F}{EBIT}=1+\frac{F}{EBIT}$$

上式表明,在企业不发生经营性亏损、息税前利润为正的前提下,经营杠杆系数最低为1,不会为负数;只要有固定性经营成本存在,经营杠杆系数总是大于1。

从上式可知,影响经营杠杆的因素包括:企业成本结构中的固定成本比重、息税前利润水平。其中,息税前利润水平又受产品销售数量、销售单价、成本水平(单位变动成本和固定成本总额)高低的影响。固定成本比重越高、成本水平越高、产品销售数量和销售价格水平越低,经营杠杆效应越大,反之亦然。

【例6-5】 华润公司2011年生产的B产品,固定成本为60万元,变动成本为40%,当公司的销售量分别为400万件、200万件、100万件时,经营杠杆系数分别是多少,说明什么问题?

$$DOL_{400}=\frac{400-400\times40\%}{400-400\times40\%-60}=1.33$$

$$DOL_{200}=\frac{200-200\times40\%}{200-200\times40\%-60}=2$$

$$DOL_{100}=\frac{100-100\times40\%}{100-100\times40\%-60}\to\infty$$

上述计算结果表明:

(1)在固定成本不变的情况下,经营杠杆系数说明了营业收入增长(减少)所引起利润增长(减少)的幅度。如DOL_{400}说明在营业收入为400万元时,营业收入的增长(减少)会引起利润1.33倍的增长(减少);DOL_{200}说明在营业收入为200万元时,营业收入的增长(减少)会引起利润2倍的增长(减少)。

(2)在固定成本不变的情况下,营业收入越大,经营杠杆系数越小,经营风险也就越小;反之,营业收入越小,经营杠杆系数越大,经营风险也就越大。如当营业收入为400万元时,DOL_{400}为1.33;当营业收入为200万元时,DOL_{200}为2;而如果营业收入为100万元时,恰好处于盈亏平衡点,DOL_{100}为∞。显然,企业盈利状况越靠近盈亏平衡点,盈利的不稳定性越大,表明经营风险也越大。

三、财务杠杆

1. 财务杠杆的含义

财务杠杆是指由于固定性资本成本的存在,而使得企业的普通股收益(或每股收益)的变动幅度大于息税前利润的变动幅度的现象。即在企业资本总额中,由于使用了固定的利息费用和优先股股利,当息税前利润发生较小变动时,企业的普通股收益(或每股收益)会产生比较大的变动。财务杠杆反映了股权资本报酬的波动性,用以评价企业的财务风险,用普通股收益或每股收益表示普通股权益资本的报酬,则

$$TE=(EBIT-I)\cdot(1-T)$$

$$EPS=\frac{(EBIT-I)\cdot(1-T)}{N}$$

式中 TE——全部普通股净收益;

$EBIT$——每股收益;

I——债务资本利息;

T——所得税税率;

N——普通股股数。

上式中,影响普通股收益的因素包括:资产报酬率、资本成本、所得税税率等因素。在

企业资本规模和资本结构一定的条件下，当有固定利息费用等资本成本存在时，企业从税前利润中支付的债务利息是相对固定的，当息税前利润增多时，每一元息税前利润所负担的债务利息会相应降低，从而使扣除所得税后可分配给普通股股东的利润增加，使得普通股收益（或每股收益）的增长率大于息税前利润的增长率，进而产生财务杠杆效应。尤其是当企业债务资本占很大比重时，只要企业的息税前利润稍有变化，就会导致普通股收益（或每股收益）大幅度变化。当不存在固定利息、股息等资本成本时，息税前利润就是利润总额，此时利润总额变动率与息税前利润变动率完全一致。如果两期所得税税率和普通股股数保持不变，普通股收益（或每股收益）的变动率与利润总额的变动率也完全一致，进而与息税前利润变动率一致。

2. 财务杠杆系数

只要企业融资方式存在固定性资本成本，就存在财务杠杆效应的作用。如固定利息、固定融资租赁费等的存在，都会产生财务杠杆效应。在同一固定的资本成本支付水平上，不同的息税前利润水平，对固定的资本成本的承受负担是不一样的，其财务杠杆效应的大小程度是不一致的。财务杠杆的大小可以用财务杠杆系数来表示。财务杠杆系数是衡量财务杠杆效应大小的指标，指的是普通股收益（或每股收益）变动率相当于息税前利润变动率的倍数。其计算公式为

$$DFL = \frac{\text{每股收益变动率}}{\text{息税前利润变动率}} = \frac{\frac{\Delta EPS}{EPS}}{\frac{\Delta EBIT}{EBIT}}$$

式中 DFL——财务杠杆系数；

$\Delta EBIT$——息税前利润变动额；

$EBIT$——变动前息税前利润；

ΔEPS——税后利润（普通股每股收益）变动额；

EPS——变动前的税后利润（普通股每股收益）。

上式经整理，财务杠杆系数的计算也可以简化为两个计算公式，即

$$DOL = \frac{\text{息税前利润总额}}{\text{息税前利润总额}-\text{利息}-\text{优先股股利}} = \frac{EBIT}{EBIT - I - D/(1-T)}$$

$$= \frac{Q(P-V)}{Q(P-V)-F-I-D(1-T)}$$

式中 $EBIT$——基期息税前利润；

I——基期债务利息；

D——基期优先股年股利；

T——所得税税率。

上式中如果固定性融资成本债务利息或优先股股利等于0，则财务杠杆系数为1，即不存在财务杠杆效应。当债务利息成本或优先股股利不为0时，通常财务杠杆系数都大于1的，即显现出财务杠杆效应。

【例6-6】 有A,B,C三个公司，资本总额均为1 000万元，所得税税率均为30%，每股面值均为1元。A公司资本全部由普通股组成；B公司债务资本300万元（利率10%），普通股700万元；C公司债务资本500万元（利率10.8%），普通股500万元。三个公司2008年$EBIT$均为200万元，2009年$EBIT$均为300万元，$EBIT$增长了50%。有关财务指标

如表 6 - 2 所示。

表 6 - 2 普通股收益及财务杠杆的计算

利润项目		A 公司	B 公司	C 公司
普通股股数		1 000 万股	700 万股	500 万股
利润总额	2008 年	200	170	146
	2009 年	300	270	246
	增长率	50%	58.82%	68.49%
净利润	2008 年	140	119	102.2
	2009 年	210	189	172.2
	增长率	50%	58.82%	68.49%
普通股股数	2008 年	140	119	102.2
	2009 年	210	189	172.2
	增长率	50%	58.82%	68.49%
每股收益	2008 年	0.14 元	0.17 元	0.20 元
	2009 年	0.21 元	0.27 元	0.34 元
	增长率	50%	58.82%	68.49%
财务杠杆系数		1.000	1.176	1.370

可见,资本成本固定性的资本所占比重越高,财务杠杆系数就越大。A 公司由于不存在固定资本成本的资本,没有财务杠杆效应;B 公司存在债务资本,其普通股收益增长幅度是息税前利润增长幅度的 1.176 倍;C 公司存在债务资本,并且债务资本的比重比 B 公司高,其普通股收益增长幅度是息税前利润增长幅度的 1.370 倍。

3. 财务杠杆与财务风险

财务风险是指企业由于筹资原因产生的资本成本负担而导致的普通股收益波动的风险。引起企业财务风险的主要原因是资产报酬率的不断变化和资本成本的固定负担。财务杠杆利益是指企业利用债务筹资这个财务杠杆而给股权资本带来的额外收益,即由于财务杠杆的作用,当息税前利润上升时,税后利润上升的幅度更大,从而给股权资本所有者带来额外的收益。财务杠杆风险是指企业利用债务筹资这个财务杠杆而给股权资本带来的额外损失,即由于财务杠杆的作用,当息税前利润下降时,税后利润下降的幅度更大,从而给股权资本所有者带来的额外财务风险。财务杠杆放大了资产报酬率变化对普通股收益的影响,财务杠杆系数越高,表明普通股收益的波动程度越大,财务风险也就越大。只要有固定性资本成本存在,财务杠杆系数总是大于 1,充分了解财务杠杆收益和财务杠杆风险就可以更好地利用财务杠杆。根据财务杠杆系数的计算公式有:

$$DFL = \frac{\text{税后息税前利润}}{\text{税后利润} - \text{优先股股利}} = 1 + \frac{\text{税后利息} + \text{优先股股利}}{\text{税后利息} - \text{优先股股利}}$$

上述公式中,分子是企业筹资产生的固定性资本成本负担,分母是归属于普通股的收益,即普通股盈余。上式表明,在企业有正的普通股盈余的前提下,财务杠杆系数最低为 1,

不会为负数;只要有固定性资本成本存在,财务杠杆系数就总是大于1。

影响财务杠杆的因素包括:企业资本结构中债务资本比重、普通股收益水平、所得税税率水平。其中,普通股收益水平又受息税前利润、固定资本成本(利息、优先股股利)高低的影响。债务成本比重越高、固定的资本成本支付额越高、息税前利润水平越低,财务杠杆效应越大,反之则越小。

【例6-7】 在上例中,三个公司2008年的财务杠杆系数分别为A公司1.000;B公司1.176;C公司1.370。这意味着如果*EBIT*下降时,A公司的*EPS*与之同步下降,而B公司和C公司的*EPS*会以更大的幅度下降。导致各公司*EPS*不为负数的*EBIT*最大幅度将为:A公司100%;B公司85.3%;C公司72.99%。

上述结果意味着,2009年在2008年的基础上,*EBIT*降低了72.99%,C公司普通股收益会出现亏损;*EBIT*降低85.03%,B公司普通股收益会出现亏损;*EBIT*降低100%,A公司普通股收益会出现亏损。显然,C公司不能支付利息、不能满足普通股股利要求的财务风险远远高于其他公司。

财务杠杆与经营杠杆都是一把双刃剑,在有效利用时,二者都可以给企业带来额外的收益,但二者之间有明显的区别。财务杠杆是可以选择的,而经营杠杆在通常情况下却不能选择,因为企业的经营杠杆往往由企业所属的行业特点和企业经营的客观需要决定,企业无法随意作出选择。另外,经营杠杆放大了业务量或销售量变动对息税前利润的影响,而财务杠杆在经营杠杆对息税前利润放大的基础上,进一步放大股东收益的变动。

四、总杠杆

1. 总杠杆的含义

总杠杆又称为综合杠杆或复合杠杆,是经营杠杆和财务杠杆的复合。财务杠杆和经营杠杆既可以独自发挥作用,也可以综合发挥作用,总杠杆是用来反映两者之间共同作用结果的,即权益资本报酬率与产销业务量之间的变动关系。在企业经营过程中,由于固定性经营成本的存在,产生了经营杠杆的效应,导致产销业务量变动对息税前利润变动有放大作用;同样,在企业筹资过程中,由于固定性资本成本的存在,产生了财务杠杆效应,导致息税前利润变动对普通股每股收益有放大作用。从企业整个生产经营过程来看,既存在固定成本又存在固定财务费用,总杠杆是经营杠杆和财务杠杆的综合效应的结果,它表明业务量或销售额的变动对税后利润或每股收益的影响。

总杠杆是指由于固定性经营成本和固定性资本成本的存在,导致普通股每股收益变动率大于产销业务量的变动率的现象。在综合杠杆的作用下,企业业务量或销售额的较小变动就会引起税后利润或每股收益的较大幅度变动。其影响过程是:经营杠杆影响息税前利润,而财务杠杆影响每股收益。

2. 总杠杆系数

只要企业同时存在固定性经营成本和固定性资本成本,就存在总杠杆效应。产销业务量变动通过息税前利润的变动,传导普通股收益,使得每股收益发生更大的变动。可用总杠杆系数(*DTL*)表示总杠杆效应程度,可见,总杠杆系数是经营杠杆系数和财务杠杆系数的乘积,是普通股每股收益变动率相当于产销业务量变动率的倍数,计算公式为

$$DTL=\frac{\text{普通股每股收益变动率}}{\text{产销业务量变动率}}=\frac{\Delta EPS/EPS}{\Delta Q/Q}=\frac{\Delta EPS/EPS}{\Delta S/S}$$

式中　ΔEPS——税后利润(普通股每股收益)变动额；

EPS——变动前的税后利润(普通股每股收益)；

ΔQ——产销业务量变动值；

Q——变动前产销业务量；

ΔS——销售额变动；

S——变动前销售额。

上式经整理，总杠杆系数的计算公式也可以简化为

$$DTL = DOL \cdot DFL$$

$$= \frac{\text{基期边际贡献}}{\text{基期利润总额}} = \frac{\text{税后边际贡献}}{\text{税后利润} - \text{优先股股利}} = \frac{M}{M - F - I}$$

$$= \frac{\text{息税前利润} + \text{固定成本}}{\text{息税前利润} - \text{利息} - \text{优先股股利}} = \frac{EBIT + F}{EBIT - I - D/(1 - T)}$$

【例 6－8】　某公司有关资料如表 6－3 所示，可以分别计算其 2008 年经营杠杆系数、财务杠杆系数和总杠杆系数。

表 6－3　杠杆效应计算表

项目	2008 年	2009 年	变动率
销售收入(售价 10 元)	1 000	1 200	+20%
边际贡献(单位 4 元)	400	480	+20%
固定成本	200	200	－
息税前利润(*EBIT*)	200	280	+40%
利息	50	50	－
利润总额	150	230	+53.33%
净利润(税率 20%)	120	184	+53.33%
每股收益(200 万股，元)	0.60	0.92	+53.33%
经营杠杆(*DOL*)			2.000
财务杠杆(*DFL*)			1.333
总杠杆(*DTL*)			2.667

总杠杆的结果说明，在目前的债务资本比重下，在业务量的相关范围内，当业务量或销售额变动 1% 时，每股收益变动 2.667%。

3. 总杠杆与总风险

公司风险包括企业资产营运的经营风险和资本管理的财务风险，两者共同构成了企业的整体风险。总杠杆系数反映了经营杠杆和财务杠杆之间的关系，用以评价企业的整体风险水平。在总杠杆系数一定的情况下，经营杠杆和财务杠杆此消彼长。总杠杆效应的意义在于：一是，能够说明产销业务量变动对每股收益的影响，可据以预测未来每股收益水平；二是，解释了财务管理中的风险管理策略，既要保持一定的风险水平，需要维持一定的总杠杆系数，经营杠杆和财务杠杆可以有不同的组合。

一般来说，固定资产比重加大的资本密集型企业，经营杠杆系数高，经营风险大，企业筹资主要依靠权益资本，以保持较小的财务杠杆系数和财务风险；变动成本比重较大的劳动密集型企业，经营杠杆系数低，经营风险小，企业筹资主要依靠债务资本，保持较大的财务杠杆系数和财务风险。

现实中，在企业初创阶段，产品市场占有率低，产销业务量小，经营杠杆系数大，此时，企业筹资主要依靠权益资本，在较低程度上使用财务杠杆；在企业扩张成熟期，产品市场占有率高，产销业务量大，经营杠杆系数小，此时企业资本结构中可扩大债务资本，在较高程度上使用财务杠杆。

第三节　资本结构决策

企业的筹资管理，既要合理选择筹资方式，又要科学安排资本结构。企业不能无偿使用资金，必须向资金提供者支付一定数额的费用作为补偿，而且在筹资过程中必然会发生交易成本，这些都构成了资本成本。资本成本的高低影响着企业的资本结构，资本结构优化是企业筹资管理的基本目标，也会对企业的生产经营安排产生制约性的影响。资本成本是资本结构优化的标准，不同性质的资本所具有的资本特性，带来了不同的杠杆效应。

一、资本结构的影响因素

1. 资本结构的含义

(1)资本结构

资本结构是指企业资本总额中各种资本的构成及其比例关系。筹资管理中，资本结构有广义和狭义之分。广义的资本结构包括全部债务与股东权益的构成比例；狭义的资本结构则指长期负债与股东权益资本构成比率。狭义资本结构下，短期债务作为营运资金来管理。本书的资本结构仅是狭义的资本结构，即企业的资本结构由长期债务资本和权益资本构成，也就是长期债务资本和权益资本在企业全部资本中各占多大比例。

(2)最佳资本结构

资本结构是企业多种筹资方式下筹集资金形成的，各种筹资方式不同的结合类型决定了企业资本结构及其变化。企业筹资方式虽然很多，但总的来看分为债务资本和权益资本两大类。权益资本是企业必备的基础资本，因此，资本结构问题也就是债务资本的比例问题，即债务资本在企业全部资本中所占的比重。

不同的资本结构会给企业带来不同的后果。企业利用债务资本进行举债经营具有双重作用，即可以发挥财务杠杆效应，也可能带来财务风险。因此，企业必须权衡财务风险和资本成本的关系，确定最佳的资本结构。评价企业资本结构最佳状态的标准应是能够提高股权收益或降低资本成本，最终目的是提升企业价值。权益收益表现为净资产报酬率或普通股每股收益；资本成本表现为企业的平均资本成本率。根据资本结构理论，当公司平均资本成本最低时，公司价值最大。所谓最佳资本结构，是指在一定条件下使企业平均资本成本率最低、企业价值最大的资本结构。最优资本结构是一个理性企业所追求的目标，因此又称为目标资本结构。资本结构优化的目标是降低平均资本成本率或提高普通股每股收益。

从理论上讲，最佳资本结构是存在的，但由于企业内部条件和外部环境的经常性变化，动态地保持最佳资本结构十分困难。在实践中，目标资本结构通常是企业结合自身的实际进行适度负债经营所确立的资本结构。

(3)债务资本的意义

长期债务与权益资本的组合形成了企业的资本结构。资本结构管理问题,也就是债务资本的比例确定问题。债务资本是企业外部债权人对企业的投资,债务融资能够降低平均资本成本,实现抵税收益,但在增加债务的同时也会带来清偿的债务风险,进而加大企业的风险,并最终要由股东承担风险的成本。因此,企业需要在资本结构中合理利用债务资本。

①举债有利于降低企业资本成本

一方面,相对于股东而言,债权人能够定期收到利息并在确定的期限内收回资本,债权人投资风险较小,要求的预期报酬率低,给企业带来的资本成本负担低。另一方面,债务资本在税前列支,使得债务资本的成本明显低于权益资本的成本。在一定限度内增加债务,可以降低企业平均资本成本水平。

②举债可以获得财务杠杆效应

由于债务资本利息一般相对固定,随着息税前利润的增加,单位利润包括的固定利息就会减少,这能给每一股普通股带来更多的收益,股东所得到的税后利润就会随之增加。当企业总资产报酬率高于债务资本成本时,适度地利用债务资本,发挥财务杠杆效应,可增加每股收益。

③举债可以减少货币贬值的损失

在存在持续的通货膨胀时,利用举债进行扩大再生产,比利用权益资本更为有利,可以减少通货膨胀导致的货币购买力下降的贬值损失。

2. 影响资本结构的因素

资本结构是一个产权结构的问题,是社会资本在企业经济组织中的资源配置结果。资本结构的变化,将直接影响社会资本所有者的利益。影响资本结构的因素较为复杂,大体可以分为企业的内部因素和外部因素。内部因素通常有营业收入、成长性、资产结构、盈利能力、管理层偏好、财务灵活性以及股权结构等;外部因素通常有税率、资本市场、行业特征等。通常在考虑确定适合企业的资本结构时,有如下一些因素需要关注:

(1)企业经营状况的稳定性和成长率

企业产销业务量的稳定程度对资本结构有重要影响:如果产销业务量稳定,企业可较多地负担固定的财务费用;如果产销业务量和盈余有周期性,则要负担固定的财务费用将承担较大的财务风险。企业的发展速度越快,成长率越高,对外部资本的依赖性就越强。经营发展能力表现为未来产销业务量的增长率,如果产销业务量能够以较大的水平增长,企业可以采用高负债的资本结构,以提升权益资本的报酬。因为,盈利能力强的企业因其内源融资的满足率较高,要比盈利能力较弱的类似企业的负债水平低。一般收益与现金流量波动较大的企业要比现金流量较稳定的类似企业的负债水平低。

(2)企业的财务状况和信用等级

企业的财务状况良好、信用等级高,债权人就愿意向企业提供信用,企业才容易获得债务资本。相反,如果企业财务状况欠佳,信用等级不高,债权人投资风险大,这样会降低企业获得信用的能力,加大债务资本筹资的资本成本。一般财务灵活性大、信用等级高的企业比财务灵活性小、信用等级低的类似企业的负债能力强,即企业利用闲置资产和剩余的负债能力以应付可能发生的偶然情况和把握未预见机会的能力。

(3)企业资产结构

资产结构是企业筹集资本后进行资源配置和使用后的资金占用结构,包括长短期资产构成和比例,以及长短期资产内部的构成和比例。资产结构对企业资本结构的影响主要包括:拥有大量固定资产的企业主要通过长期负债和发行股票筹集资金;拥有较多流动资产的企业更多地依赖负债筹集资金;资产适用于抵押贷款的企业负债较多;以技术研发为主的企业则负债较少。

(4)企业投资人和管理当局的态度

从企业所有者的角度看,如果企业股权分散,企业可能更多地采用权益资本筹资以分散企业风险。如果企业为少数股东控制,股东通常重视企业股权问题,为防止股权稀释,企业一般尽量避免普通股筹资,而是采用优先股筹资或债务资本筹资。从企业管理当局的角度看,高负债资本结构的财务风险高,一旦经营失败或出现财务危机,管理当局将面临被市场接管的威胁或者被董事会解聘。因此,稳健的管理当局偏好于选择低负债的资本结构。

(5)行业特征和企业发展周期

不同行业资本结构差异很大。产品市场稳定的成熟产业经营风险低,因此可提高债务资本的比重,发挥财务杠杆的作用。高新技术企业的产品、技术、市场尚不成熟,经营风险高,因此可降低债务资本比重,控制财务杠杆风险。同一企业在不同发展阶段上,资本结构安排不同。企业初创阶段,经营风险高,在资本结构安排上应控制负债比例;企业发展成熟阶段,产品产销业务量稳定和持续增长,经营风险低,可适度增加债务资本比重,发挥财务杠杆效应;企业收缩阶段,产品市场占有率下降,经营风险逐步加大,应逐步降低债务资本比重,保证经营现金流量能够偿付到期债务,保持企业持续经营能力,减少破产风险。

(6)经济环境的财税政策和货币政策

资本结构决策必然要研究理财环境因素,特别是宏观经济状况。政府调控经济的手段包括:财政税收政策和货币金融政策,当所得税税率较高时,债务资本的抵税作用大,企业可以充分利用这种作用以提高企业价值。货币金融政策影响资本供给,从而影响利率水平的变动,当国家执行紧缩的货币政策时,市场利率较高,企业债务资本成本较大。

说明:企业实际资本结构往往是受企业自身状况与政策条件及市场环境等多种因素的共同影响,并同时伴随着企业管理层的偏好与主观判断,从而使资本结构的决策难以形成统一的原则与模式。

二、资本结构的决策方法

资本结构优化,要求企业权衡负债的低资本成本和高财务风险的关系,确定合理的资本结构。衡量最优资本结构的条件有:一是综合资本成本最低,企业筹资的支出最小;二是每股收益最大,股票市价上升,企业价值最大;三是企业财务风险小,资金充足。通常情况下,企业可以采用资本成本比较法、每股收益无差别点分析法和公司价值比较分析法来确定最佳资本结构。

1. 资本成本比较法

资本成本比较法又称为平均资本成本比较法,是指在不考虑各种融资方式在数量与比例上的约束以及财务风险差异时,通过计算各种基于市场价值的长期融资组合方案的加权平均资本成本,并以此为标准相互比较确定最佳资本结构的方法。即能够降低平均资本成本的资本结构,就是合理的资本结构。这种方法侧重于从资本投入的角度对筹资方案和资本结构进行优化分析。企业资本结构决策分为初始筹资的资本结构决策和追加筹资的资本结构决策。

(1)初始筹资的资本结构决策

企业在成立时,对拟定的筹资总额,可采用多种筹资方式来筹集,同时每种筹资方式的数额亦可有不同的安排,通过分别计算其加权平均资本成本,由此形成若干个资本结构(或筹资方案)可供选择,一般以加权平均资本成本最低的方案为最佳资本结构对应的方案。

【例 6-9】 某企业初创时有如下三个筹资方案可供选择,三个初始筹资方案的有关资料如表 6-4 所示。

表 6-4 三个初始筹资方案的有关资料 单位:万元

筹资方式	筹资方案 1			筹资方案 2			筹资方案 3		
	筹资额	资本成本	比重	筹资额	资本成本	比重	筹资额	资本成本	比重
长期借款	40	6.0%	8%	50	6.5%	10%	80	7.0%	16%
企业债券	100	7.0%	20%	150	8.0%	30%	120	7.5%	24%
优先股	60	12.0%	12%	100	12.0%	20%	50	12.0%	10%
普通股	300	15.0%	60%	200	15.0%	40%	250	15.0%	50%
合计	500		100%	500		100%	500		100%

加权平均资本成本计算如下。

方案 1:$0.08\times6\% + 0.2\times7\% + 0.12\times12\% + 0.6\times15\% = 12.32\%$

方案 2:$0.1\times6.5\% + 0.3\times8\% + 0.2\times12\% + 0.4\times15\% = 11.45\%$

方案 3:$0.16\times7\% + 0.24\times7.5\% + 0.1\times12\% + 0.5\times15\% = 11.62\%$

比较以上三个方案的加权平均成本,方案 2 最低,在其他有关因素大体相同的条件下,方案 2 是最好的筹资方案,其形成的资本结构可确定为该企业的最佳资本结构。企业可按此方案筹集资金,以实现其资本结构的最优化。

(2)追加筹资的资本结构决策

按照最优资本结构的要求,选择追加筹资资本结构决策方案有两种方法:一种是直接测算法,直接测算比较各备选追加筹资方案的边际资金成本(资金每增加一个单位而增加的成本),以最低边际资本成本的追加筹资方案对应的资本结构为最佳筹资结构;另一种是,将备选追加筹资方案与原有最佳资本结构的数据汇总,测算汇总情况下的各加权平均资金成本,选择最低成本的方案作为最佳追加筹资结构。

【例 6-10】 某企业现有两个追加筹资方案可供选择,两个追加筹资方案的有关资料如表 6-5 所示。

表 6-5 两个追加筹资方案的有关资料 单位:万元

筹资方案	追加筹资方案 A		追加筹资方案 B	
	追加筹资额	资本成本率	追加筹资额	资本成本率
长期借款	50	7.0%	50	7.5%
优先股	20	13.0%	20	13.0%
普通股	30	16.0%	30	16.0%
合计	100		100	

采用直接测算法,追加筹资方案的边际资本成本也要按加权平均法计算,根据所列资料,两个追加筹资方案的边际资本成本计算如下。

方案 A:$50 \div 100 \times 7\% + 20 \div 100 \times 13\% + 30 \div 100 \times 16\% = 10.9\%$

方案 B:$60 \div 100 \times 7.5\% + 20 \div 100 \times 13\% + 20 \div 100 \times 16\% = 10.3\%$

两个追加筹资方案相比,方案 B 的边际资金成本低于方案 A,因此,追加筹资方案 B 优于方案 A。

现将其计算结果与追加筹资方案 A,B 汇总列示,初始筹资方案与追加筹资方案的有关资料如表 6-6 所示。

表 6-6　初始筹资方案与追加筹资方案的有关资料　　单位:万元

筹资方式	原资本结构		筹资方案 A		筹资方案 B		追加筹资后的资本成本	
	筹资额	资本成本	追加筹资额	资本成本	追加筹资额	资本成本	方案 A	方案 B
长期借款	50	6.5%	50	7.0%	50	7.5%	100	110
企业债券	150	8.0%	-	-	-	-	150	150
优先股	100	12.0%	20	13.0%	20	13.0%	120	120
普通股	200	15.0%	30	16.0%	30	16.0%	230	220
合计	500		100	10.9%	100	10.3%	600	600

选择最优追加筹资方案的第二种方法,作为对第一种方法所列选择结果作一个验证。追加筹资后的综合资金成本计算如下。

若采用方案 A:

$$\frac{50}{600} \times 6.5\% + \frac{50}{600} \times 7\% + \frac{150}{600} \times 8\% + \frac{100}{600} \times 12\% + \frac{20}{600} \times 13\% + \frac{200}{600} \times 15\% + \frac{30}{600} \times 16\% = 11.69\%$$

若采用方案 B:

$$\frac{50}{600} \times 6.5\% + \frac{60}{600} \times 7.5\% + \frac{150}{600} \times 8\% + \frac{100}{600} \times 12\% + \frac{20}{600} \times 13\% + \frac{200}{600} \times 15\% + \frac{20}{600} \times 16\% = 11.59\%$$

根据同股同利的原则,原有普通股的资本成本计算的加权平均数。这里假定股票的成本与报酬等价。比较两个方案追加筹资后两个新筹资结构下的综合资金成本,结果是方案 B 追加筹资后的综合资金成本低于方案 A 追加筹资后的综合资金成本。因此,追加筹资方案 B 优于 A。

由此可见,该企业追加筹资后,虽然改变了资本结构,但经过科学测算,做出正确的决策,企业仍可保持其资本结构的最优化。

2. 每股收益无差别点分析法

可以用每股收益的变化来判断资本结构是否合理,即能够提高普通股每股收益的资本结构,则是合理的资本结构,反之则不够合理。在资本结构管理中,利用债务资本的目的之一,就在于债务资本能够产生财务杠杆效应,利用负债筹资通过财务杠杆作用来增加股东财富。

每股收益的高低受到经营利润水平、债务资本成本水平等因素的影响，分析每股收益、资本结构以及销售水平三者之间的关系，可以找到每股收益无差别点。每股收益无差别点是指不同筹资方式下每股收益都相等时的息税前利润或产销业务量水平。根据每股收益无差别点，可以分析判断在什么样的息税前利润水平或产销业务量水平前提下，适于采用何种筹资组合方式，进而确定企业的资本结构。

当销售水平或息税前利润在每股收益无差别点上，无论采用债务融资还是权益融资都具有相同的每股收益。但当预期息税前利润或产销业务量水平超过每股收益无差别点时，由于财务杠杆的正效应，采用债务融资方式下的每股收益将高于采用权益融资方式下的每股收益；反之，结论相反。在每股收益无差别点上，不同筹资方案的每股收益（EPS）是相等的，有下列无差别点状态式：

$$\frac{(\overline{EBIT}-I_1)(1-T)-D_1}{N_1}=\frac{(\overline{EBIT}-I_2)(1-T)-D_2}{N_2}$$

式中 $\overline{EBIT}$——息税前利润平衡点，即每股收益无差别点；

I_1,I_2——两种筹资方式下的债务利息；

D_1,D_2——两种筹资方式下的优先股股利；

N_1,N_2——两种筹资方式下的普通股股数；

T——所得税税率。

【例 6－11】 某企业目前资本 1 000 万元，其中，债务资本 400 万元（年利息 40 万元），普通股成本 600 万元（600 万股，面值 1 元，市价 5 元）。企业现有一个较好的新投资项目，需要追加筹资 300 万元，现有两种筹资方案可供选择：

甲方案是向银行取得长期借款 300 万元，利息率为 16%；

乙方案是增发普通股 100 万股，每股发行价 3 元。

根据财务人员测算，追加筹资方案后销售额可达到 1 200 万元，变动成本率为 60%，固定成本为 200 万元，所得税税率为 25%，不考虑筹资费用因素。

要求：运用每股收益无差别点分析法进行筹资决策。

（1）计算无差别点下的息税前利润

根据上述数据，代入无差别点状态式：

$$\frac{(\overline{EBIT}-40)(1-25\%)}{600+100}=\frac{(\overline{EBIT}-40-300\times16\%)(1-25\%)}{600}$$

得：$\overline{EBIT}=576$（万元）

两个方案的每股收益均为：$EPS=0.574$（元/股）

（2）比较预测的 $EBIT$ 和无差别点的 $\overline{EBIT}$

预期获利 $EBIT=1\ 200-1\ 200\times60\%-200=280$（万元）

无差别点息税前利润 $\overline{EBIT}=576$（万元）

因为，预测的 $EBIT$（280 万元）< 无差别点的 $\overline{EBIT}$（576 万元）

而在 1 200 万元销售水平上，甲方案的 EPS 为 0.24 元，乙方案的 EPS 为 0.257 元，所以，应当采用风险较小的乙方案，即增发普通股的筹资方案。

决策方法如图 6-8 所示。

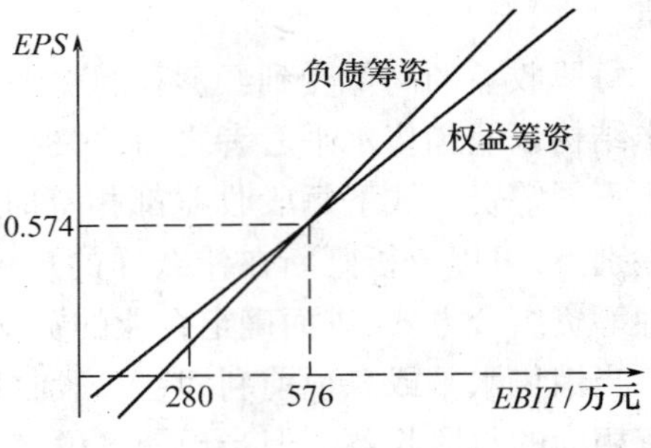

图 6-8　每股收益无差别点分析

当企业需要的资本额较大时，可能会采用多种筹资方式组合融资。这时需要详细比较分析各种筹资方式组合下的资本成本负担及其对每股收益的影响，选择能够是每股收益最高的筹资方式。

3. 公司价值比较分析法

上述两种分析方法都是从账面价值的角度进行资本结构优化分析，没有考虑市场反应，即没有考虑风险因素。公司价值比较分析法充分考虑了财务风险和资本成本等因素的影响，进行资本结构的决策以公司价值最大化为标准，更符合公司价值最大化的财务目标。即能够提升公司价值的资本结构，则是合理的资本结构，而不一定是每股收益最大化的资本结构。同时，在公司总价值最大化的资本结构下，公司的资本成本也是最低的。但目前公司价值比较分析法测算过程较为复杂，主要适用于资本规模较大的上市公司资本结构优化分析。

确定最佳资本结构的步骤如下：

(1)计算公司市场总价值

公司市场总价值应等于其权益资本的折现价值加上长期债务资本的折现价值，其计算公式为

$$V = S + B$$

式中　V——公司的总价值，即公司的折现价值；

S——权益资本价值，即公司股票的折现价值；

B——债务资本价值，即公司长期债务的折现价值。

为简化起见，假设公司各期的 $EBIT$ 保持不变，债务资本的市场价值(即长期债务的现值)等于其面值(或本金)，权益资本的市场价值(即股票的现值)可通过下式计算：

$$S = \frac{(EBIT - I)(1 - T)}{K_S}$$

式中　K_S——权益资本成本。

为了考虑公司筹资风险的影响，K_S 采用资本成本定价模型计算：

$$K_S = R_S = R_f + \beta_i(R_m - R_f)$$

式中　R_f——无风险收益率；

R_m——市场的平均收益率；

β_i——股票的贝塔系数。

(2)计算公司的资本成本

公司的资本成本应用加权平均资本成本(K_W)来表示，计算公式为

$$K_W = K_b \frac{B}{V}(1 - T) + K_s \frac{S}{V}$$

式中　K_b——税前债务资本成本；

K_S——权益资本成本；

T——所得税税率。

(3)确定最佳资本结构

根据计算结果,公司的总价值最高、资本成本最低的资本结构为最佳资本结构。

【例6-12】 某公司现有的全部长期资本均为普通股资本,无长期负债资本和优先股资本,股票账面价值为20 000万元,所得税率为25%,该公司的息税前利润为8 000万元。该公司认为目前的资本结构不是最佳资本结构,因此准备用发行债券购回部分股票的办法予以调整,经调查,不同债务水平对公司债务资本和权益资本成本的影响如表6-7所示。

表6-7 不同债务水平对公司债务资本成本和权益资本成本的影响

债券的市场价值 B/万元	税前债务资本成本 K_b	股票的 β 值	无风险报酬率 R_f	平均风险股票必要报酬率 R_m	权益资本成本 K_S
0	-	1.2	10%	14%	14.80%
2 000	10%	1.25	10%	14%	15.00%
4 000	10%	1.3	10%	14%	15.20%
6 000	12%	1.4	10%	14%	15.60%
8 000	14%	1.55	10%	14%	16.20%
10 000	16%	2.1	10%	14%	18.40%

具体计算构成如下:

以 $B=2\ 000$ 万元,$EBIT=8\ 000$ 万元,$K_b=10\%$,$K_S=15\%$ 为例:

$$S=\frac{(EBIT-I)(1-T)}{K_S}=\frac{(8\ 000-2\ 000\times 10\%)(1-25\%)}{15\%}=39\ 000$$

$$V=B+S=2\ 000+39\ 000=41\ 000$$

$$K_W=K_b\frac{B}{V}(1-T)+K_S\frac{S}{V}=10\%\times\frac{2\ 000}{41\ 000}\times(1-25\%)+15\%\times\frac{39\ 000}{41\ 000}=14.63\%$$

其他计算同上,根据表6-12资料,可计算出不同资本结构下的公司总价值和平均资本成本率。如表6-8所示。

表6-8 不同资金负债时公司的市场总价值和平均资本成本表

债券的市场价值 B/万元	股票的市场价值 S/万元	公司的市场总价值 V/万元	税前债务资本成本 K_b	权益资本成本 K_S	加权平均资本成本 K_W
0	39 527	39 527	-	14.80%	15.00%
2 000	39 000	41 000	10%	15.00%	14.63%
4 000	37 500	41 500	10%	15.20%	14.46%
6 000	35 000	41 000	12%	15.60%	14.63%
8 000	31 852	39 852	14%	16.20%	15.06%
10 000	26 087	36 087	16%	18.40%	16.63%

从表6-8中可以看出,在没有负债的情况下,公司的价值就是其原有股票的市场价值。

当公司用债务资本部分地替换权益资本时，财务杠杆开始发挥作用，股票市场价值大于其账面价值，一开始公司总价值上升，加权平均资本成本下降。当债务达到 4 000 万元时，公司总价值最高达到 41 500 万元，加权平均资本成本最低达到 14.46%；当债务超过 4 000 万元时，随着利息率的不断上升，财务杠杆作用逐步减弱甚至显现负作用，公司总价值开始下降，加权平均资本成本开始上升。因此，债务为 4 000 万元时的资本结构是该公司的最佳资本结构。

第七章　企业项目投资管理

第一节　企业项目投资管理概述

一、项目投资的含义与特点

1. 项目投资的含义

投资是指特定的经济主体为了在未来可预见的时期内获得收益或使货币资金增值，在一定时期向一定领域的标的物投放足够数额的资金或实物等货币价值的经济行为。投资具有目的性、时间性、收益性和风险性等特点。

项目投资是一种以特定建设项目为对象，直接与新建项目或更新改造项目有关的长期投资行为。企业项目投资的直接投资主体就是企业本身。企业组织经济资源进行生产销售以获得盈利的投资活动主要包括固定资产投资、无形资产投资、流动资产投资和其他资产的投资。

2. 项目投资的特点

(1)内容独特，其中固定资产投资必不可少；

(2)投资金额大，特别是与企业战略发展相关的项目，需要投入大量资金，项目投资所形成的资产在企业总资产中占有一定的比重大；

(3)影响时间长，投资期及发挥作用的时间较长，特别是企业决定企业发展方向的战略性投资；

(4)不易经常发生，项目投资与企业的生产和经营相联系，不会经常改变；

(5)投资风险大，项目投资决策一旦失误，损失将无法逆转。

二、项目投资决策及其影响因素

1. 项目投资决策

公司投资项目决策是通过资本预算进行的。所谓资本预算，就是通过公司提出长期投资方案并进行分析、选择的过程。

项目投资是对特定项目进行的一种长期战略性投资行为。在财务可行性评价中这是一个反映项目投资总体规模的指标，项目总投资主要是由原始总投资和建设期资本化利息两部分构成。原始总投资又称为初始投资，是企业为使项目完全达到设计生产能力、开展正常经营而垫支的全部现实资金，包括建设投资和营运资金投资。建设投资是在建设期内按一定生产经营规模和建设内容进行的投资，包括固定资产投资，无形资产投资以及开办费投资等。营运资金投资又称为流动资金投资或垫支流动资金投资，是项目投产前后分次或一次投放于营运资金项目的投资增加额。建设期资本化利息是在建设期应计入投资项目价值的有关借款利息。相关公式为

$$\text{项目投资总额} = \text{原始总投资} + \text{建设期资本化利息} \tag{7-1}$$

其中：

原始总投资 = 建设投资 + 营运资金投资

建设投资 = 固定资产投资 + 无形资产投资 + 开办费投资

固定资产原始投资 = 固定资产投资 + 建设期资本化利息

【例 7 -1】 企业拟新建一条生产项目,建设期为 2 年,运营期为 20 年,全部建设投资分别安排在建设起点、建设期第二年年初和建设期末分三次投入,投资额分别为 100 万元,200 万元和 88 万元;全部流动资金投资安排在建设期末和投产后第一年年末分两次投入,投资额分别为 20 万元和 6 万元。根据项目筹资方案的安排,建设期资本化利息为 16 万元。根据上述资料,可估算该项目各项指标如下:

建设投资合计 = 100 + 200 + 88 = 388(万元)

流动资金投资合计 = 20 + 6 = 26(万元)

原始总投资 = 388 + 26 = 414(万元)

项目投资总额 = 414 + 16 = 430(万元)

2. 项目计算期的确定

项目计算期是指投资项目从投资建设(建设起点)开始到最终清理(终结点)结束整个过程的全部时间,包括建设期和运营期。其中,建设期是项目资金正式投入开始到项目建成投产为止所需要的时间,建设期第一年的年初称为建设起点,建设期最后一年的年末称为投产日。在实践中,通常应参照项目建设的合理工期或项目的建设进度计划合理确定建设期。项目建设最后一年的年末称为终结点,假定项目最终报废或清理均发生在终结点,但更新改造项目投资除外。从投产日到终结点之间的时间间隔称为运营期,包括试产期和达产期两个阶段。试产期是项目投入生产,但生产能力尚未完全达到设计能力时的过渡阶段。达产期是生产运营达到设计预期水平后的时期。运营期一般应根据项目主要设备的经济使用寿命期确定。为使研究问题方便起见,现将项目计算期中的建设期和经营期分开,所有投入类现金流量都发生在建设期;所有经营类现金流量多发生在经营期,一般以一年为计量单位,包括建设期和生产经营期中的试产期和达产期。其关系式为

$$\text{项目计算期}(n) = \text{建设期}(s) + \text{生产经营期}(p) \qquad (7-2)$$

项目计算期的构成如图 7 - 1 所示:

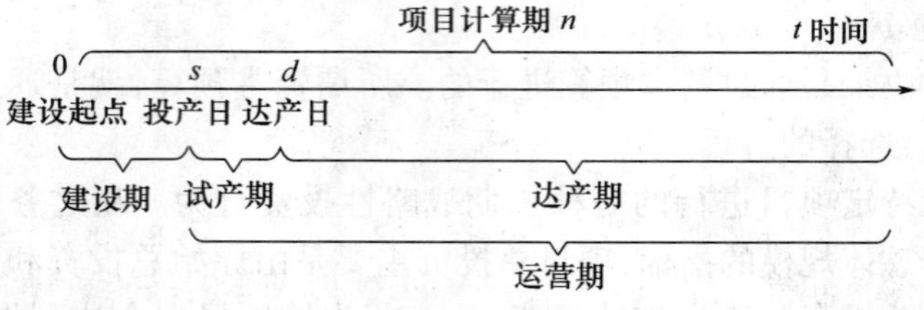

图 7 - 1 项目计算期示意图

在整个项目计算期的各个阶段上,都有可能发生现金流量,必须逐年估算。

【例 7 -2】 某企业拟投资建议各项目,在建设起点开始投资,经历两年后投产,试产期为一年,主要固定资产预计使用寿命为 16 年。根据上述资料,估算该项目各项指标如下:

建设期为 2 年,运营期为 16 年。

达产期 = 16 - 1 = 15(年)

项目计算期 = 2 + 16 = 18(年)

3. 资金投入方式

原始总投资的投入方式包括一次投入和分次投入两种。

一次投入是指投资行为集中一次发生在项目计算期第一个年度的某一时间点。

分次投入是指投资行为涉及两个或两个以上年度,或只涉及一个年度但同时在该年的不同时间点发生。

4. 项目风险的分析与处理

(1)任何项目都有风险

任何投资项目都有风险,或者说盈利性是不确定(不稳定)的。盈利性的不稳定性来自以下原因:

一是在整个项目计算期内,未来经营现金流入发生非预期的变化,包括销售数量、价格、成本费用的非预期变化;

二是在整个项目计算期内,筹资成本会发生变化,包括资本市场供求关系的变化和公司资本结构的变化;

三是项目的相关产品的寿命可能短于预测,项目提前结束了或者转产其他产品;

四是政府对现存法律的修改和颁布新的强制性规定,可能在任何时候导致额外的投资和费用;

五是通货膨胀、经济衰退可能影响现金流量的实际价值;

六是国际经济和金融市场的变动可能影响项目的现金流量;

七是国际或国内的政治事件可能影响项目的现金流量,甚至迫使项目终止。

上述因素均与资本预算有关。公司制定资本预算时,不仅要考虑这些风险大小并将其纳入项目的评估范围,还应在设计项目时尽可能减少这些不确定性。

(2)项目风险的分类

在项目分析中,项目的风险可以从三个层次来看待:

①项目的特有风险

特有风险是指项目本身的风险,它可以用项目预期收益率的波动性来衡量。例如,一项高新技术项目失败的可能性大,但是如果成功可以获得很高报酬,收益的波动性很大。如果公司只有一个项目,投资人只投资于这一个公司,那么项目的特有风险可以衡量投资人的风险,成为资本预期时使用的风险度量。

通常,项目的特有风险不宜作为项目资本预算时风险的度量。例如,某企业每年要进行数以百计的研究开发项目,每个项目成功的概率只有10%左右。项目如果成功,企业将获得巨额利润;项目如果失败,则会损失其全部投入。如果该企业只有一个项目,而且就是研究开发项目,则企业失败的概率为90%。当我们独立地考察并度量每个研究开发项目自身特有的风险时,它们无疑都具有高度的风险。但从投资组合角度看,尽管该企业每年有数以百计的各自独立的研究开发项目,且每个项目都只有10%的成功可能性,但这些高风险项目组合在一起后,单个项目的大部分风险可以在企业内部分散掉,此时,企业的整体风险会低于单个研究开发项目的风险,或者说,单个研究开发项目并不一定会增加企业的整体风险。因此,项目本身的特有风险不宜作为项目资本预算的风险度量。

②项目的公司风险

项目的公司风险是指项目给公司带来的风险。项目的公司风险可以用项目对于公司未来收入不确定的影响大小来衡量。例如,一个新的投资项目与公司现有资产的平均风险相同,新的项目被采纳,不改变公司整体未来收入的不确定性,尽管公司的期望收入增加了,但是收入的不确定性没有增加。因此,该项目没有公司风险。

如果一个新项目的风险比公司现有资产的平均风险大,采纳该项目会增加公司未来收益的不确定性,该项目对于投资人来说具有公司风险。考虑到新项目特有的风险可以通过与企业内部其他项目的组合而分散掉一部分,因此,应着重考察新项目对企业现有项目组合的整体风险可能产生的增量。这个增量不是项目的全部特有风险,而是扣除已被分散化后的剩余部分。对于只是投资于一个公司的投资人来说,公司投资新项目给他带来的影响,只是这个风险增量即项目的公司风险。

③项目的市场风险

项目的市场风险是指新项目给股东带来的风险,这里的股东是指投资于许多公司,其投资风险已被完全分散化的股东。

从股东角度看待,项目特有风险被公司资产多样化分散后剩余的公司风险中,有一部分能被股东的资产多样化组合而分散掉,从而只剩下任何多样化组合都不能分散掉的系统风险。从资产组合及资本资产定价理论的角度看,度量新项目资本预算的风险时,不应考虑新项目实施对企业现有风险水平可能产生的全部增减影响,因为企业股东可以通过构造一个证券组合,来消除掉单个股权的大部分风险。所以,唯一影响股东预期收益的是项目的系统风险,而这也是理论上与项目分析相关的风险度量。

项目风险的衡量如图 7 – 2 所示。

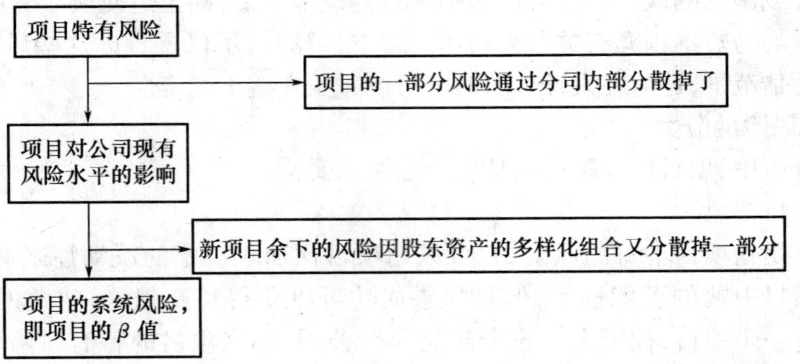

图 7 – 2　项目风险的衡量

(3)项目风险处理的一般方法

①调整现金流量法

调整现金流量法,是把不确定的现金流量调整为确定的现金流量,然后用无风险报酬率作为折现率计算净现值。

$$净现值 = \sum_{t=0}^{n} \frac{a_t \times 现金流量期望值}{(1 + 无风险报酬率)^t} \tag{7 - 3}$$

式中,a_t 是 t 年现金流量的肯定当量系数,它在 0 ~ 1 之间。

肯定当量系数,是指肯定的 1 元现金流量期望值相当于使投资者满意的肯定的金额的系数。它可以把各年不肯定的现金流量换算为肯定的现金流量。

我们知道,肯定的1元比不肯定的1元更受欢迎。不肯定的1元,只相当于不足1元的金额。两者的差额,与现金流量的不确定性程度的高低有关。肯定当量系数是指预计现金流入量中使投资者满意的无风险的份额。利用肯定当量系数,可以把不肯定的现金流量折算成肯定的现金流量,或者说去掉了现金流量中有风险的部分,使之成为“安全”的现金流量。去掉的部分包含了全部风险,既有特殊风险也有系统风险,既有经营风险也有财务风险,剩下的是无风险的现金流量。由于现金流量中已经消除了全部风险,相应的折现率应当是无风险的报酬率。无风险的报酬率可以根据国库券的利率确定。

【例7-3】 当前的无风险报酬率为4%。公司有个投资机会,有关资料如表7-1所示。

表7-1 单位:万元

年数	现金流入量	肯定当量数	肯定现金流入量	现值系数(4%)	未调整现值	调整后现值
A项目						
0	-40 000	1.0	-40 000	1.000 0	-40 000	-40 000
1	13 000	0.9	11 700	0.961 5	12 500	11 250
2	13 000	0.8	10 400	0.924 6	12 020	9 616
3	13 000	0.7	9 100	0.889	11 557	8 090
4	13 000	0.6	7 800	0.854 8	11 112	6 667
5	13 000	0.5	6 500	0.821 9	10 685	5 342
净现值					17 874	965
B项目						
0	-47 000	1.0	-47 000	1.000 0	-47 000	-47 000
1	14 000	0.9	12 600	0.961 5	13 461	12 115
2	14 000	0.8	11 200	0.924 6	12 944	10 356
3	14 000	0.8	11 200	0.889	12 446	9 957
4	14 000	0.7	9 800	0.854 8	11 967	8 377
5	14 000	0.7	9 800	0.821 9	11 507	8 055
净现值					15 325	1 860

调整前A项目的净现值较大,调整后B项目的净现值较大。不进行调整,就可能导致错误的判断。

②风险调整折现率法

这种方法的基本思路是对高风险的项目采用较高的折现率计算净现值。

$$净现值 = \sum_{t=0}^{n} \frac{预期现金流量}{(1 + 风险调整折现率)^t} \tag{7-4}$$

【例7-4】 当前的无风险报酬率为4%。市场平均报酬率为12%,A项目的预期股权现金流量风险大,其β值为1.5;B项目的预期股权现金流量风险小,其β值为0.75。

A项目的风险调整折现率=4%+1.5×(12%-4%)=16%

B 项目的风险调整折现率 $=4\% + 0.75\times(12\% - 4\%) = 10\%$

其他有关资料如表 7-2 所示。

表 7-2

单位:万元

年数	现金流量	现值系数(4%)	未调整现值	现值系数(16%)	调整后现值
A 项目					
0	-40 000	1.000 0	-40 000	1.000 0	-40 000
1	13 000	0.961 5	12 500	0.862 1	11 207
2	13 000	0.924 6	12 020	0.743 2	9 662
3	13 000	0.889	11 557	0.640 7	8 329
4	13 000	0.854 8	11 112	0.552 3	7 180
5	13 000	0.821 9	10 685	0.476 2	6 191
净现值			17 874		2 569
B 项目					
0	-47 000	1.000 0	-47 000	1.000 0	-47 000
1	14 000	0.961 5	13 461	0.909 1	12 727
2	14 000	0.924 6	12 944	0.826 4	11 570
3	14 000	0.889	12 446	0.751 3	10 518
4	14 000	0.854 8	11 967	0.683 0	9 562
5	14 000	0.821 9	11 507	0.620 9	8 693
净现值			15 325		6 070

如果不进行折现率调整,两个项目差不多,A 项目比较好;调整以后,两个项目有明显差别,B 项目要好得多。

③两种方法的区别

调整现金流量法在理论上受到好评。该方法对时间价值和风险价值分别进行调整,先调整风险,然后把肯定现金流量用无风险报酬率进行折现。对不同年份的现金流量,可以根据风险差别使用不同的肯定当量系数进行调整。

风险调整折现率法在理论上受到批评,因其用单一的折现率同时完成风险调整和时间调整。这种做法意味着随风险推移而加大,可能与事实不符,夸大远期现金流量的风险。

实务上被普遍接受的做法是:根据项目的系统风险调整折现率法即资本成本,而用项目的特有风险调整现金流量。

三、投资的程序与可行性研究

1. 项目投资的决策过程

一个完整的资本预算过程包括以下步骤。

(1)发现投资机会,提出投资项目建议

不同性质的投资项目可能由公司的不同部门提出，比如对于新产品项目往往来自分公司的营销部门，而对原有设备的更新项目一般来自公司的生产部门。有时公司的投资项目也可能来自公司外部，比如政府部门对于环保的要求等。但无论如何，都需要公司有高效的管理系统保证关于投资信息的传递，并根据投资项目的规模由有权决策的管理层进行决策。

对投资项目进行决策的具体方法有很多，并且在不断地发展，但最重要的是所提出的投资项目建设必须与公司的总体战略相符，服从公司的总体发展战略。

(2)分析项目可行性，预测投资价值

影响项目价值的因素有项目的收益、项目的风险和项目的预期寿命、在分析项目的价值时，项目的收益是以现金流量而非收入流量的形式表现的。项目的现金流量包括初始现金流量、经营期间现金流量和项目期末的终点现金流量。对项目价值有意义的现金流量是项目的税后增量现金流量。

在分析，预测项目的价值时，不仅需要分析、预测项目的现金流量大小，还要分析项目的风险，即项目获取现金流量的不确定性。通过调整项目的折现率或调整项目的预期现金流量等方法，将不确定的现金流量转化为确定的现金流量。影响项目价值的还有项目的预期寿命，即项目所能获取现金流量的时间的长短。

(3)依据价值最大化标准，评价选择投资项目

依据价值最大化标准选择投资项目时，首先需要确定评价指标和评价方法。对于不同性质的项目，项目评价的指标和方法有所不同，这构成了投资项目决策的各种方法。

(4)继续评估修正后的投资项目，审计已经完成的投资项目

对于初选可行的项目，应该继续扩大所考虑的因素，在更多因素发生变化的情况下，分析项目可行性的变化。对于已经完成的投资项目，要进行事后审计，评价项目是否实现了预定的目标，总结项目成功的经验，发现项目决策的不足，提高公司项目决策的科学性。

2. 投资项目的可行性研究

(1)可行性研究的含义

可行性研究是指一项事物可以做到的、现实行得通的、有成功把握的可行性。就企业投资项目而言，其可行性研究就是对环境的不利影响最小，技术上具有先进性和适应性，产品在市场上能够被容纳或被接受，财务上具有合理性和较强的盈利能力，对国民经济有贡献，能够创造社会效益。

广义的可行性研究是指在现代环境中，组织一个长期投资项目之前，必须进行的有关该项目投资必要性的全面考察与系统分析，以及有关该项目未来在技术、财务乃至国民经济等诸方面能否实现其投资目标的综合论证与科学评价。它是有关决策人(包括宏观投资管理当局与投资当事人)作出正确可靠投资决策的前提与保证。广义的可行性研究包括机会研究、初步可行性研究和最终可行性研究三个阶段，具体又包括环境与市场分析、技术与生产分析和财务可行性评价等主要分析内容。狭义的可行性研究专指在实施广义可行性研究过程中，与编制相关研究报告相联系的有关工作。

(2)环境与市场分析

①建设项目的环境影响评价

在可行性研究中，必须开展建设项目的环境影响评价。建设项目的环境评价，是指建设项目所在地的自然环境、社会环境和生态环境的统称。

建设项目的环境影响报告书应当包括下列内容:建设项目概况;建设项目周围环境现状;建设项目对环境可能造成影响的分析、预测和评估;建设项目环境保护措施及其技术、经济论证;建设项目对环境影响的经济损益分析;对建设项目实施环境监测的建议;环境影响评价的结论。

建设项目的环境影响评价属于否决性指标,凡未开展或没通过环境影响评价的建设项目,不论其经济可行性和财务可行性如何,一律不得上马。

②市场分析

市场分析又称为市场研究,是指在市场调查的基础上,通过预测未来市场的变化趋势,了解拟建项目产品的未来销路而开展的工作。

进行项目可行性研究,必须要从市场分析入手。因为一个投资项目的设想,大多来自市场分析的结果或源于某一自然资源的发现和开发,以及某一新技术新设计的应用。即使是后两种情况,也必须把市场分析放在可行性研究的首要位置。如果市场对于项目的产品完全没有需求,项目仍然不能成立。

市场分析要提供未来运营期不同阶段的产品年需求量和预测价格等预测数据,同时要综合考虑潜在或现实竞争产品的市场占有率和变动趋势,以及人们的购买力及消费心理的变化情况。这项工作通常由市场营销人员或委托的市场分析专家来完成。

(3)技术与生产分析

①技术分析

技术是指在生产过程中由系统的科学知识、成熟的实践经验和操作技艺综合而成的专门学问和手段。它经常与工艺通称为工艺技术,但工艺是指为生产某种产品所采用的工作流程和制造方法,不能将两者混为一谈。

广义的技术分析是指构成项目组成部分及发展阶段上凡与技术问题有关的分析论证与评价。它贯穿于可行性研究的项目确立、厂址选择、工程设计、设备选型和生产工艺确定等各项工作,成为与财务可行性评价相区别的技术可行性评价的主要内容。狭义的技术分析是指对项目本身所采用工艺技术、技术装备的构成以及产品内在的技术含量等方面内容进行的分析研究与评价。技术可行性研究是一项十分复杂的工作,通常由专业工程师完成。

②生产分析

生产分析是指在确保能通过项目对环境影响评价的前提下,所进行的厂址选择分析、资源条件分析、建设实施条件分析、投产后生产条件分析等一系列分析论证工作的统称。厂址选择分包括选点和定址两个方面内容。前者主要指建设地区的选择,主要考虑生产力布局对项目的约束;后者则指项目具体地理位置的确定。在厂址选择时,应通盘考虑自然因素(包括自然资源和自然条件)、经济技术因素、社会政治因素和运输及地理位置因素。

生产分析涉及的因素多,问题复杂,需要组织各方面专家分工协作才能完成。

(4)财务可行性分析

财务可行性分析,是指在已完成相关环境与市场分析、技术与生产分析的前提下,围绕已具备技术可行性的建设项目而开展的,有关该项目在财务方面是否具有投资可行性的一种专门分析研究。

第二节 企业财务可行性要素的估算

一、企业财务可行性要素

财务可行性要素是指在项目的财务可行性评价过程中，计算一系列财务可行性评价指标所必须予以充分考虑的、与项目直接相关的、能够反映项目投入产出关系的各种主要经济因素的统称。

财务可行性要素通常应具备重要性、可计量性、时间特征、效益性、收益性、可预测性和直接相关性等特征。

财务可行性评价的重要前提，是按照一定定量分析技术估算所有的财务可行性要素，进而才能计算出有关的财务评价指标。

在估算时必须注意的是，尽管相当多的要素与财务会计的指标在名称上完全相同，但由于可行性研究存在明显的特殊性，导致这些要素与财务会计指标在计量口径和估算方法方面往往大相径庭。因此，千万不能生搬硬套财务会计现成结论。

从项目投入产出的角度看，可将新建工业投资项目的财务可行性要素划分为投入类和产出类两种类型。

二、投入类财务可行性要素的估算

投入类财务可行性要素包括以下四种内容：在建设期发生的建设投资；在运营期初期发生的流动资金投资；在运营期发生的经营成本（付现成本）；在运营期发生的各种税金（包括营业税金及附加和企业所得税）。

1. 建设投资的估算

建设投资是建设期发生的主要投资，可分别按形成资产法和概算法进行估算，本书只介绍第一种方法。

形成资产法需要分别按形成固定资产的费用、形成无形资产的费用和形成其他资产投资的费用和预备费四项内容进行估算，此法是估算精度较高、应用较为广泛的一种估算方法。

（1）形成固定资产的费用的估算

形成固定资产的费用是项目直接用于购置或安装固定资产应当发生的投资，具体包括：建筑工程费、设备购置费、安装工程费和固定资产其他费用。任何建设项目都至少要包括一项形成固定资产费用的投资。形成固定资产费用的资金投入方式，可根据各项工程的工期安排和建造方式确定。为简化计算，当建设期为零（即取得的固定资产不需要建设和安装）或建设期不到 1 年，且为自营建造时，可假定预先在建设起点一次投入全部相关资金；当建设期达到或超过 1 年，且为自营建造时，可假定在建设起点和以后各年年初分次投入相关资金；当建设期达到或超过 1 年，且为出包建造时，可假定在建设起点和和建设期末分次投入相关资金。

（2）形成无形资产的费用的估算

形成无形资产的费用是指项目直接用于取得专利权、商标权、非专利技术、土地使用权和特许权等无形资产而应当发生的投资。虽然商誉和著作权也属于无形资产的范畴，但新建项目通常不涉及这些内容,故在进行可行性研究时对其不予考虑。形成无形资产费用的资金投入方式,通常假定在建设期取得,一次投入。

①专利权和商标权的估算

在可行性研究中,应先确认项目是否通过外购或接受投资方式取得上述产权的合法所有权。如果只是短期取得某项专利权或商标的使用权,就不能将其作为无形资产进行评估;若可通过外购方式取得上述产权,则可按预计取得成本估算;若属于投资转入,则可按约定作价或评估价进行估算。新建项目通常很少发生自创专利权和商标权的情况,若确有发生,可按成本法或市价法进行估算。

②非专利技术的估算

可根据非专利技术的取得方式分别对待;若从外部一次性购入,可按取得成本估算;若作为投资转入,可按市价法或收益法进行估算。

③土地使用权的估算

可按土地使用权的不同取得方式估算。如通过有偿转让方式取得土地使用权,则应按照预计发生的取得成本——土地使用权的出让金估算;若属于投资方投资转入的土地使用权,可按投资合同或协议约定的价值,也可按公允价值估算。

按我国《企业会计准则》规定,用于企业自行开发建造厂房建筑物的土地使用权,不得列作固定资产价值。

④特许权的估算

在项目可行性研究中,对项目有偿取得的永久或长期使用的特许权,按取得成本进行估算。

(3)形成其他资产费用的估算

形成其他资产费用是指建设投资中除形成固定资产和无形资产的费用以外的部分,包括生产准备费用和开办费两项内容。生产准备费用的资金投入方式,可假定在建设期末一次投入。开办费的资金投入方式,可假定在建设期内分次投入。

①生产准备费用的估算

生产准备费用是指新建项目或新增生产能力的企业为确保投产期期初进行必要生产准备而应发生的费用。包括职工培训费、提前进场熟悉工艺及设备性能人员的相关费用。生产准备费可按需要培训和预计培训费标准,以及需要提前进场的职工人数和相关费用标准进行估算;也可按工程费用和生产准备费率估算。

②开办费的估算

开办费是指在企业筹建期间发生的、不能计入固定资产和无形资产、也不属于生产准备费的各项费用。可按工程费用和开办费率估算。

(4)预备费的估算

预备费又称不可预见费,是指在可行性研究中难以预料的投资支出,包括基本预备费和涨价预备费。预备费的资金投入方式,可假定在建设期末一次投入。

【例 7-5】 B 企业拟建的生产线项目,需要在建设期内投入形成固定资产的费用 400 万元;支付 20 万元购买一项专利权,支付 5 万元购买一项非专利技术;投入开办费 3 万元,预备费 40 万元,假定不考虑筹资方案的建设期资本化利息。根据上述资料,可估算出该项目的以下指标:

该项目形成无形资产的费用 = 20 + 5 = 25(万元)

该项目形成其他资产的费用为3(万元)

该项目的建设投资 = 400 + 25 + 3 + 40 = 468(万元)

该项目的固定资产原值 = 400 + 0 + 40 = 440(万元)

2. 流动资金投资的估算

流动资金投资可分别按分项详细估算法和扩大指标估算法进行估算,本书只介绍第一种分项详细估算法。

分项详细估算法,是指根据投资项目在运营期内主要流动资产和流动负债要素的最低周转天数和预计周转额分别估算每一流动项目的占用额,进而确定各年流动资金投资的一种方法。流动资金投资属于垫付周转金,其资金投入方式也包括一次投入和分次投入两种方式。如果是一次投入,则假定发生在投产第一年年末;如果是分次投入,则假定发生在投产后连续的若干年年末。分项详细估算法基本公式:

某年流动资金投资额(垫支额) = 本年流动资金需要额 - 截止上年的流动资金投资额

= 本年流动资金需要额 - 上年流动资金需用额 (7-4)

某年流动资金需用额 = 该年流动资金需要额 - 该年流动资金需用额 (7-5)

【例7-6】 B企业拟建的生产线项目,预计投产第一年的流动资产需用额为30万元,流动负债需用额为15万元;预计投产第二年的流动资产需用额为40万元,流动负债需用额为20万元。根据上述资料,可估算出该项目的以下指标:

预计投产第一年的流动资金需用额 = 30 - 15 = 15(万元)

第一次流动资金投资额 = 15 - 0 = 15(万元)

预计投产第二年的流动资金需用额 = 40 - 20 = 20(万元)

第二次流动资金投资额 = 20 - 15 = 5(万元)

流动资金投资额合计 = 15 + 5 = 20(万元)

3. 经营成本的估算

不论什么类型的投资项目,在营运期间都要发生经营成本,他的估算与具体的筹资方案无关。经营成本本来属于时期指标,为简化计算,可假定其发生在营运期各年的年末。

经营成本又分加法和减法两种估算,其公式:

$$\frac{\text{某年}}{\text{经营成本}} = \frac{\text{该年外购原材料}}{\text{燃料和动力费}} + \frac{\text{该年}}{\text{职工薪酬}} + \frac{\text{该年}}{\text{修理费}} + \frac{\text{该年}}{\text{其他资产费用}} \quad (7-6)$$

$$\frac{\text{某年}}{\text{经营成本}} = \frac{\text{该年不包括财务费用}}{\text{的总成本费用}} - \frac{\text{该年}}{\text{折旧费}} - \frac{\text{该年无形资产和}}{\text{其他资产的摊销额}} \quad (7-7)$$

上式中,折旧额和摊销额可根据本项目的固定资产原值、无形资产和其他资产数据,以及这些项目的折旧年限和摊销年限进行测算;不包括财务费用的总成本费用可按照运营期内一个标准年份的正常产销量和预计成本消耗水平进行测算,其计算公式为

$$\frac{\text{某年不包括财务费用}}{\text{的总成本费用}} = \frac{\text{该年固定成本}}{\text{(含费用)}} + \frac{\text{单位变动成本}}{\text{(含费用)}} \times \frac{\text{该年预计}}{\text{产销量}} \quad (7-8)$$

注意:上述成本中既不包括固定性的财务费用,也不包括变动性的财务费用。

【例7-7】 B企业拟建的生产线项目,预计投产后第1年的外购原材料、燃料和动力费48万元,工资及福利费23.14万元,其他费用4万元,年折旧费20万元,无形资产摊销费5万元,开办费摊销费3万元;第2~5年的外购原材料、燃料和动力费60万元,工资及福利费30万元,其他费用10万元,年折旧费20万元,无形资产摊销费5万元;第6~20年每年

不包括财务费用的总成本费用160万元，其中，每年的外购原材料、燃料和动力费90万元，每年折旧费20万元，无形资产摊销费0万元。根据上述资料，估算该项目投产后各年经营成本和不包括财务费用的总成本费用指标如下：

（1）投产后第1年的经营成本 = 48 + 23.14 + 4 = 75.14（万元）

投产后第2～5年的经营成本 = 60 + 30 + 10 = 100（万元）

投产后第6～20年的经营成本 = 160 − 20 − 0 = 140（万元）

（2）投产后第1年不包括财务费用的总成本费用 = 75.14 + (20 + 5 + 3) = 103.14（万元）

投产后第2～5每年不包括财务费用的总成本费用 = 100 + (20 + 5 + 0) = 125（万元）

4. 运营期相关税金的估算

在进行财务可行性评价中，需要估算的运营期相关税金包括营业税金及附加和调整所得税两项因素。为简化计算，假定它们都发生在运营期各年的年末。

（1）营业税金及附加的估算

营业税金及附加的估算，需要通盘考虑项目投产后在运营期内应缴纳的营业税、消费税、土地使用税、资源税、城市维护建设税和教育费附加等因素；尽管应交增值税不属于营业税的范畴，但在估算城市维护建设税和教育费附加时，还必须考虑应交增值税因素。

在不考虑土地使用税和资源税的情况下，营业税金及附加的估算如下：

营业税金及附加 = 应交营业税 + 应交消费税 + 城市维护建设税 + 教育费附加　（7－9）

其中：

城市维护建设税 =（应交营业税 + 应交消费税 + 应交增值税）× 城市维护建设税税率

教育费附加 =（应交营业税 + 应交消费税 + 应交增值税）× 教育费附加率

为简化计算，也可以合并计算城市维护建设税和教育费附加。

【例7－8】　如前【例7－6】资料，企业拟建的生产线项目，预计投产后第1年营业收入180万元；第2～5年每年营业收入200万元；第6～20年每年营业收入300万元；适用的增值税率为17%，城建税税率为7%，教育费附加税率为3%。该企业不缴营业税和消费税。根据上述资料，估算该项目投产后各年的增值税营业税金及附加指标如下：

投产后应交增值税 =（营业收入 − 外购原材料燃料和动力费）× 增值税税率

投产后第1年的应交增值税 = (180 − 48) × 17% = 22.44（万元）

投产后第2～5年应交增值税 = (200 − 60) × 17% = 23.8（万元）

投产后第6～20年应交增值税 = (300 − 90) × 17% = 35.7（万元）

投产后第1年的营业税金及附加 = 22.44 × (7% + 3%) = 2.244 ≈ 2.24（万元）

投产后第2～5年的营业税金及附加 = 23.8 × (7% + 3%) = 2.38（万元）

投产后第6～20年的营业税金及附加 = 35.7 × (7% + 3%) = 3.57（万元）

（2）调整所得税的估算

调整所得税是项目可行性研究中的一个专有术语，它是为简化计算而设计的虚拟企业所得税额，其计算公式为

调整所得税 = 息税前利润 × 适用的企业所得税税率　（7－10）

其中：

息税前利润 = 营业收入 − 不包括财务费用的总成本费用 − 营业税金及附加

【例7－9】　如【例7－7】和【例7－8】资料，企业适用所得税率为25%。该企业不享受任何减免税待遇。根据上述资料，估算该项目投产后各年的增值税营业税金及附加指标如

下:估算该项目投产后各年的息税前利润及调整所得税指标如下:

投产后第 1 年的息税前利润 = 180 - 103.14 - 2.24 = 74.62(万元)

投产后第 2 ~ 5 年每年息税前利润 = 200 - 125 - 2.38 = 72.62(万元)

投产后第 6 ~ 20 年每年息税前利润 = 300 - 160 - 3.57 = 136.43(万元)

投产后第 1 年的调整所得税 = 74.64 × 25% = 18.66(万元)

投产后第 2 ~ 5 年每年调整所得税 = 72.62 × 25% = 18.16(万元)

投产后第 6 ~ 20 年每年调整所得税 = 136.43 × 25% = 34.11(万元)

(3)关于增值税的说明

增值税属于价外税,不属于投入类财务可行性要素,也不需要单独估算。但在估算城市维护建设税和教育费附加时,要考虑应交增值税指标。

三、产出类财务可行性要素的估算

产出类财务可行性要素包括以下四项内容:在营运期发生的营业收入;在营运期发生的补贴收入;通常在项目计算期末回收的固定资产余值;通常在项目计算期末回收的流动资金。

1. 营业收入的估算

营业收入应按项目在运营期内有关产品的各年预计单价(不含增值税)和预测销售量(假定运营期每年均可以自动实现产销平衡)进行估算。营业收入也属于时期指标,为简化计算,假定营业收入发生于运营期各年的年末。在项目只生产一种产品的条件下,营业收入估算公式为

$$年营业收入 = 该年产品不含税单价 \times 该年产品的产销量 \qquad (7-11)$$

【例 7 - 10】 某企业拟建的生产线只生产一种产品,假定该产品的销售单价始终保持 1 000 元/件,预计投产后各年的产销量数据如下:第 1 年 1 880 件,第 2 ~ 5 年每年 2 000 件,第6 ~ 20年每年 3 000 件。根据上述资料,估算该项目投产后每年的营业收入指标如下:

投产后第 1 年的营业收入 = 1 000 × 1 880 = 188(万元)

投产后第 2 ~ 5 年每年营业收入 = 1 000 × 2 000 = 200(万元)

投产后第 6 ~ 20 年每年营业收入 = 1 000 × 3 000 = 300(万元)

2. 补贴收入的估算

补贴收入是与运营期收益有关的政府补贴,可根据按政策退还的增值税、按销量或工作量分期计算的定额补贴和财政补贴等予以估算。

3. 固定资产余值的估算

在进行财务可行性评价时,假定主要固定资产的折旧年限等于运营期,则终点回收的固定资产余值等于该主要固定资产的原值与其法定净残值率的乘积,或按事先确定的净残值估算;在运营期内,因更新改造而提前回收的固定资产净损失等与其折余价值与预计可变现净收入之差。

4. 回收流动资金的估算

当项目处于终结点时,所有垫付的流动资金都将退出周转,因此,在假定运营期内不存在因加速周转而提前回收流动资金的前提下,终结点一次回收的流动资金必然等于各年垫支的流动资金投资额的合计数。

在进行财务可行性评价时,将在终结点回收的固定资产余值和流动资金统称为回

收额。

【例7－11】 如【例7－5】和【例7－6】计算结果资料，企业拟建生产线项目的，固定资产原值在终结点的预计净残值40万元，全部流动资金在终结点一次回收。（【例7－6】题结果：第1次流动资金投资15万元，第2次流动资金投资5万元，流动资金总投资20万元）根据上述资料，估算该项目回收的固定资产余值、回收的流动资金及总回收额指标如下：

回收的固定资产余值为40万元；

回收的流动资金为20万元；

总回收额＝40＋20＝60（万元）

四、现金流量的测算

1.现金流量的概述

(1)现金流量的含义

现金流量（CF）又称为现金流动量或现金流，是投资项目在计算期内因资本循环而可能或应该发生的各项现金流入量与现金流出量的统称。财务管理中的现金流量是针对特定投资项目，不是针对特定会计期间，它是评价投资方案是否可行是必须事先计算的一个基础型数据，是计算项目投资决策评价指标的主要数据和重要信息之一。

在确定投资项目的现金流量时，应遵循的最基本原则是：只有增量现金流量才是与项目相关的现金流量。而增量现金流量是指接受或拒绝某个投资项目时，企业总现金流量才会因此而发生变动。只有那些由于采纳某个项目引起的现金支出增加额，才是该项目的现金流出；只有那些由于采纳某个项目引起的现金流入增加额，才是该项目的现金流入。这里的“现金”是广义的现金，既包括各种货币资金，又包括特定项目所引起的非货币资源的变现价值。

(2)现金流量的构成

投资决策中的增量现金流量，从时间特征上看包括三部分：

①初始期现金流量

初始期是指从投资开始日至取得营业收入前的期间。有的项目需要几年，有的项目时间很短。初始期较短的项目，可用营业现金流入开始日取代初始期。初始期主要的现金流项目包括：一是购置新资产的支出；二是额外的资本支出（运输、安装、调试等支出）；三是经营资本的增加（或减少）；四是旧资产出售的净收入（重置项目），包括其纳税影响等。

②经营期现金流量

经营期是指项目取得营业收入持续的期间，它至少为一年，多则几十年。经营期主要的现金流项目包括：一是经营收入的增量；二是经营费用的增量（折旧除外）；三是折旧费（按税法规定计量）的净变动。四是所得税额的变动；五是折旧费（按税法规定计算）的净变动。其中由项目引起的，税前利润变动＝经营收入的增量－经营费用的增量（折旧除外）－折旧费（按税法规定计量）的净变动，税后利润变动＝税前利润变动＋所得税额的变动，经营期增量现金流＝税后利润变动＋折旧费（按税法规定计算）的净变动。经营期的现金流量是分年计算的，每一年的经营现金流入和经营现金流出的差额，称该年的经营现金净流量。

③处置期现金流量

处置期营业现金流入终止日至项目资产清理完毕的期间。有的项目只有几天，有的项目需要几年。处置期时间短的项目,可以用营业现金流入终止日取代处置。处置期主要的现金流项目包括:一是处置或出售资产的残值变现价值;二是与资产处置相关的纳税影响;三是营业资本的变动。

(3)确定现金流量的假设

①投资项目的类型假设。投资项目只包括:单纯固定资产投资项目,完整工业投资项目和更新改造投资项目。

②财务可行性分析假设。相关投资决策已具备经济可行性,技术可行性。

③全投资假设。确定项目的现金流量时,只考虑全部投资的运动情况。其中,将自有资金与借入资金,均视为自有资金;借入的投资款不作流入;偿还借款不作流出;实际支付的利息计入成本;计算现金流量时,视同折旧一样处理。

④建设期投入全部资金。不论项目的原始总投资是一次投入还是分次投入,一般原始投入均在建设期。

⑤经营期与折旧年限一致。即固定资产的折旧年限或使用年限与经营期相同。

⑥时点指标假设。现金流量所涉及的价值指标,均假设按年初或年末的时点指标处理。其中,建设投资在"年初"发生;流动资金投资在"建设期末"即"经营期初"发生;经营期内各年的收入、成本、折旧、摊销、利润、税费等项目均在"年末"发生;项目报废、清理均发生在"终结点"(更新除外)。

⑦确定性假设。如价格、产销量、成本水平、所得税等均为常数。

(4)现金流量的内容

现金流量(CF_t)按现金流动的方向可分为现金流出量(CO_t)和现金流入量(CI_t)。

①现金流出量的内容(CO_t)

现金流出量是由特定投资项目所引起的企业现金支出的增加额。现金流出量主要包括:原始总投资、流动资金投资、付现成本、各项税款和其他现金流出等投入类财务可行性要素。

原始总投资即建设投资含更新改造项目的投资,是在建设期内发生的固定资产投资、无形资产投资和开办费投资等项目投资的总称。

流动资金投资(垫支流动资金)是在完整工业投资项目所发生的,为使企业投入生产,而必须垫支一部分营运资金,用于生产经营期周转使用的营运资金投资。

付现成本又称为经营成本,是在经营期内为满足正常生产经营而动用的现实货币资金支付的成本费用,是生产经营阶段上最主要的现金流出项目。

付现成本 = 当年发生的总成本 - 该年折旧 - 该年摊销额 - 该年利息费用等　　(7 - 12)

各项税款是项目投产后依法缴纳的,单独列示的各项税款,如营业税及附加、所得税等。

其他现金流出是指不包括上述指标在内的现金流出项目,如营业外支出等。

②现金流入量的内容(CI_t)

现金流入量是由特定投资项目所引起的企业现金收入的增加额。现金流入量主要包括:营业收入、回收固定资产余值、回收流动资金和其他现金流入等产出类财务可行性要素。

营业收入是项目投产后每年实现的全部销售收入,是经营期主要现金流入。

回收固定资产余值,是投资项目的固定资产在终结点、报废清理、中途变价转让处理时收回的价值。

回收流动资金是项目终结点时,收回原垫支的全部流动资金的投资额。

其他现金流入指不包括上述指标在内的现金流入项目,如停止使用的土地变价收入流入的现金。

2. 净现金流量的确定

(1)净现金流量的含义

现金净流量又称为年现金净流量(*NCF*),是指在项目计算期内,由每年现金流入量与同年现金流出量之间的差额所形成的序列(时间)指标。净现金流量是计算项目投资决策评价指标的重要依据。

$$某年现金净流量(NCF_t)=该年现金流入量(CI_t)-该年现金流出量(CO_t) \quad (7-13)$$

式中,$t=0,1,2,\cdots,n$

(2)净现金流量的特征

①在项目计算期内(包括经营期和建设期)均存在净现金流量;

②建设期内的净现金流量一般小于零或等于零,经营期内的净现金流量一般大于零。流入量大于流出量时,净现金流量为正值;反之,净现金流量为负值。

(3)净现金流量的计算

①完整工业投资项目净现金流量的计算

$$建设期某年净现金流量=该年项目投资总额 \quad (7-14)$$

$$经营期某年净现金流量=该年净利润+该年非付现成本(如折旧、摊销、利息费)+该年回收额(包括固定资产残值回收额和垫支流动资金回收额) \quad (7-15)$$

②单纯固定资产投资项目净现金流量的计算

$$建设期某年净现金流量=该年发生的固定资产投资额 \quad (7-16)$$

$$\begin{matrix}经营期某年\\净现金流量\end{matrix}=\begin{matrix}该年因使用固定资产新增的\\(净利润+非付现成本)\end{matrix}=\begin{matrix}该年回收的\\固定资产净残值\end{matrix} \quad (7-17)$$

③更新改造投资项目净现金流量的计算

$$\begin{matrix}建设期某年\\净现金流量\end{matrix}=-\left(\begin{matrix}该年发生的\\固定资产投资额\end{matrix}-\begin{matrix}旧固定资产\\变价净收入\end{matrix}\right)+\begin{matrix}因固定资产提前报废发生\\净损失而抵减的所得税额\end{matrix} \quad (7-18)$$

$$\begin{matrix}经营期第一年\\净现金流量\end{matrix}=\begin{matrix}该年因更新改造而增加的\\(净利润+非付现成本)\end{matrix}+\begin{matrix}因旧固定资产提前报废发生\\净损失而抵减的所得税额\end{matrix} \quad (7-19)$$

$$\begin{matrix}经营期其他各年\\净现金流量\end{matrix}=\begin{matrix}该年因更新改造而增加的\\(净利润+非付现成本)\end{matrix}+\begin{matrix}该年回收新固定资产净残值超过假定\\继续使用的旧固定资产净残值之差额\end{matrix} \quad (7-20)$$

(4)净现金流量的应用

【例7-12】 某项目投资总额为150万,其中固定资产投资为120万元,建设期为3年,于建设起点分3年平均投入,流动资金投入为30万元与投产开始时垫付。该项目寿命为期为10年,固定资产按直线法计提折旧,期满有10万元净残值;流动资金在项目终结时可一次全部收回。另外,预计项目投产后,前5年每年可获得的40万元的营业收入,并发生15万元的变动成本;后5年每年可获得60万元的营业收入,发生22.5万元的变动成本;每年发生固定成本为20万元(包括折旧)。求各年的现金净流量。

根据以上资料计算相关指标如下：

(1)建设期现金净流量

$$NCF_{0\sim2} = -400\ 000(\text{元})$$

$$NCF_3 = -300\ 000(\text{元})$$

(2)经营期现金净流量

固定资产折旧：(1 200 000 - 100 000) ÷ 10 = 110 000(元)

前5年每年的营业利润：400 000 - 150 000 - 200 000 = 50 000(元)

后5年每年的营业利润：600 000 - 225 000 - 200 000 = 175 000(元)

$$NCF_{4\sim8} = 50\ 000 + 110\ 000 = 160\ 000(\text{元})$$

$$NCF_{9\sim12} = 175\ 000 + 110\ 000 = 285\ 000(\text{元})$$

$$NCF_{13} = 175\ 000 + 110\ 000 + 300\ 000 + 100\ 000 = 685\ 000(\text{元})$$

【例7-13】 某固定资产项目需要一次投入价款100万元，资金需从银行借入，借款利息率10%，建设期为1年。该固定资产可使用10年，按直线法折旧，期满有净残值10万元。投入使用后，可使经营期第1~7年每年产品销售收入（不含增值税）增加80.39万元，第8~10年每年产品销售收入（不含增值税）增加69.39万元，同时使第1~10年每年的经营成本增加37万元。该企业的所得税率为33%，不享受减免税优惠。投产后第7年末，用净利润归还借款的本金，在还本之前的经营期内每年末支付借款利息11万元，连续归还7年。求各年的现金净流量。

根据所给资料计算相关指标如下：

(1)项目计算期 = 1 + 10 = 11(年)

(2)固定资产原值 = 100 + 100 × 10% × 1 = 110(万元)

(3)年折旧 $= \dfrac{110-10}{10} = 10$(万元)

(4)经营期第1~7年每年增加总成本 = 37 + 10 + 11 = 58(万元)

经营期第8~10年每年增加总成本 = 37 + 10 = 47(万元)

(5)经营期第1~7年每年增加营业利润 = 80.39 - 58 = 22.39(万元)

经营期第8~10年每年增加营业利润 = 69.39 - 47 = 22.39(万元)

(6)每年增加应交所得税 = 22.39 × 33% = 7.39(万元)

(7)每年增加净利润 = 22.39 - 7.39 = 15(万元)

$NCF_0 = -100$

$NCF_1 = 0$

$NCF_{2\sim8} = 10 + 11 + 15 = 36$

$NCF_{9\sim10} = 10 + 15 = 25$

$NCF_{11} = 10 + 15 + 10 = 35$

3. 现金流量测算应注意的问题

由于项目投资的投入、回收、收益的形成均以现金流量形式表示，所以在整个项目计算期的各个阶段上，都可能发生现金流量。需要逐年估计每一个时点上的现金流入量和现金流出量。

(1)必须考虑现金流量的增量

增量现金流是接受或放弃某个投资项目所引起企业总现金流的改变量。现金流量是由特定投资项目引起的，特定“增量”现金流。

(2)尽量利用现有会计利润数

项目预算是建立在现金流,而不是会计利润的基础上,不能直接用会计利润代替现金流量,但在预计会计报表中容易获得利润资料,需将会计利润转化为净现金流量。

(3)不能考虑沉没成本因素

沉没成本是过去发生的支出,而不是新增成本,对企业当前的投资决策不会产生影响。

(4)充分关注机会成本

机会成本是因选择某一项目而放弃其他方案所失去的潜在收益,是失去的收益不是现实的收益,是潜在的放弃收益,是一项相关成本,在项目现金流量估算中应予以考虑。

(5)充分关注非财务因素

资本投资经营是战略的,在决策时必须重视非财务因素和不可计量因素,如投资决策使用的信息是否充分和可靠;企业是否有足够的人力资源成功实施项目;项目对于现有的经理人、职工、顾客有什么影响,他们是否欢迎;企业是否能够及时、足额筹集到项目所需的资金;项目是否符合企业的发展战略,对于提升长期竞争力有何影响,竞争对手将会做出什么反应;项目的实施是否符合有关法律的规定和政府政策。

第三节　投资项目财务可行性评价指标

一、财务可行性评价指标的类型

项目投资决策评价指标是用于衡量和比较投资项目可行性、据以进行方案决策的定量化标准与尺度,是由一系列综合反映投资效益、投入产出关系的量化指标构成的。是对项目投资的经济性、合理性进行分析、评价的方法。财务评价指标很多,本书主要介绍投资利润率、静态投资回收期、净现值、净现值率、获利指数和内部收益率等六个指标。

1. 按投资目的不同分类

按投资目的不同分为扩张性投资、重置性投资、强制性投资和其他投资。扩张性投资是为扩大经营业务范围而购置新的机器设备,该种投资通常会增加企业的经营现金流入。重置性投资是替换现有的机器设备,该种投资通常不会增加企业的经营现金流入。强制性投资是法律要求的项目,如为确保工作现场的安全、消费者的安全和保护环境而实施的项目,该种投资通常不直接产生经营现金流入,但会使企业在履行社会责任方面的形象得到改善,也有可能会减少未来的现金流出。其他投资主要包括新产品研发投资、专利投资、土地投资等,该种投资通常不直接产生现实的经营现金流入,而是得到一种选择权。

2. 按指标是否考虑资金时间价值分类

按指标是否考虑资金时间价值分为非折现评价指标和折现评价指标两大类。非折现评价指标是指在计算过程中不考虑资金时间价值因素的指标,又称为静态指标,包括投资利润率、静态投资回收期。折现评价指标是指在计算过程必须充分考虑资金时间价值因素的指标,又称为动态指标,包括净现值、净现值率、获利指数、内部收益率和年均净现值。

3. 按指标性质不同分类

按指标性质不同分为在一定范围内指标越大越好的正指标和指标越小越好的反指标两大类。投资利润率、净现值、净现值率、获利指数、内部收益率和年均净现值属于正指标;静态投资回收期属于反指标。

4. 按指标数量特征分类

按指标数量特征分为绝对量指标和相对量指标。绝对量指标包括以时间为计量单位的静态投资回收期指标和以价值量为计量单位的净现值指标;相对量指标除获利指数用指数形式表现外,大多为百分比指标。

5. 按指标重要性分类

按指标重要性分为主要指标、次要指标和辅助指标。净现值、内部收益率、年均净现值等为主要指标;静态投资回收期为次要指标;投资利润率为辅助指标。

二、静态指标

1. 静态投资回收期

静态投资回收期简称为回收期,是使累积现金流入量等于现金流出量的时间。即以投资项目经营净现金流量抵偿原始总投资所需要的全部时间。包括两种形式:含建设期的投资回收期(记作 PP);不含建设期的投资回收期(记作 PP'),建设期(记作 S),则 $PP = PP' + S$。通常只需要计算出其中一种投资回收期即可。

通过比较回收的速度来确定项目的优劣,回收期越短,方案越有利。一般可先规定标准投资回收期,约为项目投资的经济寿命一半。若备选方案投资回收期小于或等于标准投资回收期则方案可取,反之应拒绝;若有几个备选方案,且投资回收期均小于标准投资回收期,且只能取其一,则以最短的方案为最优方案。

(1) 特殊方法

每年的营业现金净流量(NCF)相等,原始投资一次支出,其计算公式为

$$\text{投资回收期} = \frac{\text{原始投资额}}{\text{每年现金净流量}} \tag{7-21}$$

(2)一般方法

每年的营业现金净流量不相等,或原始投资是分几年投入的,按每年年末尚未收回的投资额,采用“累计法 + 插值法”确定投资回收期。

【例 7-14】 某企业有 A,B 两个投资方案,投资总额为 50 万元,全部用于购置新的设备。折旧采用直线法,使用期均为 5 年,无残值,其他有关资料如表 7-3 所示,要求分别确定 A,B 方案的投资回收期并进行决策。

表 7-3 A,B 两个投资方案的有关资料

单位:万元

项目计算期/年	A 方案利润	A 现金净流量	B 方案利润	B 现金净流量
0		(50)		(50)
1	7.5	17.5	5	15
2	7.5	17.5	7	17
3	7.5	17.5	9	19
4	7.5	17.5	11	21
5	7.5	17.5	13	23
合计	37.5	37.5	45	45

根据所给资料计算相关指标如下：

A 方案投资回收期为：$50 \div 17.5 = 2.86$（年）

B 方案投资回收期在第 2 年与第 3 之间，用插值法：

第 2 年　　累计净现金流量为 32

第 X 年　　累计净现金流量为 50

第 3 年　　累计净现金流量为 51

$$(X-2) \div (3-2) = (50-32) \div (51-32)$$

$$X = 2 + (50-32) \div (51-32) = 2.95\text{（年）}$$

因为 A 方案投资回收期为 2.86 年，短于 B 方案投资回收期 2.95 年，使用投资回收期作为评价标准，A 方案优于 B 方案，所以应选 A 方案。

静态投资回收期具有计算简单；能直观反映原始总投资的返本期限；可以大体上衡量项目的流动性和风险的优点。但没考虑资金时间价值；没考虑回收期满以后的现金流量对投资收益的贡献；易急功近利接受短期项目，放弃长期成功的方案。一般适用于项目的初选评估。

2. 投资利润率

投资利润率又称投资报酬率或会计收益率（记作 ROI）是指生产期正常年度利润或年均利润占投资总额或原平均投资总额的百分比。

$$\text{投资利润率} = \text{年均利润额} \div \text{平均投资总额} \times 100\% \quad (7-21)$$

投资利润率是正指标，投资项目的投资利润率越高越好。对于独立项目的选择，企业可根据计算的平均会计收益率指标与企业所要求的回报率作比较，如果低于所要求的回报率，则应拒绝该项目。对于互斥项目的比较，应该选择平均会计收益率较高的项目。一般只有投资报酬率大于或等于无风险投资报酬率的投资项目才具有财务可行。

【例 7-15】　仍以【例 7-14】的有关资料为例，计算该企业投资利润率指标并进行决策。

根据所给资料计算相关指标如下：

A 方案投资利润率 $= 7.5 \div (50 \div 2) \times 100\% = 30\%$

B 方案投资利润率 $= (45 \div 5) \div (50 \div 2) \times 100\% = 36\%$

因为 A 方案投资利润率为 30%，小于 B 方案投资利润率 36%，使用投资利润率作为评价标准，B 方案优于 A 方案，所以应选 B 方案

投资利润率具有衡量盈利性的简单方法；容易取得财务报告的数据；考虑了整个项目寿命期的全部利润，不受建设期长短、投资方式、回收额、净现金流量的影响，能够说明各投资方案的收益；易于经理人掌握业绩的预期及项目的日后评估的优点。但是没有考虑资金时间价值因素，不能正确反映建设期长短及投资方式不同对项目的影响；该指标的分子分母计算口径的可比性较差；该指标的计算无法直接利用现金流量信息，忽略了非付现成本的影响。

三、动态指标

1. 净现值

净现值（记作 *NPV*）是指在项目计算期内，按一定贴现率计算的各年现金净流量（*NCF*）现值的代数和。即是将项目各期的净现金流量的现值进行加总计算总净现值的方法。

$$NPV = NCF_0 + \frac{NCF_1}{(1+i)^1} + \frac{NCF_2}{(1+i)^2} + \cdots + \frac{NCF_n}{(1+i)^n}$$

$$= \sum_{t=0}^{n} \frac{NCF_t}{(1+i)^t} = \sum_{t=0}^{n} NCF_t(P/F,i,t) \qquad (7-23)$$

式中 t——为进行项目投资的时期；

NCF_t——t 时期的净现金流量；

i——项目的贴现率；

n——投资进行的总时期；

NPV——投资项目的净现值。

单一投资方案决策时，如果计算的净现值为正，说明这个项目是有利可图的；如果计算的净现值为负，则应拒绝这个项目。多项互斥投资方案决策时，如果投资额相同，且净现值均大于零的投资项目，净现值越大，则说明投资项目的盈利能力越强。一般只有净现值指标大于或等于零的投资项目才具有财务可行性。

净现值法的计算步骤：

一是，计算每年营业现金的净流量（NCF）——流入、流出。

二是，计算未来报酬的总现值——折现（按行业基准收益率或企业设定的贴现率）首先，将每年营业现金净流量（NCF）折算成现值，若每年的 NCF 相等，按普通年金现值系数折算成现值；若每年的 NCF 不相等，按复利现值系数折算成现值后加总。其次，将终结现金流量折算成现值。最后，计算未来报酬的总现值。

三是，计算各方案的净现值（NPV），并对方案进行决策。

经营期内每年净现金流量相等的应用。

【例 7－16】 某企业购入设备一台，价值为 30 000 元，按直线法计提折旧，使用寿命为 6 年，期末无残值。预计投产后每年可获得利润 4 000 元，假定贴现率为 12%，求该项目的净现值。

根据所给资料计算相关指标如下：

$$NCF_0 = -30\ 000(元)$$

$$NCF_{1\sim6} = 4\ 000 + (30\ 000 \div 6) = 9\ 000(元)$$

$$NPV = 9\ 000 \times (P/A,12\%,6) - 30\ 00 = 9\ 000 \times 4.111 - 30\ 000 = 6\ 999(元)$$

经营期内每年净现金流量不相等的应用。

【例 7－17】 假定前例中，投产后每年可获得利润分别为：3 000 元，3 000 元，4 000 元，4 000 元，5 000 元，6 000 元，其余资料不变，求该项目的净现值。

根据所给资料计算相关指标如下：

$$NCF_0 = -30\ 000(元)$$

$$NCF_{1\sim2} = 3\ 000 + 5\ 000 = 8\ 000(元)$$

$$NCF_{3\sim4} = 4\ 000 + 5\ 000 = 9\ 000(元)$$

$$NCF_5 = 5\ 000 + 5\ 000 = 10\ 000(元)$$

$$NCF_6 = 5\ 000 + 6\ 000 = 11\ 000(元)$$

$$NPV = 8\ 000 \times (P/F,12\%,1) + 8\ 000 \times (P/F,12\%,2) + 9\ 000 \times (P/F,12\%,3) + 9\ 000 \times (P/F,12\%,4) + 10\ 000 \times (P/F,12\%,5) + 11\ 000 \times (P/F,12\%,6) - 30\ 000$$

$=8\ 000\times0.893+8\ 000\times0.797+9\ 000\times0.712+9\ 000\times0.636+$

$10\ 000\times0.567+11\ 000\times0.507-30\ 000=6\ 899$(元)

净现值考虑了资金时间价值,较合理地反映了投资项目的真正经济价值;考虑了项目计算期的全部现金净流量,体现流动性和收益性的统一;考虑了投资风险性,贴现率与风险正相关。但净现值有一定的局限性,不能揭示各投资方案本身可能达到的实际报酬率;净现金流量的预测和贴现率(可以是现实的资金成本,贷款的实际利率,投资的机会成本~最低报酬率、行业平均收益率、社会资金平均收益率)的确定比较困难;计算较复杂,较难理解和掌握。适用于投资额相同的不同(互斥)方案的比较。

2. 内含报酬率

内含报酬率又称为内部收益率(记作 IRR),是指投资项目实际可望达到的收益率。即使得现金流入的折现总额与投资成本相等的贴现率。实质是能使投资项目的净现值等于零时的折率,即 $NPV=0$

$$NPV = NCF_0 + \frac{NCF_1}{(1+IRR)^1} + \frac{NCF_2}{(1+IRR)^2} + \cdots + \frac{NCF_n}{(1+IRR)^n} = \sum_{t=0}^{n} \frac{NCF_t}{(1+IRR)^t}$$

$$= \sum_{i=0}^{n} NCF_t(P/F, IRR, t) = 0 \qquad (7-24)$$

或:$CI_t = CO_t$

式中 t——进行项目投资的时期;

NCF_t——t 时期的净现金流量;

n——投资进行的总时期;

NPV——投资项目的净现值;

IRR——项目的内耗报酬率。

内含报酬率是折现的相对量正指标,采用这一指标的决策标准是将所测算的各方案的内含报酬率与其资金成本率对比,如果方案的内含报酬率大于其资金成本率,该方案可行;如果方案的内含报酬率小于其资金成本率,该方案不可行。如果几个投资方案的内含报酬率均大于其资金成本率,且各方案的投资额相同,那么内含报酬率与资金成本率之间差异最大的方案最好。

内含报酬率法的计算有两种方法:一是年金现值系数法;二是逐步测试法。

(1)年金现值系数法

年金现值系数法适用各年"现金净流量"相等。年金现值系数法应用的前提条件:一是全部投资均与建设起点一次投入,建设期=0,二是经营期内各年"现金净流量"相等,三是期末无回收额。

年现金净流量(NCF_t) × 年金现值系数($P/A,i,n$) − 原始投资额(A_0) = 0

年金现值系数法的计算步骤:

首先,计算年金现值系数,($P/A,IRR,n$) = 原始投资额(A_0) ÷ 年现金净流量(NCF_t);

其次,查年金现值系数表,在同一期数 n 内,寻找所求出的($P/A,IRR,n$)相邻的较大、较小的两个折现率,即依 n 与($P/A,IRR,n$)确定内涵报酬率的范围;

再次,用比例内插法,求该方案的内涵报酬率。

(2)逐步测试法

逐步测试法适用各年"现金净流量"不等。采用逐次测试逼近法,结合应用内插法的方法。即:试算+插值公式。

首先,估计一个贴现率,计算方案的净现值,当 $NPV>0$,说明实际内涵报酬率>预计贴现率,要增加贴现率,再测;当 $NPV<0$,说明实际内含报酬率<预计贴现率,要减小贴现率,再测;当 $NPV=0$,说明实际内含报酬率等于预计贴现率,即是方案本身贴现率。如此反复测试,寻找出使 NPV 由正到负或接近于零的两个贴现率。

其次,依相邻两个贴现率,用插值法求出该方案内含报酬率。

注意:相邻的两个贴现率不能相差太大,否则误差很大。

【例 7-18】 如前【例 7-16】某企业购入设备一台,价值为 30 000 元,按直线法计提折旧,使用寿命为 6 年,期末无残值。预计投产后每年可获得利润 4 000 元,假定贴现率为 12%,求该项目的内含报酬率。(经营期内每年净现金流量相等)

根据所给资料计算相关指标如下:

$NCF_{1\sim6}=4\ 000+(30\ 000\div6)=9\ 000$

$(P/A,IRR,n)=(A_0)\div(NCF_t)$

$(P/A,IRR,6)=30\ 000\div9\ 000=3.333\ 3$

查表四可知:18%　　3.497 6

IRR　　3.333 3

20%　　3.325 5

$(20\%-18\%)\div(3.325\ 5-3.497\ 6)=(IRR-20\%)\div(3.333\ 3-3.325\ 5)IRR$

$=19.91\%$

若资金成本 >19.91%,则该方案不可行;若资金成本 <19.91%,则方案可行。

【例 7-19】 如前【例 7-17】某企业购入设备一台,价值为 3 万元,按直线法计提折旧,使用寿命为 6 年,期末无残值。投产后每年可获得利润分别为:0.3 万元,0.3 万元,0.4 万元,0.4 万元,0.5 万元,0.6 万元,其余资料不变,求该项目的内含报酬率(经营期内每年净现金流量不相等)。

根据所给资料计算相关指标如下:

$NCF_0=-3$　　$NCF_{1\sim2}=0.8$　　$NCF_{3\sim4}=0.9$　　$NCF_5=1NCF_6=1.1$

第一次测试:设折现率为 16%,以此折现率计算净现值如下:

$$NPV_1=-3+0.8\times(P/F,16\%,1)+0.8\times(P/F,16\%,2)+0.9\times(P/F,16\%,3)+0.9\times(P/F,16\%,4)+1\times(P/F,16\%,5)+1.1\times(P/F,16\%,6)=0.285\ 58>0$$

由于 NPV 大于 0,说明设定的折现率低于 IRR,所以要提高折现率再次测试。

第二次测试:设折现率为 18%,以此折现率计算净现值如下。

$$NPV_2=-3+0.8\times(P/F,18\%,1)+0.8\times(P/F,18\%,2)+0.9\times(P/F,18\%,3)+0.9\times(P/F,18\%,4)+1\times(P/F,18\%,5)+1.1\times(P/F,18\%,6)=0.109\ 06>0$$

NPV 大于 0,说明设定的折现率 18% 仍低于 IRR,所以提高折现率再次测试。

第三次测试:设折现率为 20%,以此折现率计算净现值如下。

$$NPV_3=-3+0.8\times(P/F,20\%,1)+0.8\times(P/F,20\%,2)+0.9\times(P/F,20\%,3)+0.9\times(P/F,20\%,4)+1\times(P/F,20\%,5)+1.1\times(P/F,20\%,6)=-0.053<0$$

NPV 小于 0,说明该项目的内含报酬率 *IRR* 在 18% ~20% 之间,

然后用插值法近似计算内含报酬率 *IRR*:*NPV* =0 时,*IRR*

查表四可知:18%	0.109 06
IRR	0
20%	−0.052 65

$(20\% - 18\%) \div (-0.05265 - 0.10906) = (IRR - 20\%) \div (0 + 0.05265)$ *IRR*

$= 19.35\%$

若资金成本 >19.35%,则该方案不可行;若资金成本 <19.35%,则方案可行。

内含报酬率法能从动态的角度直接反映投资项目的实际收益水平,且不受行业基准收益率高低的影响,比较客观。但内含报酬率指标的计算过程十分麻烦,当经营期大量追加投资时,又有可能导致多个 *IRR* 出现,或偏高偏低,缺乏实际意义。

3. 净现值率与获利指数

(1) 净现值率

净现值率(记为 *NPVR*),是指投资项目的净现值占原始投资现值总和的百分比。其计算公式为

$$NPVR = \frac{\sum_{i=1}^{n} NPV_t}{\left|\sum_{t=0}^{s}\left[NCF_t \times (1+i_c)^{-t}\right]\right|} \times 100\% \qquad (7-25)$$

其中,$\left|\left[NCF_t \times (1+i_c)^{-t}\right]\right|$ 为原始投资的现值合计。

净现值率是一个贴现的相对量评价指标。当 $NPVR \geqslant 0$,则项目可行;当 $NPVR < 0$,则项目不可行。

净现值率考虑了资金时间价值,可以动态反映项目投资的资金投入与产出之间的关系,有利于在投资额不同的投资方案之间进行比较。但净现值率不能直接反映投资项目的实际收益率,在资本决策过程中,可能导致片面追求较高的净现值率,在企业资本充足的情况下,有降低企业投资利润总额的可能。适用于投资额不同的几个方案比较。

(2) 获利指数

获利指数又称为现值指数(记为 *PI*),是指投产后按一定折现率(行业基准收益率或企业设定的折现率)与各年净现金流量(NCF_t)的现值合计与原始投资的现值合计(A_0)之比。如果投资是多期完成的,则获利指数为未来现金流入的总现值与现金流出的总现值。其计算公式为

$$PI = \frac{\sum_{i=1}^{n} NCF_t (P/F, i, t)}{A_0} \qquad (7-26)$$

获利指数法是一个贴现的相对量评价指标。单一投资方案的决策,如果 $PI \geqslant 1$,则该投资项目可行;如果 $PI < 1$,则该投资项目不可行。对不同方案的选择,如果几个投资项目的现值指数都大于1,那么现值指数越大,投资项目越好。

获利指数法可进行独立投资机会获利能力的比较,从动态反映项目投资的投入与投出之间的关系。但获利指数法无法直接反映项目投资的实际收益率,计算较复杂,计算的口径也不一致。因此,在实务中通常并不要求直接计算获利指数,如果需要考核这一指标,可

在求得净现值率的基础上推算出来。适用于投资额不同的几个方案之间的比较。

【例7－20】 如前【例7－16】某企业购入设备一台，价值为30 000元，按直线法计提折旧，使用寿命为6年，期末无残值。预计投产后每年可获得利润4 000元，假定贴现率为12%，求该项目的净现值率和现值指数。

根据所给资料计算相关指标如下：

$$NCF_0 = -30\ 000(元)$$

$$NCF_{1\sim6} = 4\ 000 + (30\ 000 \div 6) = 9\ 000(元)$$

$$NPV = 9\ 000 \times (P/A, 12\%, 6) - 30\ 000$$

$$= 9\ 000 \times 4.111\ 4 - 30\ 000 = 7\ 002.6(元)$$

$$NPVR_t = \frac{7\ 002.6}{30\ 000} = 0.233\ 4$$

$$PI = \frac{37\ 002.6}{30\ 000} = 1.233\ 4 \cdots 或 \cdots 0.233\ 4 + 1 = 1.233\ 4$$

(3)净现值率与获利指数的关系

从净现值率和现值指数的定义可知这两个指标存在以下关系：

$$获利指数(PI) = l + 净现值率(PVR)$$

第四节 项目投资决策方法和应用

一、投资方案及其类型

1.项目投资的类型

(1)项目投资按投资行为介入程度分

①直接投资，是把资金直接投资于形成生产经营能力性实体性资产，以便创造价值的投资。通过直接投资，购买并配置劳动力、劳动资料和劳动对象等具体生产要素，直接兴建企业，开展生产经营活动。

②间接投资，是把资金投资于证券等金融资产，以便取得股利或利息收入的投资。如投资于股票、债券等权益性资产的投资，通过约定的收益分配权利，获得股利或利润收入，以分享直接投资的经营利润。

(2)按投资对企业的影响分

①战略性投资，是对企业全局产生重大影响的投资。一般投资所需资金量较大，回收时间较长，风险较大，如构建厂房、开发新产品等。

②战术性投资，是只对关系到企业某一局部的具体业务的投资。一般投资所需资金量较少，风险相对较小。短期投资一般属于战术性投资，如为降低产品成本、平衡生产能力和提高产品质量而进行的投资。

(3)按项目投资之间的关系分

①相关性投资，是指当采纳或放弃某个项目时，会使另外一个投资项目的经济指标发生显著变化。如计算机软件研制项目的采纳会增加计算机生产容量扩展项目的销售量，这两个项目是互补项目。再如企业同时开发两种功能相同，仅款式有差异的产品，一种产品进入市场，必然会降低另一种产品的销售量，这两个开发项目是替代项目。

②独立性投资，是指当采纳或放弃某个项目时，并不影响另一个项目的经济指标。如两条生产不同产品的生产流水线项目是相互独立的。

③互斥性投资，是指接受某一项目或放弃某一项目时，必须拒绝其他项目的投资。如企业为生产某种产品，可以购置设备，也可以租赁设备，这两个投资方案是相互排斥的。

2. 企业常见的投资项目

根据项目投资的目的和作用的不同，在实际操作中常见的项目投资主要有以下几种。如图 7－3 所示。

- 投资项目
  - 新建项目投资
    - 单纯固定资产投资项目
    - 完整工业投资项目
  - 更新改造项目投资

图 7－3　常见的投资项目

（1）新建项目投资

新建项目投资，是以新增生产能力为目的进行的投资，属外延式扩大再生产的扩张性项目，主要有：单纯固定资产投资项目和完整工业投资项目。单纯固定资产投资项目只涉及固定资产投资而不涉及其他长期投资和流动资金投资的项目。现金流出量包括：固定资产投资、新增经营成本和增加的各项税款等内容。现金流入量包括：增加的营业收入和回收固定资产余值等内容。完整工业投资项目涉及固定资产投资、流动资金投资和其他长期投资的项目。现金流出量包括：建设投资、流动资金投资、经营成本、各项税款和其他现金流出。现金流入量包括：营业收入、回收固定资产余值、回收流动资金和其他现金流入。

（2）更新改造项目投资

更新改造项目投资，是以或改善原有生产能力为目的进行的投资，属内部式扩大再生产的重置性项目，主要有：更新项目和改造项目。更新项目是以恢复固定资产生产效率为目的。改造项目是以改善企业经营条件为目的。现金流出量包括：购置新固定资产投资、因使用新固定资产而增加的经营成本、因使用新固定资产而增加的流动资金投资和增加的各项税款等内容。其中，因提前报废旧固定资产所发生的清理净损失而发生的抵减当期所得税额用负值表示。现金流入量包括：因使用新固定资产而增加的营业收入、处置旧固定资产的变价净收入和新旧固定资产回收固定资产余值差额等内容。

二、项目投资决策的主要方法

1. 单一的独立投资项目的财务可行性评价

投资项目是投资的客体，同一个投资项目完全可以采取不同的技术路线和运作手段来实现。投资方案就是基于投资项目要达到的目标而形成的有关具体投资的设想与时间安排，或者说是未来投资行为的预案。一个投资项目可以只安排一个投资方案，也可以设计多个可供选择的方案。根据投资项目中投资方案的数量，可以将投资方案分为单一方案和多个方案。

（1）单一项目的评价原则

①折现指标与非折现指标均可行，则项目可行；

②折现指标与非折现指标均不可行，则项目不可行；

③折现指标与非折现指标矛盾时，以折现指标为准；

④NPV，$NPVR$，PI，IRR 评价结论相同。

(2)单一项目的评价条件

方案之间存在着相互依存的关系，但又不能相互取代的方案，在只有一个投资项目可供选择的条件下，只需评价其经济上是否可行。如评价指标同时满足下列条件，则项目可行；反之放弃。

①净现值 $NPV \geqslant 0$

②净现值率 $NPVR \geqslant 0$

③现值指数 $PI \geqslant 1$

④内含报酬率 $IRR \geqslant$ 贴现率 i

⑤包括建设期的静态投资回收期 $PP \leqslant \frac{n}{2}$(项目计算期的一半)

不包括建设期静态投资回收期 $PP' \leqslant \frac{P}{2}$(经营期的一半)

⑥投资利润率 $ROI \geqslant$ 基准投资利润率 i(事先给定)

(3)单一项目评价的决策程序

①计算项目投资的净现金流量；

②计算净现值；

③计算内含报酬率；

④进行决策：净现值大于0，内含报酬率法大于基准收益率，项目可行。

(4)单一项目评价的注意事项

单一的独立投资项目的财务可行性评价应注意以下几点。

①如果某一投资项目的所有评价指标能够同时满足财务可行性评价标准，即：所有正指标均大于或等于相应的基数指标，反指标小于或等于基准指标。则可以断定该投资项目无论从哪个方面看都具备财务可行性，应当接受此投资方案。

②如果某一投资项目的所有评价指标均不能满足财务可行性评价标准，就可以断定该投资项目无论从哪个方面看都不具备财务可行性，应当放弃该投资方案。

③当静态投资回收期(次要指标)或投资利润率(辅助指标)的评价结论与净现值等主要指标的评价结论发生矛盾时，应当以主要指标的结论为准。

④利用净现值、净现值率、获利指数和内部收益率指标对同一个独立项目进行评价，会得出完全相同的结论。

2. 多个互斥方案的比较与优选

互斥方案决策是指按照一定方法，根据每一个已具备财务可行性的入选方案的相关评价指标做出的最终选择。项目投资决策中的互斥方案是互相关联、互相排斥的方案，即一组方案中的各个方案彼此可以相互代替，采纳方案组中的某一方案，就会自动排斥这组方案中的其他方案。如某企业拟投资增加一条生产线(购置设备)，既可以自行生产制造，也可以向国内其他厂家订购，还可以向某外商订货，这一组设备购置方案即为互斥方案，在决策时涉及的三个相互排斥、不能同时实施的投资方案，只能选择其中一个方案。

互斥方案的决策过程为每一个入选方案已具备项目可行性的前提下，利用具体决策方法比较各个方案的优劣，利用评价指标从各个备选方案中最终选出一个最优方案的过程。

投资决策方法是利用特定财务可行性评价指标作为决策标准或依据，对多个互斥方案作出最终决策的方法。由于各个备选方案的投资额、项目使用期不相一致，因而要根据各个方案的使用期、投资额相等与否，采用不同的方法做出选择。

(1)原始投资额相同，项目计算期相等的决策

如果投资额相同且项目计算期相等的互斥方案比较决策，可选择净现值、净现值率或内含报酬率大的方案作为最优方案。

净现值法、净现值率法和内含报酬率法是通过比较所有已具备财务可行性投资方案的净现值指标、净现值率指标和内含报酬指标的大小来选择最优方案的方法。该方法适用于原始投资相同且项目计算期相等的多个方案比较决策。

【例 7－21】 某企业现有资金 50 万元可用于固定资产项目投资，有 A，B，C 三个互相排斥的备选方案可供选择，这三个方案的投资额均为 50 万元，且都能使用 6 年，贴现率为 10%，现经计算各方案的净现值分别为：$NPV_A=6.1253$ 万元，$NPV_B=10.25$ 万元，$NPV_C=8.36$万元；内含报酬率分别为：$IRR_A=12.3\%$，$IRR_B=16.35\%$，$IRR_C=14.11\%$。根据上述资料，按净现值法做出决策的程序如下。

首先，评价各备选方案的财务可行性

因为 A，B，C 三个备选方案的净现值均大于零，

$NPV_A=6.1253$（万元）　$NPV_B=10.25$（万元）　$NPV_C=8.36$（万元）

且内含报酬率均大于贴现率 10%。$IRR_A=12.3\%$，$IRR_B=16.35\%$，$IRR_C=14.11\%$

所以 A，B，C 三个备选方案均具有财务可行性

其次，按净现值法进行比较决策

又因为 $NPV_B>NPV_C>NPV_A$，$IRR_B>IRR_C>IRR_A$

所以 B 方案最优，C 方案为其次，A 方案最差。

【例 7－22】 如前【例 7－21】某企业现有资金 50 万元可用于固定资产项目投资，有 A，B，C 三个互相排斥的备选方案可供选择，这三个方案的投资额均为 50 万元，且都能使用 6 年，贴现率为 10%，现经计算 $NPV_A=6.1253$ 万元，$NPV_B=10.25$ 万元，$NPV_C=8.36$ 万元。根据上述资料，按净现值率法做出决策的程序如下。

首先，评价各备选方案的财务可行性，同前

因为 A，B，C 三个备选方案的净现值均大于零，

$NPV_A=6.1253$（万元）　$NPV_B=10.25$（万元）　$NPV_C=8.36$（万元）

所以 A，B，C 三个备选方案均具有财务可行性

其次，计算各备选方案净现值率

$NPVR_A=6.1253\div50=0.1225$

$NPVR_B=10.25\div50=0.205$

$NPVR_C=8.36\div50=0.1672$

再次，按净现值率法进行比较决策

又因为 $NPVR_B>NPVR_C>NPVR_A$

所以 B 方案最优，C 方案为其次，A 方案最差。

在投资额相同的互斥方案比较中决策，采用净现值率法会与净现值法得到完全相同的结论；但投资额不同时，情况就可能不同。

【例 7－23】 某企业 A 方案与 B 方案为互斥方案，它们的计算其相同。A 方案原始投

资的现值200万元，净现值为40万元；B方案原始投资的现值100万元，净现值为24万元。根据上述资料，按净现值率法做出决策的程序如下。

首先，评价各备选方案的财务可行性，

因为A，B两个备选方案的净现值均大于零，$NPV_A=40$（万元） $NPV_B=24$（万元）

所以A，B两个备选方案均具有财务可行性

其次，计算各备选方案净现值率

$$NPVR_A=40\div200=0.2$$

$$NPVR_B=24\div100=0.24$$

再次，按净现值法结合净现值率法进行比较决策

在净现值法下，因为$NPV_B<NPV_A$，即$NPV_A=40$（万元），$NPV_B=24$（万元）

所以A方案优于B方案

在净现值法下，因为$NPVR_B>NPVR_A$，即$NPVR_A=0.2$，$NPVR_B=0.24$

所以B方案优于A方案

由于两个方案的原始投资额不相同，导致两个方案的决策结论相互矛盾，可选择采用差额净现值法或差额内含报酬率法来判断方案的好坏。

（2）原始投资额不同，项目计算期相等的决策

如果投资额不相等而项目使用期相等的互斥方案比较决策，可选择运用差量分析法，通过计算一个方案比另一个方案增减的现金流量差额，来判断方案是否可行。用"Δ"表示增减差量额。运用差量分析法进行项目投资决策主要包括：差额净现值法和差额内含报酬率法。

①差额净现值法

差额净现值法是在两个原始投资额不同的方案的差额净现金流量（记作ΔNCF）的基础上，计算出差额净现值指标（记作ΔNCF），依据净现值的大小或与基准折现率进行比较，进而判断方案孰优孰劣的方法。在差额净现值法下，各年的差额净现金流量ΔNCF_t的计算，一般用原始投资额较大的方案减去原始投资额较小的方案，经折现后净现值差ΔNPV大于零时，取原始投资额大的方案为最佳方案，反之，则投资少的方案为优。

差额净现值ΔNPV的计算过程和计算技巧同净现值NPV的计算过程完全相同，只是所依据的是各年的差额净现金流量ΔNCF。

【例7-24】 某企业现有甲、乙两个投资方案可供选择，甲方案的投资额为100 000元，每年现金净流量均为30 000元可使用5年；乙方案的投资额为70 000元，每年现金净流量分别为10 000元、15 000元、20 000元、25 000元、30 000元，使用期限为5年，贴现率为10%，要求根据上述资料对甲、乙两个投资方案做出选择。

首先，计算两个方案各年的差额净现金流量

$$\Delta NCF_0=-100\ 000-(-70\ 000)=-30\ 000\text{（元）}$$

$$\Delta NCF_1=30\ 000-10\ 000=20\ 000\text{（元）}$$

$$\Delta NCF_2=30\ 000-15\ 000=15\ 000\text{（元）}$$

$$\Delta NCF_3=30\ 000-20\ 000=10\ 000\text{（元）}$$

$$\Delta NCF_4=30\ 000-25\ 000=5\ 000\text{（元）}$$

$$\Delta NCF_5=30\ 000-30\ 000=0$$

其次，计算两个方案的差额净现值

$$\Delta NPV_{(甲-乙)} = -30\ 000 + 20\ 000 \times (P/F,10\%,1) + 15\ 000 \times (P/F,10\%,2) + 10\ 000 \times (P/F,10\%,3) + 5\ 000 \times (P/F,10\%,4) = 11\ 506(元)$$

最后,进行方案的决策

经计算表明,差额净现值为 11 506 元 >0,所以应选择甲方案。

②差额内含报酬率法

差额内含报酬率法均是在两个原始投资额不同的方案的差量净现金流量(记作 ΔNCF)的基础上,计算差额内部收益率指标(记作 ΔIRR),依据净现值的大小或与基准折现率进行比较,进而判断方案孰优孰劣的方法。在差额内含报酬率法下,当差额内部收益率指标大于或等于基准收益率或设定折现率时,原始投资额大的方案较优;反之,则投资少的方案为优。该方法还经常被用于固定资产的更新改造项目的投资决策。

差额内含报酬率 ΔIRR 的计算过程和计算技巧同内含报酬率 IRR 的计算过程完全相同,只是所依据的是各年的差额净现金流量 ΔNCF。

【例 7-25】 某企业进行一项投资,现有 A,B 两个备选方案,有关现金流量及差量现金流量如表 7-4 所示。该企业资金成本率为 12%,要求运用差额内含报酬率法进行决策。

表 7-4　A,B 两个备选方案的现金流量表　　金额单位:元

项目	0	1	2	3	4
A 的现金流量	-26 900	10 000	10 000	10 000	10 000
B 的现金流量	-55 960	20 000	20 000	20 000	20 000
B-A	-29 060	10 000	10 000	10 000	10 000

首先,根据上表可知:

$$\Delta NCF_0 = -29\ 060(元)$$

$$\Delta NCF_{1\sim4} = -\ 10\ 000(元)$$

其次,计算差额内含报酬率

$$(\Delta P/A,\Delta IRR,4) = 29\ 060 \div 10\ 000 = 2.906$$

查表可知:

$$(\Delta P/A,14\%,4) = 2.913\ 7$$

$$(\Delta P/A,15\%,4) = 2.855\ 0$$

运用插值法:

$$\frac{\Delta IRR - 14\%}{15\% - 14\%} = \frac{2.906 - 2.913\ 7}{2.855 - 2.913\ 7}$$

$\Delta IRR\ =\ 14.13\%$

最后,作出决策

因为 $\Delta IRR = 14.13\%$,大于企业资金成本率 12%。

所以应当选择 B 方案。

(3)原始投资额不同,项目计算期不等的决策

如果投资额和项目计算期都不相同的互斥方案比较决策,可采用年均净现值法或计算期统一法。

①年均净现值法

年均净现值法又称为年等额净回收额法或年回收额法(记作 $ANPV$),是把投资项目的净现值,按年金现值系数,分摊为项目每年的平均净现值。其计算公式为

$$ANPV = \frac{NPV}{(P/A,i,n)} \tag{7-28}$$

应用 $ANPV$ 的决策规则与 NPV 法相同。年等额净回收额法是依据所有投资方案的年等额净回收额(即年均净值)指标的大小来选择最优方案的决策方法。在此法下,在所有投资方案中,以年等额净回收额最大的方案为优。适用于原始投资额不同,且项目计算期不同的互斥方案的比较。

【例 7-26】 某企业现有甲、乙两个投资方案可供选择,年现金净流量如表 7-5 所示:如该企业期望达到的最低报酬率为 12%,请对甲、乙两个投资方案做出选择。

表 7-5 甲、乙两个投资方案的相关资料

年限	甲方案		乙方案	
	净收益/万元	年现金净流量/万元	净收益/万元	年现金净流量/万元
0		(20)		(12)
1	2	12	1.6	5.6
2	3.2	13.2	1.6	5.6
3			1.6	5.6

根据所给资料计算相关指标如下:

首先,计算各方案的净现值

$$NPV_{甲} = -20 + 12 \times (P/F,12\%,1) + 13.2 \times (P/F,12\%,2) = 12\ 378.4(元)$$

$$NPV_{乙} = -12 + 5.6 \times (P/A,12\%,3) = 14\ 500.8(元)$$

其次,计算各方案的年回收额(年均净现值)

$$甲的年回收额 = 12\ 378.4 \div (P/A,12\%,2) = 7\ 324.06(元)$$

$$乙的年回收额 = 14\ 500.8 \div (P/A,12\%,3) = 6\ 037.47(元)$$

因为 $NPV_{乙} > NPV_{甲}$,但使用年限乙方案 > 甲方案,而年回收额乙方案 < 甲方案。

所以甲方案为最佳方案。

②计算期统一法

计算期统一法是通过对计算期不同的多个互斥方案选定一个共同的计算分析期,以满足时间可比性的要求,进而根据调整后的评价指标来选择最优方案的方法。主要包括:方案重复法和最短计算期法两种。

方案重复法又称为计算最小公倍数法,是将各方案计算期的最小公倍数作为比较方案的计算期,进而调整有关指标,并据以进行多方案比较决策的一种方法。该方法有两种计算方式:一种是将各方案计算期的各年净现金流量或费用流量进行重复计算,直到与最小公倍数计算期相等;然后,再计算净现值、净现值率、差额内耗报酬率或费用现值等评价指标;最后,根据调整后的评价指标进行方案的比较决策。另一种是直接计算每个方案项目

原计算期内的评价指标(主要指净现值),再按照最小公倍数原理分别对其折现,并求其代数和,最后根据调整后的净现值指标进行方案的比较决策。本书主要介绍第二种方式。

【例7-27】 某企业现有甲、乙两个投资方案均在建设期年末投资,它们的计算期分别为10年和15年,有关资料如表7-6所示。假定基准折现率为12%。

表7-6 净现金流量资料 单位:万元

	1	2	3	4~9	10	11~14	15	净现值
甲项目	-700	-700	480	480	600	-	-	756.48
乙项目	-1 500	-1 700	-800	900	900	900	1 400	795.54

根据上述资料,按计算期统一法中的方案重复法(第二种方式)做出最终投资决策的程序如下。

首先,确定甲、乙两个投资项目的计算期的最小公倍数,计算结构为30年。

计算在30年内各个方案重复的次数;甲方案重复两次(30÷10-1),而乙方案只重复一次(30÷10-1)。

其次,分别计算各方案调整后的净现值指标:

$$NPV'_{甲} = 756.48 + 756.48\times(P/F,12\%,10) + 756.48\times(P/F,12\%,20)$$
$$= 1\ 078.47(万元)$$
$$NPV'_{乙} = 795.54 + 795.54\times(P/F,12\%,15)$$
$$= 940.88(万元)$$

最后,进行决策

因为 $NPV'_{甲} = 1\ 078.47$ 万元 $> NPV'_{乙} = 940.88$ 万元

所以甲方案优于乙方案。

最短计算期法又称为最短寿命法,是指在将所有方案的净现值均还原为等额年回收额的基础上,再按照最短的计算期来计算出相应的净现值,进而根据调整后的净现值指标进行多方案比较决策的一种方法。

【例7-28】 如前【例7-27】所示,按最小计算期法作出最终投资决策的程序如下。

首先,确定甲方案和乙方案中最短的计算期为甲方案10年。

其次,计算调整后的净现值指标:

$$NPV''_{甲} = NPV_{甲} = 756.48(万元)$$
$$NPV''_{乙} = [NPV_{乙}\div(P/A,12\%,15)]\times(P/A,12\%,10)$$
$$= 795.94\times(P/A,12\%,10)\div(P/A,12\%,15)$$
$$= 718.07(万元)$$

最后,作出决策

因为 $NPV''_{甲} = 756.48$ 万元 $> NPV''_{乙} = 718.07$ 万元

所以甲方案优于乙方案。

(4)其他方案的对比与选优决策

当项目投资方案不能单独计算、投资方案的收入相同或基本相同且难以具体计算时,一般选用的方法主要包括:费用现值比较法和年成本比较法。

①费用现值比较法

费用现值比较法又称为成本现值比较法，适用于项目计算期相同的不同方案的比较，决策标准为成本现值相对较低的方案为最佳方案。

【例 7-29】 某企业现有甲、乙两个投资方案可供选择，两个方案的设备生产能力相同，投资有效期都是 4 年，甲方案的投资额为 32 000 元，每年的运营成本分别为 2 000 元，2 200元，2 300 元，2 400 元，使用期满残值为 3 200 元；乙方案的投资额为 30 000 元，每年的运营成本为 2 600 元，使用期满残值为 2 000 元，贴现率为 8%，试比较甲、乙两个投资方案的优劣。

首先，确定方案的评价方法

因为两个方案的收入未知，无法计算 *NPV*，且投资有效期相同。

所以可采用成本现值比较法进行决策

其次，计算每个方案的成本现值

$$\begin{aligned}\text{甲方案投资成本现值} &= 32\ 000 + 2\ 000 \times (P/F, 8\%, 1) + 2\ 200 \times (P/F, 8\%, 2) + \\ &\quad 2\ 300 \times (P/F, 8\%, 3) + 2\ 400 \times (P/F, 8\%, 4) - 3\ 200 \times (P/F, 8\%, 4) \\ &= 36\ 975.6(\text{元})\end{aligned}$$

$$\begin{aligned}\text{乙方案投资成本现值} &= 30\ 000 + 2\ 600 \times (P/F, 8\%, 4) - 2\ 000 \times (P/F, 8\%, 4) \\ &= 37\ 141.46(\text{元})\end{aligned}$$

最后，进行方案的决策

因为甲方案投资成本现值 36 975.6 元 < 乙方案投资成本现值 37 141.46 元

所以甲方案优于乙方案

②年成本比较法

年成本比较法，适用于项目计算期不相同的方案的比较，决策标准为成本现值相对较低的方案为最佳方案。

【例 7-30】 如前【例 7-27】某企业现有甲、乙两个投资方案可供选择，两个方案的设备生产能力相同，投资有效期甲是 4 年，乙是 6 年，甲方案的投资额为 32 000 元，每年的运营成本分别为 2 000 元，2 200 元，2 300 元，2 400 元，使用期满残值为 3 200 元；乙方案的投资额为 30 000 元，每年的运营成本为 2 600 元，使用期满残值为 2 000 元，贴现率为 8%，试比较甲、乙两个投资方案的优劣。

首先，确定方案的评价方法

因为两个方案的使用年限不相同，不能采用成本现值比较法。

所以只能采用年成本比较法

其次，计算每个方案的成本现值

$$\begin{aligned}\text{甲方案的成本现值(同前题)} &= 32\ 000 + 2\ 000 \times (P/F, 8\%, 1) + \\ &\quad 2\ 200 \times (P/F, 8\%, 2) + 2\ 300 \times (P/F, 8\%, 3) + \\ &\quad 2\ 400 \times (P/F, 8\%, 4) - 3\ 200 \times (P/F, 8\%, 4) \\ &= 36\ 975.6(\text{元})\end{aligned}$$

$$\begin{aligned}\text{乙方案的成本现值} &= 30\ 000 + 2\ 600 \times (P/A, 8\%, 6) - 2\ 000 \times (P/F, 8\%, 6) \\ &= 40\ 759.14(\text{元})\end{aligned}$$

再次，计算每个方案的年均成本

$$\text{甲方案年均成本} = 36\ 975.6 \div (P/A, 8\%, 4) = 11\ 163.79(\text{元})$$

$$\text{乙方案年均成本} = 40\ 759.14 \div (P/A, 8\%, 6) = 88\ 16.79(\text{元})$$

最后,进行方案的决策

因为乙方案年均成本 < 甲方案年均成本

所以乙方案优于甲方案

三、几种特殊项目投资的决策

1. 固定资产更新决策

固定资产更新决策与新建项目相比,固定资产更新改造决策最大的难点在于不容易估算项目的净现金流量。

在估算固定资产更新项目的净现金流量时,要注意以下几点:

一是项目计算期不取决于新设备的使用年限,而是由旧设备可继续使用的年限决定;

二是需要考虑在建设起点旧设备可能发生的变价收入,并以此作为估计继续使用旧设备至期满时净产值收入的依据;

三是由于以旧换新决策相当于在使用新设备投资和继续使用旧设备两个原始投资不同的备选方案中作出比较与选择,因此,所估算出来的是增量净现金流量(ΔNCF);

四是在此类项目中,所得税后净现金流量比所得税前净现金流量更有意义。

固定资产更新决策利用差额投资内部收益率法,当更新改造项目的差额内部收益率指标大于或等于基准折现率(或设定折现率)时,应当进行更新;反之,就不应当进行更新。

【例 7-31】 某企业打算变卖一套尚可使用 5 年的旧设备,另购置一套新设备来替换它。取得新设备的投资额为 180 000 元;旧设备的折余价值为 95 000 元,其变现净收入为 80 000 元;到第 5 年末新设备与继续使用旧设备的预计净产值相等。新旧设备的替换将在当年内完成(即更新设备的建设期为零)。使用新设备可使企业在第 1 年增加营业收入 50 000元,增加营业成本 25 000 元;第 2 ~5 年内每年增加营业收入 60 000 元,增加营业成本 30 000 元. 设备采用直线法计提折旧。适用的企业所得税税率为 25%。行业基准折现率 i_c 分别为 8% 和 12%。

根据上述资料,计算该项目差量净现金流量和差额内部收益率,并分别据以作出更新决策如下:

(1)依题意计算以下指标

$$\text{更新设备比继续使用旧设备增加的投资额} = \text{新设备的投资} - \text{旧设备的变价净收入}$$
$$= 180\,000 - 80\,000 = 100\,000(\text{元})$$

$$\text{运营期第 1 ~5 年每年因更新改造而增加的投资} = 100\,000 \div 5 = 20\,000(\text{元})$$

$$\text{运营期第 1 年不包括财务费用的总成本费用的变动额} = \text{该年增加的经营成本} + \text{该年增加的折旧} = 25\,000 + 20\,000 = 45\,000(\text{元})$$

$$\text{运营期 2 ~5 不包括财务费用的总成本费用的变动额} = \text{该年增加的经营成本} + \text{该年增加的折旧} = 30\,000 + 20\,000 = 50\,000(\text{元})$$

因旧设备提前报废发生的处理固定资产净损失为

$$\text{旧固定资产折余价值} - \text{变价净收入} = 95\,000 - 80\,000 = 15\,000(\text{元})$$

$$\text{因旧固定资产提前报废发生净损失而抵减的所得税额} = \text{旧固定资产清理净损失} \times \text{适用的企业所得税税率} = 15\,000 \times 25\% = 3\,750(\text{元})$$

营运期第1年息税前利润的变动额 = 50 000 - 45 000 = 5 000(元)

营运期第2~5年息税前利润的变动额 = 60 000 - 50 000 = 10 000(元)

建设期差量净现金流量为

$$\Delta NCF_0 = -\left(\begin{matrix}\text{该年发生的新}\\\text{固定资产投资}\end{matrix} - \begin{matrix}\text{旧固定资产}\\\text{变价净收入}\end{matrix}\right) = -(180\ 000 - 80\ 000) = -100\ 000\text{(元)}$$

营运期差量所得税后净现金流量为

$$\Delta NCF_1 = \begin{matrix}\text{该年因更新改造而}\\\text{增加的息税前利润}\end{matrix} \times \left(1 - \begin{matrix}\text{所得税}\\\text{税率}\end{matrix}\right) + \begin{matrix}\text{该年因更新改造}\\\text{而增加的折旧}\end{matrix} + \begin{matrix}\text{因旧固定资产提前报废发生}\\\text{净损失而抵减的所得税额}\end{matrix}$$

$$= 5\ 000 \times (1 - 25\%) + 20\ 000 + 3\ 750 = 27\ 500\text{(元)}$$

$$\Delta NCF_{2\sim5} = \begin{matrix}\text{该年因更新改造而}\\\text{增加的息税前利润}\end{matrix} \times \left(1 - \begin{matrix}\text{所得税}\\\text{税率}\end{matrix}\right) + \begin{matrix}\text{该年因更新改造}\\\text{而增加的折旧}\end{matrix} + \begin{matrix}\text{该年回收新固定资产净残值超过假定}\\\text{继续使用的旧固定资产净残值之差额}\end{matrix}$$

$$= 10\ 000 \times (1 - 25\%) + 20\ 000 = 27\ 500\text{(元)}$$

(2)根据 ΔNCF 计算 ΔIRR

$$(P/A, \Delta IRR, 5) = 100\ 000 \div 27\ 500 = 3.636\ 4$$

因为 $(P/A, 10\%, 5) = 3.791 > 3.636\ 4$

$(P/A, 12\%, 5) = 3.605 < 3.636\ 4$

所以 $10\% < \Delta IRR < 12\%$,应用内插法:

$\Delta IRR = 10\% + (3.791 - 3.636\ 4) \div (3.791 - 3.605) \times (12\% - 10\%) \approx 11.66\%$

(3)比较决策

当行业基准利率 i_c 为8%时:

因为 $\Delta IRR = 11.66\% > i_c = 8\%$

所以应当更新设备

当行业基准利率 i_c 为12%时:

因为 $\Delta IRR = 11.66\% < i_c = 12\%$

所以不应当更新设备

注意:在计算运营期第1年所得税后净现金流量的公式中,该年“因更新改造而增加的息税前利润”不应当包括“因旧固定资产提前报废发生的净损失”。之所以要单独计算“因旧固定资产提前报废发生的净损失而抵减的所得税”,是因为更新改造不仅会影响到本项目自身,还会影响到企业的总体所得税水平,从而形成了“抵税效应”。如果将“因旧固定资产提前报废发生的净损失”计入“因更新改造而增加的息税前利润”,就会歪曲这种效应的计量结果。

2. 购买或经营租赁固定资产的决策

如果企业所需用的固定资产即可以购买,也可以采用经营租赁的方式取得,就需要按照一定方法对这两种取得方式进行决策。有两种决策方法可以考虑:

(1)分别计算两个方案的差量净现金流量,然后按差额投资内部收益率法进行决策;

(2)直接比较两个方案的折现总费用的大小,然后选择折现总费用低的方案。

【例 7 – 32】 某企业急需一台不需安装的设备，设备投入使用后，每年可增加的营业收入与营业税金及附加的差额为 50 000 元，增加经营成本 34 000 元。市场上该设备的购买价（不含税）为 77 000 元，折旧年限为 10 年，预计净残值为 7 000 元。若从租赁公司按经营租赁的方式租入同样的设备，只需每年年末支付 9 764 元租金，可连续租用 10 年。假定基准折现率为 10%，适用的企业所得税税率为 25%。

根据上述资料，用折现总费用比较法进行分析如下：

无论是购买设备还是租赁设备，每年增加营业收入、增加营业税金及附加和增加经营成本都不变，可以不予考虑。

计算购买设备的总折现费用：

购买设备的投资现值 = 77 000（元）

购买设备每年增加折旧而抵减所得税额的现值合计

$$= 7\ 000 \times 25\% \times (P/A, 10\%, 10)$$
$$= 1\ 750 \times 6.145$$
$$= 10\ 753.75（元）$$

购买设备回收固定资产余值的现值

$$= 7\ 000 \times (P/F, 10\%, 10)$$
$$= 7\ 000 \times 0.386$$
$$= 2\ 702（元）$$

计算租入设备的折现总费用：

租入设备每年增加租金的现值合计

$$= 9\ 764 \times (P/A, 10\%, 10)$$
$$= 9\ 764 \times 6.145$$
$$\approx 59\ 999.78（元）$$

租入设备每年增加租金而抵减所得税额的现值合计

$$= 9\ 764 \times 25\% \times (P/A, 10\%, 10)$$
$$= 2\ 441 \times 6.145$$
$$\approx 14\ 998.72（元）$$

租入设备的折现总费用合计

$$= 59\ 999.78 - 14\ 998.72$$
$$= 45\ 001.06（元）$$

作出决策：

因为购买设备的折现总费用合计 63 544.25 元 > 租入设备的折现总费用合计 45 001.06 元，所以不应当购买设备，而应租入设备。

第八章　企业营运资金管理

第一节　营运资金管理概述

一、营运资金的概念和特征

1. 营运资金的概念

营运资金又称营运资本，是指企业投入日常经营活动的资本。从会计的角度看，营运资金是指流动资产减去流动负债后余额。流动资产是指企业可以在一年内或超过一年的一个营业周期内实现变现或者运用的资产，属于生产经营过程中短期置存的资产，是企业资产的重要组成部分。企业拥有较多的流动资产，可在一定程度上降低财务风险。流动资产包括现金、短期投资、应收票据、应收账款，存货等。它具有占用时间短、周转快、易变现等特点。流动负债又称短期融资，是指需要在一年或超过一年的一个营业周期内必须偿还的债务。流动负债又称短期负债，具有成本低、偿还期短的特点，企业必须认真进行管理，否则将承受较大的风险。流动负债主要包括短期借款、应付账款、应付票据、预收账款、应交税费和应付职工薪酬等。

如果流动资产等于流动负债，则占用在流动资产上的资金是由流动负债融资；如果流动资产大于流动负债，则营运资金要由长期筹资来提供，以长期负债或权益的一定份额为其资金来源。

由于：

$$流动资产 + 长期资产 = 权益 + 长期负债 + 流动负债$$

所以：

$$流动资产 - 流动负债 = (权益 + 长期负债) - 长期资产$$

$$营运资金 = 流动资产 - 流动负债 = 长期筹资 - 长期资产 = 长期筹资净值$$

$$流动资产 = 流动负债 + 长期筹资净值$$

营运资金分为经营营运资本和短期净负债。

经营营运资本是指经营性流动资产与经营性流动负债之差。经营性流动资产包括经营现金和其他经营流动资产。经营现金是指经营周转所必需的现金，不包括超过经营需要的金融资产。其他经营流动资产包括存货和应收账款等经营活动中占用的非金融流动资产。经营性流动负债是指应付职工薪酬、应付税费、应付账款等依据法规和惯例形成的自发性负债。经营性负债虽然需要偿还，但是新的经营性负债同时不断出现，具有不断继起、滚动存在的长期性，因此被视为一项长期资金来源。经营性负债可以抵减公司对于经营性流动资产的投资额。

短期净负债是指短期金融负债与短期金融资产之差，也称短期净金融负债。短期金融负债是指以市场利率计息的短期应付票据、应付利息、应付优先股利和短期借款等一年内需要偿还的金融负债。短期金融资产是指超额现金、以市场利率计息的短期应收票据、短期权益性投资、短期债权投资等一年内可以变现的金融资产。

2. 营运资金的特征

营运资金在一个生产周期中就能完成一次循环,并随着再生产过程周而复始地进行周转。从循环周转情况看,营运资金具有以下特征。

(1)营运资金来源具有灵活多样性

企业筹集长期资金的方式一般比较少,只有吸收直接投资、发行股票、发行债券、银行长期借款等方式。营运资金的需求问题既可通过长期筹资方式解决,营运资金周转具有短期性,也可通过银行短期借款、短期融资、商业信用、票据贴现等短期筹资方式解决。

(2)营运资金数量具有波动性

在企业再生产的过程中,营运资金的数量会随企业内外条件的变化而变化,流动资产的占用数量有高有低,起伏不定,数量波动性很大。随着流动资产占用量的变动,要考虑合理安排流动资金的来源和供需平衡的问题。

(3)流动资产周转与生产经营周期具有一致性

企业的生产经营过程,也是劳动对象等物质要素的消耗过程。劳动对象投入生产后,它的实物形态便发生了变化,或者构成了产品的实体,或者有助于产品的形成。其价值也随之全部地转移到了所生产的产品上去,构成产品价值的一部分。当产品销售取得收入后,这部分价值便一次性得到了补偿。完成一次生产经营周期,流动资产也完成一次循环。所以,流动资产完成一次循环的时间与生产经营周期具有一致性。生产经营周期决定着流动资金的循环时间,流动资产周转综合反映企业供产销全过程。

(4)营运资金实物形态具有变动性

企业营运资金的实物形态是经常变化的,营运资金周转是指企业的营运资金从现金投入生产经营开始,经材料、在产品、产成品、应收账款等到最终转化为现金的过程。在供应阶段,企业用现金购进原材料等劳动对象,相应的流动资产则从现金形态转化为储备形态的存货;在生产阶段,原材料等劳动对象投入生产,随着对劳动对象的加工,最后生产出成品,流动资产则从储备形态依次转化为未完工产品形态和成品形态;在销售阶段,企业将产成品销售出去并收回货款,流动资产则从存货形态又转化为现金形态。流动资产占用形态的不断变化,形成流动资金周而复始的运动。

(5)获利能力相对较弱,投资风险相对较小

流动资产是生产经营过程中垫支性资产,在某种意义上属于非生产性资产,并不直接创造价值,但又是价值创造中不可或缺的要素,获利能力较小。流动资产与固定资产相比,由于通用性强,周转速度快,所以投资风险小。

二、营运资金的管理与原则

1. 营运资金的管理

营运资金可以用来衡量企业的短期偿债能力,其金额越大,表明该企业对于支付义务的准备越充足,短期偿债能力越好;当营运资金出现负数,企业的营运可能随时因周转不灵而中断。会计上只是用流动资产减去流动负债的差额来反映一个企业的偿债能力,不强调流动资产与流动负债的关系,不利于财务人员对营运资金的管理和认识;从财务角度看营运资金应该是流动资产与流动负债关系的总和,这个“总和”不是数额的加总,而是关系的反映,营运资本管理是短期财务问题。要搞好营运资金管理,必须解决好流动资产和流动负债两个方面的问题。

(1)企业应该投资多少在流动资产上,即资金运用的管理

主要包括现金管理、应收账款管理和存货管理。财务部门管理现金流动,生产部门管理存货流动,销售部门管理应收账款流动。

(2)企业应该怎样进行流动资产的融资,即资金筹措的管理

包括银行短期借款的管理和商业信用的管理。可见,营运资金管理的核心内容就是加强对资金运用和资金筹措的管理,也就是加快现金、存货和应收账款的周转速度,尽量减少资金的过分占用,降低资金占用成本;利用商业信用,解决资金短期周转困难,同时在适当的时候向银行借款,利用财务杠杆,提高权益资本报酬率。

2. 营运资金的管理原则

企业的营运资金在全部资金中占有相当大的比重,而且周转期短,形态易变,是企业财务管理工作的一项重要内容。企业进行营运资金管理,必须遵循以下原则:

(1)认真分析生产经营状况,保证营运资金合理需要数量

企业营运资金的需要数量与企业生产经营活动有直接关系,当企业产销量不断增加时,流动资产不断增加,流动负债也会相应增加,反之亦然。因此,企业财务人员应认真分析生产经营状况,采用科学的方法预测营运资金的需要数量,以便合理使用营运资金。

(2)加速营运资金周转,提高资金使用效率

在其他因素不变的情况下,加速营运资金的周转,也就相应地提高了资金的利用效果。因此,企业要千方百计地加速存货、应收账款等流动资产的周转,以便用有限的资金,取得最优的经济效益。

(3)在保证生产经营需要的前提下,节约资金使用成本

在营运资金管理中,必须正确处理保证生产经营需要和节约使用资金二者之间的关系。在保证生产经营需要的前提下,遵守勤俭节约的原则,挖掘资金潜力,精打细算地使用资金成本。

(4)合理安排流动资产与流动负债的比例关系,保证企业有足够的短期偿债能力

流动负债是在短期内需要偿还的债务,而流动资产则是在短期内可以转化为现金的资产。因此,如果一个企业的流动资产比较多,流动负债比较少,说明企业的短期偿债能力较强;反之,则说明短期偿债能力较弱。但如果企业的流动资产太多,流动负债太少,这可能是因流动资产闲置或流动负债利用不足所致。根据惯例,流动资产是流动负债的一倍是比较合理的。因此,在营运资金管理中,要合理安排流动资产和流动负债的比例关系,以便既节约使用资金,又保证企业有足够的偿债能力。

三、营运资金政策

营运资金持有量的高低影响着企业的收益和风险。通过波动性流动资产与短期资金来源关系判定融资战略。

1. 紧缩的营运资金政策

紧缩的投资政策,就是公司持有尽可能低的现金和小额的有价证券投资,具有低流动性,在存货上作少量投资,采用严格的销售信用政策或者禁止赊销。紧缩的流动资产投资政策,表现为维持低水平的流动资产与销售收入比率,缩短流动资产周转天数,节约流动资产的持有成本,维持较高的投资收益率,承担较大的运营风险,可能导致经营中断和丢失销售收入等短缺成本。

2. 宽松的营运资金政策

宽松的流动资产投资政策,就是企业持有较多的现金和有价证券,具有高流动性、充足的存货,提供给客户宽松的付款条件并维持高水平的流动资产与销售收入比率,会延长流动资产周转天数,出现流动资产闲置,承担较大的流动资产持有成本,较低的投资收益率,充足的现金、存货和宽松的信用条件,较高的应收账款水平,使企业承担较小的运营风险,其短缺成本较小。

3. 适中的营运资金政策

介于上述两种政策之间,企业要根据自身的具体情况和环境条件,按照适中的营运资金政策的原则,确定适当的营运资金持有量——现金恰好足够支付所需,存货足够满足生产和销售所用,一般不保留有价证券。适中的营运资本投资政策,就是按照预期的流动资产周转天数、销售额及其增长,成本水平和通货膨胀等因素确定的最优投资规模,安排流动资产投资。

第二节 现金和有价证券的管理

流动资产投资需求主要来自现金和有价证券、存货和应收账款,有时还包括预付账款。

企业为了经营业务,有必要持有一定的现金,以应付意外的现金需要。现金是指在生产过程中暂时停留在货币形态的资金,包括库存现金、银行存款、银行本票和银行汇票等。现金是企业流动性最强的一种资产,具有立即支付的特点,即普遍的可接受性,可以有效地立即用来购买商品、货物、劳务或偿还债务。现金是流动资产的重要组成部分,其价值形态是企业资金循环的始点,也是企业资金循环的终点。

有价证券是企业现金的一种转换形式。有价证券变现能力强,可以随时兑换成现金。企业有多余现金时,常将现金兑换成有价证券;现金流出量大于流入量需要补充现金时,再出让有价证券换回现金。在这种情况下,有价证券就成了现金的替代品。作为现金的替代品,它是一种准货币,因而流动资产管理中往往将其视为“现金”的一部分,获取收益是持有有价证券的原因。

一、现金管理目标

在市场正常的情况下,一般流动性强的资产,其收益性较低,现金资产虽然流动性极佳,但盈利性极差,属于非盈利性资产,即使是银行存款,其利率也是非常低。现金持有量越多,企业的机会成本就越大,它所提供的流动性边际效益便会随之下降,资金使用效率就降低,进而导致企业的收益水平降低。那么企业持有一定数量的现金,其原因主要有交易性需要、预防性需要、投机性需要。

交易性需要即企业为维持正常生产经营而需要保持的现金支付能力。现金是变现能力最强的资产,企业为了组织日常生产经营活动,必须保持适当数量的现金余额,满足日常业务的现金支付,是企业还本付息和履行纳税义务的保证。主要用于购买原材料、支付工资、缴纳税款、偿付到期债务、派发现金股利等。由于企业每天的现金流入量和现金流出量在时间上、数额上通常存在一定程度的差异性,两者不可能同步同量,收入多于支出,形成现金置存;收入少于支出,需要借入现金。只有这样才能使业务活动正常地进行下去。因此拥有足够数量的现金对于降低企业风险,增强企业资产的流动性和债务的可清偿性有着重要的意义。一般来说,企业为满足交易需要所持有的现金余额主要取决于企业的销售水平。企业销售量扩大,销售额增加,所需现金余额也随之增加。

预防性需要即企业为预防意外情况而需要保持的必要现金支付能力。由于理财的内外环境复杂性,企业通常难以对未来现金流入量与流出量做出准确的估计和预期。一旦企业对未来现金流量的预期与实际情况发生较大偏离,必然对企业的正常经营产生不利的影响。因此,在正常现金需要量的基础上,追加一定数量的现金余额以应付未来现金流量的波动,是企业现金管理的一项重要要求。企业为应付意外情况所必需的现金数量主要取决于以下三个因素:一是企业愿意承担风险的程度;二是企业临时举债能力的强弱,如果企业能够很容易地随时借到短期资金,也可以减少预防性现金的数额;三是企业对现金流量预测的可靠程度,现金流量的不确定性越大,预防性现金的数额也越大,反之亦然。

投机性需要即企业为了抓住稍纵即逝的市场机会,用于不寻常的购买机会,以获取最大的利益而需要保持的现金支付能力。如在适当时机购入低价的股票和其他有价证券,以期在价格反弹时卖出证券获得高额资本利得(买卖价差收入)等。当然,除了金融和投资公司外,其他企业专为投机性需要而特殊置存现金的一般不多,投资需要只是企业确定现金余额时所需要考虑的次要因素之一,其持有量的大小往往与企业在金融市场的投资机会及企业对待风险的态度有关。但拥有相当数额的现金,确实为突然的大批采购提供了方便。企业除了以上原因持有现金外,也会基于满足将来某一特定财务要求(如为在银行维持补偿性余额)而持有现金。

因此企业应尽可能少地置存现金,即使不将其投入本企业的经营周转,也应尽可能多地投资于能产生高收益的其他资产,避免资金闲置或用于低收益资产而带来的损失。企业缺乏必要的现金,将不能应付业务开支,使企业蒙受损失,企业由此而造成的损失,称之为现金的短缺成本。企业必须合理确定现金持有量,使现金收支不但在数量上平衡,而且在时间上相互衔接,以便在保证企业经营活动所需现金的同时,尽量减少企业闲置的现金数量,提高资金收益率。企业在确定现金余额时,一般应综合考虑各方面的持有需要。由于各种需要所需的现金可以调节使用,企业持有的现金总额并不等于各种需要所需余额的简单相加,前者通常小于后者。另外,上述各种需要所需持有的现金,既可以是货币资金,也可以是能够随时变现的有价证券或随时能够在资金市场上筹得现金的各种机会(如可随时借入的银行信贷资金)。企业现金管理的目标,就是要在资产的流动性和盈利能力之间作出抉择,以获取最大的长期利润。因此,积极地组织现金的管理,对于实现财务管理的目标具有十分重要的意义。

二、现金收支管理

现金收支管理的主要目的是加速现金周转速度,提高现金使有效率。应当注意做好以下几方面工作。

1. 现金回收管理

为了提高现金的使用效率,加速现金周转,企业应尽量加速账款的收回,即尽可能缩短从客户汇款或开出支票到企业收回客户汇款或将其支票兑现的过程。一般来说,企业账款的收回需要经过四个时点:客户开出付款票据、企业收到票据、票据交存银行和企业收到现金,如图 8 - 1 所示。

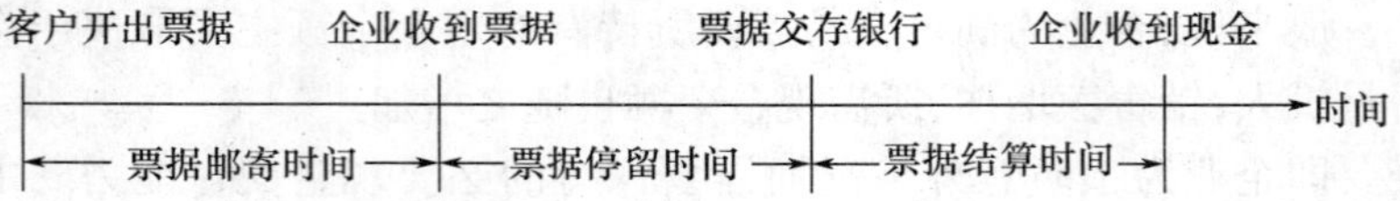

图 8-1　账款收回过程示意图

为实现加速收款，必须在以下三个方面采取得力的收款措施。一是减少客户付款的邮寄时间；二是减少企业收到顾客开来的票据在企业停留的时间；三是加速资金存入自己往来银行的过程。前两项措施所需时间的长短不但与客户、企业、银行之间的距离有关，而且与收款的效率有关。在实际工作中，缩短这两段时间的方法一般有锁箱法、银行业务集中法等。

(1) 锁箱法

锁箱法又称邮政信箱法，即通过承租多个专门的邮政信箱，以缩短从收到客户付款到存入当地银行的时间的一种现金控制办法。其具体操作一般包括以下三个步骤：

①在企业业务比较集中的地区租用当地加锁的专用邮政信箱，并开立分行存款户；

②通知客户将付款邮寄到指定的邮政信箱；

③授权企业邮政信箱所在地的开户行，每天收取邮政信箱的汇款并存入企业账户，然后将扣除补偿性余额以后的现金及一切附带资料定期送往企业总部。

锁箱法的优点是由于客户将票据直接寄往客户所在地的邮箱而不是企业总部，这不但缩短了票据邮寄时间，还免除了企业办理收账、货款存入银行等手续，因而缩短了票据邮寄时间以及票据在企业内部的停留时间。但采用这种方法成本较高，因为被授权开启邮政信箱的当地银行除了要求扣除相应的补偿性余额外，还要收取办理额外服务的劳务费，导致现金管理成本的增加。因此，是否采用邮政信箱法，需权衡提前回笼的现金产生的受益与增加的成本而定。

(2) 银行业务集中法

银行业务集中法是指通过设立多个策略性的收款中心来代替通常在企业总部设立的单一收款中心，以加速账款的回收的一种方法。这种方法的目的是缩短从客户寄出账款到现金收入企业账户这一过程的时间。具体做法是：

①企业以服务地区和销售地区的账单数量为判断依据，在收款额比较集中的地区设立若干收款中心，并指定一个收款中心（通常是设在企业总部所在地的收账中心）的银行为集中银行；

②通知客户在接到企业销售商品或劳务的账单后，直接将货款（汇款或邮寄支票）送到最近的收款中心即可，而不必送到公司总部所在地的收账中心；

③收款中心将每天收到的货款存入当地银行或委托当地银行办理支票兑现，当地银行在进行票据交换处理后立即转给企业总部或企业开立的主要存款账户的商业银行。

银行业务集中法的优点是可以缩短客户邮寄票据所需要的时间和票据托收所需时间，也就缩短了现金从客户到企业的中间周转时间。但采用银行业务集中法须在多处设立收账中心，而每个收账中心的地区银行都要求有一定的补偿性余额，这样开设的收账中心越多，由补偿性余额带来的闲置资金也就越多；设置收账中心需要一定的人力和物力，从而增加了相应的费用支出。

因此，企业应在权衡利弊得失的基础上，做出是否采用银行业务集中法的决策，这可以通过计算分散收账收益净额指标做出判断。分散收账收益净额的计算公式如下：

$$\begin{matrix}\text{分散收账}\\\text{收益净额}\end{matrix}=\left[\left(\begin{matrix}\text{分散收账前}\\\text{应收账款投资额}\end{matrix}-\begin{matrix}\text{分散收账后}\\\text{应收账款投资额}\end{matrix}\right)-\begin{matrix}\text{各收账中心}\\\text{补偿性余额之和}\end{matrix}\right]\times$$

$$\text{企业综合资金成本率}=\frac{\text{因增设收账中心}}{\text{每年增加费用额}}$$

除上述措施外,还有一些加速收现的办法。如可以采用电汇、金额较大的货款专人处理、企业内部往来多边结算、减少不必要的银行账户等。

2. 现金支出管理

企业现金支出的管理主要包括金额上的管理和时间上的管理。现金支出管理的原则与现金回收管理的原则恰好相反,它的主要任务是尽量减少现金的支出数额并尽量延缓现金支出的时间。当然这种延缓必须是合理合法的,否则企业延期支付账款所得到的收益将远远低于由此而遭受的损失。现金支出管理主要有以下几种措施。

(1)使用现金浮游量

所谓现金浮游量是指企业账户上现金余额与银行账户上所示的存款余额之间的差额。出现浮游量的主要原因是因为企业开出支票、收票人收到支票并将其送交银行,直至银行将款项划出企业账户,通常需要一定时间,因此,"浮游量"实际上是企业与银行双方出账与入账的时间差造成的。在这个时间差内,尽管企业已开出支票,却仍可动用活期存款账户上的这笔资金,以实现充分利用现金之目的。当一个企业在同一国家内有多个银行存款户时,则可选用一个能使支票流通在外时间最长的银行来支付货款,以此扩大"浮游量"。因此,公司若能正确预测"浮游量"并有多种通道扩大"浮游量",则可节约大量的现金。不过,在使用现金浮游量时,一定要控制好使用的时间,否则会发生银行存款的透支。

(2)恰当控制应付款的支付时间

企业在不影响自身信誉的前提下,尽可能地推迟应付款的支付期,充分运用供货方所提供的信用优惠。如遇企业急需现金,权衡折扣优惠与急需现金之间的利弊得失,甚至可以放弃供货方的折扣优惠,在信用期的最后一天支付款项。

(3)采用汇票结算方式付款

在使用支票付款时,只要受票人将支票存入银行,付款人就要无条件地付款。但汇票不是"见票即付"的付款方式,在受票人将汇票送达银行后,银行要将汇票送交付款人承兑,并由付款人将一笔相当于汇票金额的资金存入银行,银行才会付款给受票人,这样就有可能合法地延期付款。

3. 现金收支的综合控制

企业在现金回收和现金支出进行科学管理的基础上,再对现金进行综合性调控,对于正确使用现金是十分必要的。企业在对现金收支进行综合性调控时,应从以下几方面入手:

(1)力争现金流量同步

所谓现金流量同步是指如果企业能尽量使它的现金流入与现金流出发生的时间趋于一致,就可以使其所持有的交易性现金余额降到最低水平,从而越能提高现金的使用效率。

(2)实行内部牵制制度

在现金管理中,必须实行"管账的不管钱,管钱的不管账"的原则,使出纳人员与会计人员相互牵制,互相监督。凡在库存现金收付时,应坚持复核制度,以减少差错,堵塞漏洞。

(3)及时进行现金的清理

库存现金的收支应做到日清月结,确保库存现金的账面余额与实际库存额相互符合;银行存款账余额与银行对账单余额相互符合;现金、银行存款日记账数额与现金、银行存款总账数额相互符合。

(4)遵守国家规定的库存现金使用范围

根据我国《现金管理条例》及有关规定,企业库存现金使用范围如下:①支付职工工资、津贴;②支付个人劳务报酬;③根据国家规定颁发给个人的科学技术、文化艺术、体育等各种奖金;④支付各种劳保、福利费用以及国家规定的对个人的其他支出;⑤向个人收购农副产品和其他物资的价款;⑥出差人员必须随身携带的差旅费;⑦结算起点(1 000 元)以下的零星支出;⑧中国人民银行确定需要支付现金的其他支出。

(5)做好银行存款的管理

根据现金管理规定,企业超过库存现金限额的现金,应存入银行,由银行统一管理。为此,每个企业都应按规定在银行开立账户。企业银行存款主要有结算户存款、单位定期存款、专项存款。

(6)搞好转账结算

根据我国有关规定,各单位之间的一切经济往来,包括产品销售、劳务供应等的结算,除结算起点以下的零星开支外,都应通过银行进行转账结算。根据中国人民银行颁布的《银行结算办法》,我国目前的转账结算方式主要有银行汇票、商业汇票、银行本票、支票、汇兑、委托收款和托收承付等。

除此之外,企业还必须坚持国家有关部门对企业使用现金的其他相关规定:不得坐支现金;不得出租、出借银行账户;不得签发空头支票和远期支票;不得套用银行信用;不得保存账外公款等。

4. 闲置现金投资管理

企业在经营过程中,会产生大量的现金,这些现金在用于资本投资或其他业务活动之前,通常会闲置一段时间。这些现金可用于短期证券投资以获取利息收入或资本利得,如果管理得当,可为企业增加相当可观的净收益。

企业现金管理的目的首先是保证日常生产经营业务的现金需求,其次是使这些现金获得最大的收益。这两个目的要求企业把闲置资金投入到流动性高、风险性低、交易期限短的金融工具中,以期获得较多的收入。在货币市场上,财务人员通常使用的金融工具主要有国库券、大额可转让存单、企业债券、企业股票、回购协议等。

三、最佳现金持有量的确定

现金的管理除了做好日常收支,加速现金流转速度外,还需必须对收益和风险进行权衡,控制好现金持有规模,确定最佳现金持有量。现金的成本通常由持有成本、转换成本和短缺成本组成。

现金的持有成本是指企业因保留一定的现金余额而增加的管理费用以及所放弃的再投资收益即现金的机会成本。其中管理费用主要是由于对该项现金余额进行管理而增加的费用支出,如管理人员工资与安全措施费用等,是具有固定成本的性质,即在一定的范围内与现金持有量的多少关系不大,属于决策的无关成本;现金作为企业的一项资金占用,持有现金则不能将其投入生产经营活动,失去因此而获得的收益是使用资金的代价是机会成本。机会成本是将现金投资于有价证券所获得的收益,或者是企业向外筹集资金的资本成本。比如企业欲持有 10 万元现金,假设企业要求的投资收益率为 10%,就只能放弃 1 万元的证券投资收益,它属于变动成本,与现金持有的额度关系密切,即现金持有量越多,机会成本代价会随之大幅度上升，反之亦然，它属于决策相关成本。因此，确定最佳现金持有量时需考虑的持有成本仅是其中的机会成本。

现金的转换成本是企业用现金购入有价证券以及转让有价证券换取现金时付出的交易费用，即现金同有价证券之间相互转换的成本，如委托买卖佣金、委托手续费、证券过户费、实物交割手续费等。严格地讲，有的转换成本与成交金额有关，如委托佣金和手续费通常是按照委托成交金额计算的，因此，在证券总额既定的条件下，无论变现次数怎样变动，所需支付的委托佣金总额是相同的。因此，那些依据委托成交金额计算的转换成本与证券变现次数关系不大，属于决策的无关成本。企业每次以有价证券转换回现金的代价称为现金的交易成本，它与现金转换次数、每次的转换数量有关，交易成本与证券变现次数呈线性关系，即转换成本中的交易成本等于每次的转换成本乘以证券变现次数。证券转换成本与现金持有量的关系是：在现金需要总量既定的前提下，现金持有量越少，进行证券变现的次数越多，相应的转换成本就越大，反之亦然。因此，现金持有量的不同必然通过证券变现次数多少而对转换成本产生影响。

现金的短缺成本是因缺乏必要的现金而又无法及时通过有价证券变现等方式加以补充，不能应付业务开支所需，而使企业蒙受的损失，包括直接损失和间接损失。现金的短缺成本不考虑企业其他资产的变现能力，仅就不能以充足的现金支付购买费用而言，内容上大致包括：因缺乏现金不能及时购买原材料，而使生产中断造成停工损失、造成信用损失和得不到折扣好处，其中失去信用而造成的损失难以准确计量，但其影响往往很大，甚至导致供货方拒绝或拖延供货，债权人要求清算等。现金的短缺成本随现金持有量的增加而下降，随现金持有量的减少而上升，即与现金持有量呈负相关。但现金是否会发生短缺、短缺多少、概率多大以及各种短缺情形发生时可能的损失如何，都存在很大的不确定性和难以计量性。

现金总成本 = 持有成本 + 转换成本 + 短缺成本
= 管理费用 + 机会成本 + 固定转换成本 + 变动转换成本 + 短缺成本
= 管理费用 + 现金持有量 × 有价证券的利率 + 固定转换成本 +
每次的转换成本 × 证券变现次数 + 短缺成本

在现金需要总量既定的前提下，现金持有量越多，持有成本就越大，但由于证券变现次数减少，需要的转换成本也就越小，同时，由于现金发生短缺的可能性较小，短缺成本就越小，反之亦然。持有成本与转换成本、短缺成本随现金持有量变动所呈现出相反的趋势，要求企业必须对现金与有价证券的分割比例进行合理安排，从而使现金相关总成本保持最低。最佳现金持有量是能够使现金管理的相关总成本，即现金持有成本、转换成本和短缺成本之和最小的现金持有量。确定最佳现金持有量的模式主要有成本分析模式、存货模式、现金周转模式和随机模式。

1. 成本分析模式

成本分析模式是根据现金的相关总成本最低的原则来分析、预测最佳现金持有量的一种方法。成本分析模式只考虑持有一定数量的现金而产生的机会成本和短缺成本，而不考虑固定的管理费用和转换成本。现金成本与现金持有量之间的关系如图 8－2 所示。

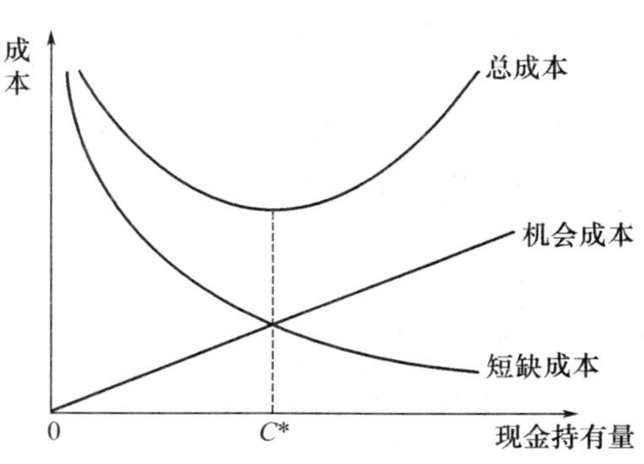

图 8－2　成本分析模式示意图

从图8－2可以看出，由于各项成本同现金持有量的变动关系不同，机会成本与现金持有量成正比例变动，机会成本＝现金持有量×有价证券的利率（或企业要求的报酬率），机会成本线向右上方倾斜；短缺成本同现金持有量呈负相关，现金持有量愈大，现金短缺成本愈小，短缺成本线向右下方倾斜，使得总成本曲线呈抛物线形，该抛物线的最低点即为持有现金的最低总成本，该点所对应的现金持有量便是最佳现金持有量，此时现金相关总成本最低。当现金持有量小于这一点，短缺成本上升的代价会大于机会成本下降的好处，总成本会大于成本最低点，但会随着现金持有量的上升有下降趋势；当现金持有量大于这一点，机会成本上升的代价又会大于短缺成本下降的好处，总成本会大于成本最低点，但会随着现金持有量的上升有上升趋势。

运用成本分析模式确定最佳现金持有量的具体步骤为：

（1）根据不同现金持有量测算并确定有关成本数值；

（2）按照不同现金持有量及其有关成本资料编制现金持有量相关总成本测算表；

（3）在测算表中找出相关总成本最低的现金持有量，即最佳现金持有量。

【例8－1】 某企业现有甲、乙、丙、丁四种现金持有方案，机会成本率为该企业的资本收益率10%，有关成本资料如表8－1所示。

表8－1 现金持有量备选方案表 单位：万元

项 目	甲	乙	丙	丁
现金平均持有量	20	40	60	80
短缺成本	7	4.5	1.7	0

根据表8－1编制现金持有总成本测算表，如表8－2所示。

表8－2 现金持有量相关总成本测算表 单位：万元

方案	现金持有量	机会成本	短缺成本	相关总成本
甲	20	20×10%＝2	7	9
乙	40	40×10%＝4	4.5	8.5
丙	60	60×10%＝6	1.7	7.7
丁	80	80×10%＝8	0	8

通过分析比较上表中各方案的总成本可知，丙方案的相关总成本最低，也就是说当企业平均持有60万元现金时，现金相关总成本最低为7.7万元，对企业最合算，故60万元是该企业的最佳现金持有量。

2. 存货模式

现金的短缺成本和机会成本呈反向变化，如果企业平时只持有较少的现金，当有现金需要时，通过出售有价证券换回现金（或从银行借入现金），便能既满足现金的需要，避免短缺成本，又能减少机会成本。因此，适当的现金与有价证券之间的转换，是企业提高资金使用效率的有效途径。如果企业保留较多的现金则转换次数少，如果经常进行大量的有价证券与现金的转换，则会加大转换交易成本，当考虑交易成本时，应用现金持有量的存货模式解决。这种方法来源于存货的经济批量模型，该模型最早由美国理财专家威廉·鲍曼(William Baumol)提出，故又称鲍曼模型。

在现金的成本中，管理费用相对稳定，同现金持有量的多少关系不大，因此在存货模式中将其视为决策无关成本而不予考虑。另外，由于现金的短缺成本的不确定性和难以计量性，在存货模式中对短缺成本也不予考虑。在存货模式中，只对机会成本和转换成本予以考虑。假定现金每次的交易成本是固定的，在企业一定时期现金总需求量确定的前提下，每次以有价证券转换回现金的金额越大，企业平时持有的现金量便越高，转换的次数越少，现金的交易成本就越低，可见现金交易成本与持有量成反比。现金管理相关总成本与持有机会成本、转换成本的关系如图8－3所示，现金管理的相关总成本与现金持有量呈凹形曲线关系。在现金相关总成本构成图上，能够使现金的机会成本和转换成本之和保持最低的现金持有量就是最佳现金持有量。

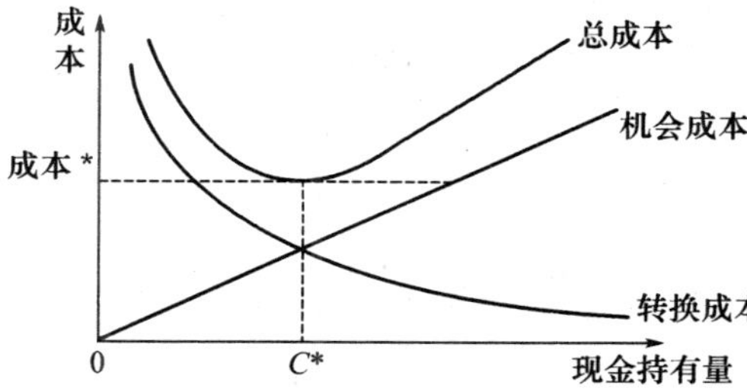

图8－3 现金管理总成本与机会成本、转换成本之间的关系

运用存货模式确定最佳现金持有量时，需对该模式的有效性限定一些假设条件：一是，企业预算期内现金总需求量可以预测；二是，企业所需要的现金可通过证券变现取得，且证券变现的不确定性很小；三是，现金收支比较均衡，波动较小，而且每当现金余额降至零时，均可通过部分有价证券变现得以补足；四是，证券的利率或报酬率以及每次的固定交易费用可以获悉。如果这些假设条件基本得到满足，企业便可以利用存货模式来确定现金的最佳持有量。

存货模式下的现金余额呈锯齿状，如图8－4所示。企业出售价值 C 的有价证券并将所获得的现金放于其活期存款账户。随着公司现金的使用，现金余额逐步降为0。然后企业再出售价值为 C 的有价证券，并把所得到的现金存放于活期存款账户，于是，这一模型不断重复。经过一段时间后，平均的现金余额将是 $C/2$ 假设 T 为一定时期内现金总需求量；b 为每次现金与有价证券的转换成本；i 为短期有价证券的利息率；TC 为现金管理相关总成本；C^* 为最佳现金持有量(每次证券变现的数量)。则：

现金管理相关总成本＝机会成本＋转换成本

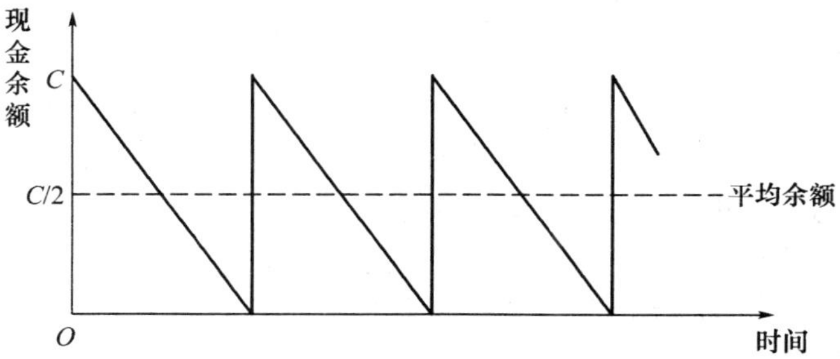

图8－4 存货模型下的现金余额

即：

$$TC = \frac{C}{2} \cdot i + \frac{T}{C} \cdot b$$

对 C 求一阶导等于零，得 $\frac{i}{2} - \frac{T}{C^{*2}} \cdot b = 0$

$$C^* = \sqrt{\frac{2bT}{i}}$$

此时，现金管理的相关总成本最低。

最佳现金相关总成本 $TC^* = \sqrt{2Tbi}$

其中，持有机会成本 $= \frac{C^*}{2} \cdot i = \frac{i}{2}\sqrt{\frac{2bT}{i}} \cdot i = \frac{1}{2}\sqrt{2Tbi}$

转换成本 $= \frac{T}{C^*} \cdot b = \frac{T}{\sqrt{\frac{2bT}{i}}} \cdot b = \frac{1}{2}\sqrt{2Tbi}$

现金持有机会成本与证券变现的转换成本相等，都等于 $\frac{1}{2}TC^* = \frac{1}{2}\sqrt{2Tbi}$

有价证券交易次数 $n = \frac{T}{C^*}$

有价证券交易间隔期 $N = \frac{360}{n}$

【例 8－2】 某企业现金收支状况比较稳定，预计全年（按 360 天计算）需要现金 3 200 000元，现金与有价证券的转换成本为每次 1 600 元，有价证券的年利率为 10%，则

最佳现金持有量 $C^* = \sqrt{\frac{2bT}{i}} = \sqrt{\frac{2 \times 3\ 200\ 000 \times 1\ 600}{10\%}} = 320\ 000$（元）

最低现金管理总成本 $TC^* = \sqrt{2Tbi} = \sqrt{2 \times 3\ 200\ 000 \times 1\ 600 \times 10\%} = 32\ 000$（元）

其中，转换成本 $= \frac{3\ 200\ 000}{320\ 000} \times 1\ 600 = 16\ 000$（元）

持有机会成本 $= \frac{320\ 000}{2} \times 10\% = 16\ 000$（元）

有价证券交易次数 $n = \frac{T}{C^*} = \frac{3\ 200\ 000}{160\ 000} = 10$（次）

有价证券交易间隔期 $N = \frac{360}{n} = \frac{360}{10} = 36$（天）

3. 现金周转模式

现金的周转模式是从现金周转的角度出发，根据企业现金的周转速度来确定最佳现金持有量的方法。运用现金周转模式确定最佳现金持有量时，其假设前提：一是现金流出的时间发生在应付款支付的时间；二是一定时期的现金流入等于现金流出；三是企业的生产经营状况比较稳定，没有随机的不确定因素影响企业的现金存量。

如果以上假设条件不能满足，则求得的最佳现金持有量将发生偏差。利用这一模式确定最佳现金持有量一般步骤：

(1) 计算现金周转期

现金周转期是指企业从购买材料支付现金到销售商品收回现金的时间，即购料付款时

的现金流出至销售收回应收款的现金流入这段时间，如图 8－5 所示，用公式表示如下：

现金周转期＝存货周转期＋应收账款周转期－应付账款周转期

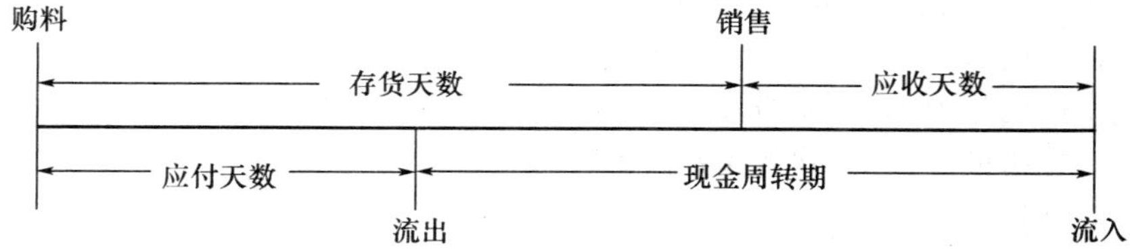

图 8－5　现金周转期示意图

其中，存货周转期是指从以现金支付购买材料款开始直到销售产品为之所需要的时间；应收账款周转期是指从应收账款形成到收回现金所需要的时间；应付账款周转期是指从购买材料形成应付账款开始直到以现金偿还应付账款为止所需要的时间。

(2)计算现金周转率

现金周转率是指一年中现金的周转次数，其计算公式为

$$现金周转率=\frac{日历天数(360)}{现金周转期}$$

(3)计算最佳现金持有量

最佳现金持有量的计算公式为

$$最佳现金持有量=\frac{年现金需求总量}{现金周转率}$$

【例 8－3】　某公司的原材料购买和产品销售均采用信用方式(赊购和赊销)，其应付账款的平均付款天数为 30 天，应收账款的平均收款期为 50 天，公司从原材料购买到产品销售的期限(平均存货期限)为 70 天，预期公司全年经营性支出为 2 000 000 元。则最佳现金持有量可计算如下：

$$现金周转期=70+50-30=90(天)$$

$$现金周转率=360\div 90\ =4(次)$$

$$最佳现金持有量=2\ 000\ 000\div 4=500\ 000(元)$$

如果该公司年初持有 500 000 元的现金，它将有足够的现金满足各种支出的需要。

4. 随机模式

随机模式是在现金需求量难以预知的情况下进行现金持有量控制的一种方法。由于企业现金需求量往往波动大且难以预知，但企业可以根据历史资料和现实需要测算出一个现金持有量的控制区域，即制定出现金持有量的上限和下限，将现金持有量范围控制在上下限之内。对现金持有量的控制的米勒－奥尔模型如图 8－6 所示。虚线 H 为现金存量的上限，虚线 L 为现金存量的下限，实线 R 为最优现金返回线。企业的现金存量(表现为现金每日余额)是随机波动的，当其达到现金

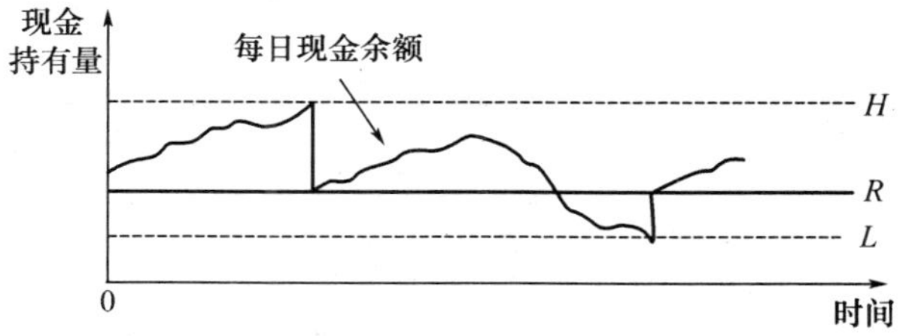

图 8－6　对现金持有量的控制的米勒－奥尔模型

控制的上限时，企业应用现金购入有价证券，使现金持有量落回到现金返回线（R 线）的水平；当现金存量降至现金控制下限时，企业则应抛售有价证券换回现金，使其存量回升至现金返回线的水平。若现金存量在上下限之间的波动属控制范围内的合理变化，便不必进行现金与有价证券的转换，保持它们各自的现有存量。

最优现金返回线 R 线，可按现金管理总成本最低的原则确定，即持有现金的机会成本和转换成本之和最低。另外，在确定最优现金返回线时还要把现金持有量可能波动的幅度考虑在内。其计算公式为

$$R = \sqrt[3]{\frac{3b\delta^2}{4i}} + L$$

$$H = 3R - 2L$$

式中，b 为每次有价证券的固定转换成本；i 为有价证券的日利息率；δ 为预期每日现金余额变化的标准差（可根据历史资料测算）。

企业确定现金存量下限 L 时，要受企业每日最低现金需要、管理人员的风险承受倾向等多种因素的影响。由于随机模式是建立在企业的现金未来需求总量和收支不可预测的前提下，因此计算出来的现金持有量比较保守。

【例 8－4】 假定某公司有价证券的年利率为 9%，每次固定转换成本为 72 元，公司认为任何时候其银行活期存款及现金余额均不能低于 2 000 元，又根据以往经验测算出现金余额波动的标准差为 1 000 元。计算最优现金返回线和现金存量的上限，若此时现金余额为19 000元，应如何调整现金？若此时现金余额为21 000时，应如何调整现金？

有价证券日利率 ＝9% ÷360 ＝0.025%

最优现金返回线　$R = \sqrt[3]{\frac{3b\delta^2}{4i}} + L = \sqrt[3]{\frac{3 \times 72 \times 1\,000^2}{4 \times 0.025\%}} + 2\,000 = 8\,000$（元）

现金控制上限　$H = 3R - 2L = 3 \times 8\,000 - 2 \times 2\,000 = 20\,000$（元）

因此，当该公司现金余额上升至 20 000 元时，应以 12 000 元（20 000 －8 000）的现金去投资于有价证券，使现金持有量回落为 8 000 元；当公司的现金余额下降至 2 000 元时，则应转让 6 000 元（8 000 －2 000）的有价证券，使现金持有量回升至 8 000 元，所以该公司现金最佳持有量为 8 000，如图 8 －7 所示。

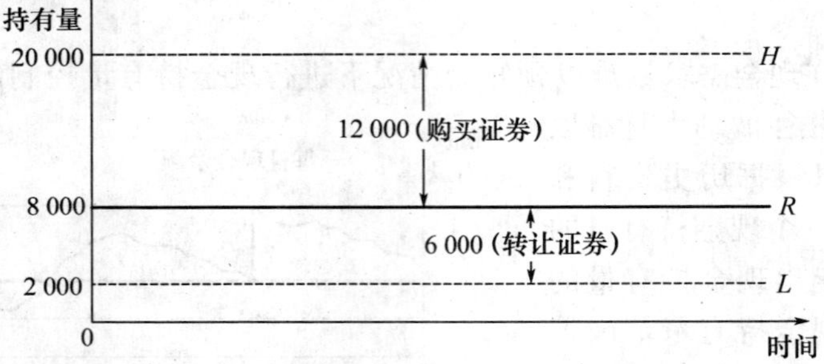

图 8 －7　随机模式的示例

当现金余额为 19 000 元时，不进行现金调整。当现金余额为 21 000 元时，应投资13 000元（21 000 －8 000）于有价证券。

四、有价证券的管理

有价证券，是指标有票面金额，证明持有人有权按期取得一定收入并可自由转让和买卖的所有权或债权凭证。有价证券是虚拟资本的一种形式，它本身没价值，但由于它代表着一定量的财产权利，持有者可凭有价证券直接取得利息、股息等收入，因而它可以在证券市场上买卖和流通，客观上具有了交易价格。有价证券按其所表明的财产权利的不同性质，广义的有价证券可分为商品证券、货币证券及资本证券。资本证券是有价证券的主要形式，狭义的有价证券即指资本证券。资本证券是指由金融投资或与金融投资有直接联系的活动而产生的证券。持券人对发行人有一定的收入请求权，它包括股票、债券及其衍生品种如基金证券、可转换证券等。从投资的期限看，对有价证券的投资，一类是准备随时变现、持有时间不超过一年的有价证券的投资称其为短期投资；另一类是不准备在一年内变现的有价证券的投资称为长期投资。

1. 债券投资管理

(1)债券投资及特点

债券是债务人依照法定程序发行，承诺按约定的利率和日期支付利息，并在特定日期偿还本金的书面债务凭证。一般而言，债券的基本要素包括债券面值、票面利率、计息和付息方式、到期日等。债券投资的特点：一是在投资期限方面，不论长期债券投资，还是短期债券投资，都有到期日，债券到期应当收回本金，投资应考虑期限的影响；二是从投资权利义务方面，在各种投资方式中，债券投资者的权利最小，投资者没有经营管理权，只有按约定取得利息，到期收回本金的权利；三是在收益与风险方面，债券投资收益通常是事前预定的，收益率通常不及股票高，但具有较强的稳定性，市场流动性好，投资风险较小。

(2)债券的价值

债券的价值是对债券在某一时点的价值量的估算，是债券未来现金流入(各期利息和到期本金)按一定的必要收益率折现的现值。

①债券价值的基本模型

债券估价的基本模型，是指对票面利率固定、每年年末计算并支付当年利息、到期偿还本金的债券进行估价。新发行债券的价值：

$$V = \sum_{t=i}^{n} \frac{I_t}{(1+k)^t} + \frac{M}{(1+k)^n}$$

式中，V 为债券价值；I_t 为第 t 年利息，等于债券面值乘以票面利率；M 为到期的本金，即债券面值；k 为必要收益率；n 为债券到期的年数。

【例 8-5】 甲公司欲投资 A 公司债券，债券面值为 1 000 元，5 年期，票面利率为 8%，每年付息一次，到期还本，若投资人要求的必要收益率分别为 6%，8%，10%，求 A 公司债券的价值为多少？

若投资人要求的必要收益率为 6%，则

A 公司债券的价值 = 1 000 × 8% × (P/A,6%,5) + 1 000 × (P/F,6%,5)
= 80 × 4.212 + 1 000 × 0.747 = 1 084.29(元)

若投资人要求的必要收益率为 8%，则

A 公司债券的价值 = 1 000 × 8% × (P/A,8%,5) + 1 000 × (P/F,8%,5)
= 80 × 3.993 + 1 000 × 0.681 = 1 000(元)

若投资人要求的必要收益率为10%，

$$A公司债券的价值 = 1\ 000 \times 8\% \times (P/A,10\%,5) + 1\ 000 \times (P/F,10\%,5)$$
$$= 80 \times 3.790\ 8 + 1\ 000 \times 0.620\ 9 = 924.74(元)$$

由计算可知，按照甲公司所要求的必要收益率分别为6%，8%，10%，如果该债券的市场价格分别低于该种债券相应的价值1 084.29，1 000，924.74元时，甲公司才能购买；否则，甲公司不会购买。

②利随本清债券价值模型

利随本清模型指单利计息，到期一次还本付息的债券。

$$V = \frac{M \times i \times n + M}{(1+k)^n}$$

式中 i 为票面利率，其他符号的含义与债券价值的基本模型相同。

【例 8－6】 甲公司欲投资B公司债券，债券面值为1 000元，5年期，票面利率为8%，单利计息，到期一次还本付息，若投资人要求的必要收益率为10%，则B公司债券的价值为多少？

$$B公司债券的价值 = (1\ 000 + 1\ 000 \times 5 \times 8\%) \times (P/F,10\%,5) = 869.26(元)$$

按照甲公司所要求的必要收益率，该种债券价值为869.26元。如果该债券的市场价格低于869.26元，甲公司才能购买；否则，甲公司则不会购买。

③零票面利率债券的价值模型

零票面利率债券又称贴现债券，是指以低于面值发行，发行价与票面金额之差相当于预先支付的利息，债券期满时按面值偿付的债券。

$$V = \frac{M}{(1+k)^n}$$

式中符号的含义与债券价值的基本模型相同。

【例 8－7】 甲公司欲投资C公司债券，债券面值为1 000元，5年期，C公司采用零票面利率债券付息，期内不支付息，到期按面值还本，若投资人要求的必要收益率为9%，则C公司债券的价值为多少？

$$C公司债券的价值 = 1\ 000 \times (P/F,9\%,5) = 645(元)$$

按照甲公司所要求的必要报酬率，该种债券价值为645元。如果该债券的市场价格低于645元，甲公司才能购买；否则，甲公司不会购买。

(3)债券投资收益

债券收益率有票面收益率、直接收益率、持有收益率和到期收益率等多种，这些收益率分别反映投资者在不同买卖价格和持有年限下的不同收益水平。决定债券收益率的因素主要有债券票面利率、期限、面值、持有时间、购买价格和出售价格。

①票面收益率

$$票面收益率 = \frac{债券年利息收入}{债券面额} \times 100\%$$

票面收益率没有反映债券发行价格与票面金额不一致的情况，也没有考虑投资者中途卖出债券的情况。

②直接收益率

$$直接收益率 = \frac{债券年利息收入}{债券买入价} \times 100\%$$

直接收益率反映了投资者购买债券的实际成本所带来的收益。但它和票面收益率一样,不能全面地反映投资者的实际收益,因为它不能反映债券的资本损益情况。

③持有期收益率

持有期收益率,是指债券持有人在持有期间获得的收益率,能综合反映债券持有期间的利息收入情况和资本损益水平。债券持有期投资收益包括持有债券期间的债券利息收入和资本利得收益(即债券买卖价差收益)两部分。

(a)短期债券持有期收益率

短期债券直接按债券持有期间的收益额除以购买价计算持有期收益率。

息票债券又称分期付息债券或附息债券,是在债券到期以前按约定的日期分次按票面利率支付利息,到期再偿还本金的债券。息票债券持有期收益率的计算公式为

$$K = \frac{(S_1 - S_0) + I}{S_0} \times 100\%$$

式中,K 为持有期收益率;S_1 为债券出售价格;S_0 为债券购买价格;I 为债券持有期间获得的利息收入。

$$\text{持有期年均收益率} = \frac{\text{持有期收益率}}{\text{债券实际持有天数}/360} \times 100\%$$

【例 8-8】 某人 2011 年 3 月 12 日购入 A 公司债券 200 张,每张面值 100 元,票面利率 8%,购买价格为每张 110 元。每年 7 月 1 日付息,在 2011 年 9 月 12 日,他将 200 张债券以每张 113 元的价格出售,计算该项出售的债券投资收益率。

出售的债券投资收益率为:$K = \frac{(113-110) \times 200 + 100 \times 8\% \times 200}{110 \times 200} \times 100\% = 10\%$

$$\text{持有期年均收益率} = \frac{10\%}{180/360} \times 100\% = 20\%$$

我国发行的债券多为到期一次还本付息债券,在中途出售的卖价中包含了持有期的利息收入,还有贴现债券,上述公式中债券持有期间获得的利息收入为零。

(b)长期债券持有期收益率

计算使债券投资产生的现金流量净现值为零的折现率。

$$\text{到期一次还本付息债券持有期年均收益率} = \sqrt[t]{\frac{M}{P}} - 1$$

式中,M 为债券到期兑付的金额或者提前出售时的卖出价;P 为债券购买价格;t 为债券实际持有年限,等于债券买入交割日至到期兑付日或卖出交割日之间的实际天数除以 360。

【例 8-9】 A 企业 2008 年 9 月 1 日购入某公司债券 1 000 张,每张面值 110 元,票面利率 10%,购买价格为每张 120 元,5 年期,到期一次还本付息,2011 年 9 月 1 日 A 企业将 600 张债券以每张 150 元的价格出售,计算该项出售的债券投资收益率。

$$\text{债券持有期年均收益率} = \sqrt[3]{\frac{150}{120}} - 1 = 7.72\%$$

$$\text{对于每年年末支付利息的债券}:P = \sum_{j=1}^{t} \frac{I}{(1+y)^j} + \frac{M}{(1+y)^t}$$

式中,y 为债券持有期年均收益率;I 为持有期间每期收到的利息额。M 为债券到期兑付的金额或者提前出售时的卖出价;P 为债券购买价格;t 为债券实际持有年限(年)。

④到期收益率

到期收益率是指买入债券后一直持有到期可获取的收益率。

(a)短期债券到期收益率

息票债券到期收益率的计算公式：

$$到期收益率=\frac{债券年利息+(债券面值-债券买入价)\div 剩余到期年限}{债券买入价}\times 100\%$$

【例8-10】 某公司2011年1月1日以102元的价格购买了面值为100元、利率为12%的债券，该债券2008年1月1日发行，期限5年，每年1月1日支付一次利息，到期还本。其到期收益率为：

$$到期收益率=\frac{100\times 12\%+(100-102)\div 2}{102}=10.78\%$$

一次还本付息债券到期收益率的计算公式：

$$到期收益率=\frac{(债券到期本息和-债券买入价)\div 剩余到期年限}{债券买入价}\times 100\%$$

对于贴现债券，按息票债券到期收益率中利息为零计算。

(b)长期债券到期收益率

长期债券因涉及的时间较长，其到期收益率采取复利计算，计算长期债券投资收益率实际上是贴现率的计算过程，本质是求投资的内部收益率，与求内部收益率的算法相同。

【例8-11】 某公司2007年1月1日平价发行债券，每张面值100元，票面利率10%，5年到期，每年12月31日付息。(1)假定2011年1月1日的市场利率下降到8%，那么此时债券的价值是多少？(2)假定2010年1月1日的市价为90元，此时购买该债券的到期收益率是多少？(3)假定2009年1月1日的市场利率为12%，债券市价为93元，你是否购买该债券？

2011年1月1日时，债券还有1年到期。

$$V=\frac{100\times 10\%+100}{1+8\%}=101.9(元)$$

2010年1月1日时，债券还有2年到期。

$$90=100\times 10\%\times(P/A,i,2)+100\times(P/F,i,2)$$

令 $y=10\times(P/A,i,2)+100\times(P/F,i,2)-90$

当 $i_1=18\%$ 时，$y=-25.24$

当 $i_2=16\%$ 时，$y=3.72$

$$i=16\%+\frac{3.72}{3.72+25.24}\times(18\%-16\%)=16.26\%$$

此时购买该债券的到期收益率是16.26%

2009年1月1日时，债券还有3年到期。

$$V=100\times 10\%\times(P/A,12\%,3)+100\times(P/F,12\%,3)=95.2(元)$$

因为债券价值为95.2元，大于市价93元，故应购买。

2. 股票投资管理

(1)股票投资及特点

股票是股份公司发行的、用以证明投资者的股东身份和权益，并据以获得股利的一种可转让的有价证券。企业进行股票投资主要是获利和控股。股票投资的特点：一是股票投资是权益性投资；二是股票投资的风险大；三是股票投资的收益率高；四是股票投资的求偿权居后，股票价格的波动性大，收益不稳定。

(2)股票的价值

股票的价值是指其预期的未来现金流入按投资人要求的必要投资收益率折现的现值，又称为“股票的内在价值”，是股票的真实价值。股票给持有者带来的未来现金流入包括两部分：每期预期股利和出售时得到的价格收入。

①股票价值确定的基本方法

在一般情况下，投资者投资于股票，不仅希望得到股利，还希望在未来出售股票时从股票价格的上涨中获得好处。投资者购入股票若持有一段时间后出售，其股票的内在价值等于持有期间所得股利的现值和出售股票时售价的现值之和。在这种情况下，股票价值的计算模型为

$$V = \sum_{j=1}^{n} \frac{D_j}{(1+K)^j} + \frac{V_n}{(1+K)^n}$$

式中，V 为股票的内在价值；D_j 为第 j 年的预期股利；K 为折现率，即投资人要求的最低收益率；V_n 为未来出售股票时预计的售价；n 为预计持有股票的期数。

②长期持有，每年股利稳定不变的股票价值模型

如果长期持有股票，每年股利固定不变，且投资者不准备出售股票的情况下，其股票的内在价值等于每年股利的现值之和。每年股利相当于一笔永续年金。在这种情况下，股票价值的计算模型为

$$V = \frac{D}{K}$$

式中，V 为股票的内在价值；D 为每年固定股利；K 为折现率。

【例 8－12】 某公司打算购入甲公司股票，准备长期持有，预计每年每股分配股利 1 元，投资者要求的必要投资收益率为 12.5%，其股票价值为

$$V = \frac{1}{12.5\%} = 8(\text{元})$$

由此可知，股票的内在价值为每股 8 元，只有股票价格低于 8 元时才能考虑购进。

③股利固定增长的股票价值模型

如果企业长期持有股票的股利按固定比例不断增长，投资者的投资期限又很长，则股票的估价的近似计算公式为

$$V = \frac{D_1}{K-g} = \frac{D_0 \cdot (1+g)}{K-g}$$

式中，V 为股票的内在价值；D_0 为上年股利；D_1 为第一年的预期股利；K 为折现率；g 为每年的股利增长率，一般小于折现率。

【例 8－13】 甲企业计划利用一笔长期资金投资购买股票。现有 M 公司股票和 N 公司股票可供选择，甲企业只准备投资一家公司股票。已知 M 公司股票现行市价为每股 7 元，上年每股股利为 0.8 元，预计以后每年以 3% 的股利增长率固定增长。N 公司股票现行市价为每股 6 元，第一年每股股利为 0.7 元，预计以后每年以 5% 的股利增长率固定增长。甲企业所要求的投资必要报酬率为 15%。分别计算 M，N 公司股票价值，并做出股票投资决策。

$$M公司股票价值\ V_M=\frac{D_0\cdot(1+g)}{K-g}=\frac{0.8\times(1+3\%)}{15\%-3\%}=6.87(元)$$

$$N公司股票价值\ V_N=\frac{D_1}{K-g}=\frac{0.7}{15\%-5\%}=7(元)$$

由于M公司股票现行市价为7元,高于其投资价值6.87元,故M公司股票目前不宜投资购买。N公司股票现行市价为6元,低于其投资价值7元,故N公司股票值得投资,甲企业应购买N公司股票。

④股利非固定增长的股票价值

在现实生活中,有的公司股利不是固定不变的。有时固定不变,有时固定增长,有时高速增长。在这种情况下,股票价值就要分段计算。根据股利的增长情况分为非固定增长阶段和固定增长阶段,分别计算两阶段的预期股利现值,两阶段的预期股利现值之和,就是股票目前的内在价值。

【例8-14】 A公司持有甲公司的股票,要求的必要投资收益率为15%。甲公司最近支付的股利是2元,预计未来3年股利将高速增长,增长率为20%,以后转为固定增长,增长率为10%。计算甲公司股票的内在价值。

首先,计算非固定增长阶段的股利现值,如表8-3所示。

表8-3 甲公司非固定增长阶段股利现值计算表 单位:万元

年份	股利	复利现值系数	股利现值
1	2×(1+20%)=2.4	0.870	2.088
2	2.4×(1+20%)=2.88	0.756	2.177
3	2.88×(1+20%)=3.456	0.658	2.274
合计	——	——	6.539

其次,计算第三年年末时的股票价值:

$$V_3=\frac{D_4}{K-g}=\frac{D_3\times(1+g)}{K-g}=\frac{3.456\times(1+10\%)}{15\%-10\%}=76.03(元)$$

将第三年年末股票价值折成现值:

$$76.03\times(P/F,15\%,3)=76.03\times0.658=50.03(元)$$

最后,计算甲公司股票目前的内在价值:$V=6.539+50.03=56.57$(元)

(3)股票投资的收益

股票的收益是指投资者从购入股票开始到出售股票为止整个持有期间的收入,由股利和资本利得两方面组成。股票投资的收益水平通常用股票收益率来衡量。股票收益率是股票收益额与购买成本之比。为便于与其他年度收益指标相比较,可折算为年均收益率。股票收益率主要有本期收益率和持有期收益率两种。

①本期收益率

本期收益率是指股份公司上年派发的现金股利与本期股票价格的比率,反映了以现行价格购买股票的预期收益情况。其计算公式为:

$$本期收益率=\frac{年现金股利}{本期股票价格}\times100\%$$

式中,年现金股利为上一年发放的每股股利;本期股票价格为该股票当日证券市场收盘价。

②持有期收益率

持有期收益率是指投资者买入股票持有一定时期后又将其卖出,在持有该股票期间的收益率,反映了股东持有股票期间的实际收益情况。

(a)短期持有股票的持有期收益率

如果投资者持有股票的期限短,其持有期收益率的计算一般不考虑资金时间价值因素。基本计算公式为:

$$持有期收益率=\frac{(股票售出价-买入价)+持有期间分得的现金股利}{股票买入价}\times 100\%$$

$$持有期年平均收益率=\frac{持有期收益率}{持有年限}$$

$$持有年限=\frac{股票实际持有天数}{360}$$

【例 8-15】 某公司 2010 年 3 月 5 日以每股 10.6 元的价格购入一种股票,2011 年 1 月 1 日,每股获得现金股利 0.47 元,2011 年 3 月 5 日,以每股 11.8 元的价格将该股票出售,则投资收益率为:

$$持有期收益率=\frac{(11.8-10.6)+0.47}{10.6}\times 100\%=15.75\%$$

(b)长期持有股票的持有期收益率

如果投资者持有股票时间较长,计算其持有期收益率要考虑资金时间价值。其持有期收益率是指能使未来现金流入量的现值等于目前股票购买价格的贴现率。企业长期持有股票,每年获得的股利是经常变动的,当企业出售股票时,也可收回一定的资金。计算其持有期年均收益率的方法是求解以下含有贴现率的方程:

$$P=\sum_{t=1}^{n}\frac{D_t}{(1+i)^t}+\frac{F}{(1+i)^n}$$

式中,i 为股票的持有期年均收益率;P 为股票的购买价格;F 为股票的售出价格;D_t 为各年份获得的股利;n 为投资期限。

第三节 应收账款的管理

狭义的应收账款是企业因对外赊销产品、材料、提供劳务及其他原因,而应向购货或接受劳务的单位收取的款项。广义的应收账款则包括应收账款、应收票据、预付账款、其他应收款等。这里指广义的应收账款管理,是当前流动资产管理的焦点,也是企业短期投资的主要组成部分。

一、应收账款管理的目标

1. 应收账款存在的原因

企业经营过程中发生应收账款的原因,主要有以下三种。

(1)商业竞争

企业销售商品的形式现销方式与赊销方式。现销方式最大的优点是应计现金流入量与实际现金流入量完全吻合，既能避免呆坏账损失，又能及时地将收回的款项投入再增值过程，因而是最受企业欢迎的一种销售结算方式。然而在竞争激烈的社会主义市场经济条件下，竞争机制的作用迫使企业以各种手段扩大销售。单纯地依赖现销方式会使企业丧失许多有利机会，因此，在企业产品销售不畅、市场萎缩、竞争不利的情况下，或者在销售新产品、开拓新市场时，为适应市场竞争的需要，除了依靠产品质量、价格、售后服务、广告等外，适时地采取各种有效的赊销方式用以弥补单纯的现销方式的缺陷是扩大销售的手段之一。采用赊销方式，意味着其销售产品的同时，向采购方提供了可以在一定期限内免费使用资金的好处，资金的数额相当于产品售价。赊销是一种重要的促销手段，对于企业销售产品、开拓并占领市场具有重要意义。对于同等的产品价格、类似的质量水平、一样的售后服务，实行赊销的产品或商品的销售额将大于现销的产品或商品的销售额。由竞争引起的应收账款，是一种商业信用，这是发生应收账款的主要原因。由于赊销方式应计现金流入量与实际现金流入量时间上的不一致性，企业在采用赊销方式进行应收账款投资时，必须把握一个有效的限度。

(2)减少存货

赊销可以加快产成品向销售收入的转化速度，从而对降低存货中的产成品数额有着积极的影响。这有利于缩短产成品的库存时间，降低产成品存货的管理费用、仓储费用和保险费用等各方面的支出。因此，当产成品存货较多时，企业可以采用较为优惠的信用条件进行赊销，尽快地实现产成品存货向销售收入的转化，变持有产成品存货为持有应收账款，以节约各项存货支出。

(3)销售和收款的时间差距

商品成交的时间和收到货款的时间经常不一致，这也导致了应收账款。因为货款结算需要时间，结算手段越是落后，结算所需要时间越长，销售企业只能承认这种现实并承担由此引起的资金垫支。由于销售和收款的时间差而造成的应收账款，不属于商业信用，也不是应收账款的主要内容，应收账款管理属于商业信用的应收账款管理。

2. 应收账款管理的目标

既然企业发生应收账款的主要原因是扩大销售，减少存货，增强竞争力，那么其管理的目标就是实现净收益的最大化。应收账款是企业的一项资金投放，是为了扩大销售和盈利而进行的投资。发生应收账款会增加企业资金的占用，但它又是必要的，因为它可以扩大销售规模，增加销售收入。如何既利用应收账款吸引顾客，又缩短收款时间。这要在应收账款信用政策所增加的盈利和这种政策的成本之间找到适当的平衡点，并需实施妥善的收账策略。只有当应收账款所增加的盈利超过所增加的成本时，才应当赊销。如果赊销有着良好的盈利前景，也可进一步放宽信用条件来增加赊销量。

3. 应收账款管理的成本

赊销方式在对企业生产经营发挥作用的同时，促进销售，会因持有应收账款而付出一定的代价，这种代价，即应收账款的成本。其内容包括以下几点。

(1)应收账款应计利息

应收账款的应计利息也叫机会成本，是指因资金投放在应收账款上而失去将资金投资于其他方面所获得的再投资收益，如投资于有价证券所能获得的利息收入。该成本的大小通常与企业维持赊销业务所需要的资金数量(即应收账款投资额)、资本成本或再投资收益率有关。其计算公式为

$$应收账款应计利息=应收账款占用资金\times资本成本$$

式中，资本成本一般可按有价证券利息率计算。

$$\begin{aligned}应收账款占用资金&=应收账款平均余额\times变动成本率\\&=应收账款平均余额\times\frac{变动成本}{销售收入}\end{aligned}$$

$$\begin{aligned}应收账款平均余额&=日销售额\times应收账款平均收现期\\&=\frac{赊销收入净额}{360}\times应收账款平均收现期\\&=\frac{赊销收入净额}{应收账款周转率}\end{aligned}$$

$$应收账款周转率=\frac{360}{应收账款平均收现期}$$

【例 8-16】 某企业预测的年度赊销收入额为 8 000 000 元，应收账款平均收现期为 90 天，变动成本率为 70%，资本成本为 10%，求应收账款应计利息。

$$应收账款周转率=360\div90=4(次)$$

$$应收账款平均余额=8\ 000\ 000\div4=2\ 000\ 000(元)$$

$$应收账款占用资金=200\ 000\times70\%=140\ 000(元)$$

$$应收账款应计利息=140\ 000\times10\%=14\ 000(元)$$

计算结果表明，企业投放 140 000 元的资金可维持 8 000 000 元的赊销业务，在正常情况下，应收账款收账速度越快，应收账款占用资金就越少；反之亦然。而应收账款应计利息的高低在很大程度上取决于应收账款占用资金的多少。

(2) 管理成本

应收账款的管理成本是指企业对应收账款进行管理而耗费的开支，主要包括对客户的资信调查费用、收账费用和其他费用。其中，收账费用一般与赊销业务数额高低、赊销期限长短有关，即赊销业务额越高、赊销期限越长，收账费用越大；反之亦然。

(3) 坏账成本

应收账款是基于商业信用而产生，存在无法收回的可能性，由此而给应收账款持有企业带来的损失，即为坏账成本。这一成本的大小一般与应收账款数额的高低呈同方向变动，即应收账款数额越高，坏账成本就越大，反之亦然。因此，为规避坏账给企业生产经营活动的稳定性带来的不利影响，企业应按应收账款余额的一定比例提取坏账准备。

二、信用政策的确定

制定合理的信用政策，是加强应收账款管理，提高应收账款投资效益的重要前提。信用政策即应收账款的管理政策，是指企业为对应收账款投资进行规划与控制而确立的基本原则与行为规范，是企业财务政策的一个重要组成部分。信用政策包括信用标准、信用条件和收账政策三项内容。

1. 信用标准

信用标准是客户获得企业的交易信用所应具备的条件。如果客户达不到信用标准，便不能享受企业的信用或只能享受较低的信用优惠。

企业在制定信用标准时，面临着两难的选择。如果企业把信用标准定得过高，将使许多客户因信用品质达不到所设定的标准而被拒之门外，其结果尽管有利于降低违约风险及收账费用,但不利于扩大销售收入和提高企业市场竞争力。反之,如果企业采用较低的信用标准,虽然有利于扩大企业的销售,提高市场竞争力和市场占有率,但同时会导致加大坏账损失风险和增加收账费用。其实,这也是风险、成本、收益的对称性关系在企业信用标准制定方面的客观反映。

企业在设定客户的信用标准时,一般可以采用两种基本方法:经验判断法和信用评分法。

(1)经验判断法

经验判断法是指通过调查分析大量的信用信息,运用特定的知识和经验进行信用标准确定的方法。一般应考虑以下三个基本要素。

①同行业竞争对手的情况

面对竞争对手,企业首先考虑的是如何在竞争中处于优势地位,保持并不断扩大市场占有率。如果企业的竞争对手实力很强,企业欲取得或保持优势地位,就需要采取相对于竞争对手较低的信用标准;反之,其信用标准可以相应严格一些。

②企业承担违约风险的能力

当企业具有较强的违约风险承担能力时,就可以用较低的信用标准提高竞争力,争取客户,扩大销售;反之,如果企业承担违约风险的能力比较弱,就只能以稳健的策略,即选择严格的信用标准以尽可能降低违约风险的程度。

③客户的资信程度

企业在制定信用标准时,必须对客户的资信程度进行调查、分析,先评估其赖账的可能性,这可以通过"5C"系统来进行。所谓"5C"系统,是评估顾客信用品质的五个方面,即品质(Character)、能力(Capacity)、资本(Capital)、抵押(Collateral)和条件(Conditions)。并在此基础上,判断客户的信用等级并决定是否给予客户信用。

品质是指顾客的信誉,即履行偿债义务的可能性。企业必须设法了解顾客过去的付款记录,看其是否有按期如数付款的一贯做法,及与其他供货企业的关系是否良好。这一点经常被视为评价客户信用的首要因素。

能力指客户的偿债能力,即其流动资产的数量和质量以及与流动负债的比例。客户的流动资产越多,其转换为现金用以支付款项的能力越强。同时,还应注意客户流动资产的质量,看是否有存货过多、过时或质量下降,影响其变现能力和支付能力的情况。

资本指客户的财务实力和财务状况,表明客户可能偿还债务的背景。

抵押指客户拒付款项或无力支付款项时能被用作抵押的资产。这对于不知底细或信用状况有争议的客户尤为重要。一旦收不到这些客户的款项,便以抵押品抵补。如果这些客户提供足够的抵押,就可以考虑向他们提供相应的信用。

条件是指可能影响客户付款能力的经济环境。比如,万一出现经济不景气,会对客户的付款产生什么影响,客户会如何做等,这需要了解客户在过去困难时期的付款历史。

上述各种信息资料主要通过以下渠道取得:第一,商业代理机构或资信调查机构提供的客户信息资料及信用等级标准资料;第二,委托往来银行信用部向与客户有关联业务的银行索取信用资料;第三,与同一客户有信用关系的其他企业相互交换该客户的信用资料;第四,客户的财务报告资料;第五,企业自身的经验与其他可取得的资料等。

(2)信用评分法

信用评分法是结合客户的财务变量,产生出测定客户信用的分数或指数,并以此进行信用评估的一种方法。进行信用评分的基本公式为

$$S = X_1W_1 + X_2W_2 + X_3W_3 + \cdots + X_nW_n = \sum_{i=1}^{n} X_iW_i$$

其中，S 为某客户的信用评分；W_i 为企业事先拟定出的对第 i 种财务变量赋予的权数；X_i 为某客户的第 i 种财务变量的评分。

采用信用评分法进行信用评估时，由于实际情况错综复杂，不同企业的实际情况存在着很大的差异性，因此，在财务变量的选取和权数的确定上难以按照统一的标准进行衡量。企业的财务决策者必须在深刻地考察各变量的内在质量的基础上，结合以往的经验，选取一组既具有代表性、能够说明付款能力和财务状况，又符合企业实际情况的财务变量，并赋予合适的权数。

【例 8－17】 某公司 2010 年将客户的净营运资本/销售收入（X_1）、负债/资产（X_2）、资产/销售收入（X_3）和销售利润率（X_4）四项财务变量的历史数据构建成如下一个函数关系式：

$$S = 2.6X_1 - 0.4X_2 + 0.1X_3 + 0.7X_4$$

据可靠的信用信息计算出的顾客 1 和顾客 2 的财务变量的评分如表 8－4 所示：

表 8－4 顾客 1 与顾客 2 的四项财务变量的评分表 单位：万元

财务变量	顾客 1	顾客 2
净营运资本/销售收入（X_1）	15%	8%
负债/资产（X_2）	40%	55%
资产/销售收入（X_3）	105%	110%
销售利润率（X_4）	12%	9%

顾客 1 的信用评分为

$$S_1 = 2.6 \times 15\% - 0.4 \times 40\% + 0.1 \times 105\% + 0.7 \times 12\% = 41.9\%$$

顾客 1 的信用评分为

$$S_2 = 2.6 \times 8\% - 0.4 \times 55\% + 0.1 \times 110\% + 0.7 \times 9\% = 16.1\%$$

如果该公司认为它的所有客户至少得到 30% 才有资格成为企业的信用客户，那么顾客 1应得到信用，而顾客 2 将被拒绝。

2. 信用条件

信用标准是企业评价客户等级，决定给予或拒绝客户信用的依据。一旦企业决定给予客户信用优惠时，就需要考虑具体的信用条件。所谓信用条件是指企业接受客户信用时所提出的付款要求，主要包括信用期限、折扣期限及现金折扣等。信用条件的基本表现方式为“2/10，n/30”，表示若客户能够在发票开出后的 10 日内付款，可以享受 2% 的现金折扣；如果放弃折扣优惠，则全部付款必须在 30 日内付清。在此，30 天为信用期限，10 天为折扣期限，2% 为现金折扣率。

（1）信用期限

信用期限是指企业允许顾客从购货到付款之间的最长时间。产品销售量与信用期限之间存在着一定的依存关系。信用期的确定，主要是分析改变现行信用期对收入和成本的影响。通常延长信用期限，可以在一定程度上吸引顾客，扩大销售从而增加毛利。但不适当地延长信用期限,会给企业带来不利影响:一是使平均收账期延长,占用在应收账款上的资金相应增加,导致应收账款应计利息增加;二是导致管理成本及坏账成本的增加。因此,企业应否给客户延长信用期限,应视延长信用期限增加的边际收入是否大于增加的边际成本而定。

【例8-18】 某公司现在采用30天按发票金额付款的信用政策,拟将信用期放宽至60天,仍按发票金额付款即不给折扣。假设等风险投资的最低报酬率为15%,其他有关的数据如表8-5所示。

表8-5 某公司信用期放宽的有关资料表 单位:万元

信用期项目	30天	60天
销售量(万件)	100	120
销售额(元)(单价5元)	500	600
销售成本(元)		
变动成本(每件4元)	400	480
固定成本(万元)	50	50
毛利(万元)	50	70
可能发生的收账费用(万元)	3	4
可能发生的坏账损失(万元)	5	9

①收益的增加

收益的增加=销售量的增加×单位边际贡献=(120-100)×(5-4)=20 000(万元)

②应收账款占用资金的应计利息增加

$$应收账款应计利息=应收账款占用资金\times资本成本$$

$$应收账款占用资金=应收账款平均余额\times变动成本率$$

$$应收账款平均余额=日销售额\times平均收现期$$

$$30天信用期应计利息=\frac{500}{360}\times30\times\frac{400}{500}\times15\%=5(万元)$$

$$60天信用期应计利息=\frac{600}{360}\times60\times\frac{480}{600}\times15\%=12(万元)$$

$$应计利息增加=12-5=7(万元)$$

③收账费用和坏账损失增加

$$收账费用增加=4-3=1(万元)$$

$$坏账损失增加=9-5=4(万元)$$

④改变信用期的税前损益

$$收益增加-成本费用增加=20-(7+1+4)=8(万元)$$

由于收益的增加大于成本增加,故应采用60天的信用期。

上述信用期分析的方法是比较简略,可以满足一般制定信用政策的需要。如有必要,也可以进一步考虑销货增加引起存货增加而多占用的资金。

现假定信用期由30天改为60天,由于销售量增加,平均存货水平将从9万件上升到到

20 万件，每件存货成本按变动成本 4 元计算，其他情况依旧。

$$存货增加而多占用资金的利息=(20-9)\times 4\times 15\%=6.6(元)$$

$$改变信用期的税前收益=8-6.6=1.4(万元)$$

因为仍然可以获得税前收益，所以尽管会增加平均存货，还是应该采用 60 天的信用期。

更进一步地细致分析，还应考虑存货增加引起的应付账款的增加。这种负债的增加会节约企业的营运资金，减少营运资金的“应计利息”。因此，信用期变动的分析，一方面要考虑对利润表的影响（包括收入、成本和费用）；另一方面要考虑对资产负债表的影响（包括应收账款、存货、应付账款），并且要将对资金占用的影响用“资本成本”转化为“应计利息”，以便进行统一的得失比较。

（2）现金折扣和折扣期限

延长信用期限会增加应收账款占用的时间和金额，许多企业为了加速资金周转，及时收回货款，减少坏账损失，现金折扣与信用期间往往结合使用，在确定了信用期限后，还会对客户提前付款给予不同程度的现金折扣优惠。所谓折扣期限是指为客户规定的可享受现金折扣的付款时间，所谓现金折扣是企业对顾客在商品价格上所做的扣减。企业还可以根据需要，采取阶段性的现金折扣期与不同的现金折扣率，如“4/10，2/20，*n*/30”等。其表示在给予客户 30 天的信用期限内，4/10 表示客户若能在开票后的 10 日内付款，可享受 4% 的价格优惠，即只需支付原价的 96%，如原价为 10 000 元，只支付 9 600 元；2/20 表示超过 10 日而能在 20 日内付款时，也可享受 2% 的价格优惠，即只需支付原价的 98%，若原价为 10 000 元，只支付 9 800 元；*n*/30 表示付款的最后期限为 30 天，在 20 天到 30 天之间只能全额付款。企业如果给予 4%，2% 的折扣，究竟应当采用多长的现金折扣期限，也就是能吸引顾客在多少天内付款？如果希望顾客 20 天或 10 天付款，应该给予客户多大程度的现金折扣优惠？同延长信用期限一样，采取现金折扣方式在有利于增加销售的同时，也需要付出一定的成本代价，即给予价格折扣造成的损失。企业决定是否提供以及提供多大程度的现金折扣，要把所提供的延期付款时间和折扣综合起来，着重考虑各方案的延期与折扣能带来的收益增量是否大于现金折扣的成本。如果加速收款带来的机会收益能够补偿实施现金折扣增加的应收账款成本，企业就可以采取现金折扣或进一步改变当前的折扣方针，最终确定最佳方案。

容易与现金折扣相混淆的概念是商业折扣。商业折扣又称价格折扣，是企业为了鼓励客户多买而给予的价格优惠，每次购买的数额越多，价格也越便宜。在这种情况下，销售企业的销售收入是按商业折扣后的价格计算的，因此，不存在调整销售收入的问题。而现金折扣的主要目的是为了刺激客户尽快付款（客户多买的目的往往也是基于现金折扣的吸引），因此，当客户接受了现金优惠时，就会涉及企业原来计算的销售收入额的相对调整，即企业销售收入净额等于账面销售收入剔除现金折扣额。

（3）信用条件备选方案的评价

虽然企业在信用管理政策中已对可接受的信用风险水平作了规定，但当企业的生产经营环境发生变化时，就需要对信用管理政策中的某些规定进行修改和调整，并对改变条件的各种备选方案进行重新评价。

【例 8－19】 某公司目前的年度赊销收入为 5 500 万元，总成本 4 850 万元（其中固定成本 1 000 万元），信用条件为（*n*/30），资本成本为 10%，该公司为扩大销售，拟定甲、乙两个信用条件方案，甲方案：信用条件（*n*/60），预计坏账损失率为 4%，收账费用 80 万元，预计赊销收入会增加 10%。B 方案:信用条件(2/10、1/20、n/60),预计赊销收入会增加 20%,估计约有 70% 的客户(按赊销额计算)会利用 2% 的现金折扣,10% 的客户会利用 1% 的现金折扣,平均坏账损失率为 3%,收账费用 60 万元。要求计算甲、乙两个方案的信用成本前收益和信用成本后收益,并确定该公司应选择何种信用条件方案。

变动成本率 = (4 850 − 1 000)/5 500 = 70%

乙方案的平均收账天数 = 10 × 70% + 20 × 10% + 60 × 20% = 21(天)

甲、乙两个方案的信用成本前收益和信用成本后收益见表 8 − 6

表 8 − 6 信用条件分析评价表

单位:万元

项 目	甲	乙
赊账收入	5 500 × (1 + 10%) = 6 050	5 500 × (1 + 20%) = 6 600
变动成本	6 050 × 70% = 4 235	6 600 × 70% = 4 620
折扣成本	0	6 600 × 2% × 70% + 6 600 × 1% × 10% = 99
信用成本前的收益	6 050 − 4 235 = 1815	6 600 − 4 620 − 99 = 1 881
信用成本:		
应收账款应计利息	(6 050/360) × 60 × 70% × 10% = 70.58	(6 600/360) × 21 × 70% × 10% = 26.95
坏账成本	6 050 × 40% = 242	6600 × 3% = 198
收账成本	80	60
信用成本合计	70.58 + 242 + 80 = 392.58	26.95 + 198 + 60 = 284.95
信用成本后的收益	1815 − 392.58 = 1 422.42	1881 − 284.95 = 1 596.05

因为甲方案的信用成本后的收益小于乙方案的信用成本后的收益,应选择乙方案。

3. 收账政策

收账政策是指信用条件被违反时企业应采取的收账策略。一般来说,企业如果采用较积极的收账政策,将导致拖欠款项的客户减少及拖延的时间缩短,从而减少应收账款投资,减少坏账损失,但却会增加收账成本;如果采用较消极的收账政策,将导致拖欠款项的客户增多并且拖延款项的时间延长,从而会增加应收账款投资和坏账损失,但却会减少收账费用。因此,企业在制定收账政策时,要权衡利弊得失,掌握好宽严界限。制定有效、得当的收账政策很大程度上依靠有关人员的经验。收账政策的基本原则在于应收账款总成本是否实现最小化,因此,通过比较各收账方案总成本的大小对收账政策加以选择。

【例 8 − 20】 假设某企业原有的收账政策与拟改变的收账政策如表 8 − 7 所示。假设资本成本为 11%。请选择收账政策。

表 8－7　收账政策备选方案资料

项　目	现行收账政策	拟改变的收账政策
年收账费用/万元	50	160
平均收账期/天	60	30
坏账损失/赊销额/%	5	3
赊销额/万元	6 600	6 600
变动成本率/%	65	65

根据表 8－7 中的资料，两种方案的收账总成本计算如表 8－8 所示。

表 8－8　收账政策分析评价表　单位：万元

项　目	现行收账政策	拟改变的收账政策
赊销额	600	600
应收账款周转次数/次	360 ÷ 60 = 6	360 ÷ 30 = 12
应收账款平均余额	6 600 ÷ 6 = 1 100	6 600 ÷ 12 = 550
应收账款占用资金额	1 100 × 65% = 715	550 × 60% = 357.5
收账成本：		
应收账款应计利息	715 × 11% = 78.65	357.5 × 11% = 39.325
坏账损失	6 600 × 5% = 330	6 600 × 3% = 198
年收账费用	50	160
收账总成本	458.65	397.325

表 8－8 的计算结果表明，拟改变的收账政策较现行收账政策减少的坏账损失 132 万元(330－198)和减少的应收账款应计利息 39.365 万元(78.65－39.325)之和为 171.325 万元，大于增加的收账费用 110 万元(160－50)，即改变收账政策后将带来总收益增加 6.6 万元(9.6－3)的效果。因此，改变收账政策的方案是可行的。

【例 8－21】 B 公司目前采用 30 天按发票金额付款的信用政策。为了扩大销售，公司拟改变现有的信用政策，有两个可供选择的方案，有关数据见表 8－9 如下。

表 8－9　信用政策备选方案资料

项　目	当前	方案一	方案二
信用期	*n*/30	*n*/60	2/10，1/20，*n*/30
年销售量/件	72 000	86 400	79 200
销售单价/元	5	5	5

表 8-9(续)

项　目	当前	方案一	方案二
变动成本率	0.8	0.8	0.8
可能发生的收账费用/元	3 000	5 000	2 850
可能发生的坏账损失/元	6 000	10 000	5 400
平均存货水平/件	10 000	15 000	11 000

如果采用方案二,估计会有20%的顾客(按销售量计算,下同)在10天内付款、30%的顾客在20天内付款,其余的顾客在30天内付款。假设该项投资的资本成本为10%;一年按360天计算。采用差额分析法分别评价方案一和方案二。需要单独列示"应收账款应计利息差额""存货应计利息差额"和"税前损益差额"。哪一个方案更好些?

表 8-10　差额分析法评价方案一

项目	目前	方案1	方案1与目前差额
销售收入	72 000×5=360 000	86 400×5=432 000	72 000
边际贡献	72 000	86 400	14 400
平均收现期	30	60	
应收账款应计利息	$\frac{360\ 000}{360}\times 30\times 0.8\times 10\%=2\ 400$	$\frac{432\ 000}{360}\times 60\times 0.8\times 10\%=5\ 760$	3 360
存货应计利息	10 000×(5×0.8)×10%=4 000	15 000×(5×0.8)×10%=6 000	2 000
收账费用	3 000	5 000	2 000
坏账损失	6 000	10 000	4 000
折扣成本			0
税前损益			3 040

表 8-11　差额分析法评价方案二

项目	目前	方案2	方案2与目前差额
销售收入	72 000×5=360 000	79 200×5=396 000	36 000
边际贡献	72 000	79 200	7 200
平均收现期	30	10×20%+20×30%+30×50%=23	
应收账款应计利息	$\frac{360\ 000}{360}\times 30\times 0.8\times 10\%=2\ 400$	$\frac{396\ 000}{360}\times 23\times 0.8\times 10\%=2\ 024$	-376
存货应计利息	10 000×(5×0.8)×10%=4 000	11 000×(5×0.8)×10%=4 400	400

表 8－11(续)

项目	目前	方案 2	方案 2 与目前差额
收账费用	3 000	2 850	－150
坏账损失	6 000	5 400	－600
折扣成本		396 000×2%×20%＋396 000×1%×30%＝2 772	2 772
税前损益			5 154

因为方案二增加的税前损益大于方案一增加的税前损益。所以方案二好。

三、应收账款的收账

制定合理的信用政策，优化应收账款的投资决策，是提高应收账款投资效率，降低风险损失的基础保障。应收账款发生后，企业应采取各种措施，尽量争取按期收回款项，促进应收账款投资的良性循环，否则会因拖欠时间过长而发生坏账，使企业蒙受损失。这些措施包括对应收账款回收情况的监督、对坏账损失的事先准备和制定适当的收账政策，健全应收账款管理的责任制度与控制措施，以期顺利地实现应收账款的基本目标。

1. 应收账款回收情况的监督

企业已发生的应收账款时间有长有短，有的尚未超过收款期，有的则超过了收款期。一般来讲，拖欠时间越长，款项收回的可能性越小，形成坏账的可能性越大。对此，企业应实施严密的监督，随时掌握应收账款回收情况。

实施对应收账款回收情况的监督，加速收款，缩短应收账款的时间，可以通过编制账龄分析表的形式进行。账龄分析表是一张能显示应收账款在外天数长短的报告，它把所有的应收账款按账龄分为几类后，显示每一类的总数额和所占比例，勾画出了尚未收回的应收账款的质量。其格式如表 8－12 所示。

表 8－12　账龄分析表

2011 年 12 月 31 日

应收账款账龄	账户数量	金额(万元)	百分比(%)
信用期内	180	1 600	40
超过信用期 1 天～20 天	100	900	22.5
超过信用期 21 天～40 天	80	600	15
超过信用期 41 天～60 天	70	500	12.5
超过信用期 61 天～80 天	40	200	5
超过信用期 81 天～100 天	20	100	2.5
超过信用期 100 天以上	10	100	2.5
总　计	500	4 000	100.0

利用账龄分析表，企业可以了解到：

(1)有多少欠款尚在信用期内。表8－12显示,有1 600万元的应收账款处在信用期,占全部应收账款的40%。这些款项是政策正常的,但要及时监督。

(2)有多少欠款超过信用期,各超出多长时间,有多少可能成为坏账,不同账龄采用不同方法收账。表8－12显示,有2 400万元的应收账款超过信用期,占全部应收账款的60%。其中,拖欠20天以内有900万元,占全部应收账款的22.5%,这部分欠款收回的可能性很大;拖欠时间较长的(21～100天)有1 500万元,占全部应收账款的37.5%,这部分欠款的回收有一定难度;拖欠时间很长的(100天以上)有100万元,占全部应收账款的2.5%,这部分欠款有可能成为坏账。通过应收账款账龄分析,不仅能提示财务管理人员应把过期款项回收工作视为重点,而且有助于促进企业进一步研究与制定新的信用政策。对不同拖欠时间的欠款,企业应采取不同的收账方法,制定出经济、可行的收账政策;对可能发生的坏账损失,则应提前做好准备,充分估计这一因素对损益的影响。

2. 对客户的信用调查

对客户的信用进行评价是应收账款日常管理的重要内容。要想合理地评价客户的信用,必须对客户信用进行调查,搜集有关的信息资料。信用调查有两类。

(1)直接调查

直接调查是调查人员直接与被调查单位接触,通过当面采访、询问、观看、记录等方式获取信用资料的一种方法。直接调查能保证搜集资料的准确性和及时性,但若不能得到被调查单位的合作,则会使调查资料不完整。

(2)间接调查

间接调查是以被调查单位以及其他单位保存的有关原始记录和核算资料为基础,通过加工整理获得被调查单位信用资料的一种方法。这些资料主要来自以下几个方面。

①财务报告。有关单位的财务报告是信用资料的重要来源。通过财务报告分析,基本上能掌握一个企业的财务状况和盈利状况。

②信用评估机构。许多国家都有信用评估的专门机构,定期发布有关企业的信用等级报告。我国的信用评估机构目前有三种形式:第一种是独立的社会评估机构,他们只根据自身的业务吸收有关专家参加,不受行政干预和集团利益的牵制,独立自主地开办信用评估业务;第二种是政策银行负责组织的评估机构,一般由银行有关人员和各部门专家进行评估;第三种是由商业银行组织的评估机构,由商业银行组织专家对其客户进行评估。

③银行。银行是信用资料的一个重要来源,因为许多银行都设有信用部,为其顾客提供服务。但银行的资料一般仅愿在同业之间交流,而不愿向其他单位提供。因此,如外地有一笔较大的买卖,需要了解客户的信用状况,最好通过当地开户银行,向其征询有关信用资料。

④其他。如财税部门、消费者协会、工商管理部门、企业的上级主管部门、证券交易部门等。另外,书籍、报刊、杂志等也可提供有关客户的信用情况。

3. 收账政策的制定

企业对各种不同过期应收账款的催收方式,包括准备为此付出的代价,就是它的收账政策。信用良好的客户付款迅速,无需追款。少数信用恶劣的客户将被证实是纯粹的赖账之徒,不管企业如何努力,也难以从他们手中收回账款。其他的客户介于这两者之间,称为边际信用客户,企业成功地与这些边际信用客户打交道是盈利的关键。企业在收账过程中对过期较短的顾客,不过多地打扰,以免将来失去这一市场;对过期稍长的顾客,可以送出"友好的提醒",也可措辞婉转地写信催款;对过期较长的顾客,频繁的信件催款并电话催询,如果客户有暂时的财务困难,可以找出折中的办法;对过期很长的顾客,可在催款时措辞严厉,销售人员或特别收款员拜访客户,必要时提请有关部门仲裁或提起诉讼,但这种催款方式的诉讼费会较高。一般说来,收账的花费越大,收账措施越有力,可收回的账款应越多,坏账损失也就越小。因此制定收账政策,又要在收账费用和所减少坏账损失之间作出权衡。根据应收账款总成本最小化的原则,通过比较各收账方案总成本的大小对收账政策加以选择。

第四节 存货的管理

一、存货管理的目标

存货是指企业在生产经营过程中为销售或者耗用而储存的物资,包括材料、燃料、低值易耗品、在产品、半成品、产成品、协作件、外购商品等。

如果工业企业能在生产投料时随时购入所需的原材料,或者商业企业能在销售时随时购入所需的商品,就不需要存货。但实际上,企业总要或多或少地储存存货,并因此占用资金。企业需要存货的原因主要有:

(1)保证生产或销售的经营需要

实际上,企业很少能做到随时购入生产或销售所需的各种物资,即使是市场供应量充足的物资也如此。因为市场变化复杂,不时会出现某种材料的市场短缺,企业距供货点较远而需要必要的途中运输及可能出现的运输故障。一旦生产或销售所需物资短缺,生产经营将被迫停产,造成损失。为了避免或减少出现停工待料、停业待货等事故,企业需要储存存货。

(2)出自价格的考虑

零购物资的价格往往比整批购买高,但是,过多的存货产生超储成本,包括由于材料库存量超过生产所需的合理储量,存货占用资金是有成本的,占用较多的资金而增加的利息支出,并且会增加包括仓储费、保险费、维护费、管理人员工资在内的各项开支。

上述这些支出增加会导致利润减少进行存货管理,就要尽力在各种存货成本与存货收益之间作出权衡,达到两者的最佳结合,这也就是存货管理的目标。

二、储备存货的成本分析

企业由于储存一定的存货而发生的各项支出就是存货的成本,包括取得成本、储存成本和缺货成本。

1. 取得成本

取得成本是指为取得某种存货而支出的成本,通常用 TC_a 来表示。它分为订货成本和购置成本。

(1)订货成本

订货成本是指取得订单的成本,如办公费、差旅费、邮资、电报电话费等支出。订货成本中有一部分与订货次数无关,如常设采购机构的基本开支等,称为订货的固定成本,用 F_1 表示;另一部分与订货次数有关,如差旅费、邮资等,称为订货的变动成本,每次订货的变动

成本用 K 表示，订货次数等于存货年需要量 D 除以每次进货批量 Q。订货成本的计算公式为：

$$订货成本 = F_1 + \frac{D}{Q} \cdot K$$

（2）购置成本

购置成本是指存货本身的价值，经常用数量与单价的乘积来确定。年需要量用 D 表示，单价用 U 表示，于是购置成本为 $D \times U$。

订货成本与购置成本之和就等于存货的取得成本，其计算公式：

取得成本 = 订货成本 + 购置成本 = 订货固定成本 + 订货变动成本 + 购置成本

即
$$TC_a = F_1 \frac{D}{Q} \cdot K + D \cdot U$$

2. 储存成本

储存成本是指为保持存货而发生的成本，包括存货占用资金应计的利息（若企业用现有现金购买存货，便失去了现金存放银行或投资于证券应取得的利息，这就是“放弃利息”；若企业借款购买存货，便要支付利息费用，这就是“付出利息”）、仓库费用、保险费用、存货的破损和变质损失等，通常用 TC_c 来表示。

储存成本也分为固定成本和变动成本两部分。储存固定成本与存货数量的多少无关，通常用 F_2 表示，如仓库折旧、仓库职工的固定月工资等；储存变动成本与存货的数量呈正比例相关，其单位成本用 K_C 表示，如存货资金的应计利息、存货的保险费用、存货的破损和变质损失等，存货余额呈锯齿状，随着公司存货的匀速使用，存货余额逐步降为0，然后能立即采购 Q，再匀速使用，如此循环下去，所以平均的存货需求量是 $\frac{Q}{2}$。储存成本计算公式为：

$$储存成本 = 储存固定成本 + 储存变动成本$$

即
$$TC_C = F_2 \frac{Q}{2} \cdot K_C$$

3. 缺货成本

缺货成本是指由于存货供应中断而造成的损失，包括材料供应中断造成的停工损失、产成品库存缺货造成的拖欠发货损失和丧失销售机会的损失，包括需要主观估计的商誉损失。如果生产企业以紧急采购代用材料来解决库存材料中断之急，那么缺货成本表现为紧急额外购入成本（紧急额外购入的开支会大于正常采购的开支）。缺货成本用 TC_s 表示。

如果以 TC 表示储备存货的总成本，其计算公式：

$$储备存货的总成本 = 取得成本 + 储存成本 + 缺货成本$$

即
$$TC = TC_a + TC_C + TC_S$$
$$= F_1 + \frac{D}{Q} \cdot K + D \cdot U + F_2 + \frac{Q}{2} \cdot K_C + TC_S$$

三、存货决策

存货决策涉及四项基本内容：决定进货项目、选择供应单位、决定进货时间和决定进货批量。决定进货项目和选择供应单位是销售部门、采购部门和生产部门的职责。企业需要的存货在空间上有并存性和在时间上有继起性。财务部门要做的是决定进货时间和决定进货批量（分别用 T 和 Q 表示）。按照存货管理的目的，需要确定合理的进货批量和订货时间、订货间隔，关键在于如何做到既能满足生产和销售需要，又能使存货上所耗费的相关总成本最小，这个批量叫做经济订货量或经济批量。有了经济订货量，可以容易地找出最适宜的进货时间。

影响存货总成本的因素很多，为了解决比较复杂的问题，先做一定的假设，使实际问题简化，在此基础上建立经济订货量的基本模型，然后再扩展到复杂的问题。

1. 经济订货量的基本模型

经济订货量基本模型需要设立的假设前提是第一，企业一定时期存货需求量稳定，并且能准确预测，即 D 为已知常量；第二，存货耗用量或者销售量比较均衡；第三，存货单价稳定，不存在数量折扣，即 U 为已知常量；第四，当企业没有存货时，需要订货时便可立即取得存货，且能集中到货；第五，企业仓库条件不受限制，现金充足，不会影响进货；第六，不允许缺货，即无缺货成本，TC_S 为零；第七，所需存货市场供应充足，不会因买不到需要的存货而影响其他。此时，存货相关总成本的公式可以简化为：

$$TC = \frac{D}{Q} \cdot K + \frac{Q}{2} \cdot K_C$$

当 F_1, K, D, U, F_2, K_C 为常数量时，TC 的大小取决于 Q。为了求出 TC 的极小值，对 Q 进行求导，一阶导等于零，可得出下列公式：

$$Q^* = \sqrt{\frac{2KD}{K_C}}$$

这一公式称为经济订货量基本模型，求出的每次经货批量，可使 TC 达到最小值。

每年最佳订货次数计算公式：

$$N^* = \frac{D}{Q^*} = \frac{D}{\sqrt{\frac{2KD}{K_C}}} = \sqrt{\frac{DK_C}{2K}}$$

存货最小总成本计算公式：

$$TC(Q^*) = \frac{KD}{\sqrt{\frac{2KD}{K_C}}} + \frac{\sqrt{\frac{2KD}{K_C}}}{2} \cdot K_C = \sqrt{2KDK_C}$$

最佳订货周期计算公式：

$$t^* = \frac{360}{N^*} = \frac{360}{\sqrt{\frac{DK_C}{2K}}}$$

经济订货量占用资金计算公式：

$$I^* = \frac{Q^*}{2} \cdot U = \frac{\sqrt{\frac{2KD}{K_C}}}{2} \cdot U = \sqrt{\frac{KD}{2K_C}} \cdot U$$

【例 8－22】 某企业每年需耗用材料 3 600 千克，该零件单位存储成本为 2 元，一次订货成本 25 元，单位进价成本为 50 元。求经济订货量、最佳订货次数、存货最小总成本、最佳订货周期、经济订货量占用资金额。

$$Q^* = \sqrt{\frac{2 \times 3\ 600 \times 25}{2}} = 300(\text{千克})$$

$$N^* = \frac{D}{Q^*} = \frac{3\ 600}{300} = 12(\text{次})$$

$$TC(Q^*) = \sqrt{2KDK_C} = \sqrt{2 \times 3\ 600 \times 25 \times 2} = 600(\text{千克})$$

$$t^* = \frac{360}{N^*} = \frac{360}{12} = 30(\text{天})$$

$$I^* = \frac{Q^*}{2} \cdot U = \frac{300}{2} \times 50 = 7\ 500(\text{元})$$

经济订货量也可以用图解法求得:先计算出一系列不同批量的各有关成本,然后在坐标图上描出有各有关成本构成的订货成本线、储存成本线和总成本线,总成本线的最低点(或者是订货成本线和储存成本线的交接点)相应的批量,即经济订货量。根据上例不同批量下的有关成本指标如表 8 – 14 所示。

表 8 – 13　订货批量与有关成本指标计算表

项　目	订货批量/件					
	100	200	300	400	500	600
平均存量/件	50	100	150	200	250	300
储存变动成本/元	100	200	300	400	500	600
订货次数/次	36	18	12	9	7.2	6
订货变动成本/元	900	450	300	225	180	150
与批量相关总成本/元	1 000	650	600	625	680	750

不同批量的有关成本变动情况可见图 8 – 8 所示。

从以上成本指标计算表和图形中可以看出,当订货批量为 300 件时总成本最低。

2. 经济订货量基本模型的扩展

经济订货量的基本模型是在一定的假设条件下建立的,但现实生活中很少见。为使模型更接近于实际情况,具有较高的可用性,需逐一放宽假设,同时对基本模型进行修正。

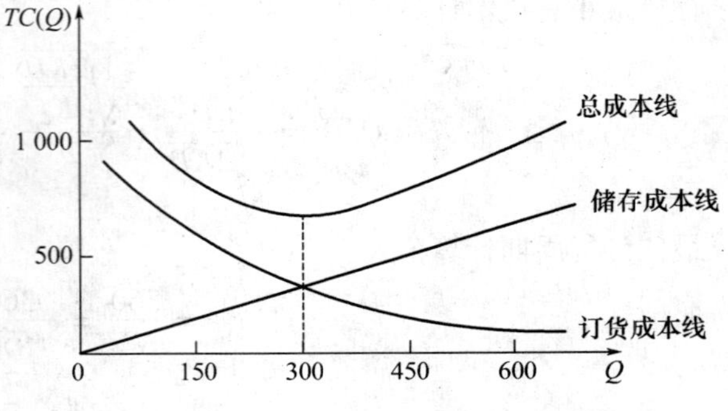

图 8 – 8　某外购零件不同批量的有关成本变动情况

(1)订货提前期

一般情况下,企业的存货不能做到随用随补偿,从订货到存货到达,需要时间,因此不能等到存货全部用完再去订货,下一次订货需要在没有用完前提前订货。在提前订货的情况下,企业再次发出订货单时,尚有存货的库存量称为再订货点,用 R 来表示,其数量等于交货时间(L)和每日平均需用量(d)的乘积,即:

$$R = L \cdot d$$

【例 8 – 23】　沿用前例,假定企业订货日至到货期的时间为 8 天,每日平均存货需要量

为 10 件，那么 $R = L \cdot d = 8 \times 10 = 80$（千克）

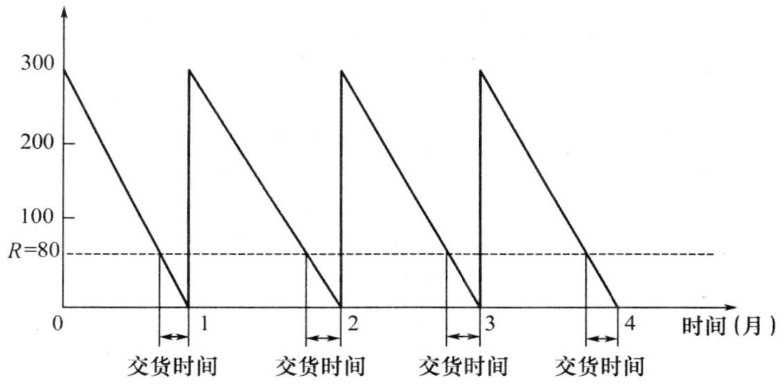

图 8－9　订货提前期示意图

从上图中可以看出，订货提前期对经济订货量并无影响，可仍按原来瞬时补充情况下的 300 千克经济订货量作为订货批量，只不过在达到再订货点，企业库存还有 80 千克材料时就发出订货单，等下批订货到达时，也就是发出再次订货单 8 天后，原有库存刚好用完。此时，有关存货的每次订货量、订货次数、订货间隔时间等并没有发生变化，与前述瞬时补充时相同。

（2）存货陆续供应和使用

在建立基本模型时，假设存货能集中到货，一次性全部入库，故存货增加时存量变化表现为一条垂直线段。事实上，存货采购过程中，各批存货可能陆续入库，一边进货，一边耗用，使存量陆续增加。尤其是产成品入库和在产品的转移，几乎总是陆续供应和陆续耗用的。存货数量的变动情况见图 8－10 所示。存货量（件）

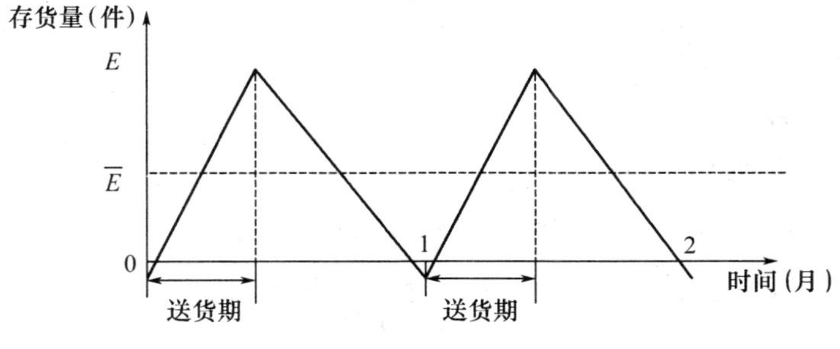

图 8－10　存货陆续供应和使用数量变动图

设每批订货量为 Q，由于每日送货量为 P，故该批货全部送达所需日数为 $\frac{Q}{P}$，称之为送货期。因零件每日耗用量为 d，故送货期内的全部耗用量为 $\left(\frac{Q}{P}\right) \cdot d$。由于零件边送边用，所以每批货送完时的最高库存量为 $E = \left[Q - \frac{Q}{P} \cdot d\right]$，平均库存量则为 $\overline{E} = \left[Q - \frac{Q}{P} \cdot d\right] \div 2$。与存货批量相关的总成本为：

$$TC(Q)=\frac{D}{Q}\cdot K+\frac{1}{2}\times\left(Q-\frac{Q}{P}\cdot d\right)\cdot K_C=\frac{D}{Q}\cdot K+\frac{Q}{2}\cdot\left(1-\frac{d}{P}\right)\cdot K_C$$

上式中对 Q 求一阶导等于零时，TC 有最小值，此时订货变动成本等于储存变动成本，故存货陆续供应和使用的经济订货量公式：

$$\frac{D}{Q}\cdot K=\frac{Q}{2}\cdot\left(1-\frac{d}{P}\right)\cdot K_C$$

$$Q^*=\sqrt{\frac{2KD}{K_C}\left(\frac{P}{P-d}\right)}$$

存货陆续供应和使用的经济订货量总成本：

$$TC(Q^*)=\sqrt{2KDK_C\left(1-\frac{d}{P}\right)}$$

【例 8-24】 某公司甲材料年需用量(D)10 000 件，每日送货量(P)为 50 件，每日耗用量(d)为 10 件，单价(U)20 元。一次订货成本(生产准备成本)(K)为 40 元，单位储存变动成本(K_c)为 4 元。

则

$$Q^*=\sqrt{\frac{2KD}{K_C}\left(\frac{P}{P-d}\right)}=\sqrt{\frac{2\times40\times10\,000}{4}\left(\frac{50}{50-10}\right)}=500(\text{件})$$

$$TC(Q*)=\sqrt{2KDK_C\left(1-\frac{d}{P}\right)}=\sqrt{2\times40\times10\,000\times4\times\left(1-\frac{10}{50}\right)}=1\,600(\text{元})$$

陆续供应和使用的经济订货量模型，还可以用于自制和外购的选择决策。自制零件属于边送边用的情况，单位成本可能较低，但每批零件投产的生产准备成本比一次外购订货的订货成本可能高出许多。外购零件的单位成本可能较高，但订货成本可能比较低。要在自制零件和外购零件之间作出选择，需要全面考虑他们各自的总成本大小。这时可借用陆续供应和瞬时补充的模型来选择方案，进行决策。此时，相关总成本(TC)为

$$TC=DU+TC(Q^*)$$

【例 8-25】 某生产企业使用的 A 零件既可以外购，也可以自制。如果外购，单价为 10 元，一次订货成本为 16 元；如果自制，单位成本 8 元，每次生产准备成本 2 500 元，每日产量 50 件。零件的全年需求量为 14 400 件，储存变动成本为零件价值的 20%，每日平均需求量为 10 件。分别计算零件外购和自制的总成本，以选择较优的方案。

(1)外购零件，可按照经济订货量基本模型确定经济订货量

$$Q^*=\sqrt{\frac{2KD}{K_C}}=\sqrt{\frac{2\times16\times14\,400}{10\times0.2}}=480(\text{件})$$

$$TC(Q^*)=\sqrt{2KDK_C}=\sqrt{2\times16\times14\,400\times10\times0.2}=960(\text{元})$$

$$TC=DU+TC(Q^*)=14\,400\times10+960=144\,960(\text{元})$$

(2)自制零件，可按照陆续供应和使用模型确定经济订货量

$$Q^*=\sqrt{\frac{2KD}{K_C}\cdot\left(\frac{P}{P-d}\right)}=\sqrt{\frac{2\times2\,500\times14\,400}{8\times0.2}\times\left(\frac{50}{50-10}\right)}=7\,500(\text{件})$$

$$TC(Q^*)=\sqrt{2KDK_C\cdot\left(1-\frac{d}{P}\right)}=\sqrt{2\times2\,500\times14\,400\times8\times0.2\times\left(1-\frac{10}{50}\right)}=9\,600(\text{元})$$

$$TC=DU+TC(Q^*)=14\,400\times8+9\,600=124\,800(\text{元})$$

由于自制的总成本低于外购的总成本 20 160 元(144 960 − 124 800),故自制零件 A 为宜。

(3)保险储备

前面的讨论是在假定存货的供需稳定且确知,即每日需求量不变,交货时间也固定不变。实际上,每日需求可能变化,交货时间也可能变化。按照经济订货量和再订货点发出订单后,如果需求增加或者送货时间延迟,就会发生缺货或供应中断。为防止意外而储备的存货,称为保险储备(安全存货)。这些存货在正常情况下不使用,只有当存货过量使用或送货延迟时才动用。建立保险储备量后,再订货点相应地提高了。有保险储备下的再订货点的计算公式为

$$R = L \cdot d + B$$

式中,R 为再订货点;L 为交货时间;d 为平均日需求;B 为保险储备。

【例 8−26】 某公司是一家冰箱生产企业,全年需要压缩机 90 000 台,均衡耗用。全年生产时间为 360 天,每次的订货费用为 160 元,每台压缩机持有费率为 80 元,每台压缩机的进价为 900 元。根据经验,压缩机从发出订单到进入可使用状态一般需要 5 天,保险储备量为 1 500 台。要求:(1)计算经济订货批量。(2)计算全年最佳订货次数。(3)计算最低存货成本。(4)计算再订货点。

①经济订货批量

$$Q^* = \sqrt{\frac{2KD}{K_C}} = \sqrt{\frac{2 \times 160 \times 90\,000}{80}} = 600(台)$$

②全年最佳订货次数

$$N^* = \frac{D}{Q^*} = \frac{90\,000}{600} = 150(次)$$

③最低存货总成本

$$TC(Q^*) = \sqrt{2KDK_C} = \sqrt{2 \times 90\,000 \times 160 \times 80} = 48\,000(元)$$

④再订货点 = 预计交货期内的需求 + 保险储备

$$R = L \cdot d + B = 5 \times \frac{90\,000}{360} + 1\,500 = 2\,750(台)$$

保险储备建立后,虽然可以使企业避免因缺货或供应中断造成的损失,但存货平均储备量加大却会使储备成本升高。研究保险储备的目的在于找出合理的保险储备量,使缺货损失和储备成本之和最小。方法是可先计算出各不同保险储备量的总成本,然后再对总成本进行比较,选出其中总成本最小的方案。

如果设与保险储备相关的总成本为 $TC(S,B)$,缺货成本为 C_S,保险储备成本为 C_B,则:

$$TC(S,B) = C_S + C_B$$

设单位缺货成本为 K_u,一次订货缺货量 S,年订货次数为 N,保险储备量为 B,单位存货成本为 K_C,则:

$$C_S = K_u \cdot S \cdot N$$

$$C_B = B \cdot K_C$$

$$TC(S,B) = K_u \cdot S \cdot N + B \cdot K_C$$

在实践中,缺货量 S 具有不确定性,其概率可根据历史经验估计得出,保险储备量 B 可选择而定。

【例 8-27】 某企业 A 材料的年需要量(D)3 600 件，单位缺货成本(K_u)为 4 元，每日耗用量(d)为 10 件，单位储存变动成本(K_C)为 2 元，交货时间(L)为 10 天，已经计算出的经济订货批量(Q^*)为 490 件，交货期(L)内的需要量及其概率分布如表 8-14 所示。

表 8-14 交货期内的需求量及概率分布表

交货期(天)	7	8	9	10	11	12	13
需要量(10 d)	7×10 =70	8×10 =80	9×10 =90	10×10 =100	11×10 =110	12×10 =120	13×10 =120
概率(%)	1	4	20	50	20	4	1

则：交货间隔期内平均需求量 $=70\times1\%+80\times4\%+90\times20\%+10\times50\%+11\times20\%+12\times4\%+13\times1\%=100$(件)

①不设置保险储备量时

即 $B=0$，且以交货间隔期内平均需求量 100 件为再订货点。此种情况下，当需求量为 100 件或以下时，不会发生缺货，其概率为 75%(1%+4%+20%+50%)；当需求量为 110 件时，缺货 10 件(110-100)，其概率为 20%；当需求量为 120 件时，缺货 20 件(120-100)，其概率为 4%；当需求量为 130 件时，缺货 30 件(130-100)，其概率为 1%；因此，$B=0$ 时缺货的期望值 S_0、总成本 $TC(S,B)$ 可计算如下：

缺货的期望值 $S_0=(110-100)\times20\%+(120-100)\times4\%+(130-100)\times1\%=3.1$(件)

$$TC(S,B)=K_U\cdot S_0\cdot N+B\cdot K_C=4\times3.1\times\frac{3\ 600}{300}+0\times2=148.8\text{(元)}$$

②保险储备量为 10 件时

即 $B=10$ 件，以 110 件为再订货点。此种情况下，当需求量为 110 件或小于 110 件以下时，不会发生缺货，其概率为 95%(1%+4%+20%+50%+20%)；当需求量为 120 件时，缺货 10 件(120-110)，其概率为 4%；当需求量为 130 件时，缺货 20 件(130-110)，其概率为 1%。因此，$B=10$ 件时缺货的期望值 S_{10}、总成本 $TC(S,B)$ 为：

缺货的期望值 $S_{10}=(120-110)\times4\%+(130-110)\times1\%=0.6$(件)

$$TC(S,B)=K_U\cdot S_{10}\cdot N+B\cdot K_C=4\times0.6\times\frac{360}{300}+10\times2=48.8\text{(元)}$$

③保险储备量为 20 件时

即 $B=20$ 件，再订货点为 120 件，此种情况下，当需求量为 120 件或小于 120 件以下时，不会发生缺货，其概率为 99%(1%+4%+20%+50%+20%+4%)；当需求量为 130 件时，缺货 10 件(130-120)，其概率为 1%；因此，缺货的期望值 S_{20}、总成本 $TC(S,B)$ 为：

缺货的期望值 $S_{20}=(130-120)\times1\%=0.1$(件)

$$TC(S,B)=K_U\cdot S_{20}\cdot N+B\cdot K_C=4\times0.1\times\frac{3\ 600}{300}+20\times2=44.8\text{(元)}$$

④保险储备量为 30 件时

即 $B=30$ 件，再订货点为 130 件，此种情况下满足了最大需求，不会发生缺货。因此，

缺货的期望值 S_{20}、总成本 $TC(S,B)$ 为：

缺货的期望值 $S_{30}=0$

$$TC(S,B)=K_U \cdot S_{30} \cdot N+B \cdot K_C=30\times2=60(\text{元})$$

比较上述不同保险储备量下的总成本，当 $B=20$ 件时，总成本为 44.8 元，是各方案总成本中最低的，故应确定保险储备量为 20 件，或者说应确定相应的再订货点为 120 件。

以上举例解决了由于需求量的变化引起的缺货问题，至于由于延迟交货引起的缺货问题，也可通过建立保险储备量的方法来解决。确定其保险储备量时，可将延迟的天数折算为增加的需求量，其余计算过程与前述方法相同。如前例，若企业延迟到货 3 天的概率为 0.01，则可认为缺货 30（3×10）件或者交货期内需求量为130（10×10+30）件的概率为 0.01。这样就把交货延迟问题转换成了需求过量问题。

3. 存货日常管理

存货日常管理是指在日常生产经营过程中，按照存货计划的要求，对存货的使用和周转情况进行的组织、调节和监督。其目标是在保证企业生产经营正常进行的前提下，尽量减少库存，防止积压。实践中形成的行之有效的管理方法主要有以下几种。

(1) 存货储存期控制

任何企业都不希望库存商品积压，想方设法尽快销售出去题。即使不考虑未来市场供求关系的不确定性，仅是存货储存本身就要求企业付出一定的资金占用费和仓储管理费。因此，尽力缩短存货储存时间，加速存货周转，是节约资金占用，降低成本费用，提高企业获利水平的重要保证。

企业进行存货投资所发生的费用支出，按照与储存时间的关系可以分为固定储存费和变动储存费两类。固定储存费包括订货成本、管理费用，其金额多少与存货储存期的长短没有直接关系；变动储存费包括存货资金占用费、存货仓储管理费、仓储损耗等，其金额随存货期的变动成正比例变动。

基于上述分析，可以将本量利的平衡等式调整为：

利润 = 毛利 - 固定储存费 - 销售税金及附加 - 每日变动储存费 × 储存天数

当利润为零时，可得出存货保本储存天数的计算公式：

$$\text{存货保本储存天数}=\frac{\text{毛利}-\text{固定储存费}-\text{销售税金及附加}}{\text{每日变动储存费}}$$

当利润为目标利润时，可得出存货保利储存天数的计算公式：

$$\text{存货保利储存天数}=\frac{\text{毛利}-\text{固定储存费}-\text{销售税金及附加}-\text{目标利润}}{\text{每日变动储存费}}$$

可见，存货的储存成本之所以会不断增加，主要是由于每日变动储存费随着存货储存期的延长而不断增加的结果，所以，利润与成本之间的此增彼减的关系实际上是利润与每日变动储存费之间此增彼减的关系。这样，随着存货储存期的延长，利润将日渐减少。当毛利扣除固定储存费和销售税金及附加后的差额被变动储存费抵消到恰好等于企业目标利润时，表明存货已经到了保利期。当它完全被变动储存费抵消时，便意味着存货已经到了保本期。存货如果能够在保利期内售出，所获得的利润便会超过目标值。反之将难以实现既定的利润目标。倘若存货不能在保本期内售出的话，企业便会蒙受损失。

【例 8-28】 某商品流通企业购进一批商品共 500 件，该商品单位进价（不含增值税）

为500元,单位售价(不含增值税)550元,经销该批商品的一次性费用为5 000元,若该商品的进货款均来自银行贷款,年利率为9%,该批存货的月保管费用率为3‰,流转环节的税金及附加为2 500元,一年按360天计算。要求:

①计算该批商品的保本储存天数;

②若企业要求获得3.5%的投资利润率,计算该批商品的保利储存天数;

③若该批超过保利期10天后售出,计算该批商品的实际获利额?

④如果该批商品亏损了2 625元,则实际储存了多少天?

依题意得:

①计算每日变动储存费:

$$\text{每日变动储存费}=\text{购进批量}\times\text{购进单价}\times\text{每日变动储存费率}=\text{投资额}\times\text{每日变动储存费率}$$

$$=500\times500\times\left(\frac{9\%}{360}+\frac{3‰}{30}\right)$$

$$=87.5(\text{元})$$

计算保本储存期:

$$\text{保本储存天数}=\frac{\left(\text{毛利}-\text{固定储存费}-\text{销售税金及附加}\right)}{\text{每日变动储存费}}$$

$$=\frac{(550-500)\times500-5\ 000-2\ 500}{87.5}$$

$$=200(\text{天})$$

②按投资利润率的要求确定目标利润:

$$\text{目标利润}=\text{投资额}\times\text{投资利润率}=500\times500\times3.5\%=8\ 750(\text{元})$$

计算保利期:

$$\text{保利储存天数}=\frac{\text{毛利}-\text{固定储存费}-\text{销售税金及附加}-\text{目标利润}}{\text{每日变动储存费}}$$

$$=\frac{(550-500)\times500-5\ 000-2\ 500-8\ 750}{87.5}$$

$$=100(\text{天})$$

③若该批商品超出保利期10天售出,则实际售出天数为110天。

$$\text{批进批出经销该商品实际获利额}=\text{每日变动储存费}\times\left(\text{保本储存天数}-\text{实际储存天数}\right)=87.5\times(200-110)=7\ 875$$

④依据经销该批商品实际获利额计算公式,可推出:

$$\text{实际储存天数}=\text{保本储存天数}-\frac{\text{该批商品获利额}}{\text{每日变动储存费}}=200-\frac{-2\ 625}{87.5}=230(\text{天})$$

可见,通过对存货储存期的分析与控制,可以及时地将企业存货的信息传输给经营决策部门,决策者可以根据存货已过保本期或保利期的数量多少,金额大小,比重高低,采取相应的措施。一般而言,凡是已过保本期的商品大多属于积压呆滞的存货,对此企业应当积极推销,压缩库存,将损失降低到最低限度;对超过保利期但未超过保本期的存货,应当首先检查销售状况,查明原因,是人为所致,还是市场行情已经逆转,有无沦为过期积压存货的可能。若有，需尽早采取措施；对于那些尚未超过保利期的存货，企业亦应密切监督、控制，以防发生过期损失。从财务管理方面，需要分析哪些存货基本能在保利期内销售出去，哪些存货介于保利期与保本期之间售出，哪些存货直至保本期已过才能售出或根本就没有市场需求。通过分析，财务部门应当通过调整资金供应政策，促使经营部门调整产品结构和投资方向，推动企业存货结构的优化，提高存货的投资效率。

上述存货储存期控制的分析是建立在批进批出的前提条件之上的，在企业存货经销的实际工作中，批进批出只是一种偶然现象，普遍的情形是存货大批量购进、零散售出，此时若仍然按照批进批出的假设测算批进零售存货经销的损益情况，必然与实际工作产生很大的偏差。为此，引进批进零售的存货控制模式。

【例8－29】 某企业购进甲存货2 000件，购进单价1 000元(不含增值税)。该款项均来自银行借款，月利率为12‰，企业月存货保管费用13 500元，存货购销的固定储存费200 000元。据市场调研反馈信息表明，该存货日均销量约12件，需167天左右的时间方能全部售出，单位售价(不含增值税)1 250元。销售税金及附加125 000元。

$$\begin{array}{c}\text{每日变动}\\\text{储存费}\end{array}=\begin{array}{c}\text{购进}\\\text{批量}\end{array}\times\begin{array}{c}\text{购进}\\\text{单价}\end{array}\times\begin{array}{c}\text{每日}\\\text{利率}\end{array}+\begin{array}{c}\text{每日保}\\\text{管费用}\end{array}$$

$$=2\ 000\times1\ 000\times\frac{12‰}{30}+\frac{13\ 500}{30}=1\ 250(\text{元})$$

$$\begin{array}{c}\text{甲存货的平均}\\\text{保本储存天数}\end{array}=\frac{\text{毛利}-\text{固定储存费}-\text{销售税金及附加}}{\text{每日变动储存费}}$$

$$=\frac{(1\ 250-1\ 000)\times2\ 000-200\ 000-125\ 000}{1\ 250}$$

$$=140(\text{天})$$

$$\text{第 1 天售出的 12 件存货获利额}=\frac{1\ 250}{2\ 000}\times12\times(140-1)$$

$$\text{第 2 天售出的 12 件存货获利额}=\frac{1\ 250}{2\ 000}\times12\times(140-2)$$

$$\text{以此类推，第 167 天售出的 12 件存货获利额}=\frac{1\ 250}{2\ 000}\times12\times(140-167)$$

该批存货全部售出后获利总额为以上各天零散售出存货的获利额之和。计算如下：

$$\begin{array}{c}\text{经销甲存货}\\\text{预计获利额}\end{array}=\frac{1\ 250}{2\ 000}\times12\times\left[140\times167-\frac{167\times(167+1)}{2}\right]$$

$$=1\ 250\times\left(140-\frac{167+1}{2}\right)=70\ 000(\text{元})$$

通过上述举例，可以归纳出如下基本计算公式：

$$\begin{array}{c}\text{批进零售经销某批存货}\\\text{预计可获利或亏损额}\end{array}=\begin{array}{c}\text{该批存货的每}\\\text{日变动储存费}\end{array}\times\left(\begin{array}{c}\text{平均保本}\\\text{储存天数}\end{array}-\frac{\text{实际零散售出天数}+1}{2}\right)$$

$$=\text{购进批量}\times\text{购进单价}\times\text{变动储存费率}\times\left(\begin{array}{c}\text{平均保本}\\\text{储存天数}\end{array}-\frac{\text{购进批量}\div\text{日均销量}+1}{2}\right)$$

$$=\text{购进批量}\times\text{单位存货的变动储存费}\times\left(\begin{array}{c}\text{平均保本}\\\text{储存天数}\end{array}-\frac{\text{购进批量}\div\text{日均销量}+1}{2}\right)$$

(2)存货ABC分类控制法

在实际生产经营过程中，大多数企业的存货不仅品种多、数量大、规格复杂、资金占用额高,而且每种存货的数量及其所占用的资金量也各有不同。为简化计算并加强对主要存货的控制,现代企业存货管理已较成功地引进了 ABC 分类控制法。

运用 ABC 分类法控制企业存货资金,一般步骤如下:

第一步,计算每一种存货在一定时间内(一般为一年)的资金占用额;

第二步,计算每一种存货资金占用额占全部资金占用额的百分比,并按大小顺序排列,编成表格;

第三步,根据事先规定的标准,按照 ABC 分类法,将最重要的存货归为 A 类,此类存货的品种数量约占企业全部存货的 5% ~15%,资金数额约占 60% ~80%;将一般存货归为 B 类,此类存货的品种数量约占企业全部存货的 20% ~30%,资金数额约占 15% ~30%;将不重要的存货归为 C 类,并画图表示出来。

第四步,确定企业的存货控制策略:对 A 类存货进行重点规划和控制;对 B 类存货予以次重点关注;C 类存货虽然种类繁多,但所占用的资本并不多,且对企业的存货状况影响不大,因此,其经济批量只需凭过去的经验确定,而不需花费太大的精力进行控制。

【例 8 -30】 某公司共有 20 种材料,共占用资金 5 000 万元,按占用资金由高到低的顺序排列后,根据上述原则划分为 A,B,C 三类,详见表 8 -15。

表 8 -15 材料占用资金的分类情况表

材料编号	占用资金数量/万元	金额比重	类别	各类存货所占的		各类存货占用资金的	
				品种数/种	比重/%	数量/万元	比重/%
1	2 400	48%	A	2	10	3 500	70
2	1 100	22%					
3	500	10%	B	4	20	1 000	20
4	300	6%					
5	100	2%					
6	100	2%					
7	90	1.8%	C	14	70	500	10
8	85	1.7%					
9	75	1.5%					
10	70	1.4%					
11	63	1.26%					
12	45	0.9%					
13	24	0.48%					
14	20	0.4%					
15	9	0.18%					
16	7	0.14%					
17	5	0.1%					
18	4	0.08%					
19	2	0.04%					
20	1	0.02%					
合计	5 000			20	100	5 000	100

将表 8 - 11 中的各类材料资金占用情况画图表示如下，如图 8 - 11 所示。

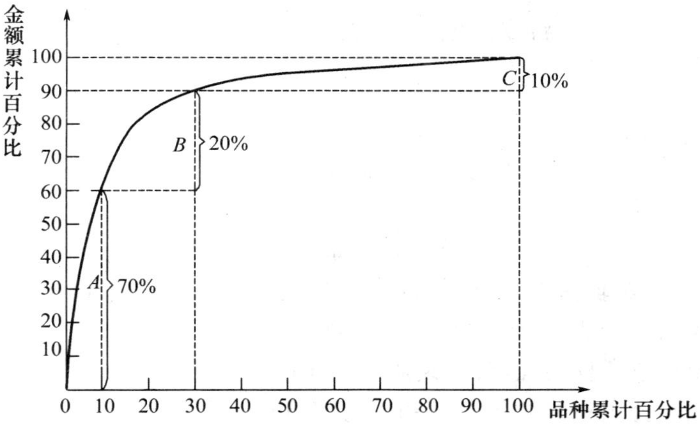

图 8 - 11　某外购零件不同批量的有关成本变动情况

从图 8 - 11 种可以看出，A 类存货品种虽少，但占用资金多，因而应集中主要力量，对其收入、发出进行严格控制和管理；C 类存货虽然品种繁多，但占用资金不多，对这类存货不必花费大量时间和精力去进行规划和控制；B 类存货介于 A 类和 C 类之间，应给予相当的重视，但不必像 A 类那样进行非常严格的控制。

通过对存货进行 ABC 分类，可以使企业分清主次，采取相应的对策进行有效的管理、控制。企业在组织经济进货量、储存期分析时，对 A，B 两类存货可以分别按品种、类别进行。对 C 类存货只需要加以灵活掌握即可，一般不必进行上述各方面的测算和分析。此外，运用 ABC 分类法的基本原理，企业还可以结合对消费者的调查、分析，加强存货的管理工作。如企业可以按照所管辖地域内消费者的收入水平、社会地位等标准将它们区分为 A，B，C 三类，通过研究各类消费者的消费倾向、档次等，对各档次存货的购进与销售工作有效地建立在市场调查的基础上，从而收到良好的管理、控制效果。

第九章　股利政策

第一节　利润分配概述

利润是企业在一定期间生产经营活动的最终结果，包括营业利润、利润总额和净利润三个指标。它是国家财政收入的重要来源，是企业扩大再生产的资金保障，是企业实现财务目标的基础，是衡量企业生产经营水平的一项综合性指标。利润分配是企业按照国家有关法律、法规以及企业章程的规定，兼顾企业内外各利益主体，对一定时期内实现的利润进行分配的过程，是对公司利润的所有权和占有权进行划分，保证合理归属与运用的管理过程。企业的利润要在国家、企业和个人之间进行分配，首先是利润总额的分配，国家向企业征收企业所得税。其次是企业税后利润的分配，即净利润的分配，它主要是依据财产权利在企业与股东或合伙人之间进行分配。

一、利润分配的基本原则

为合理组织企业财务活动和正确处理财务关系，企业在进行利润分配时，要兼顾股东与债权人等其他利益相关者的利益，考虑到企业的未来持续经营发展。因此应遵循依法分配、资本保全、充分保护债权人利益、利益兼顾、合理分配、分配和积累并重等原则。

1. 依法分配原则

企业利润分配的对象是企业缴纳所得税后的净利润，这些利润是企业的权益，企业有权自主分配。为了规范企业的利润分配行为，维护各利益相关者的合法权益，促使企业增加积累，增强风险防范能力，国家有关法律、法规对企业利润分配的基本原则、一般次序和重大比例也作了较为明确的规定，企业在利润分配中必须切实执行公司法、外商投资企业法等法律、法规。利润分配在企业内部属于重大事项，企业的章程必须在不违背国家有关规定的前提下，对本企业利润分配的原则、方法、决策程序等内容作出具体而又明确的规定，企业必须按程序、按比例进行利润分配，履行企业的社会责任。

2. 资本保全原则

资本保全是责任有限的现代企业制度的基础性原则之一，企业在分配中不能侵蚀资本。利润的分配是对经营中资本增值额的分配，不是对资本金的返还。按照这一原则，一般情况下，企业如果存在尚未弥补的亏损，应首先弥补亏损，再进行其他分配。

3. 充分保护债权人利益原则

债权人的利益按照风险承担的顺序及其合同契约的规定，企业必须在利润分配之前偿清所有债权人到期的债务，否则不能进行利润分配。同时，在利润分配之后，企业还应保持一定的偿债能力，以免产生财务危机，危及企业生存。此外，企业在与债权人签订某些长期债务契约的情况下，其利润分配政策还应征得债权人的同意或审核方能执行。

4. 利益兼顾、合理分配原则

利益机制是制约机制的核心，而利润分配的合理与否是利益机制最终能否持续发挥作用的关键。企业是经济社会的基本单元，利润分配涉及投资者、经营者、生产者(职工)等多方面的利益，企业的利润分配必须兼顾各方面的利益，保全投资者资本，保障劳动者权益，坚持公开、公平、公正原则，并体现收益大小与投资比例相对等的原则，提高各方面的积极性，并尽可能地保持稳定的利润分配，有利于股价的合理定位。

5. 分配与积累并重原则

企业通过经营活动赚取收益，获得稳定增长的利润后，考虑到企业发展及优化资本结构的需要，增加利润分配的数额或百分比，不断积累企业扩大再生产的财力基础。正确处理分配与积累，协调好利益与经济发展的关系，企业本着积累优先的原则，合理确定提取盈余公积金和分配给投资者利润的比例，既要考虑股东的眼前利益，又要留存一部分净收益以供企业的长远稳定发展之需。在确定投资方案所需资金的问题上，应按照最佳的资金结构，相应确定股利和留存收益的分割比例，这样能够增强企业抵抗风险的能力，也可以提高企业经营的稳定性与安全性。协调处理企业长远利益和近期利益的关系，使利润分配真正成为促进企业发展的有效手段。

二、利润分配的项目

按照我国《公司法》的规定，公司利润分配的项目包括以下两个。

1. 法定公积金

法定公积金从净利润中提取形成，用于弥补公司亏损、扩大公司生产经营或者转为增加公司资本。公司分配当年税后利润时应当按照10%的比例提取法定公积金；当法定公积金累计额达到公司注册资本的50%时，可不再继续提取。任意公积金的提取由经股东会根据需要而定。

2. 股利（向投资者分配的利润）

在提取公积金之后，公司要向股东（投资者）支付股利（分配利润）。股利（利润）的分配应以各股东（投资者）持有股份（投资额）的数额为依据，每一股东（投资者）取得的股利（分得的利润）与其持有的股份数（投资额）成正比。股份有限公司原则上应从累计盈利中分派股利，坚持“无利不分”的原则，即无盈利不得支付股利，但若公司用公积金抵补亏损以后，为维护其股票信誉，经股东大会特别决议，也可用公积金支付股利。

中国证券监督管理委员会于2008年10月9日颁布实施的《关于修改上市公司现金分红若干规定的决定》强调了股利分配中现金分红的重要性，要求上市公司应当在章程中明确现金分红政策，利润分配政策应保持连续性和稳定性。此外，作为上市公司申请公开增发或配股的重要前提条件，还强调公司最近三年以现金方式累计分配的利润不少于最近三年实现的年均可分配利润的30%。

三、利润分配的顺序

公司根据适用法律、法规或规定，对企业一定期间实现的净利润向股东（投资者）分派股利（分配利润），应按一定的顺序进行。按照我国《公司法》有关规定，公司利润分配应按下列顺序进行：

1. 计算可供分配的利润

将本年净利润（或亏损）与年初未分配利润（或亏损）合并，计算出可供分配的利润。如果可供分配的利润为负数（即亏损），则不能进行后续分配；如果可供分配利润为正数（即本年累计盈利），则进行后续分配。

2. 计提法定公积金

按抵减年初累计亏损后的本年净利润计提法定公积金。提取公积金的基数,不一定是可供分配的利润,也不一定是本年的税后利润,是公司当期实现的净利润加上年初未分配利润(或减去年初未弥补亏损)和其他转入的余额,只有不存在年初累计亏损时,才能按本年税后利润计算应提取数。这种"补亏"是按账面数字进行的,与所得税法的亏损后转无关,关键在于不能用资本发放股利,也不能在没有累计盈余的情况下提取公积金。

3. 计提任意公积金

任意公积金是公司按章程规定或股东大会决议从税后利润中另外提取的,比例由公司视情况而定,它从性质是看与法定盈余公积金是一样的。

4. 向股东(投资者)支付股利(分配利润)

公司股东会或董事会违反上述利润分配顺序,在抵补亏损和提取法定公积金之前向股东分配利润的,必须将违反规定发放的利润退还公司。

【例 9-1】 某股份有限公司 2011 年实现净利润 2 000 万元,年初未分配利润 300 万元,法定公积金提取比例 10%,股东大会决议任意公积金提取比例 10%,支付 1 000 万元普通股股利。该公司利润分配的顺序如下:

(1)可供分配的利润 = 2 000 + 300 = 2 300(万元)

(2)提取法定公积金 = 2 300 × 10% = 230(万元)

(3)提取任意公积金 = 2300 × 10% = 230(万元)

(4)年末未分配利润 = 2 300 - 230 - 230 - 1 000 = 840(万元)

第二节　股利支付的程序和方式

一、股利支付的程序

公司在选择了股利政策、确定了股利支付水平和方式后,应当进行股利的发放。股份有限公司向股东支付股利,其过程主要按照以下程序进行。

1. 决策程序

上市公司分配股利必须遵循法定程序,首先由公司董事会根据公司盈利水平和股利政策,制订股利分派预案,包括本次分红的数量、分红的方式,股东大会召开的时间、地点及表决方式等,提交股东大会审议,股东大会决议通过之后,分配预案方能生效。我国股利分配决策权属于股东大会。然后由公司董事会依股利分配方案向社会公开发布,并在规定的股利发放日以约定的支付方式派发。公司方可对外发布股利分配公告、具体实施分配方案。我国上市公司的现金分红一般是按年度进行,也可以进行中期现金分红。

2. 分配信息披露

根据有关规定,股份有限公司利润分配方案、公积金转增股本方案须经股东大会批准,董事会应当在股东大会召开后两个月内完成股利派发或股份转增事项。在此期间,董事会必须对外发布股利分配公告,以确定分配的具体程序与时间安排。

股利分配公告一般在股权登记前 3 个工作日发布。如果公司股东较少,股票交易又不活跃,公告日可以与股利支付日在同一天。公告内容包括:

(1)利润分配方案。

（2）股利分配对象。股利分配对象为股权登记日当日登记在册的全体股东。

（3）股利发放方法。我国上市公司的股利分配程序应当按登记的证券交易所的具体规定进行。

此外，为提高上市公司现金分红的透明度，《关于修改上市公司现金分红若干规定的决定》要求上市公司在年度报告、半年度报告中分别披露利润分配预案或资本公积金转增股本预案，在报告期实施的利润分配方案执行情况的基础上，还要求在年度报告、半年度报告以及季度报告中分别披露现金分红政策在本报告期的执行情况，并说明董事会是否制定现金分红预案。同时要求上市公司以列表方式明确披露前三年现金分红的数额与净利润的比率。如果本报告期内盈利但公司年度报告中未提出现金利润分配预案，应详细说明未分红的原因、未用于分红的资金留存公司的用途。

3. 分配程序

以深圳证券交易所的规定为例：对于流通股份，其现金股利由上市公司于股权登记日前划入深交所账户，再由深交所于登记日后第3个工作日划入各托管证券经营机构账户，托管证券经营机构于登记日后第5个工作日划入股东资金账户。红股则于股权登记日后第3个工作日直接计入股东的证券账户，并自即日起开始上市交易。

4. 股利支付过程中的重要日期

（1）股利宣告日（Announcement Date）

股利宣告日即公司董事会将股东大会通过本年度利润分配方案的情况以及股利支付情况予以公告的日期。公告中将宣布每股派发股利、股权登记日、除息日、股利支付日以及派发对象等事项。我国的股份公司通常一年派发一次股利，也有在年中派发中期股利的。

（2）股权登记日（Record Date）

股权登记日即有权领取本期股利的股东资格登记截止日期。凡是在股权登记日收盘之前取得了该公司股票，成为公司登记在册的股东（即在此日及之前持有或买入该股票的股东）才有资格领取本期股利，而在这一天之后登记在册的股东，即使是在股利支付日之前买入的股票，也无权享受本期分配的股利。此外，我国部分上市公司在进行利润分配时除了分派现金股利以外，还伴随着送股或转增股，在股权登记日这一天仍持有或买进该公司的股票的投资者是可以享有此次分红、送股或转增股的股东，这部分股东名册由证券登记公司统计在案，届时将所应支付的现金红利、应送的红股或转增股划到这部分股东的账上。证券交易所在中央清算登记系统为股权登记提供了很大的方便，一般在营业结束的当天即可打印出股东名册。

（3）除息日（Ex-dividend Date）

除息日也称除权日，是指股票的所有权和领取股息的权利分离的日期，将股票中含有的股利分配权利予以解除，股利权利不再从属于股票，即在除息日当日及以后买入的股票，股利权与股票相分离，不再享有本次股利分配的权利。我国上市公司的除息日通常是在股权登记日的下一个交易日。由于失去了“附息”的权利，除息日的股价会下跌，下跌的幅度约等于分派的股息，即在除息日之前进行交易的股票，其价格高于在除息日之后进行的交易的股票价格，其原因主要在于除息日之前的股票价格中包含了本次派发的股利，而自除息日起的股票价格中则不包含本次派发的股利，通常经过除权调整上市公司每股股票对应的价值，以便投资者对股价进行对比分析。与我国上市公司不同，美国的上市公司通常按季度发放股利，并把除息日确定在股权登记日之前的第二个交易日。

(4)股利支付日(Payable Date)

股利支付日即公司按公布的分红方案向股权登记日在册的股东实际支付股利的日期。公司通过资金清算系统或其他方式将股利支付给股东。

【例9-2】 A公司2011年7月8日发布发布了《A公司派发现金红利实施公告》。公告称该公司董事会在2011年6月8日召开的2010年度股东大会审议通过了年度利润分配方案。具体分配方案是:每股可派发现金股息0.077元(含税),每10股派发现金红利0.77元(含税)。扣税后每股现金红利0.069 3元。代扣代缴个人所得税:对于持有公司股份的自然人股东,由公司根据财政部、国家税务总局2005年6月13日发布的《关于股息红利个人所得税有关政策的通知》,按10%代扣代缴个人所得税,税后实际派发现金红利每股人民币0.069 3元。除息日为2011年7月11日,本公司将于2011年7月15日将上述股利支付给已在2011年7月8日登记为本公司股东的人士。

实施日期:2011年7月4日(星期一)为A公司的股利宣告日;2011年7月8日(星期五)为股权登记日;2011年7月11日(星期一)为除息日;2011年7月15日(星期五)为股利支付日。

二、股利支付的方式

确定股利分配方案需要考虑选择股利政策和确定股利支付水平,股利政策不仅会影响股东的利益,也会影响公司的正常运营以及未来的发展,股利支付水平通常用股利支付率来衡量。股利支付率是当年发放股利与当年净利润之比,或每股股利除以每股收益。股利支付率高低的确定,取决于企业所处的成长周期、投资机会、筹资能力及筹资成本、资本结构以及股利的信号传递功能、借款协议及法律限制、股东偏好、通货膨胀等。公司在决定发放股利后,按照股份有限公司对其股东支付股利的不同方式,股利可以分为不同的种类。

1. 现金股利

现金股利是以现金的形式发放给股东的股利,是股利支付的主要方式。现金股利发放多少,直接影响到公司的股票价格。公司采用现金股利形式时,必须具备两个基本条件:第一,公司要有足够的累计盈余(特殊情况下可用弥补亏损后的盈余公积金支付);第二,公司要有足够的现金储备,这往往给公司带来资金压力。

2. 股票股利

股票股利是公司以增发的股票作为股利的支付方式。

3. 财产股利

财产股利是指公司以现金以外的其他资产给股东支付的股利,主要是以公司实物资产、公司所拥有的其他公司的有价证券,如公司债券、公司股票等,作为股利发放给股东。

4. 负债股利

负债股利是公司以负债方式支付的股利,通常以公司的应付票据支付给股东,有时也以发行公司债券的方式支付股利。

股利的支付形式中财产股利和负债股利实际上是现金股利的替代,这两种股利方式目前在我国公司实务中很少使用,但并非法律所禁止。我国上市公司股利支付方式是现金股利、股票股利或者是两种方式兼有的组合分配方式。单纯发放现金股利的公司数量比重最多。

第三节 股利理论与股利分配政策

一、股利理论

股利分配政策的制定要有利于企业的长期发展，达到最佳资本结构，实现价值最大化；有利于处理好与投资者的关系，保持股利政策的连续性和稳定性。围绕着公司股利政策是否影响公司价值，即股利与股票市价间的关系，主要包括股利无关论、股利相关论两种股利理论。

1. 股利无关论

股利无关论也称 MM 理论，认为股利分配对公司的市场价值（或股票价格）不会产生影响。股利无关论是建立在完全市场理论之上的，完善的市场竞争，即任何一位证券交易者都没有足够的力量通过其交易活动对股票的现行价格产生明显的影响。假定条件包括：第一，证券市场是完全资本市场，没有发行费用，没有交易费用，投资者和管理者一样可以公平地免费获得相同的信息，不存在信息不对称。各种证券无限分散，任何投资者都不可能控制证券价格；第二，没有个人或公司所得税存在，也就是说股票价格上涨的资本利得和股票股利的现金所得之间没有所得税差异；第三，公司的投资政策独立于股利政策，公司的投资政策为投资者所理解；第四，经理与外部投资者之间不存在代理成本。上述假定描述的是一种完美无缺的市场，因而又被称为完全市场理论。

股利无关论认为投资者并不关心企业股利的分配，所以股利支付率的大小不会对企业的价值产生影响；企业的价值完全由企业的获利能力决定，企业的盈利在股利和留存利润之间的分配比例并不会对企业的价值产生影响。一个公司的股票价格完全由公司的投资决策的获利能力和风险组合决定，而与公司的利润分配政策无关。因此不存在最优的股利策略，所有的股利策略都是等价的。

2. 股利相关论

股利无关论的假设条件很理想化，如果放宽条件，企业的股利政策会影响到公司价值或股票价格。

（1）“一鸟在手”理论

在一般情况下，用留存收益再投资给投资者带来的收益具有较大的不确定性，并且投资的风险随着时间的推移会进一步增大，人们往往都存在谨慎、悲观的心理，因为获得资本利得的风险要大大超过获得现金股利的风险，因此，投资者更喜欢现金股利，而不喜欢管理当局将收益留存在公司中进行再投资，而去承担未来的投资风险，在将来获得资本利得。即在投资者心目中，1 元预期股利的价值比 1 元预期资本利得的价值要高。因此企业应采取较高的股利发放率，以使企业的价值最大。这种理论建立在人们谨慎的心理态势和对未来持悲观态度的假设基础之上，即认为“十鸟在林，不如一鸟在手”。这种理论从投资者的心理状态出发，强调了股利发放的重要性。

（2）信号传递理论

该理论成立的基础是信息在各个市场参与者之间的分布概率不同，即信息不对称。一般而言，经理作为“局内人”所掌握的有关公司未来收益变化的信息大大超过了公众包括股东所拥有的信息量，虽然财务报表可以反映企业的经营状况和盈利能力，但报表往往被修饰,投资者可能被欺骗。因此,产生了经理和其他外部人士间潜在的利益冲突,为了消除这一冲突,有必要建立一种信号传递机制,而股利政策恰好具有这种信号传递的功能和作用。西方财务学家的研究表明,在信息不对称的情况下,公司向外界传递公司内部信息的常见信号有三种:第一,利润宣告;第二,融资宣告;第三,股利宣告。信号传递理论在财务领域的应用始于罗斯的研究,他发现拥有大量高质量投资机会信息的经理,可以通过资本结构或股利政策的选择向潜在的投资者传递有关公司未来盈利能力的信息。但从长远看,股利的发放是以企业实际盈利能力为基础的,所以股利能将企业经营状况和盈利能力的信息传播给投资者。与利润的会计处理可操纵性相比,股利宣告是一种比较可信的信号模式。信号传递理论认为,在信息不对称的情况下,公司可以通过股利政策向市场传递有关公司未来盈利能力的信息,从而会影响公司的股价。一般来讲,预期未来盈利能力强的公司往往愿意保持股利的稳定,并根据收益状况增加股利发放,通过相对较高的股利支付水平,把自己同预期盈利能力差的公司区别开来,可提高投资者对企业的信任,以吸引更多的投资者。

(3)代理理论

企业中的股东、债权人、经理人员等诸多利益相关者的目标并非完全一致,在追求自身利益最大化的过程中有可能会以牺牲另一方的利益为代价,这种利益冲突关系反映在公司股利分配决策过程中表现为不同形式的代理成本:反映两类投资者之间利益冲突的是股东与债权人之间的代理关系;反映股权分散情形下内部经理人员与外部分散投资者之间利益冲突的经理人员与股东之间的代理关系;反映股权集中情形下控制性大股东与外部中小股东之间利益冲突的是控股股东与中小股东之间的代理关系。

①股东与债权人之间的代理冲突

企业股东在进行投资与融资决策时,有可能为增加自身的财富而选择了加大债权人风险的政策,如股东通过发行债务支付股利或为发放股利而拒绝可行的投资项目。在股东与债权人之间存在代理冲突时,债权人为保护自身利益,希望企业采取低股利支付率,通过多留存少分配的股利政策以保证有较为充裕的现金留在企业以防发生债务支付困难。因此,债权人在与企业签订借款合同时,习惯于制定约束性条款对企业发放股利的水平进行制约。

②经理人员与股东之间的代理冲突

当企业拥有较多的自由现金流时,企业经理人员有可能把资金投资于低回报项目,或为了取得个人私利而追求额外津贴及在职消费等,因此,实施高股利支付率的股利政策,使管理者自身可以支配的“闲余现金流量”相应减少,在一定程度上可以抑制经理人员从而保护外部投资者的利益。有利于降低因经理人员与股东之间的代理冲突而引发的这种自由现金流的代理成本,协调股东与管理者之间代理关系的一种约束机制。实施多分配少留存的股利政策,既有利于抑制经理人员随意支配自由现金流的代理成本,过度地扩大投资或进行特权消费,也有利于满足股东取得股利收益的愿望。同时减少了内部融资,导致公司进入资本市场寻求外部融资,增加了企业的外部融资成本。从而公司可以经常接受资本市场的有效监督,减少代理成本。

③控股股东与中小股东之间的代理冲突

现代企业股权结构的一个显著特征是所有权与控制权集中于一个或少数大股东手中,企业管理层通常由大股东直接出任或直接指派,管理层与大股东的利益趋于一致。由于所有权集中使控股股东有可能也有能力通过各种手段侵害中小股东的利益,控股股东为取得控制权私利而产生的与中小股东之间的代理冲突使企业股利政策也呈现出明显的特征。当法律制度较为完善，外部投资者保护受到重视时，有效地降低了大股东的代理成本，可以促使企业实施较为合理的股利分配政策。反之，法律制度建设滞后，外部投资者保护程度较低时，如果控股股东通过利益侵占取得的控制权私利机会较多，会使其忽视基于所有权的正常股利收益分配，甚至因过多的利益侵占而缺乏可供分配的现金。因此，对处于外部投资者保护程度较弱环境的中小股东希望企业采用多分配少留存的股利政策，以防控股股东的利益侵害。正因为如此，有些企业为了向外部中小投资者表明自身盈利前景与企业治理良好的状况，则通过多分配少留存的股利政策向外界传递了声誉信息。

(4)所得税差异理论

在考虑税赋因素，并且是在对现金股利和资本利得征收不同税率的条件下，所得税差异理论认为资本利得有推迟纳税的优势，出于保护和鼓励资本市场投资，资本利得税率往往低于股利收益税率，股利支付水平高的股票要比支付水平低的股票有更高的税前收益，股东的股利收益纳税负担高于资本利得纳税负担，由于普遍存在的税率的差异及纳税时间的差异，企业选择不同的股利支付方式，不仅会对公司的市场价值产生不同的影响，而且也会使公司(及个人)的税收负担出现差异。资本利得收入比股利收入更有助于实现收益最大化目标，企业应当采用低现金股利比率的分配政策，以提高留存收益再投资的比率，使股东在实现未来的资本利得中享有税收节省。税差理论说明了当股利收益税率与资本利得税率存在差异时，将使股东在继续持有股票以期取得预期资本利得与立即实现股利收益之间进行权衡。如果存在股票的交易成本，甚至当资本利得税与交易成本之和大于股利收益税时，偏好取得定期现金股利收益的股东自然会倾向于企业采用高现金股利支付率政策。

在许多国家，股利适用税率(普通所得税税率)要高于长期资本利得适用税率，这种税率结构会影响到股票投资者对股利的看法。对于一个普通投资者而言，由于收到股利要按较高的税率缴税，而资本利得缴税较少，而且投资者在出售股票时才需要上缴资本利得所得税。因此，他们会偏好于获得更大数额的资本利得，而不是得到更多的现金股利。

由于考虑的因素、分析的角度、方法不同，各理论的结论不相一致。由于“一鸟在手”理论和信号传递理论没有考虑所得税的影响，所以其结论与所得税差异理论相反。在现实经济生活中，所得税是客观存在的，但由于在股利政策选择涉及公司和股东双方的利益，公司和股东可能会有不同的认知偏好，所以分配还是不分配，多分配还是少分配，要根据公司的实际情况来权衡，最终实现股东财富最大化的目标。

二、影响股利分配政策的因素

在确定企业的股利分配政策时，应当考虑相关因素的影响。

1.法律因素

为了保护债权人和股东的利益，公司的股利分配政策必须符合相关法律规范的要求。主要体现在以下几个方面。

(1)资本保全约束

资本保全约束要求企业所发放的股利和投资分红不得来自于资本(包括股本和资本公积)，只能来源于企业当期利润或留存收益，其目的是为了保证企业有完整的产权基础，防止企业任意减少资本结构中股东权益比例，为了保护投资者和债权人的利益而做出的法律限制。资本保全是企业财务管理应遵循的一个重要原则。

(2)资本积累约束

资本积累约束要求企业在分配股利之前必须按一定的比例和基数提取法定公积金,此外还鼓励公司提取任意公积金。只有当提取的法定公积金达到注册资本的50%时,才可以不再提取。另外,若公司出现年度亏损时,一般不得分配利润,即贯彻"无利不分"的原则。

(3)偿债能力约束

偿债能力指企业按时足额偿付各种到期债务的能力。对股份有限公司而言,若其支付现金股利后会影响公司偿还债务和正常经营,那么公司发放现金股利的数额将会受到限制。

(4)超额累积利润约束

对于股份公司而言,由于投资者接受股利交纳的所得税要高于进行股票交易的资本利得所缴纳的税金,因此许多公司往往通过积累利润使股价上涨来帮助股东避税。为了制止这种行为,一些西方国家法律上明确规定公司不得超额累积利润,一旦公司的保留盈余超过法律认可的水平,将被增加额外税额。我国法律目前尚未做出此种限制性规定。

2. 股东因素

公司的股利政策最终由代表股东利益的董事会决定,股东出于对自身利益的考虑,可能对公司的股利分配提出自己的意见,对公司的收益分配产生影响。其主要包括以下几个因素。

(1)控制权的稀释

如果公司实行高股利支付率,那么留存收益就会减少,未来经营资金紧缺的可能性就会增大,这就意味着将来发行新股的可能性增大,发行新股(通常指普通股),意味着公司控制权有旁落他人的可能,会稀释公司控制权。因此为了保持控制权的目的,股东要求限制股利支付。

(2)避税考虑

由于股利收入的所得税高于股票交易的资本利得税,因而一些高收入的股东为了避税,往往要求限制股利的支付,赞成将更多的利润留存于公司,以期获得更大的资本利得。

(3)稳定收入和规避风险

一些收入较低而依靠股利维持生活的股东,往往要求公司支付稳定的利率,反对公司留存较多利润;另外,在某些股东看来,通过增加留存收益引起股价上涨而获得的资本利得是有风险的,而目前的股利是确定的,即便是现在较少的股利,也强于未来较多的资本利得,因而他们往往要求较多的股利支付。

3. 公司因素

公司制定股利分配政策时,出于长期发展与短期经营,需要考虑以下因素:

(1)公司举债能力

如果一个公司的举债能力越强,就越能够筹措到所需的资金,可以采取比较宽松的股利政策;而举债能力较弱的公司,则应采取比较紧缩的股利政策,少发放现金股利,多留存利润。

(2)未来投资机会

投资机会是影响公司股利政策的一个重要因素。有良好的投资机会的公司,需要有较强大的资金支持,就会考虑少发股利而增加留存利润,用于再投资;有良好的投资机会的公司,保留大量的现金就会造成资金的闲置,于是公司将增加股利支付。一般公司处于成长中时多采取低股利政策,处于经营收缩时多采取高股利政策。

(3)盈余稳定性

公司是否能获得长期稳定的盈余,是其股利决策的重要基础。由于盈余相对稳定的公司面临的经营风险和财务风险较小,筹资能力较强,能够更好地把握自己,因而其股利支付率通常较高;反之,若公司盈余不稳定,其对未来的把握小,往往会害怕盈余下降而造成股利无法支付、股价下降的危险,因而其股利支付率就会较低。

(4)资产流动性

企业持有一定数量的现金,保持其资产具有较好的流动性,是企业生产经营顺利进行的基础和必要条件。公司资产流动性越强,则支付现金股利的可能性越大,可以多发股利,反之亦然。较多地支付现金股利会减少公司的现金持有量,使资产的流动性降低,因此,如果企业的资产流动性差,即使收益可观,暂时也不宜分配过多的现金股利。

(5)筹资成本

筹资成本是公司选择筹资方式的基本依据,与发行新股相比,保留盈余不需花费筹资费用,一般将净利润作为筹资首选资金。如果公司有扩大资金的需要,公司应采取低股利政策。

(6)债务需要

具有较高债务偿还需要的公司,可以通过举借新债、发行新股筹集资金偿还债务,也可直接用经营积累偿还债务。如果公司认为后者适当的话,将会减少股利支付。

4. 其他因素

除了上述的因素以外,还有其他一些因素也会影响公司的股利政策选择。

(1)债务合同限制约束

公司的债务合同,特别是长期债务合同,往往有限制公司现金支付程度的条款,这使公司只得采取低股利政策。

(2)通货膨胀约束

在通货膨胀率较高的宏观环境下,通货膨胀会带来货币购买力水平下降,导致固定资产重置资金来源不足,此时盈余会被当作弥补折旧基金购买力水平下降的资金来源。因此,在通货膨胀时期,公司往往采取偏紧的股利政策。

三、股利分配政策

股利分配政策是指在法律允许的范围内,企业是否发放股利、股利支付形式、发放多少股利以及何时发放股利的方针及对策。企业的净收益可以支付给股东,也可以留存在企业内部,两者存在此消彼长的关系,股利政策的关键问题是确定分配和留存的比例。通常可供选择的股利政策包括剩余股利政策、固定或持续增长股利政策、固定股利支付率政策及低正常股利加额外股利政策。

1. 剩余股利政策

(1)剩余股利政策的含义

剩余股利政策是建立在股利与企业的价值无关的理论基础上,股利分配与公司的资本结构相关,而资本结构又是由投资所需资金构成的,实际上股利政策要受到投资机会及其资本结构的双重影响。剩余股利政策是指公司生产经营所获得的净收益首先应满足公司的权益资金需求,将股利分配与企业的资本结构有机地联系起来,即公司有了良好的投资机会时，根据一定的目标资本结构测算出投资所需的权益性资本的数额，只有当增加的资本额达到预定的目标资本结构后，先从盈余中留用，然后将剩余的盈余作为股利予以分配。

(2)剩余股利政策的具体决策步骤

①根据公司的投资计划确定公司的最佳目标资本预算，即确定权益资本与债务资本的比率，在此资本结构下，加权平均资本成本最小；

②根据公司的目标资本结构及资本预算预计公司资金需求中所需要的权益资本数额；

③尽可能用保留盈余来满足投资方案中所需增加的权益资本数额；

④保留盈余在满足公司股东权益增加需求后，如果有剩余再用来发放股利。

【例9-3】 某公司2010年度净利润为4 000万元，2011年度投资计划所需资金3 500万元，公司的目标资本结构为自有资金占60%，借入资金占40%。则按照目标资本结构的要求，公司投资方案所需的自有资金数额为：

3 500×60%=2 100(万元)

按照剩余股利政策的要求，该公司2010年度可向投资者分红(发放股利)的数额为：

4 000-2 100=1 900(万元)

【例9-4】 某公司某年度可供分配的税后利润为500万元，下年度投资计划所需资金为600万元，公司目标资本结构的负债比例为40%，当年流通在外的普通股有100万股，若该公司采用剩余股利政策，试确定其股利支付率。

按照目标资本结构的要求，需增加的权益资金数额：600×(1-40%)=360(万元)

剩余的税后利润：500-360=140(万元)

每股股利：140÷100=1.4(元/股)

股利支付率：140÷500=28%

保持目标资本结构不是指保持全部资产的负债比率，资本结构是长期有息负债(长期借款和公司债券)和所有者权益的比率。无息负债和短期借款不可能也不需要保持某种固定比率。短期负债筹资是营运资本管理的问题，不是资本结构问题。保持目标资本结构，不是指一年中始终保持同样的资本结构。利润分配后建立的目标资本结构，随着生产经营的进行会出现损益，导致所有者权益的变化，使资本结构发生变化。因此，符合目标资本结构是指利润分配后(特定时点)形成的资本结构符合既定目标，而不管后续经营造成的所有者权益变化。

筹集资金要在确定目标结构的前提下，首先使用留存利润补充资金，其次的来源是长期借款，最后的选择是增发股份。

法律规定税后利润必须先提取10%的公积金，因此公司至少要提取500×10%=50(万元)，作为收益留存。如果公司出于经济原因决定留存利润360万元，法律规定留存的50万元同样可以长期使用，它是360万元的一部分。法律的这条规定，实际上只是对本年利润"留存"数额的限制，而不是对股利分配的限制。由于以前年度的未分配利润也可以用来分配股利，所以法律对于股利分配的限制来源于"累计未分配利润"。就本题而言，"本年"利润中可用于股利分配的上限是500×90%=450(万元)，如果有以前年度未分配利润，法律不禁止股利分配超过450万元。

(3)剩余股利政策的优点

留存收益优先保证再投资的需要，从而有助于降低再投资的资本成本，能保持最佳的目标资本结构，使综合资本成本最低，实现企业价值的长期最大化。

(4)剩余股利政策的缺点

如果完全遵照执行剩余股利政策，股利发放额就会每年随投资机会和盈利水平的波动而波动。即使在盈利水平不变的情况下，股利也将与投资机会的多寡呈反方向变动，投资机会越多，股利越少，反之亦然。而在投资机会维持不变的情况下，则股利发放额将因公司每年盈利的波动而同方向波动。剩余股利政策不利于投资者安排收入与支出，也不利于公司树立良好的形象，一般适用于公司初创阶段。

2. 固定或持续增长股利政策

(1) 固定或持续增长股利政策的含义

固定或持续增长股利政策，是指公司将每年派发的股利额固定在某一特定相对稳定水平上，并在一段时期内，不论公司的盈利情况和财务状况如何，派发的股利额均保持不变。只有在确信公司未来的盈利的增加足以使企业能够将股利维持在一个更高的水平且增长不会发生逆转时，才提高年度的每股股利发放额。在固定或持续增长的股利政策下，首先确定的是股利分配额，而且该分配额一般不随资金需求的波动而波动。固定或持续增长股利政策可能会不符合剩余股利理论，但考虑到股东的心理状态等多种因素的影响，为了将股利维持在稳定的水平上，即使推迟某些投资方案或暂时偏离目标资本结构，也可能要比降低股利或降低股利增长率更为有利。

(2)固定或持续增长股利政策的优点

①由于股利政策本身的信息含量，它能将公司未来的盈利能力、财务状况以及管理层对公司经营的信心等信息传递出去。固定或持续增长的股利政策传递给股票市场和投资者一个公司经营状况稳定、管理层对未来充满信心的信号，这有利于公司在资本市场上树立良好的形象、增强投资者信心，进而有利于稳定公司股价。

②固定或持续增长股利政策，特别有利于吸引那些打算做长期投资的股东，这部分股东希望其投资的获利能够成为其稳定的收入来源，以便安排各种经常性的消费和其他支出。

(3)固定或持续增长股利政策的缺点

①固定或持续增长股利政策下的股利分配只升不降，股利支付与公司盈利相脱离，即不论公司盈利多少，均要按固定的乃至固定增长的比率派发股利，容易引起公司资金短缺，造成投资的风险与投资的收益不对称。

②在公司的发展过程中，难免会出现经营状况不好或资金短暂的困难时期，如果这时仍执行固定或持续增长的股利政策，那么派发的股利金额大于公司实现的盈利，必将侵蚀公司的留存收益，影响公司的后续发展，导致财务状况恶化，甚至侵蚀公司现有的资本，给公司的财务运作带来很大压力，最终影响公司正常的生产经营活动，在企业无利可分的情况下，实施该政策违法。

③不能像剩余股利政策那样保持较低的资本成本。采用固定或持续增长的股利政策，要求公司对未来的盈利和支付能力能做出较准确的判断。一般来说，公司确定的固定股利额不应太高，要留有余地，以免陷入公司无力支付的被动局面。固定或持续增长的股利政策一般适用于经营比较稳定或正处于成长期、信誉一般的公司，但该政策很难被长期采用。

3. 固定股利支付率政策

(1)固定股利支付率政策的含义

固定股利支付率政策，是指公司将每年净收益的某一固定百分比作为股利分派给股东。这一百分比通常称为股利支付率,即股利占盈余的比率。股利支付率一经确定,一般不得随意变更。固定股利支付率越高,公司留存的净收益越少。在这一股利政策下,只要公司的税后利润一经计算确定,所派发的股利也就相应确定了。各年股利随公司经营状况的好坏而上下波动,使公司盈余与股利联系起来,获得较多盈余的年份股利额高,获得盈余少的年份股利额低,无利不分。

(2)固定股利支付率政策的优点

①采用固定股利支付率政策,股利与公司盈余紧密地配合,体现了多盈多分、少盈少分、无盈不分的股利分配原则。

②由于公司的盈利能力在年度间是经常变动的,因此,每年的股利也随着公司收益的变动而变动,并保持分配与留存收益间的一定比例关系,体现投资风险与收益的对等。采用固定股利支付率政策,公司每年按固定的比例从税后利润中支付现金股利,从企业支付能力的角度看,这是一种稳定的股利政策。

(3)固定股利支付率政策的缺点

①传递的信息容易成为公司的不利因素。大多数公司每年的收益很难保持稳定不变,如果公司每年收益状况不同,固定支付率的股利政策将导致公司每年股利分配额的频繁变化,很容易给投资者留下公司经营状况不稳定、投资风险较大的不良印象,公司财务压力较大,不利于股票价格的稳定与上涨。

②容易使公司面临较大的财务压力。因为公司实现的盈利越多,一定支付比率下派发的股利就越多,但公司实现的盈利多,并不代表公司有充足的现金派发股利,只能表明公司盈利状况较好而已。如果公司的现金流量状况并不好,却还要按固定比率派发股利的话,就很容易给公司造成较大的财务压力。

③缺乏财务弹性。股利支付率是公司股利政策的主要内容,模式的选择、政策的制定是公司的财务手段和方法。在不同阶段,根据财务状况制定不同的股利政策,会更有效地实现公司的财务目标。但公司每年按固定比例从净收益中支付股利,公司丧失了利用股利政策的财务方法,缺乏财务弹性,同时也不能保持较低的资本成本。

④确定合理的固定股利支付率的难度大。如果固定股利支付率确定得较低,不能满足投资者对投资收益的要求;而固定股利支付率确定得较高,没有足够的现金派发股利时会给公司带来巨大财务压力。另外,当公司发展需要大量资金时,也要受其制约。所以,确定较优的股利支付率的难度很大。

由于公司每年面临的投资机会、筹资渠道都不同,一成不变地奉行按固定比率发放股利政策的公司在实际中并不多见,固定股利支付率政策只是比较适用于那些处于稳定发展且财务状况也较稳定的公司。

4. 低正常股利加额外股利政策

(1) 低正常股利加额外股利政策的含义

低正常股利加额外股利政策是指公司事先设定一个固定的、数额较低的正常股利额,每年除了按正常股利额向股东发放现金股利外,还在企业盈利情况较好、资金较为充裕的年度再根据实际情况向股东发放高于每年度正常股利的额外股利。但额外股利并不固定化,不意味着公司永久性地提高了股利率。

(2)低正常股利加额外股利政策的优点

①低正常股利加额外股利政策赋予公司一定的灵活性,可保持股利的稳定性,以能实

现股利与盈余之间的良好配合，从而被广泛使用。公司在股利发放上留有余地和具有较大的财务弹性，每年可以根据公司的具体情况，选择不同的股利发放水平，以完善公司的资本结构，进而实现公司的财务目标。

②低正常股利加额外股利政策有助于稳定股价，增强投资者信息。由于公司每年固定派发的股利维持在一个较低的水平上，在公司盈利较少或需用较多的留存收益进行再投资时，公司仍然能够按照既定承诺的股利水平派发股利，使投资者保持一个固有的收益保障，企业仍旧可以维持既定的股利发放水平，避免股价下跌的风险，股东不会有股价跌落感，这有助于维持公司股票的现有价格。而当公司盈利状况较好且有剩余现金时，就可以在正常股利的基础上再派发额外股利，将其转移到股东的手中，而额外股利信息的传递则有助于公司股票的股价上扬，增强投资者对公司的信心。它既可以在一定程度上维持股利的稳定性，又有利于企业的资本结构达到目标资本结构，使灵活性与稳定性较好地相结合，因而为许多公司所采用。

③可使那些依靠股利度日的股东每年至少可以得到虽然较低，但比较稳定的股利收入，从而吸引住这部分股东。

(3)低正常股利加额外股利政策的缺点

①年份之间公司的盈利波动使得额外股利不断变化，或时有时无，造成分派的股利不同，容易给投资者以公司收益不稳定的感觉。

②当公司在较长时期持续发放额外股利后，可能会被股东误认为是“正常股利”，而一旦取消了这部分额外股利，传递出去的信号可能会使股东认为这是公司财务状况恶化的表现，进而可能会引起公司股价下跌的不良后果。

低正常股利加额外股利政策是介于固定或持续增长股利政策与固定股利支付率政策之间的一种折中股利政策，既吸收了固定股利政策对股东投资收益的保障优点，同时又摒弃其对公司所造成的财务压力方面的不足，所以在资本市场上颇受投资者和公司的欢迎。

【例 9－5】 某公司 2010 年实现的税后净利为 1 000 万元，法定盈余公积金 10%，若 2011 年的投资计划所需资金 800 万元，公司的目标资本结构为自有资金占 60%。(1)若公司采用剩余股利政策，则 2010 年末可发放多少股利？(2)若公司发行在外的股数为 1 000 万股，计算每股利润及每股股利？(3)若公司决定将公司的股利政策改为逐年稳定增长的股利政策，设股利的逐年增长率为 2%，投资者要求的必要报酬率为 12%，计算该股票的价值。

(1)提取法定盈余公积金 = 1 000 × 10% = 100(万元)

可供分配利润 = 1 000 − 100 = 900(万元)

投资所需自有资金 = 800 × 60% = 480(万元)

向投资者分配额 = 900 − 480 = 420(万元)

(2)每股利润 = 1 000/1 000 = 1 元/股

每股股利 = 420/1 000 = 0.42 元/股

(3)股票的价值 = 0.42 × [(1 + 2%)/(12% − 2%)] = 4.284 元/股

【例 9－6】 A 公司目前发行在外的股数为 1 000 万股，该公司的产品销路稳定，拟投资 1 200 万元，扩大生产能力 50%。该公司想要维持目前 40% 的负债比率，并想继续执行 10% 的固定股利支付率政策。该公司在 2 010 年的税后利润为 500 万元，该公司 2011 年为扩充上述生产能力必须从外部筹措多少权益资本?

保留利润 = 500 × (1 − 10%) = 450(万元)

项目所需权益融资需要 = 1 200 × (1 − 40%) = 720(万元)

外部权益融资 = 720 − 450 = 270(万元)

上面所介绍的几种股利政策中,固定股利政策和低正常股利加额外股利政策是被企业普遍采用,并为广大的投资者所认可的两种基本政策。各种股利政策各有所长,实务中并没有一个严格意义上的最为科学的股利政策,往往是多种股利政策的结合。企业应借鉴其基本决策思想,充分考虑各种政策的优缺点,制定适合自己具体实际情况的股利政策。

第四节 股票股利及股票分割和回购

一、股票股利

1.股票股利的含义

股票股利是公司按股东股份的比例以发放股票的方式所支付的股利,我国实务中通常也称其为“红股”。发放股票股利,对公司来说,并没有现金流出公司,不会改变公司股东权益总额,不直接增加股东财富,也不会导致公司的资产流出、负债增加,而只会引起股东权益内部结构的变化,公司的留存收益转化为股本,使得股东权益各个项目的比例发生变化。发放股票股利以后,如果盈利总额与市盈率不变,会增加流通在外的股票数量,同时降低股票的每股价值。由于股票总数增加,所以,每股收益会下降,从而使公司股票价格下跌,但又由于股东所持股份的比例不变,每位股东持有股票的市场价值总额保持不变。

【例 9 − 7】 甲上市公司在 2009 年度利润分配及资本公积转增股本实施公告中披露的分配方案主要信息:每 10 股送 3 股派发现金红利 0.6 元(含税),转增 5 股。即每股送 0.3 股派发现金红利 0.06 元(含税,送股和现金红利均按照 10% 代扣代缴个人所得税,扣税后每股实际派发现金 0.024 元),转增 0.5 股。

股权登记日:2010 年 3 月 17 日(注:该日收盘价为 24.45 元);除权(除息)日:2010 年 3 月 18 日(注:该日开盘价为 13.81 元);新增可流通股份上市流通日:2010 年 3 月 19 日;现金红利到账日:2010 年 3 月 23 日。

从甲上市公司的利润分配及资本公积转增股本实施公告披露的信息得知,该公司的股利分配包括现金股利分配和股票股利。而转增股本则是将资本公积转为股本,对企业而言属于所有者权益内项目之间的调整,对股东而言可以按照其所持有股份的比例获得相应的转增股份。从股东持有的股份数量上看,公司发放股票股利与从资本公积转增股本都会使股东具有相同的股份增持效果,但并未增加股东持有股份的价值。此外,股票股利与转增不同的是派发的股票股利来自未分配利润,股东需要缴纳所得税。我国部分上市公司的资本公积转增股本方案是单位是单独实施的,也有许多上市公司的转增方案是伴随着现金股利和股票股利一同实施的。

甲上市公司在实施利润分配前,所有者权益情况如表 9 − 1 所示。

每 10 股派发现金红利 0.6 元,发放现金股利总额 3 600 万元,使公司的现金和未分配利润同时减少 3 600 万元,从而使现金流出企业,并减少了公司所有者权益,但不影响股本总额。

表 9-1 甲公司所有者权益情况表(分配利润前) 单位:万元

项目	金额
股本(面额 1 元,已发行普通股 60 000 万股)	60 000
资本公积	60 000
盈余公积	16 000
未分配利润	120 000
所有者权益合计	256 000

发放现金股利总额:60 000×0.06=3 600(万元)

每 10 股派送 3 股股票股利,我国上市公司是按照股票面值从未分配利润转入股本的,即减少了未分配利润 18 000 万元,同时增加股本 18 000 万元,只改变了所有者权益内部结构,不影响公司所有者权益总额。

发放股票股利增加的股本=60 000×0.3=18 000(万元)

从资本公积转增股本只是改变了所有者权益的内部结构,每 10 股转增 5 股,即减少了资本公积 30 000 万元,同时增加了总股本 30 000 万元,不影响所有者权益总额。

资本公积转增的股本=60 000×0.5=30 000(万元)

实施此次股利分配和转增方案后,通过发放股票股利和从资本公积转增后的股本总额变为:

股本总额=60 000+18 000+30 000=108 000(万元)

转增股本后的资本公积=60 000-30 000=30 000(万元)

实施利润分配方案后的未分配利润=120 000-3 600-18 000=98 400(万元)

甲上市公司 2009 年度利润分配方案实施后的所有者权益各项目如表 9-2 所示:

表 9-2 甲公司所有者权益情况表(分配利润后) 单位:万元

项目	利润分配前	利润分配后
股本(面额 1 元,均为发行的普通股)	60 000	108 000
资本公积	60 000	30 000
盈余公积	16 000	16 000
未分配利润	120 000	98 400
所有者权益合计	256 000	252 400

从表 9-2 可以看出,利润分配后比利润分配前股本总额增加了 48 000 万元,分别来自股票股利从未分配利润中转出的 18 000 万元和转增股本从资本公积中转出的 30 000 万元。

所有者权益总额的变化 3 600 万元是现金股利分配与缴纳现金股利与股票股利所得税的结果,其中,全体股东实际收到的现金股利=60 000×[0.06-(0.06+0.3)×10%]=60 000×0.024=1 440万元,缴纳的现金股利所得税 360 万元;全体股东在收到 18 000 万股股票股利的同时,缴纳的股票股利所得税 1 800 万元。

【例 9-8】 某公司发放股票股利前,股东权益情况见表 9-3。

表 9－3　发放股票股利前股东权益　　单位:万元

股本(面额 1 元,均为发行的普通股)	400 000
资本公积	800 000
留存收益	4 000 000
股东权益总计	5 200 000

若公司宣布发放 10% 的股票股利,即发放 40 000 股普通股股票,并规定股票股利为 10 送 1,即现有股东每持有 10 股即可得到 1 股增发的普通股。若该股票当时每股市价为 30 元,随着股票股利的发放,需从"留存收益"中划转出资金为

$$400\ 000 \times 10\% \times 30 = 1\ 200\ 000(\text{元})$$

派发 40 000 股的股票股利后,应增加"股本" 账户 40 000 元,由于股票面额(1 元)不变,股本数量也增加了 40 000 股,即从派发前的 400 000 股增加到 440 000 股。其余的 1 160 000(1 200 000－40 000)元应作为股票溢价转至"资本公积"账户,股票股利派发后公司股东权益总额保持不变,都是 5 200 000 元。发放股票股利前后,公司股东权益各项目对比见表 9－4 所示。

表 9－4　发放股票股利前后对比表　　单位:万元

项目	发放股票股利前	发放股票股利后
股本(面额 1 元,均为发行的普通股)	400 000	440 000
资本公积	800 000	1 960 000
留存收益	4 000 000	2 800 000
股东权益合计	5 200 000	5 200 000

可见,发放股票股利,虽不会对公司股东权益总额产生影响,但会发生资金在各股东权益项目间的再分配。发放股票股利后,如果盈利总额不变,会由于普通股股数增加而引起每股收益和每股市价的下降;但又由于股东所持股份的比例不变,每位股东所持股票的市场价值总额仍保持不变。

【例 9－9】　假定上述公司本年盈利 880 000 元,某股东持有 40 000 股普通股,假定市盈率不变,则发放股票股利对该股东的影响,见表 9－5。

表 9－5　发放股票股利对股东的影响　　单位:万元

项目	发放前	发放后
每股收益(*EPS*)	880 000/40 000＝2.2	880 000/44 000＝2.0
每股市价	20	20/(1＋10%)＝18.18
持股比例	2/20＝10%	2.2/22＝10%
所持股票总价值	20×40 000＝800 000	18.18×44 000＝800 000

发放股票股利对每股收益和每股市价的影响，可以通过对每股收益、每股市价的调整直接计算：

$$发放股票股利后的每股收益=\frac{发放股票股利前的每股收益}{1+股票股利发放率}=\frac{2.2}{1+10\%}=2.0$$

$$发放股票股利后的每股市价=\frac{股票分配权转移日的每股市价}{1+股票股利发放率}=\frac{20}{1+10\%}=18.18$$

尽管从理论上讲，股票股利不直接增加股东的财富，也不增加公司的价值，但对股东和公司都有特殊的意义。

2. 公司发放股票股利的意义

对股东来讲，一是，虽然企业盈余不增加，股票股利不增加其实际财富，但如果在发放股票股利之后，维持现金股利的发放，则股东可以多得现金收入；或者股权增加，但股价并不成比例下降，股东财富会有所增长。股票变现能力强，股东也乐于接受，这也是股东获得原始股的好机会。二是，如果股东需要现金时，还可以将分得的股票股利出售，有些国家税法规定出售股票所需交纳的资本利得税率比收到现金的税率低，股东还能获得税收上的好处。

对公司来讲，一是，发放股票股利既不需要向股东支付现金，又可以在心理上给股东以从公司取得投资回报的感觉，从而达到对企业感到满意的目的。股票股利有派发股利之“名”，而无派发股利之“实”，如果每股现金股利的水平较高会影响到公司现金持有水平，配合适当发放一定数量的股票股利可以使股东在分享公司盈余的同时也使现金留存在企业内部，有利于保持公司的流动性，作为营运资金或用于其他用途，从而有利于公司的发展。二是，发放股票股利可以使企业保持较高的股利支付比率，往往向社会传递公司未来发展前景良好的信息，可对投资者的心理产生企业利润将增加的良好影响，增强投资者对公司的信心。在一定程度上稳定了股票价值。因此，平均说来发放股票股利后股价会在短时间内上升。不过，如果未来几个月内市场没有见到股利或盈余真的增加，股价就会回到原来水平。三是，在盈余和现金股利不变的情况下，发放股票股利可以降低公司股票每股价值。一些公司在其股票价格较高，不利于股票交易和流通时，通过发放股票股利来适当降低股价水平，促进公司股票的交易和流通。股票股利有助于企业把股票市价控制在希望的范围内，避免股价过高，股票股利降低每股市价的时候，会吸引更多的投资者成为公司的股东，从而可以使股权更为分散，促进其股票在市场上的交易更为活跃，有效地防止公司被恶意控制。四是，发放股票股利的费用比发放现金股利的费用大。发放现金股利就是扣除所得税；发放股票股利需要将股票折算成现金价值计算所得税，并且公司要缴纳一定的股票发放费用。所以股票股利费用高。但是，发放股票股利时，公司要支出的现金比发放现金股利少。

二、股票分割

1. 股票分割的含义

股票分割又称股票拆细，即将一股面值较高的股票拆分成多股面额较低的股票的行为。股票分割对公司的资本结构不会产生任何影响，一般只会使发行在外的股票总数增加，使得每股面额降低，每股盈利下降，资产负债表中股东权益各账户（股本、资本公积、留存收益）的余额都保持不变，股东权益的总额也保持不变，所以与股票股利有异。

【例 9 - 10】 公司原发行面值为 2 元的普通股 20 000 股，若按每股换成 2 股的比例进行分割。如表 9 - 6 所示。

表 9 - 6 股票分割前后的股东权益

单位：万元

项 目	分割前	分割后
普通股	400 000(2 元 × 200 000)	400 000(1 元 × 400 000〕
资本公积	800 000	800 000
留存收益	4 000 000	4 000 000
股东权益合计	5 200 000	5 200 000

假定公司本年净利润 400 000 元，那么股票分割前的每股收益为 2 元(400 000 ÷ 200 000)。如果股票分割后净利润不变，分割后的每股收益为 1 元(400 000 ÷ 400 000)，如果市盈率不变，每股市价也会因此而下降。

从实务上讲，股票股利和股票分割的差别较小，一般根据有关证券管理部门的规定来加以区别。例如，美国纽约证券交易所规定，当公司发放股票股利达总值 25% 以上时视为股票分割。只有在公司的股价剧涨且预期难以下降时，才采用股票分割的办法来降低股票。而在公司股价上涨幅度不大时，往往通过发放股票股利，将价格降到预定价值。

2. 股票分割的作用

(1) 股票分割会使公司增加股数降低每股市价，买卖该股票所必需的资金量减少，易于增加该股票在投资者之间的换手，并且可以使更多的资金实力有限的潜在股东变成持股的股东。因此，股票分割可以促进股票的流通和交易，增加股东数量，会在一定程度上加大对公司股票恶意收购的难度。

(2) 股票分割可以向投资者传递公司发展前景良好的信息，有助于提高投资者对公司的信心。

(3) 股票分割可以为公司发行新股做准备。公司股票价格太高，会使许多潜在的投资者力不从心而不敢轻易对公司的股票进行投资。在新股发行之前，利用股票分割降低股票价格，可以促进新股的发行。

(4) 股票分割有助于公司并购政策的实施，增加对被并购方的吸引力。

(5) 对股东而言，分割后各股东持股增加，但持股比例不变，持股总额不变，不过股票分割后每股现金股利下降幅度小于股票分割幅度，股东仍可多获现金股利。同时购买者上升，股价也会上涨，也会增加股东财富。

三、股票回购

1. 股票回购及其法律规定

股票回购是指上市公司出资将其发行的流通在外的股票以一定价格购买回来予以注销或作为库存股，代替向剩余股东支付股利的一种资本运作方式。使流通在外的股份减少，每股股利增加，从而会使股价上升，公司以多余现金购回股东所持有的股份，股东能因此获得资本利得，对于出售股票的股东来说，公司回购股票是一次性地收到股利，这相当于公司支付给股东现金股利，股票回购与现金股利对股东的同等效用，所以股票回购可以看作是现金股利的一种替代方式。

我国《公司法》规定，公司不得收购本公司股份。但是，有下列情形之一的除外：一是减少公司注册资本；二是与持有本公司股份的其他公司合并；三是将股份奖励给本公司职工；四是股东因对股东大会作出的公司合并、分立决议持异议，要求公司收购其股份的。

【例 9－11】 某公司普通股的每股收益、每股市价等资料如表 9－7 所示。

表 9－7 某公司普通股资料表 单位：万元

税后利润	8 000 000 元
流通股数	2 000 000 股
每股收益(8 000 000/2 000 000)	4 元
每股市价	40 元
市盈率	10

假定公司准备从盈利中拨出 2 000 000 元发放现金股利，每股可得股利为 1 元(2 000 000 ÷ 2 000 000)，那么每股市价将为 41 元(原市价 40 元 + 预期股利 1 元)。

若公司改为用 2 000 000 元以每股 41 元的价格回购股票，可购得 48 780 股(1 000 000 ÷ 41)，那么每股收益将为：

$$EPS = 8\ 000\ 000/(2\ 000\ 000 - 48\ 780) = 4.1(\text{元})$$

如果市盈率仍为 10，股票回购后的每股市价将为 41 元(4.1 × 10)。这与支付现利之后的每股市价相同。可见，公司不论采用支付现金股利的方式还是股票回购的方式，分配给股东的每股现金都是 1 元。

2. 股票回购的动机

在证券市场上，股票回购的动机主要有：

(1) 现金股利的替代

对公司来讲，派发现金股利会对公司产生未来的派现压力，而股票回购属于非正常股利政策，不会对公司产生未来的派现压力。对股东来讲，需要现金的股东可以选择出售股票，不需要现金的股东可以选择继续持有股票。因此，当公司有富余资金，但又不希望通过派现方式进行分配的时候，股票回购可以作为现金股利的一种替代。

(2) 提高每股收益

由于财务上的每股收益指标是以流通在外的股份数作为计算基础，有些公司为了自身形象、上市需求和投资人渴望高回报等原因，采取股票回购的方式来减少实际支付股利的股份数，从而提高每股收益指标。

(3) 改变公司的资本结构

股票回购可以改变公司的资本结构，权益比例减少，提高财务杠杆水平，对公司来说这在一定程度上也起到节税的效应。

(4) 传递公司的信息以稳定或提高公司的股价

由于信息不对称和预期差异，证券市场上的公司股票价格可能被低估，而过低的股价将会对公司产生负面影响。因此，如果公司认为公司的股价被低估时，可以进行股票回购，以向市场和投资者传递公司真实的投资价值，稳定或提高公司的股价。

(5)巩固既定控制权或转移公司控制权

许多股份公司的大股东为了保证其所代表股份公司的控制权不被改变，往往采取直接或间接的方式回购股票，从而巩固已有的控制权。

(6)防止敌意收购

股票回购有助于公司管理者避开竞争对手企图收购的威胁，因为它可以使公司流通在外的股份数变少，股价上升，从而使收购方要获得控制公司的法定股份比例变得更为困难。

(7)满足认股权的行使

在企业发行可转换债券、认股权证或施行经理人员股票期权计划及员工持股计划的情况下，采取股票回购的方式既不会稀释每股收益，又能满足认股权的行使。

(8)满足企业兼并与收购的需要

在进行企业兼并与收购时，产权交换的实现方式包括现金购买及换股两种。如果公司拥有购回的股票(库存股)，可用来交换被并购公司的股权，这样可以减少公司的现金支出。利用库存股票交换被兼并企业的股票，减少或消除因企业兼并而带来的每股收益的稀释效应。

3. 股票回购的影响

(1)股票回购对上市公司的影响

一是，股票回购需要大量资金支付回购的成本，容易造成资金紧张，资产流动性降低，影响公司的后续发展。二是，公司进行股票回购，无异于股东退股和公司资本的减少，可以避免公司被他人控制，在一定程度上削弱了对债权人利益的保障。三是，股票回购可能使公司的发起人股东更注重创业利润的兑现，而忽视公司长远的发展，损害公司的根本利益。四是，股票回购容易导致公司操纵股价。公司回购自己的股票，容易导致其利用内幕消息进行炒作，或操纵财务信息，加剧公司行为的非规范化，使投资者蒙受损失。

(2)股票回购对股东的影响

对于投资者来说，与现金股利相比，股票购回，获得资本利得，需缴纳资本利得税，发放现金股利，需缴纳一般所得税。当前者不少于后者时，股东将得到纳税少的好处。在我国，现金股利按照20%的个人所得税税率纳税，而对资本利得暂不征税。股东从回购股票得到的现金只有在回购价格超出股东购买股票时的价格时才需纳税，并且以较低的优惠税率纳税。所以股票回购往往可以使出售股权的股东减少税赋或避税。股票回购不仅可以节约个人税收，而且具有更大的灵活性。因为股东对公司派发的现金股利没有是否接受的可选择性，而对股票回购则具有可选择性，不满意公司招标价格或协商价格的股东就会放弃股权获得资本收益，而流通股数的减少也会使得剩余股票股价上涨，剩余股东同样可以获得资本收益。

4. 股票回购的方式

股票回购的方式按照不同的分类标准主要有以下几种。

(1)按照股票回购的地点不同分

按照股票回购的地点不同，可以分为场内公开收购和场外协议收购两种。场内公开收购是指公司把自己等同于任何潜在的投资者，委托证券公司代自己按照公司股票当前市场价格回购。场外协议收购是指公司与某一类或某几类投资者直接见面，通过协商来回购股票的一种方式。协商的内容包括价格与数量的确定以及执行时间等，但它的透明度比较低。

(2)按照回购价格的确定方式不同分

按照回购价格的确定方式不同,可分为固定价格要约回购和荷兰式拍卖回购。固定价格要约回购指公司在特定时间发出的以某一高出股票当前市场价格的价格水平,回购既定数量股票的卖出报价。为了在短时间内回购数量相对较多的股票,公司可以宣布固定价格回购要约。它赋予所有股东向出售其所持有股票的均等机会,而且通常情况下公司享有在回购数量不足时取消回购计划或延长要约有效期的权利。固定价格要约回购通常被市场认为是更积极的信号,其原因可能是要约价格存在高出当前市场价格的溢价。但是,溢价的存在也使得固定价格回购要约的执行成本较高。荷兰式拍卖回购首次出现于1981年Todd造船公司的股票回购。回购赋予公司更多的灵活性。整个回购过程类似拍卖:首先由公司确立回购价格的范围和计划回购的股票数量;而后股东选择价格范围内某一特定价格投标,说明愿意以某一特定价格水平出售股票的数量;公司汇总所有股东提交有效投保的价格和数量,确定此次股票回购的"价格-数量曲线",并根据实际回购数量确定最终的回购价格。此种方式回购溢价低,选择性大,为广泛采用。

(3)按照筹资方式不同分

按照筹资方式不同,可分为举债回购、现金回购和混合回购。举债回购是指企业通过银行等金融机构借款来回购本公司的股份。其目的是防御其他公司的恶意兼并与收购。现金回购是指企业利用剩余资金来回购本公司的股票。如果企业既动用剩余资金、又向银行等金融机构举债来回购本公司股票,称之为混合回购。

(4)按照股票回购的对象不同分

按照股票回购的对象不同,可以分为在资本市场上进行随机回购、向全体股东招标回购,向个别股东协商回购。在资本市场上随机回购的方式最为普遍,但往往受到监管机构的严格监控。在向全体股东招标回购的方式下,回购价格通常高于当时的股票价格,具体的回购工作一般要委托金融中介机构进行,成本费用较高。向个别股东协商回购由于不是面向全体股东,所以必须保证回购价格的公正合理性,以免损害其他股东的利益。

第十章　企业财务分析与评价

第一节　企业财务分析概述

一、财务分析的意义和目的

1. 财务分析的意义

财务分析是根据企业财务报表等信息资料，采用专门方法，系统分析和评价企业财务状况、经营成果以及未来发展趋势的过程。

财务分析以企业财务报告及其他相关资料为主要依据，对企业的财务状况和经营成果进行评价和剖析，反映企业在运营过程中的利弊得失和发展趋势，从而为改进企业财务信息。

财务分析对不同的信息使用者具有不同的意义。具体来说，财务分析的意义主要体现在如下方面：

(1) 可以判断企业的财务实力。通过对资产负债表和利润表有关资料进行分析，计算相关指标，可以了解企业的资产结构和负债水平是否合理，从而判断企业的偿债能力、营运能力及获利能力等财务实力，提示企业在财务方面可能存在的问题。

(2) 可以评价和考核企业的经营业绩，揭示财务活动存在的问题。通过指标的计算、分析和比较，能够评价和考核企业的盈利能力和资产周转状况，揭示其经营管理的各个方面和各个环节问题，找出差距，得出分析结论。

(3) 可以挖掘企业潜力，寻求提高企业经营管理水平和经济效益的途径。企业进行财务分析的目的不仅仅是发现问题，更重要的是分析问题和解决问题。通过财务分析，应保持和进一步发挥生产经营管理中成功的经验，对存在的问题应提出解决的策略和措施，以达到扬长避短、提高经营管理水平和经济效益的目的。

(4) 可以评价企业的发展趋势。通过各种财务分析，可以判断企业的发展趋势，预测其生产经营的前景及偿债能力，从而为企业领导层进行生产经营决策、投资者进行投资决策和债权人进行信贷决策提供重要的依据，避免因决策错误给其带来重大的损失。

2. 财务分析的目的

企业财务分析按分析主体，可分为内部分析和外部分析。内部分析是由企业内部有关经营管理人员所进行的财务分析，外部分析是由企业投资者、债权人或其他与企业有利害关系的人以及代表公众利益的社会咨询等中介服务机构等所进行的财务分析。

由于上述各财务分析主体的性质和地位不同，与企业所处的经济利益关系不同，在进行财务分析时，他们所要达到的目的也就不尽相同。

(1) 企业内部管理者的分析目的

企业内部管理者包括企业管理人员和企业内部职工及其代表。企业管理人员通过财务分析，可以全面、系统、详细地了解企业的生产经营活动，检查、分析、考核企业计划或预算的执行情况及管理效率高低，为企业进行预测、决策、计划、控制、评价生产经营情况提供依据。企业内部职工、职工代表大会及工会组织，他们时刻关心企业生产经营活动的稳定性及财务成果好坏，要求财务公开，因而也需要通过分析企业管理当局所提供的财务数据资料了解情况，以使他们更好地参与企业的生产经营管理活动。企业内部管理者从这些分析目的出发，他们最终要全面了解和掌握企业所掌握的经济资源有多少，这些资源运用的合理性、有效性如何；企业拥有多少现金及现金流量状况；企业负债是多少，这些负债及其结构的合理性、有效性如何；企业资金周转或营运能力的合理性和有效性如何；企业盈利的合理性和趋势如何。企业内部财务分析还是企业会计监管的基本方法之一。通过企业财务分析可以发现会计核算政策选择、会计核算模式选择、会计监管效率等会计自身可能存在的问题及适用性等多方面情况，为改进企业会计监管提供依据。

(2)企业资本投资者的分析目的

企业资本投资者包括：①国有资产管理部门，它们是国有企业的主要投资者(代表)，其基本职责是代表国家管理国有资产；②金融机构，各级金融机构特别是各种基金公司、投资公司等除向企业贷款外，有时还可以以投资者的身份参与对企业的直接投资；③参股、控股企业法人，即以参股、控股等方式形成的企业法人投资者；④持有股份或其他产权的个人、职工；⑤外商投资者等。

投资者对企业投资的目的在于获取投资收益，也就是要在资本保值的基础上进一步实现资本的不断增值。因此，投资者利益与企业的财务状况和财务成果及现金流量等有着密切的联系，与企业的盛衰休戚与共。投资者通过财务分析，全面准确地评价、考核企业资本的盈利能力、企业偿债能力，分析并预测对企业各种投资的发展前景、投资的风险程度等，作为进行股票定价、投资决策的依据。

(3)企业债权人的分析目的

企业债权人是指向企业提供商品或劳务的供应单位、拥有债权的客户和职工、企业债券持有人以及金融机构。作为债权人，其要求权是对企业资产及其变现能力、偿债能力的要求，他们最为关心的是企业能否按期支付债务本金及债务利息。因此，他们进行财务分析的目的是全面、准确地掌握企业的支付能力和偿债能力，特别是短期偿债能力，从而对提供信贷资金的风险进行评价，以便做出正确的授信决策。当然企业偿债能力强弱受企业获利能力及成长能力的影响较大，因而债权人通过财务分析，详细了解企业的盈利能力也是分析的目的之一。财务分析也是债权人进行证券市场债权投资价格分析的补充和基础，对于债权投资决策提供依据。

(4)业务关联企业进行财务分析的目的

业务关联企业是指与企业存在业务往来的企业，或称为客户。他们也极为关心该企业的财务状况和经营状况，其主要目的是通过财务分析揭示业务往来企业的信用状况。信用包括商业上的信用和财务上的信用。前者是指企业按时、按质诚实地完成各种交易行为，而后者则是及时清算各种往来款项。通过财务状况及现金流量状况可以分析、判断企业的支付能力和清偿债务能力，以评价企业财务上的信用状况；通过损益状况及主营业务明细状况等分析，可以评价、判断企业各类交易的完成情况并分析企业商业上的信用情况。

(5)国家有关宏观管理部门的分析目的

国家有关宏观管理部门包括立法与司法部门、财政部门、税务部门、银行以及市场监管机构等。立法、司法部门主要检查经济管理、会计、审计等方面的法制建设情况与执行情况；财政、税务和银行等部门和单位，需要从制定国家财政方针、实施税收征管及信贷监督等方面对企业财务状况及经营成果进行分析，对国家整个经济形势或发展趋势做出评价与预测，以便取得宏观调控所需要的信息资料；市场监管机构（如证监会等）的主要任务是维持市场秩序、防止欺诈及各种不正当竞争行为，通过财务分析可以揭示会计报表中的漏洞、伪造财务信息等现象，从而为投资者和有关单位提供真实可靠的财务会计信息资料。

二、财务分析的步骤和一般方法

1. 财务分析的步骤

财务分析的程序与步骤可以归纳为四个阶段十个步骤。

（1）财务分析信息搜集整理阶段

财务分析信息搜集整理阶段主要由以下三个步骤组成：

①明确财务分析目的。进行财务分析，首先必须明确为什么要进行财务分析，是要评价企业经营业绩？是要进行投资决策？还是要制定未来经营策略？只有明确了财务分析的目的，才能正确的搜集整理信息，选择正确的分析方法，从而得出正确的结论。

②制订财务分析计划。在明确财务分析目的的基础上，应制订财务分析计划，包括财务分析的人员组成及分工、时间进度安排，财务分析内容及拟采用的分析方法等。财务分析计划是财务分析顺利进行的保证。当然，这个计划并不一定形成文件，可能只是一个草案，也可能是口头的，但没有这个计划是不行的。

③搜集整理财务分析信息。财务分析信息是财务分析的基础，信息搜集整理的及时性、完整性、准确性，对分析的正确性有着直接的影响。信息的搜集整理应根据分析目的和计划进行。但这并不是说不需要经常性、一般性的信息搜集与整理。其实，只有平时日积月累各种信息，才能根据不同的分析目的及时提供所需信息。

（2）战略分析与会计分析阶段

战略分析与会计分析阶段主要由以下两个步骤组成：

①企业战略分析。企业战略分析通过对企业所在行业或企业拟进入行业的分析明确企业自身地位及应取得竞争战略。企业战略分析通常包括行业分析和企业竞争策略分析。行业分析的目的在于分析行业的盈利能力与盈利潜力，因为不同行业的盈利能力和潜力大小是可能不同的。影响行业盈利能力因素有许多，归纳起来主要可分为两类：一是行业的竞争程度；二是市场谈判或议价能力。企业战略分析的关键在于企业如何根据行业分析的结果，正确选择企业的竞争策略，使企业保持持久竞争优势和高盈利能力。企业进行竞争的策略有许多，最重要的竞争策略主要有两种，即低成本竞争策略和产品差异策略。

企业战略分析是会计分析和财务分析的基础和导向，通过企业战略分析，分析人员能深入了解企业的经济状况和经济环境，从而能进行客观、正确的会计分析与财务分析。

②财务报表会计分析。会计分析的目的在于评价企业会计所反映的财务状况与经营成果的真实程度。会计分析的作用：一方面通过对会计政策、会计方法、会计披露的评价，揭示会计信息的质量；另一方面通过对会计灵活性、会计估价的调整，修正会计数据，为财务分析奠定基础，并保证财务分析结论的可靠性。进行会计分析，一般可按以下步骤进行：第一，阅读会计报告；第二，比较财务报表；第三，解释财务报表；第四，修正财务报表信息。

会计分析是财务分析的基础，通过会计分析，对发现的由于会计原则、会计政策等原因引起的会计信息差异，应通过一定的方式加以说明或调整，消除会计信息的失真问题。

（3）财务分析实施阶段

财务分析实施阶段是在战略分析与会计分析的基础上进行的，它主要包括以下两个步骤：

①财务指标分析。财务指标包括绝对数指标和相对数指标两种。对财务指标进行分析，特别是进行财务比率指标分析，是财务分析的一种重要方法或形式。财务指标能准确反映某方面的财务状况。进行财务分析，应根据分析的目的和要求选择正确的分析指标。债权者要进行企业偿债能力分析，他必须选择反映偿债能力的指标或反映流动性情况的指标进行分析，如流动比率指标、速动比率指标、资产负债率指标等；而一个潜在投资者要进行对企业投资的决策分析，他则应选择反映企业盈利能力的指标进行分析，如总资产报酬率、资本收益率，以及股利报偿率和股利发放率等。正确选择与计算财务指标是正确判断与评价企业财务状况的关键所在。

②基本因素分析，财务分析不仅要解释现象，而且应分析原因。因素分析法就是要在报表整体分析和财务指标分析的基础上，对一些主要指标的完成情况，从其影响因素角度，深入进行定量分析，确定各因素对其影响方向和程度，为企业正确进行财务评价提供最基本的依据。

(4)财务分析综合评价阶段

财务分析综合评价阶段是财务分析实施阶段的继续，具体看又可分为以下三个步骤：

①财务综合分析与评价。财务综合分析与评价是在应用各种财务分析方法进行分析的基础上，将定量分析结果、定性分析判断及实际调查情况结合起来，以得出财务分析结论的过程。财务分析结论是财务分析的关键步骤，结论的正确与否是判断财务分析质量的唯一标准。一个正确的分析结论的得出，往往需要经过几次反复。

②财务预测与价值评估。财务分析既是一个财务管理循环的结束，又是另一个财务管理循环的开始。应用历史或现实财务分析结果预测未来财务状况与企业价值，是现代财务分析的重要任务之一。因此，财务分析不能仅满足于事后分析原因，得出结论，还要对企业未来发展及价值状况进行分析与评价。

③财务分析报告。财务分析报告是财务分析的最后步骤。它将财务分析的基本问题、财务分析结论，以及针对问题提出的措施建议以书面的形式表示出来，为财务分析主体及财务分析报告的其他受益者提供决策依据。财务分析报告作为对财务分析工作的总结，还可作为历史信息，以供后来的财务分析参考，保证财务分析的连续性。

2. 财务分析的方法

(1)比较分析法

①水平分析法

水平分析法，指将反映企业报告期财务状况的信息(特别指财务报表信息资料)与反映企业前期或历史某一时期财务状况的信息进行对比，研究企业各项经营业绩或财务状况的发展变动情况的一种财务分析方法。水平分析法所进行的对比，一般而言，不是指单指标对比，而是对反映某方面情况的报表的全面、综合对比分析，尤其在对财务报表分析中应用较多。因此，通常也将水平分析法称为财务报表分析方法。水平分析法的基本要点是，将报表资料中不同时期的同项数据进行对比，对比的方式有以下几种：

一是绝对值增减变动，其计算公式是：

$$\text{绝对值变动量} = \text{分析期某项指标实际数} - \text{基期同项指标实际数}$$

二是增减变动率，其计算公式是：

$$\text{变动率}(\%) = \text{变动绝对值} \div \text{基期实际数值} \times 100\%$$

三是变动比率值,其计算公式是:

变动比率值 = 分析其实际数值 ÷ 基期实际数值

上式中所说的基期,可指上年度,也可指以前某年度。水平分析中应同时进行绝对值和变动率或比率两种形式的对比,因为仅以某种形式对比,可能得出错误的结论。

②垂直分析法

垂直分析与水平分析不同,它的基本点不是将企业报告期的分析数据直接与基期进行对比求出增减变动量和增减变动率,而是通过计算报表中各项目占总体的比重或结构,反映报表中的项目与总体关系情况及其变动情况。财务报表经过垂直分析法处理后,通常称为同度量报表,或称总体结构报表、共同比报表等。例如,同度量资产负债表、同度量利润表、同度量成本表等,都是应用垂直分析法得到的。垂直分析法的一般步骤如下。

第一,确定报表中各项目占总额的比重或百分比,其计算公式是:

某项目的比重 = 该项目的金额 ÷ 各项目总金额 × 100%

第二,通过各项目的比重,分析各项目在企业经营中的重要性。一般项目比重越大,说明其重要程度越高,对总体的影响越大。

第三,将分析期各项目的比重与前期同项目比重对比,研究各项目的比重变动情况。也可将本企业报告期项目比重与同类企业的可比项目比重进行对比,研究本企业与同类企业的不同,以及取得的成绩和存在的问题。

③趋势分析法

趋势分析法是根据企业连续几年或几个时期的分析资料,运用指数或完成率的计算,确定分析期各有关项目的变动情况和趋势的一种财务分析方法。趋势分析法既可用于对财务报表的整体分析,即研究一定时期报表各项目的变动趋势,也可对某些主要指标的发展趋势进行分析。趋势分析法的一般步骤是:

第一,计算趋势比率或指数。通常指数的计算有两种方法:一是定基指数;二是环比指数。定基指数就是各个时期的指数都是以某一固定时期为基期来计算的。环比指数则是各个时期的指数以前一期为基期来计算的。趋势分析法通常采用定基指数。

第二,根据指数计算结果,评价与判断企业各项指标的变动趋势及其合理性。

第三,预测未来的发展趋势。根据企业以前各期的变动情况,研究其变动趋势或规律,从而可预测出企业未来发展变动情况。

(2)比率分析法

①比率分析的定义

比率分析是财务分析的最基本、最重要的方法。正因为如此,有人甚至将财务分析与比率分析等同起来,认为财务分析就是比率分析。比率分析实质上是将影响财务状况的两个相关因素联系起来,通过计算比率,反映它们之间的关系,借以评价企业财务状况和经营比率,状况的一种财务分析方法。比率分析的形式有:第一,百分率,如流动比率为200%;第二,比率,如速动比率为1:1;第三,分数,如负债为总资产的1/2。

比率分析以其简单、明了、可比性强等优点在财务分析实践中被广泛采用。

②比率分析指标

由于财务分析的目的不同、分析的角度不同等,比率分析中的比率有许多分类形式。有的从财务报表的种类来划分比率,有的从分析主体来划分比率,有的从反映财务状况角度来划分比率等。下面对几种主要的比率划分方法加以说明。

a. 按分析主体或目的划分的比率

按财务分析主体的观点或目的不同，财务分析的比率可分别从投资者、债权者、经营者及政府管理者角度进行划分：

(a)从投资者观点看的财务比率，投资者主要关心投资的保值增值、企业盈利能力的大小及投资风险性等。

(b)从债权者观点看的财务比率，债权者主要关心其债权是否能及时、足额收回。所谓债权包括借贷本金、应得利息及各种应收款等。从这一分析目的出发，债权者主要看企业的流动性、信用程度及盈利性等。

(c)从政府管理者观点看的财务比率，政府管理者主要关心企业对社会的贡献情况和积累情况。企业的社会贡献主要指企业为国家或社会创造或支付的价值，包括工资、奖金、津贴、劳动退休统筹及其他社会福利支出、利息支出净额、应交增值税、应交产品销售税金及附加、应交所得税、其他税收、净利润等。

(d)从经营者观点看的财务比率，企业经营者关心企业各方面的生产经营情况和财务状况，上述各种比率都是经营者所应关心的。但是，由于经营者分析问题的角度与投资者、债权者及政府管理者可能不同，他们往往站在企业整体立场上，既要考虑企业外部的需要，又要注意内部经营管理的要求，因此，比率较多，划分方法各异。这将在下一问题中说明。

b. 按分析内容划分的比率

按分析内容划分的比率，是站在企业整体立场上，或者说是站在企业经营者的立场上，根据不同的管理目的和要求产生的。几种主要的划分方法是：

(a)将比率分为营业评价比率、流动性评价比率、外债风险评价比率和股本收益评价比率四种；

(b)将比率分为流动性比率、盈利性比率、长期偿付能力比率和市场检验比率；

(c)将比率分为收益性比率、流动性比率、安全性比率、成长性比率和生产性比率五种；

(d)将比率划分为盈利性比率、投资收益率、活动性比率、流动性比率、偿债能力比率。

c. 按财务报表划分的比率

按财务报表划分的比率，包括资产负债表比率、利润表比率、现金流量表比率以及资产负债表与利润表和现金流量表结合比率。

③标准比率

在比率分析中，分析师往往将比率进行各种各样的比较，如时间序列比较，横向比较和依据一些绝对标准比较。不同的比较有着不同的评价目的和作用。标准比率是进行比率分析法比较中最常用的比较标准。

标准比率的计算方法有三种：

a. 算术平均法

应用算术平均法计算标准比率，就是将若干相关企业同一比率指标相加，再除以企业数所得出的算术平均数。这里所说的相关企业根据分析评价范围而定，如进行行业分析比较，则相关企业为同行业内企业；如进行全国性分析比较，则相关企业为国内企业；如进行国际分析比较，则相关企业为国际范围内的企业。

b. 综合报表法

综合报表法是指将各企业报表中构成某一比率的两个绝对数相加，然后根据两个绝对数总额计算的比率。

c. 中位数法

中位数法是指将相关企业的比率按高低顺序排列，然后再划出最低和最高的各25%，中间50%就为中位数比率，亦可将中位数再分为上中位数25%和下中位数25%，最后依据企业比率的位置进行评价。

④比率分析的局限性

虽然比率分析被认为是财务分析的最基本或最重要方法，但应用比率分析时必须了解它的不足：第一，比率的变动可能仅仅被解释为两个相关因素之间的变动；第二，很难综合反映比率与计算它的财务报表的联系；第三，比率给人们不保险的最终印象；第四，比率不能给人们财务报表关系的综合观点。

(3)因素分析法

因素分析是依据分析指标与其影响因素之间的关系，按照一定的程序和方法，确定各因素对分析指标差异影响程度的一种技术方法。因素分析是经济活动分析中最重要的方法之一，也是财务分析的方法之一。因素分析根据其分析特点可分为连环替代法和差额计算法两种。

①连环替代法

连环替代法是因素分析法的基本形式，有人甚至将连环替代法与因素分析法看成是同一概念，即连环替代法就是因素分析法，或因素分析法就是连环替代法。连环替代法的名称由其分析程序的特点决定。连环替代法的程序由以下几个步骤组成：

a. 确定分析指标与其影响因素之间的关系。确定分析指标与其影响因素之间关系的方法，通常是用指标分解法，即将经济指标在计算公式的基础上进行分解或扩展，从而得出各影响因素与分析指标之间的关系式。例如，对于总资产报酬率指标，要确定它与影响因素之间的关系，可按下式进行分解：

总资产报酬率 = 息税前例如 ÷ 平均资产总额 × 100%

= (营业收入 ÷ 平均资产总额) × (息税前利润 ÷ 营业收入) × 100%

= (总产值 ÷ 平均资产总额) × (营业收入 ÷ 总产值) ×

(息税前利润 ÷ 营业收入) × 100%

= 总资产产值率 × 产品销售率 × 销售(息税前)利润率

分析指标与影响因素之间的关系式，既能说明哪些因素影响分析指标，又能说明这些因素与分析指标之间的关系及顺序。例如，上式中影响总资产报酬率的有总资产产值率、产品销售率和销售利润率三个因素；它们都与总资产报酬率成正比例关系；它们的排列顺序是，总资产产值率在先，其次是产品销售率，最后是销售利润率。

b. 根据分析指标的报告期数值与基期数值列出两个关系式，或指标体系，确定分析对象。例如，对于总资产报酬率而言，两个指标体系是：

基期总资产报酬率 = 基期资产产值率 × 基期产品销售率 × 基期销售利润率

实际总资产报酬率 = 实际资产产值率 × 实际产品销售率 × 实际销售利润率

分析对象 = 实际总资产报酬率 - 基期总资产报酬率

c. 连环顺序替代，计算替代结果。所谓连环顺序替代就是以基期指标体系为计算基础，用实际指标体系中的每一因素的实际数顺序地替代其相应的基期数，每次替代一个因素，替代后的因素被保留下来。计算替代结果，就是在每次替代后，按关系式计算其结果。有几个因素就替代几次，并相应确定计算结果。

d. 比较各因素的替代结果，确定各因素对分析指标的影响程度。比较替代结果是连环进行的，即将每次替代所计算的结果与这一因素被替代前的结果进行对比，二者的差额就是替代因素对分析对象的影响程度。

e. 检验分析结果。检验分析结果是将各因素对分析指标的影响额相加，其代数和应等于分析对象。如果两者相等，说明分析结果可能是正确的；如果两者不相等，则说明分析结果一定是错误的。

②差额计算法

差额计算法是连环替代法的一种简化形式，当然也是因素分析法的一种形式。差额计算法作为连环替代法的简化形式，其因素分析的原理与连环替代法是相同的。区别只在于分析程序上，差额计算法比连环替代法简化，即它可直接利用各影响因素的实际数与基期数的差额，在其他因素不变的假定条件下，计算各该因素对分析指标的影响程度。或者说差额计算法是将连环替代法的第三步骤和第四步骤合并为一个步骤进行。

这个步骤的基本点就是：确定各因素实际数与基期数之间的差额，并在此基础上乘以排列在该因素前面的各因素的实际数和排列在该因素后面的各因素的基期数，所得出的结果就是该因素变动对分析指标的影响数。

三、财务报表分析的原则和局限性

财务分析对于了解企业的财务状况和经营成绩，评价企业的偿债能力和经营能力，帮助制定经济决策，有着显著的作用。但由于种种因素的影响，财务分析也存在着一定的局限性。在分析中，应注意这些局限性的影响，以保证分析结果的正确性。

1. 资料来源的局限性

(1)报表数据的时效性问题

财务报表中的数据，均是企业过去经济活动的结果和总结，用于预测未来发展趋势，只有参考价值，并非绝对合理。

(2)报表数据的真实性问题

在企业形成其财务报表之前，信息提供者往往对信息使用者所关注的财务状况以及对信息的偏好进行仔细分析与研究，并尽力满足信息使用者对企业财务状况和经营成果信息的期望。其结果极有可能使信息使用者所看到的报表信息与企业实际状况相距甚远，从而误导信息使用者的决策。

(3)报表数据的可靠性问题

财务报表虽然是按照会计准则编制的，但不一定能准确地反映企业的客观实际。例如：报表数据未按通货膨胀进行调整；某些资产以成本计价，并不代表其现在真实价值；许多支出在记账时存在灵活性，既可以作为当期费用，也可以作为资本项目在以后年度摊销；很多资产以估计值入账，但未必正确；偶然事件可能歪曲本期的损益，不能反映盈利的正常水平。

(4)报表数据的可比性问题

根据会计准则的规定，不同的企业或同一个企业的不同时期都可以根据情况采用不同的会计政策和会计处理方法，使得报表上的数据在企业不同时期和不同企业之间的对比在很多时候失去意义。

(5)报表数据的完整性问题

由于报表本身的原因，其提供的数据是有限的。对报表使用者来说，可能不少需要的信息在报表或附注中根本找不到。

2. 财务分析方法的局限性

对于比较分析法来说，在实际操作时，比较的双方必须具备可比性才有意义。对于比率分析法来说，比率分析是针对单个指标进行分析，综合程度较低，在某些情况下无法得出令人满意的结论；比率指标的计算一般都是建立在以历史数据为基础的财务报表之上的，这使比率指标提供的信息与决策之间的相关性大打折扣。对于因素分析法来说，在计算各因素对综合经济指标的影响额时，主观假定各因素的变化顺序而且规定每次只有一个因素发生变化，这些假定往往与事实不符。并且，无论何种分析法均是对过去经济事项的反映。随着环境的变化，这些比较标准也会发生变化。而在分析时，分析者往往只注重数据的比较，而忽略经营环境的变化，这样得出的分析结论也是不全面的。

3. 财务分析指标的局限性

(1)财务指标体系不严密

每一个财务指标只能反映企业的财务状况或经营状况的某一方面，每一类指标都过分强调本身所反映的方面，导致整个指标体系不严密。

(2)财务指标所反映的情况具有相对性

在判断某个具体财务指标是好还是坏，或根据一系列指标形成对企业的综合判断时，必须注意财务指标本身所反映情况的相对性。因此，在利用财务指标进行分析时，必须掌握好对财务指标的“信任度”。

(3)财务指标的评价标准不统一

比如，对流动比率，人们一般认为指标值为 2 比较合理，速动比率则认为 1 比较合适，但许多成功企业的流动比率都低于 2，不同行业的速动比率也有很大差别，如采用大量现金销售的企业，几乎没有应收账款，速动比率大大低于 1 是很正常的。相反，一些应收账款较多的企业，速动比率可能要大于 1。因此，在不同企业之间用财务指标进行评价时没有一个统一标准，不便于不同行业间的对比。

(4)财务指标的计算口径不一致

比如，对反映企业营运能力指标，分母的计算可用年末数，也可用平均数，而平均数的计算又有不同的方法，这些都会导致计算结果不一样，不利于评价比较。

第二节 财务分析指标体系

一、偿债能力分析指标

1. 偿债能力分析的目的

偿债能力是指企业偿还本身所欠债务的能力。企业债务或负债是指企业所承担的能以货币计量，将以资产或劳务偿付的债务。负债是企业资金来源的重要组成部分。负债的基本特点是：第一，它将在未来时期付出企业的经济资源或未来的经济利益；第二，它必须是过去的交易和事项所发生的，其债务责任能够以货币确切地计量或者合理地估计。企业的负债按负债项目到期日的远近可分为流动负债和非流动负债两部分。

(1)流动负债

流动负债是指企业可以在一年内或者超过一年的一个营业周期内偿还的债务，包括短期借款、应付票据、应付账款、预收账款、应付工资、应付福利费等项目。流动负债的基本特点是金额相对较小,偿还期限较短,要求企业应有与之适应的变现能力强的资产作保证。

(2)非流动负债

非流动负债是指偿还期限在一年或者超过一年的一个营业周期以上的债务,包括长期借款、应付债券、长期应付款和其他非流动负债等项目。它是企业向债权人筹集的可供长期使用的资金来源。非流动负债的特点是,一般金额较大,偿还期限较长,企业的非流动资产也可作为非流动负债的偿还保证。

企业偿债能力问题是反映企业财务状况的重要内容,是财务分析的重要组成部分。对企业偿债能力进行分析,对于企业投资者、经营者和债权者都有着十分重要的意义与作用。

2. 偿债能力分析的内容

企业偿债分析的内容受企业负债的内容和偿债所需资产内容的制约。不同的负债其偿还所需要的资产不同,或者说不同的资产可用于偿还的债务也有所区别。一般地说,由于负债可分为流动负债和非流动负债,资产可分为流动资产和非流动资产,因此,偿债能力分析通常被分为短期偿债能力分析和长期偿债能力分析。

(1)短期偿债能力分析

短期偿债能力是指企业偿还流动负债的能力,或者是指企业在短期债务到期时可以变现为现金用于偿还流动负债的能力。短期偿债能力分析,首先要明确影响短期偿债能力的因素,在此基础上,通过对一系列反映短期偿债能力的指标进行计算与分析,说明企业短期偿债能力状况及其原因。

(2)长期偿债能力分析

长期偿债能力是指企业偿还本身所欠非流动负债的能力,或者是在企业长期债务到期时,企业盈利或资产可用于偿还非流动负债的能力。对企业长期偿债能力进行分析,要结合非流动负债的特点,在明确影响长期偿债能力因素的基础上,从企业盈利能力和资产规模两方面对企业偿还非流动负债的能力进行分析和评价。长期偿债能力分析可通过对反映企业长期偿债能力指标进行计算与分析,说明企业长期偿债能力的基本状况及其变动原因,为企业进行正确的负债经营指明方向。

3. 短期偿债能力分析

分析企业短期偿债能力,通常可运用一系列反映短期偿债能力的指标来进行。从企业短期偿债能力的含义及影响因素可知,短期偿债能力主要可通过企业流动资产与流动负债的对比得出,因此,对企业短期偿债能力的指标分析,主要可采用流动负债与流动资产对比的指标,包括营运资金、流动比率、速动比率、货币资金率、企业支付能力系数等。

(1)营运资金的计算与分析

营运资金是指企业流动资产减去流动负债后的差额。其计算公式是:

$$营运资金 = 流动资产 - 流动负债$$

从上式可看出,营运资金实际上反映的是流动资产可用于归还和抵补流动负债后的余额,营运资金越多,说明企业可用于偿还流动负债的资金越充足,企业的短期偿债能力越强,债权人收回债权的安全性越高。因此,可将营运资金作为衡量企业短期偿债能力的绝对数指标。

(2)流动比率的计算与分析

流动比率是指流动资产与流动负债之间的比率。其计算公式是:

$$流动比率=\frac{流动资产}{流动负债}\times100\%$$

流动比率是衡量企业短期偿债能力的重要指标，表明企业每元流动负债有多少流动资产作为支付保障，反映了企业流动资产在短期债务到期时可变现用于偿还流动负债的能力。一般地说，或从债权人立场上说，流动比率越高越好，因为流动比率越高，债权越有保障，借出的资金越安全。但从经营者和所有者角度看，并不一定要求流动比率越高越好，在偿债能力允许的范围内，根据经营需要，进行负债经营也是现代企业经营的策略之一。因此，从一般经验看，流动比率为200%时，认为是比较合适的，此时企业的短期偿债能力较强，对企业的经营也是有利的。

(3)速动比率的计算与分析

速动比率是指企业的速动资产与流动负债之间的比率，其计算公式是：

$$速动比率=\frac{速度资产}{流动负债}\times100\%$$

速动比率可用于衡量企业流动资产中可以立即用于偿还流动负债的能力，它是对企业流动比率的重要补充说明。因为当企业流动资产中的速动资产比重较低时，即使流动比率较高，但由于流动资产的流动性较低，偿债能力同样不会高；反之，当流动资产中的速动资产比重较高时，即使流动比率不高，但由于速动资产流动性较强，企业的偿债能力也可能较好。计算速动比率的关键在于计算速动资产。速动资产的计算通常有两种方法。一种方法是将流动资产中扣除存货后的资产统称为速动资产，即

$$速动资产=流动资产-存货$$

另一种方法是将变现能力较强的货币资金、短期投资、应收票据、应收款项等加总称为速动资产，即

速动资产=货币资金+交易性金融资产+应收票据+应收账款+其他应收预付款

在企业不存在其他流动资产项目时，这两种方法的计算结果应一致。否则，用第二种方法计算要比前一种准确，但比前者复杂。由于速动资产的变现能力较强，因此，一般经验认为，速动比率为100%就说明企业有偿债能力，低于100%则说明企业偿债能力不强，该指标越低，企业偿债能力越差。

(4)现金比率的计算与分析

现金比率是指企业的现金类资产与流动负债之间的比率。其通常有两种计算方法。一种是按货币资金与流动负债之比计算的现金比率，亦称货币资金率，即

$$货币资金率=\frac{货币资金}{流动负债}\times100\%$$

另一种是按现金及等价物与流动负债之比计算的现金比率，即

$$现金比率=\frac{现金及等价物}{流动负债}\times100\%$$

在企业的流动资产或速动资产中，现金及其等价物的流动性最好，可直接用于偿还企业的短期债务。从稳健角度看，现金比率用于衡量企业偿债能力最为保险。

(5)企业支付能力系数的计算与分析

企业支付能力系数是反映企业短期偿债能力的重要指标。根据企业支付能力反映的具体时间的差异，支付能力系数可分为期末支付能力系数和近期支付能力系数两种。期末支付能力系数是指期末货币资金额与急需支付款项之比，其计算公式是：

$$期末交付能力系数=\frac{货币资金}{急需支付款项}$$

其中，急需支付款项包括逾期未缴预算款项、逾期银行借款、逾期应付款项等。该指标大于或等于1说明企业有支付能力，反之说明企业支付能力不好。该指标越低，说明企业支付能力越差。近期支付能力系数是指企业在近期可用于支付的资金与近期需要支付的资金之间的比率，其计算公式是：

$$近期支付能力系数=\frac{近期可用于支付的资金}{近期需要支付的资金}$$

这个指标在计算时必须注意四个问题：第一，这里所说的近期，可根据企业的实际支付情况而定，可以是三天、五天，也可十天或半月，当然也可计算企业当天的支付能力。第二，该指标分子和分母的口径应一致，即分子和分母所说的近期相同，都是三天或都是五天等。第三，近期可用于支付的资金，是指到最后支付时点，企业可用于支付的资金数额，包括现金、银行存款、近期可收回的应收款、近期现销收入、其他可收回的资金等。第四，近期需要支付的资金，是指到最后支付时点，企业需要支付的资金数额，包括已经到期需要归还的各种负债、近期将要到期的负债，以及近期其他应付款或预交款等。企业近期支付能力系数对于评价企业短期或近期的偿债能力状况或财务状况有着重要的作用。该指标的评价与期末支付能力系数相同，当近期支付能力系数大于或等于1时，说明企业近期支付能力较好，反之，则说明企业近期支付能力不好，该指标越低，近期支付能力越差。

4. 长期偿债能力分析

（1）盈利能力对长期偿债能力的影响分析

企业盈利状况对企业长期偿债能力的影响，主要体现在企业利润越多，企业可用于偿还负债本息的资金就越多。因此，通过对反映企业盈利能力与负债本息之间关系的指标的计算与分析，可以明确说明企业的长期偿债能力状况。其实，正常地说，盈利能力对短期偿债能力和长期偿债能力都有影响，但由于利润是按权责发生制计算的，当期实现利润并不一定当期就取得货币收入，因此，并不能将利润或盈利能力和短期偿债能力划等号。而从长期看，利润与经营现金净流量是成正比的，利润越多，企业偿债能力就越强。从盈利能力角度对企业长期偿债能力进行分析评价的指标主要有债务本息偿付比率、利息保证倍数和固定费用补偿倍数等。

①利息保证倍数的计算与分析

利息保证倍数指息税前正常营业利润与负债利息之比。其计算公式是：

$$利息保证倍数=\frac{息税前正常营业利润}{利息支出总额}$$

式中的息税前正常营业利润是指扣除利息和所得税前的正常利润，它不包括非正常的项目、中断营业和特别项目等。按照我国的利润表项目看，息税前正常营业利润是指营业利润加利息，再加上投资收益。利息支出总额包括财务费用中的利息支出和资本化利息。利息保证倍数指标反映了企业盈利与利息费用之间的特定关系，一般地说，该指标越高，说明企业的长期偿债能力越强；该指标越低，说明企业的长期偿债能力越差。

运用利息保证倍数分析评价企业长期偿债能力，从静态看，一般认为该指标至少要大于1，否则说明企业偿债能力很差，无力举债经营；从动态看，利息保证倍数提高，说明偿债能力增强，否则，说明企业偿债能力下降。

②债务本息偿付保证倍数的计算与分析

债务本息偿付保证倍数是在利息保证倍数计算与分析的基础上，进一步考虑债务本金和可用于偿还本金的固定资产折旧而计算的反映偿债能力的指标。其计算公式是：

$$债务本息偿付保证倍数 = \frac{息税前正常营业利润 + 折旧 + 租赁费用}{利息总额 + 偿还本金额 \div (1 - 所得税税率)}$$

在计算债务本息偿付保证倍数时，之所以要考虑折旧和所得税税率，是因为折旧作为当期现金流入量可用于偿还非流动负债；偿还本金额按所得税税率进行调整是由于归还长期借款的利润是指企业的税后利润。另外，在计算该指标时，应注意分子和分母的口径相一致，如果计算某一年度的债务本息偿付保证倍数，则各项目都是按年度口径计算，如偿还本金额应是当年到期的非流动负债额；如果计算的是一个时期的债务本息偿付保证倍数，则各项目都应是这一时期的数据。在这种情况下，债务本息偿付保证倍数大于 1 就说明企业具有偿债能力，该指标越高，说明企业的偿债能力越强；否则，如果该指标小于 1，则说明企业无力偿还到期债务，指标越低，企业偿债能力越差。

③固定费用保证倍数的计算与分析

固定费用保证倍数是在前两个指标计算与分析的基础上. 进一步考虑了租赁费用等固定费用支出所形成的反映长期偿债能力的指标。其计算公式是：

$$固定费用保证倍数 = \frac{税前正常营业利润 + 折旧 + 租赁费用}{利息总额 + 租赁费用 + 本金额 \div (1 - 所得税税率)}$$

运用该指标反映企业的长期偿债能力，其内涵比前两个指标更广泛、更综合，将所有长期债务都考虑了进去。与前两个指标的评价标准相同，固定费用保证倍数至少要等于 1，否则，说明企业无力偿还企业到期的长期债务。该指标越高，说明企业偿债能力越强。

对上述三个从盈利角度反映企业偿债能力指标的分析，还可以结合行业特点，依据行业标准进行，当企业偿债能力达到行业标准时，说明企业在同行业中处于比较先进的地位。另外，还可对这几个指标进行趋势分析，以反映企业偿债能力的变动情况和规律。

④资产规模对长期偿债能力的影响分析

企业资产是偿还企业债务的基本保证，因此，分析研究企业的偿债能力，最终还体现在资产规模与负债规模的比较上。一般地说，资产规模大于负债规模，则企业的偿债能力较好，否则，则说明企业偿债能力存在严重问题。从资产规模与负债关系角度进行长期偿债能力分析，主要可通过对长期负债率、资产负债率、净资产负债率等指标的计算与分析进行说明。

a. 资产负债率的计算与分析

资产负债率是综合反映企业偿债能力，尤其是反映企业长期偿债能力的重要指标。它是指企业的负债总额与资产总额之间的比率。其计算公式是：

$$资产负债率 = \frac{负债总额}{资产总额} \times 100\%$$

资产负债率指标既可用于衡量企业利用债权人资金进行经营活动的能力，也可反映债权人发放贷款的安全程度。该指标对于债权人来说，越低越好，因为在企业清算时，资产变现所得可能低于其账面价值，而所有者一般只负有限责任，比率过高，债权人可能蒙受损失。但就企业所有者和经营者而言，通常希望该指标高些，这样一方面有利于筹集资金扩大企业规模，另一方面有利于利用财务杠杆增加所有者获利能力。但资产负债率过高，反过来又会影响企业的筹资能力。因此，一般地说，该指标为 50% 比较合适，有利于风险与收益的平衡;如果该指标大于100%,表明企业已资不抵债,视为达到破产警戒线。

b. 净资产负债率的计算与分析

净资产负债率是指企业的负债总额与所有者权益总额之间的比率,其计算公式是:

$$净资产负债率 = \frac{负债总额}{所有者权益总额} \times 100\%$$

该指标也是衡量企业长期偿债能力的一个重要指标,它反映了企业清算时,企业所有者权益对债权人利益的保证程度。从偿债能力或债权人的角度看,该指标越低越好。因为净资产负债率越低,所有者权益对负债偿还的保证程度就越大,债权人就越安全。但从企业所有者和经营者角度看,为了扩大生产经营规模和取得财务杠杆利益,适当的负债经营是有益的。一般认为该指标为100%比较合适。

从安全或稳健角度出发,有时也可将企业的负债总额与有形净资产进行对比,形成有形净资产负债率,其计算公式是:

$$有形净资产负债率 = \frac{负债总额}{所有者权益 - 无形资产} \times 100\%$$

用此指标评价企业的偿债能力,是考虑有些无形资产在企业清算时的价值将受到严重影响,如清算时商誉的价值可能为零。扣除无形资产使偿债能力更实在。

c. 长期负债率的计算与分析

长期负债率是反映企业长期偿债能力的指标之一。它通常使用企业的非流动负债与企业的非流动资产之比进行计算。其计算公式是:

$$长期负债率 = \frac{非流动负债}{非流动资产} \times 100\%$$

该指标反映了企业在清算时,可用于偿还非流动负债的资产保证。该指标越低,说明长期偿债能力越强,债权人的安全性越高。从稳健原则出发,计算该指标时,应从分母的非流动资产中扣除无形资产,即:

$$长期负债率 = \frac{非流动负债}{非流动资产 - 无形资产} \times 100\%$$

二、营运能力分析指标

1. 营运能力分析的目的

营运能力主要指企业营运资产的效率与效益。企业营运资产的效率主要指资产的周转率或周转速度。企业营运资产的效益通常是指企业的产出额与资产占用额之间的比率。企业营运能力分析就是要通过对反映企业资产营运效率与效益的指标进行计算与分析,评价企业的营运能力,为企业提高经济效益指明方向。

第一,营运能力分析可评价企业资产营运的效率。

第二,营运能力分析可发现企业在资产营运中存在的问题。

第三,营运能力分析是盈利能力分析和偿债能力分析的基础与补充。

反映企业资产营运能力的指标有许多,要正确分析评价企业资产营运能力,首先必须正确设计评价资产营运能力的指标体系。设计选择评价资产营运能力的指标,必须遵循以下原则:

(1)资产营运能力指标应体现提高资产营运能力的实质要求。企业资产营运能力的实质,就是要以尽可能少的资产占用、尽可能短的时间周转,生产尽可能多的产品,实现尽可能多的营业收入,创造尽可能多的纯收入。

(2)资产营运能力指标应体现多种资产的特点。企业的资产包括固定资产和流动资产,它们各有其特点。对于固定资产应考虑它的使用价值与价值相脱离的特点,指标计算上,从两方面加以考虑;对于流动资产,主要应体现其流动性的特点。

(3)资产营运能力指标应有利于考核分析。应尽量采用现行制度规定的考核指标,或根据现有核算资料可以计算并便于分析的指标,否则,指标再好也没有实际意义。

2. 营运能力分析的内容

根据营运能力分析的含义与目的,企业营运能力分析的内容主要包括以下几方面。

(1)全部资产营运能力分析

全部资产营运能力分析的内容包括:全部资产产值率分析;全部资产收入率分析、全部资产周转率分析。

(2)流动资产营运能力分析

流动资产营运能力分析的内容包括:全部流动资产周转率分析;全部流动资产垫支周转率分析;流动资产周转加快效果分析;存货周转率分析;应收账款周转率分析。

(3)固定资产营运能力分析

固定资产营运能力分析的内容包括:固定资产产值率分析、固定资产收入率分析。

3. 全部资产营运能力分析

全部资产营运能力分析就是要对企业全部资产的营运效率进行综合分析。全部资产营运能力分析包括对反映全部资产营运能力的指标进行计算与分析,对反映资产营运能力的各项指标进行综合对比分析。

(1)全部资产营运能力的指标计算与分析

企业全部资产营运能力,主要是指投入或使用全部资产取得产出的能力。由于企业的总产出,一方面从生产能力角度考虑,可用总产值表示,另一方面从满足社会需要角度考虑,可用总收入表示。因此,反映全部资产营运能力的指标主要指全部资产产值率、全部资产收入率和全部资产周转率。

①全部资产产值率的计算与分析

全部资产产值率是指企业占用每百元资产所创造的总产值。其计算公式是:

$$全部资产产值率=\frac{总产值}{平均总资产}\times 100\%$$

该指标反映了总产值与总资产之间的关系。在一般情况下,该指标值越高,说明企业资产的投入产出率越高,企业全部资产运营状况越好。反映总产值与总资产关系的还可用另一指标表示,即百元产值资金占用。其计算公式是:

$$百元产值资金占用=\frac{平均总资产}{总产值}\times 100\%$$

该指标越低,反映全部资产营运能力越好。对该指标的分析,可在上式基础上,从资产占用形态角度进行分解,即:

$$百元产值资金占用=\frac{平均总资产}{总产值}\times 100\%=\left(\frac{流动资产}{总产值}+\frac{固定资产}{总产值}+\frac{其他资产}{总产值}\right)\times 100\%$$

依据上式,可分析全部资产产值率或百元产值占用资金变动受各项资产营运效果的影响。

②全部资产收入率的计算与分析

全部资产收入率是指占用每百元资产所取得的收入额。其计算公式是:

$$全部资产收入率 = \frac{总收入}{平均总资产} \times 100\%$$

该指标反映了企业收入与资产占用之间的关系。通常，全部资产收入率越高，反映企业全部资产营运能力越强，营运效率越高。该指标比全部资产产值率更能准确反映企业全部资产的营运能力，因为企业总产值往往既包括完工产品产值，又包括在产品产值；既包括已销售的商品产值，又包括库存产品产值。在市场经济条件下，企业产品只有销售出去，收入实现才是真正意义的产出。

对全部资产收入率的分析，正是要考虑收入与产值的关系。其因素分解式是：

$$全部资产收入率 = \frac{总收入}{平均总资产} \times 100\% = \frac{总产值}{平均总资产} \times \frac{总收入}{总产值} \times 100\%$$

$$= 全部资产产值率 \times 产品销售率$$

可见，企业要取得较高的资产收入率，一方面要提高全部资产产值率，另一方面要提高产品销售率。

③全部资产周转率分析

全部资产收入率从周转速度角度看，亦称全部资产周转率，其计算与全部资产收入率相同，即：

$$全部资产周转率 = \frac{总周转率(总收入)}{平均总资产}$$

在全部资产中，周转速度最快的应属流动资产，因此，全部资产周转速度受流动资产周转速度影响较大。从全部资产周转速度与流动资产周转速度的关系，可确定影响全部资产周转率的因素如下：

$$全部资产周转次数 = \frac{营业收入}{平均流动资产} \times \frac{平均流动资产}{平均总资产}$$

$$= 流动资产周转次数 \times 流动资产占总资产的比重$$

可见，全部资产周转率的快慢取决于两大因素：一是流动资产周转率，因为流动资产的周转速度往往高于其他类资产的周转速度，加速流动资产周转，就会使总资产周转速度加快，反之则会使总资产周转速度减慢；二是流动资产占总资产的比重，因为流动资产周转速度快于其他类资产周转速度，所以，企业流动资产所占比例越大，总资产周转速度越快，反之则越慢。

（2）全部资产营运能力综合对比分析

全部资产营运能力综合对比分析，就是要将反映全部资产营运能力的指标与反映企业流动资产和固定资产营运能力的指标结合起来进行分析。依据各类指标之间的相互关系进行分析，综合对比分析主要包括以下几方面的内容。

①综合对比分析反映资产占用与总产值之间的关系

反映二者关系的有三个指标，既固定资产产值率、流动资产产值率、全部资产产值率，它们可说明资产在生产过程的利用效果。从静态上对比这三个指标，可分别反映固定资产、流动资产及全部资产利用效果的大小；从动态上对比这三个指标，可反映总产值增长与固定资产增长、流动资产增长、全部资产增长的关系以及资产结合的变化情况。

②综合对比分析反映资产占用与收入之间的关系

反映二者之间关系的有三个指标，即固定资产收入率、流动资产周转率、全部资产收入率或周转率，它们可正确评价各项资产营运效益的大小和资产周转速度的快慢。从静态上的对比，可反映各项资产收入率的水平及其差距；从动态上对比，可反映固定资产、流动资产及全部资产与营业收入增长的关系。

③将全部资产营运能力与全部资产盈利能力结合起来分析

从这个角度分析可说明企业资产经营盈利能力的高低，既取决于产品经营盈利能力，又受资产营运能力的影响。用一般关系式表示：

$$资产经营盈利能力 = 资产营运能力 \times 产品经营盈利能力$$

其具体计算公式为

$$总资产报酬率 = \frac{总收入}{平均总资产} \times \frac{息税前利润}{总收入} \times 100\%$$

$$= 总资产周转率 \times 全部收入息税前利润率$$

运用上式可全面分析企业资产的营运情况及效果。

4. 流动资产营运能力分析

(1)全部流动资产周转率的计算与分析

流动资产周转率既是反映流动资产周转速度的指标，也是综合反映流动资产利用效果的基本指标，它是一定时期流动资产平均占用额和流动资产周转额的比率，是用流动资产的占用量和其所完成的工作量的关系，来表明流动资产的使用经济效益的。

①流动资产周转率计算

流动资产周转率的计算，一般可以采取以下两种计算方式：

$$流动资产周转次数(次/一定时期) = \frac{流动资产周转额}{流动资产平均额}$$

$$流动资产周转天数或周转期(天/次) = \frac{计算期天数}{流动资产周转次数}$$

$$= \frac{流动资产平均余额 \times 计算期天数}{流动资产周转额}$$

流动资产的周转次数或天数，均表示流动资产的周转速度。流动资产在一定时期的周转次数越多，亦即每周转一次所需要的天数越少，周转速度就越快，流动资产使用经济效益就越好；反之，周转速度越慢，流动资产营运能力就越差。

从上述公式可知，流动资产周转期的计算，必须利用“计算期天数”、“流动资产平均余额”两个数据。对于计算期天数，为了计算方便，全年按360天计算，全季按90天计算，全月按30天计算。对于流动资产平均余额的确定：一要注意范围，不同的周转率，流动资产的范围就不同；二要注意用平均占用额而不能用期末或期初占用额。周转额一般指企业在报告期中有多少流动资产完成了，即完成了由货币到商品，再到货币这一循环过程的流动资产数额。它应用销售额来表示，销售额既可用营业收入，也可用营业成本表示。因此，企业全部流动资产周转率的计算公式是：

$$全部流动资产周转次数 = \frac{营业收入}{全部流动资产平均余额}$$

$$全部流动资产周转天数 = \frac{全部流动资产平均余额 \times 计算期天数}{营业收入}$$

$$全部流动资产垫支周转次数 = \frac{营业成本}{全部流动资产平均余额}$$

$$全部流动资产垫支周转天数 = \frac{全部流动资产平均占用额 \times 计算期天数}{营业成本}$$

②流动资产周转率分析

进行流动资产周转率因素分析，首先应找出影响流动资产周转率的因素。根据流动资产周转率的计算公式，可分解出影响全部流动资产总周转率的因素如下：

$$流动资产周转次数 = \frac{营业收入}{全部流动资产平均余额} = \frac{营业成本}{全部流动资产平均余额} \times \frac{营业收入}{营业成本}$$
$$= 流动资产垫支周转次数 \times 成本收入率$$

可见，影响流动资产周转次数的因素，一是垫支周转次数，二是成本收入率。流动资产垫支周转次数准确地反映了流动资产在一定时期可周转的次数；成本收入率说明了企业的所费与所得之间的关系。当成本收入率大于 1 时，说明企业有经济效益，此时流动资产垫支周转次数越快，流动资产营运能力越好；反之，如果成本收入率小于 1，说明企业所得弥补不了所费，这时流动资产垫支次数加快，反而不利于企业经济效益的提高。确定这两个因素变动对流动资产周转次数的影响，可用连环替代法或差额计算法，公式是：

$$流动资产垫支周转次数的影响 = (报告期流动资产垫支周转次数 - 基期流动资产垫支周转次数) \times 基期成本收入率$$

$$成本收入率变动的影响 = 报告期流动资产垫支周转次数 \times (报告期成本收入率 - 基期成本收入率)$$

在流动资产周转次数分析基础上，进一步对流动资产垫支周转次数进行分析。影响流动资产垫支周转次数的因素可从以下分解式中得出：

$$流动资产垫支周转次数 = \frac{营业成本}{流动资产平均余额} = \frac{营业成本}{平均存货} \times \frac{平均存货}{流动资产平均余额}$$
$$= 存货周转次数 \times 存货构成率$$

运用差额计算法可确定存货周转次数和存货构成率变动对流动资产垫支周转次数的影响程度。

(2)各项流动资产周转情况分析

①企业存货周转情况分析

存货周转率是指企业在一定时期内存货占用资金可周转的次数，或存货每周转一次所需要的天数。因此，存货周转率指标有存货周转次数和存货周转天数两种形式：

$$存货周转次数 = \frac{营业成本}{平均存货}$$

其中，平均存货 = (期初存货 + 期末存货) ÷ 2

$$存货周转天数 = \frac{计算期天数}{存货周转次数} = \frac{计算期天数 \times 平均存货}{营业成本}$$

应当注意，存货周转次数和周转天数的实质是相同的。但是其评价标准却不同，存货周转次数是个正指标，因此，周转次数越多越好。

影响存货周转率的因素很多，但它主要还受材料周转率、在产品周转率和产成品周转率的影响。这三个周转率的计算公式是：

$$材料周转率(次数) = \frac{当期材料消耗额}{平均库存材料占用额}$$

$$在产品周转率(次数) = \frac{当期完工产品成本}{平均在产品成本}$$

$$产成品周转率(次数) = \frac{营业成本}{平均在产品成本}$$

这三个周转率的评价标准与存货评价标准相同，都是周转次数越多越好，周转天数越少越好。通过不同时期存货周转率的比较，可评价存货管理水平，查找出影响存货利用效果变动的原因，不断提高存货管理水平。

在企业生产均衡和产销平衡情况下，存货周转率与三个阶段周转率之间的关系可用下式表示：

$$存货周转天数=材料周转天数\times\frac{材料消耗额}{总产值生产费}+在产品周转天数+产成品周转天数$$

运用因素分析法可确定出各因素变动对存货周转率的影响。

②企业应收账款周转情况分析

应收账款周转情况分析，主要应通过对应收账款周转率的计算与分析进行说明。应收账款周转率的计算公式是：

$$应收账款周转率=\frac{赊销收入净额}{平均应收账款余额}$$

式中，赊销收入净额＝营业收入－现销收入－销售退回、折让、折扣

平均应收账款余额＝（期初应收账款＋期末应收账款）÷2

应收账款周转率可以用来估计应收账款变现的速度和管理的效率。回收迅速既可以节约资金，也说明企业信用状况好，不易发生坏账损失。一般认为周转率愈高愈好。

反映应收账款周转速度的另一个指标是应收账款周转天数，或应收账款账龄。其计算公式为

$$应收账款周转天数=\frac{计算期天数}{应收账款周转次数}$$

$$=\frac{平均应收账款余额}{赊销收入净额}\times计算期天数$$

按应收账款周转天数进行分析，则周转天数愈短愈好。

(3)流动资产周转加快效果分析

流动资产周转加快，一方面可使一定的产出所需的流动资产减少，另一方面可使一定的资产所取得的收入增加。

①加速流动资产周转所节约的资金

加速流动资产周转所节约的资金就是指企业在营业收入一定情况下，由于加速流动资产周转所节约的资金。其计算公式为：

$$流动资产节约额=报告期销售收入\times\frac{1}{报告期流动资产周转次数}\times\frac{1}{基期流动资产周转次数}$$

上式计算结果为负数时，表示流动资产节约额；当其计算结果为正数时，说明企业流动资产因周转缓慢而浪费的数额。

流动资产由于加速周转而形成的节约额，可以区分为绝对节约和相对节约两种形式。流动资产绝对节约是指企业由于加速流动资产，因而可以从周转中拿出一部分资金支付给企业所有者或还给债权人。流动资产相对节约是指企业由于加速流动资产周转，可以在不增资或少增资的条件下扩大本企业的生产规模，因而有可能不需要或减少由债权人或所有者对企业的新投资。可见，流动资产绝对节约和相对节约的区别只在于运用的情况不同，后者是以节约的资金提供本企业扩大再生产之用，而前者则是以所节约的资金退出企业经营。区别与计算流动资产绝对节约额和相对节约额可分三种情况进行：

a. 全部节约额都是绝对节约额。如果企业流动资产周转速度加快，而营业收入不变，这时所形成的节约额就是绝对节约额。

b. 全部节约额都是相对节约额。如果企业流动资产周转加速，而实际占用流动资产大于或等于基期占用流动资产，这时所形成的流动资产节约额就是相对节约额。

c. 同时具有绝对节约额和相对节约额。如果企业流动资产周转加速，同时营业收入增加，流动资产占用减少。这种情况下形成的流动资产节约额就同时具有绝对节约额和相对节约额。它们的计算公式是：

$$\text{绝对节约额} = \text{报告期流动资产占用额} - \text{基期流动资产占用额}$$

$$\text{相对节约额} = \text{流动资产总节约额} - \text{绝对节约额}$$

当然，把流动资产节约分析中的各种条件反过来，得到的就是流动资产的浪费额，它同样存在着绝对浪费额和相对浪费额。

②加速流动资产周转所增加的收入

加速流动资产周转所增加的收入是指在企业流动资产占用额一定情况下，由于加速流动资产周转速度所增加的营业收入。其计算公式是：

营业收入增加额 = 基期流动资产平均余额 ×（报告期流动资产周转次数 - 基期流动资产周转次数）

上式计算结果为正数时，说明加速流动资产周转增加的营业收入；计算结果为负数时，说明流动资产周转速度缓慢所减少的营业收入。

5. 固定资产营运能力分析

（1）固定资产产值率分析

固定资产产值率，是指一定时期内总产值与固定资产平均总值之间的比率，或每百元固定资产提供的总产值。其计算公式是：

$$\text{固定资产产值率} = \frac{\text{总产值}}{\text{固定资产平均总值}} \times 100\%$$

公式中的分母项目是采用固定资产原值还是采用固定资产净值，目前有两种观点。一种观点主张采用固定资产原值计算，理由是：固定资产生产能力并非随着其价值的逐步转移而相应降低，例如，一种设备在其全新时期和半新时期往往具有同样的生产能力；再则，采用原值便于企业不同时间或不同企业进行比较，如果采用净值计算，则失去了可比性。另一种观点主张采用固定资产净值计算，理由是：固定资产原值并非一直全部都被企业占用着，其价值中的磨损部分已逐步通过折旧收回，只有采用净值计算，才能真正反映一定时期内企业实际占用的固定资金。实际上，单纯地采用哪一种计价方法都会难免偏颇。为了既从生产能力又从资金占用两个方面来考核企业的固定资产利用水平，必须同时采用原值和净值两种计价标准，才能从不同角度全面地反映企业固定资产利用的经济效益。

分析固定资产产值率，首先应找出影响它的因素。根据固定资产产值率的计算公式，可分解出影响固定资产产值率的因素为

$$\begin{aligned}\text{固定资产产值率} &= \frac{\text{工业总产值}}{\text{全部固定资产平均总值}} \times 100\% \\ &= \frac{\text{工业总产值}}{\text{生产设备平均总值}} \times \frac{\text{生产设备平均总值}}{\text{生产用固定资产平均总值}} \times \\ &\quad \frac{\text{生产用固定资产平均总值}}{\text{全部固定资产平均总值}} \times 100\% \\ &= \text{生产设备资金产值率} \times \text{生产设备构成率} \times \text{生产用固定资产构成率}\end{aligned}$$

上式中，生产设备的资金产值率反映生产设备能力和时间的利用效果，它的数值的大小直接影响着工业生产用固定资产的利用效果，进而影响企业全部固定资产的资产产值率；生产设备占全部固定资产的比重和工业生产用固定资产占全部固定资产的比重，标志着固定资产的结构状况和配置的合理程度，其比重越大，则全部固定资产产值率也就越高。所以，企业固定资产产值率的分析，应从固定资产的配置和使用两方面进行，在合理配置固定资产的同时，大力从时间上改善固定资产特别是其中生产设备的利用情况，不断提高其单位时间的产量，才能提高固定资产产值率。

固定资产产值率的分析是以实际数与计划数、上期实际数或历史最高水平进行比较，从中找出影响该指标的不利因素，由此对企业固定资产利用效果做出评价。

(2)固定资产收入率分析

固定资产收入率，亦称固定资产周转率或每百元固定资产提供的收入，是一定时期所实现的收入同固定资产平均占用总值之间的比率，其计算公式如下：

$$\text{固定资产收入率}=\frac{\text{产品营业收入总额}}{\text{固定资产平均占用总值}}\times 100\%$$

固定资产收入率指标的数值越高，就表示一定时期内固定资产提供的收入越多，说明固定资产利用效果越好。这是因为收入指标比总产值和营业收入更能准确地反映经济效益，因此固定资产收入率能更好地反映固定资产的利用效果。

固定资产收入率的分析可根据下列因素分解式进行：

$$\begin{aligned}\text{固定资产收入率}&=\frac{\text{总产值}}{\text{固定资产平均占用额}}\times\frac{\text{产品营业收入总额}}{\text{总产值}}\times 100\%\\&=\text{固定资产产值率}\times\text{产品销售率}\end{aligned}$$

三、盈利能力分析指标

1.盈利能力分析的目的

盈利能力通常是指企业在一定时期内赚取利润的能力。盈利能力的大小是一个相对的概念，即利润相对于一定的资源投入、一定的收入而言。利润率越高，盈利能力越强；利润率越低，盈利能力越差。企业经营业绩的好坏最终可通过企业的盈利能力来反映。无论是企业的经理人员、债权人、还是股东(投资人)，都非常关心企业的盈利能力，并重视对利润率及其变动趋势的分析与预测。

从企业的角度来看，企业从事经营活动，其直接目的是最大限度地赚取利润并维持企业持续稳定地经营和发展。持续稳定地经营和发展是获取利润的基础；而最大限度地获取利润又是企业持续稳定发展的目标和保证。只有在不断获取利润的基础上，企业才可能发展；同样，盈利能力较强的企业比盈利能力较弱的企业具有更大的活力和更好的发展前景。因此，盈利能力是企业经理人员最重要的业绩衡量标准和发现问题、改进企业管理的突破口。对企业经理人员来说，进行企业盈利能力分析的目的具体表现在以下两个方面。

(1)利用盈利能力的有关指标反映和衡量企业经营业绩。企业经理人员的根本任务，就是通过自己的努力使企业赚取更多的利润。各项收益数据反映着企业的盈利能力，也表现了经理人员工作业绩的大小。用已达到的盈利能力指标与标准、基期、同行业平均水平、其他企业相比较，则可以衡量经理人员工作业绩的优劣。

(2)通过盈利能力分析发现经营管理中存在的问题。盈利力是企业各环节经营活动的具体表现，企业经营的好坏，都会通过盈利能力表现出来。通过对盈利能力的深入分析，可以发现经营管理中的重大问题，进而采取措施解决问题，提高企业收益水平。

对于债权人来讲，利润是企业偿债的重要来源，特别是对长期债务而言。盈利能力的强弱直接影响企业的偿债能力。企业举债时，债权人势必审查企业的偿债能力，而偿债能力的强弱最终取决于企业的盈利能力。因此，分析企业的盈利能力对债权人也是非常重要的。对于股东（投资人）而言，企业盈利能力的强弱更是至关重要的。在市场经济下，股东往往会认为企业的盈利能力比财务状况、营运能力更重要。股东们的直接目的就是获得更多的利润，因为对于信用相同或相近的几个企业，人们总是将资金投向盈利能力强的企业。股东们关心企业赚取利润的多少并重视对利润率的分析，是因为他们的股息与企业的盈利能力是紧密相关的；此外，企业盈利能力增加还会使股票价格上升，从而使股东们获得资本收益。

2. 盈利能力分析的内容

盈利能力分析是企业财务分析的重点，财务结构分析、偿债能力分析等的根本目的是通过分析及时发现问题，改善企业财务结构，提高企业偿债能力、经营能力，最终提高企业的盈利能力，促进企业持续稳定地发展。对企业盈利能力的分析主要指对利润率的分析。因为尽管利润额的分析可以说明企业财务成果的增减变动状况及其原因，为改善企业经营管理指明方向，但是，由于利润额受企业规模或投入总量的影响较大，一方面使不同规模的企业之间不便于对比，另一方面它也不能准确地反映企业的盈利能力和盈利水平。因此，仅进行利润额分析一般不能满足各方面对财务信息的要求，还必须对利润率进行分析。

利润率指标从不同角度或从不同的分析目的看，可有多种形式。在不同的所有制企业中，反映企业盈利能力的指标形式也不同。在这里，我们对企业盈利能力的分析将从以下几方面进行：

（1）资本经营盈利能力分析。资本经营盈利能力分析主要对净资产收益率指标进行分析与评价。

（2）资产经营盈利能力分析。资产经营盈利能力分析主要对全部资产报酬率指标进行分析和评价。

（3）商品经营盈利能力分析，即利用利润表资料进行利润率分析，包括收入利润率分析和成本利润率分析两方面内容。

（4）上市公司盈利能力分析，即对每股收益指标、普通股权益报酬率指标、股利发放率指标以及价格与收益比率指标进行分析。

3. 资本经营盈利能力分析

（1）资本经营盈利能力指标

资本经营盈利能力是指企业的所有者通过投入资本经营取得利润的能力。反映资本经营盈利能力的基本指标是净资产收益率，即

净资产收益率 = 净利润 ÷ 平均净资产 × 100%

上式中，净利润是指企业当期税后利润；净资产是指企业资产减负债后的余额，包括实收资本、资本公积、盈余公积和未分配利润等，也就是资产负债表中的所有者权益部分。对于平均净资产，一般取期初与期末的平均值，但是，如果要通过该指标观察分配能力，则取年度末的净资产更为恰当。

净资产收益率是反映盈利能力的核心指标。因为企业的根本目标是所有者权益或股东价值最大化，而净资产收益率既可直接反映资本的增值能力，又影响着企业股东价值的

大小。该指标越高,反映盈利能力越好。评价标准通常可用社会平均利润率、行业平均利润率或资本成本率等。

(2)资本经营盈利能力因素分析

影响净资产收益率的因素主要有总资产报酬率、负债利息率、企业资本结构和所得税税率等。

①总资产报酬率。净资产是企业全部资产的一部分,因此,净资产收益率必然受企业总资产报酬率的影响。在负债利息率和资本构成等条件不变的情况下,总资产报酬率越高,净资产收益率就越高。

②负债利息率。负债利息率之所以影响净资产收益率,是因为在资本结构一定情况下,当负债利息率变动使总资产报酬率高于负债利息率时,将对净资产收益率产生有利影响;反之,在总资产报酬率低于负债利息率时,将对净资产收益率产生不利影响。

③资本结构或负债与所有者权益之比。当总资产报酬率高于负债利息率时,提高负债与所有者权益之比,将使净资产收益率提高;反之降低负债与所有者权益之比,将使净资产收益率降低。

④所得税税率。因为净资产收益率的分子是净利润即税后利润,因此,所得税税率的变动必然引起净资产收益率的变动。通常,所得税税率提高,净资产收益率下降,反之,净资产收益率上升。

下式可反映出净资产收益率与各影响因素之间的关系:

$$\text{净资产收益率}=\{\text{总资产报酬率}+(\text{总资产报酬率}-\text{负债利息率})\times(\text{负债}\div\text{净资产})\}\times(1-\text{所得税税率})$$

明确了净资产收益率与其影响因素之间的关系后,可运用连环替代法或差额计算法,可分析各因素变动对净资产收益率的影响。

4.资产经营盈利能力分析

(1)资产经营盈利能力指标

资产经营盈利能力是指企业运营资产产生利润的能力。反映资产经营盈利能力的指标是总资产报酬率,即息税前利润与平均总资产之间的比率。运用资产负债表和利润表的资料,可计算总资产报酬率,计算公式为:

$$\text{总资产报酬率}=(\text{利润总额}+\text{利息支出})\div\text{平均总资产}\times 100\%$$

$$\text{平均总资产}=(\text{期初资产总额}+\text{期末资产总额})\div 2$$

为什么计算总资产报酬率指标包括利息支出?因为,既然采用全部资产,没有从利润中扣除自己资本的等价报酬——红利,那么,同样也不能扣除借入资本的等价报酬——利息。何况从企业对社会的贡献来看,利息与利润具有同样的经济意义。

总资产报酬率高,说明企业资产的运用效率好,也意味着企业的资产盈利能力强,所以这个比率越高越好。评价总资产报酬率时,需要与企业前期的比率、同行业其他企业的这一比率等进行比较,并进一步找出影响该指标的不利因素,以利于企业加强经营管理。

(2)资产经营盈利能力因素分析

根据总资产报酬率指标的经济内容,可将其作如下分解:

$$\begin{aligned}\text{总资产报酬率}&=(\text{营业收入}\div\text{平均总资产})\times(\text{利润总额}+\text{利息支出})\div\text{营业收入}\times 100\%\\&=\text{总资产周转率}\times\text{销售息税前利润率}\end{aligned}$$

可见,影响总资产报酬率的因素有两个:一是总资产周转率,该指标作为反映企业资本运营能力的指标,可用于说明企业资产的运用效率,是企业资产经营效果的直接体现;二是销售息税前利润率,该指标反映了企业商品生产经营的盈利能力,产品盈利能力越强,销售息税前利润率越高。可见,资产经营盈利能力受商品经营盈利能力和资产运营效率两方面影响。

在上述总资产报酬率因素分解式的基础上,可运用连环替代法或差额计算法来分析总资产周转率和销售息税前利润率变动对总资产报酬率的影响。

5. 商品经营盈利能力分析

(1)商品经营盈利能力指标

商品经营是相对资产经营和资本经营而言的。商品经营盈利能力不考虑企业的筹资或投资问题,只研究利润与收入或成本之间的比率关系。因此,反映商品经营盈利能力的指标可分为两类:一类是各种利润额与收入之间的比率,统称收入利润率;另一类是各种利润额与成本之间的比率,统称成本利润率。

①收入利润率分析

反映收入利润率的指标主要有营业收入利润率、营业收入毛利率、总收入利润率、销售净利润率、销售息税前利润率等。不同的收入利润率,其内涵不同,揭示的收入与利润关系不同,分析评价中的作用也不同。

a. 营业收入利润率,指营业利润与营业收入之间的比率。

b. 营业收入毛利率,指营业收入与营业成本的差额与营业收入之间的比率。

c. 总收入利润率,指利润总额与企业总收入之间的比率,企业总收入包括营业收入、投资收益和营业外收入。

d. 销售净利润率,指净利润与营业收入之间的比率。

e. 销售息税前利润率,指息税前利润与企业营业收入之间的比率,息税前利润指利润总额与利息支出之和。

收入利润率指标是正指标,指标值越高越好。分析时应根据分析目的与要求,确定适当的标准值,如可用行业平均值、全国平均值、企业目标值等。

②成本利润率分析

反映成本利润率的指标有许多形式,其主要形式有营业成本利润率、营业费用利润率、全部成本费用利润率等。

a. 营业成本利润率,指产品营业利润与产品营业成本之间的比率。其计算公式是:

营业成本利润率 = 营业利润 ÷ 营业成本 × 100%

b. 营业费用利润率,指营业利润与营业费用总额的比率。营业费用总额包括产品营业成本、营业税费、期间费用和资产减值损失。期间费用包括产品销售费用、管理费用、财务费用等。其计算公式是:

营业费用利润率 = 营业利润 ÷ 营业费用 × 100%

c. 全部成本费用利润率。该指标可分为全部成本费用总利润率和全部成本费用净利润率两种形式。

全部成本费用总利润率 = 利润总额 ÷(营业费用 + 营业外支出)× 100%

全部成本费用净利润率 = 净利润 ÷(营业费用 + 营业外支出)× 100%

以上各种利润率反映了企业投入产出水平,即所得与所费的比率,体现了增加利润是以降低成本及费用为基础的。这些指标的数值越高，表明生产和销售产品的每一元成本及费用取得的利润越多，劳动耗费的效益越高，反之，则说明每耗费一元成本及费用实现的利润越少，劳动耗费的效益越低。所以，成本利润率是综合反映企业成本效益的重要指标。

成本利润率也是正指标，即指标值越高越好。分析评价时，可将各指标实际值与标准值进行对比。标准值可根据分析的目的与管理要求确定。

(2)产品营业利润因素分析

①影响产品营业利润的因素

产品营业利润，亦称主营业务利润，是综合反映企业主营业务最终财务成果的指标。产品营业利润的高低，直接反映了企业生产经营状况和经济效益状况。企业商品经营盈利状况最终还取决于主营业务利润的高低。因此，对产品营业利润进行因素分析是十分必要的。进行产品营业利润因素分析：首先应找出影响产品营业利润的因素；然后确定各因素变动对产品营业利润的影响程度；最后对产品营业利润完成情况进行分析评价。由于利润是反映企业经营状况的综合指标，因此，影响产品营业利润的因素有许多，从不同角度看，影响产品营业利润的因素是不同的。例如，从人的因素看，它受职工人数和人均创利影响；从资金的因素看，它受资金占用额和资金利润率的影响等。但是，影响产品营业利润最基本的因素，可从它的计算公式中找出，即：

$$\text{产品营业利润} = \sum[\text{产品销售量} \times (\text{产品单价} - \text{单位营业成本})]$$

从上式可看出，影响产品营业利润的基本因素是产品销售量、产品单价和单位营业成本。在生产多种产品的企业，它还受产品销售品种构成的影响；在生产等级品的企业，由于优质优价，它又受产品等级的影响。

②产品营业利润因素分析方法

a. 销售量变动对利润的影响分析

产品销售量是影响利润的一个重要因素。在产品单位利润一定的情况下，销售量的增减速度，直接决定着利润的增减速度，因此，销售量变动对利润的影响，可用下式计算：

$$\text{销售量变动对利润的影响} = \text{产品营业利润基期数} \times (\text{产品销售量完成率} - 1)$$

其中，产品销售量完成率的计算公式是：

$$\text{产品销售量完成率} = \sum[\text{产品实际销售量} \times \text{基期单价(或单位成本)}] \div \sum[\text{产品基期销售量} \times \text{基期单价(或单位成本)}] \times 100\%$$

产品销售量完成率主要考察销售量的完成情况，因此，在生产一种产品时，可直接用实物量进行计算，但在生产多种产品时，实物量不能直接相加，通常可以价格或成本为参数，以便于汇总。因此，计算销售量完成率时所用的单价或单位成本，都应使用基期数。至于用单价还是单位成本，理论界与实践中有不同做法，一般按单价计算较多，但在各种产品比价不合理时，用单位成本计算可能更好。

b. 销售品种构成变动对利润的影响分析

企业生产多种产品时，必然存在着产品品种构成问题。所谓产品品种构成，是指某种产品的产量或销售量在全部产品产量或销售量中所占的比重。研究品种构成变动对利润的影响，是利润分析评价中的一个难点问题。为什么品种构成变动会引起利润额变动呢？主要是因为各种产品的利润率高低不同。企业多生产利润率水平高的产品，少生产利润率水平低的产品，必然引起综合利润率或企业平均利润率的提高，使企业利润额增加；反之，则会使利润额下降。确定品种构成变动对利润额影响的方法较多,且各有利弊,下面就几种主要方法进行说明。

第一种方法:

品种构成变动对利润的影响 = ∑(产品实际销售量 × 产品基期单位利润) − (基期产品营业利润 × 产品销售量完成率)

第二种方法:

品种构成变动对利润的影响 = ∑[∑(产品实际销售量 × 产品基期单价) × (实际品种构成 − 基期品种构成) × 基期销售利润率]

第三种方法:

品种构成变动对利润的影响 = ∑[∑(产品实际销售量 × 产品基期单价) × (实际品种构成 − 基期品种构成) × (基期销售利润率 − 基期综合销售利润率)]

第四种方法:

品种构成变动对利润的影响 = 实际产品营业利润 − 基期产品营业利润 − 其他各因素变动对营业利润的影响

上述四个公式计算的品种构成变动对利润影响程度应当是一致的。第一公式和第四公式可计算出品种构成变动对利润影响的总额,但不能说明各产品的影响情况。而第二公式与第三公式则既能说明总影响额,又能说明各产品的影响额。但第一公式和第四公式相对第二公式和第三公式在计算上要简单。而第一公式与第四公式比,第四公式最简单。第二公式和第三公式虽然都试图说明各产品品种构成变动对利润的影响,但二者有明显的区别。按第二公式计算,凡是品种构成提高,就会使利润增加,凡是品种构成下降,就会使利润减少。而按第三公式计算,如果某产品销售利润率高于综合销售利润率,那么该产品品种构成变动与利润成正比;如果某产品销售利润率低于综合销售利润率,那么产品品种构成与利润成反比。应当说,第三公式比第二公式更能准确反映品种构成对利润的影响程度,但它计算要比第二公式复杂。因此,实践中应根据分析的目的和条件,选择相应的分析方法。

c. 销售价格变动对利润的影响分析

价格与营业利润成正比,即在其他条件不变情况下,价格越高,利润越高。随着价格体制改革,国家定价范围逐渐减少,市场调节价范围不断扩大。价格成为影响企业产品营业利润的重要因素。价格变动对利润的影响一般可用下式计算:

价格变动对利润的影响 = ∑[产品实际销售量 ×(实际销售价格 − 基期销售价格)]

实践中,价格变动的原因是多种多样的,如国家调整价格、地区差价、批零差价、质量差价等。因此,分析价格变动对利润的影响,可分别不同情况加以计算与评价。但是,概括地说,价格变动无非是质量差价和供求差价或政策差价两种情况。对于质量变动差价对利润的影响,我们将在质量变动对利润影响中分析,非质量差价通常可按上式计算。但是,如果属于等级品的价格变动,则应按下式进行计算:

价格变动对利润的影响 = 等级产品实际销售量 ×(实际等级实际平均单价 − 实际等级基期平均单价)

式中：

$$实际等级实际平均单价 = \frac{\sum(各等级实际销售量 \times 该等级实际单价)}{各等级实际销售量之和}$$

$$实际等级基期平均单价 = \frac{\sum(各等级实际销售量 \times 该等级基期单价)}{各等级实际销售量之和}$$

d. 等级构成变动对利润的影响分析

产品等级构成是指在等级产品总产销量中，各等级品产销量所占的比重，它是反映等级品质量的重要指标。由于不同等级的产品其价格不同，因此，等级构成变动必然引起等级品平均价格的变动，从而引起产品营业利润的变动。确定等级品质量变动对利润的影响，可用下式计算：

$$质量变动对利润的影响 = \sum[等级产品实际销售量 \times (实际等级基期平均单价 - 基期等级基期平均单价)]$$

式中：

$$基期等级基期平均单价 = \frac{\sum(各等级基期销售量 \times 该等级基期单价)}{各等级基期销售量之和}$$

上式只适用于等级品质量变动对利润的影响分析。对于一般产品优质优价变动对利润的影响，只要能计算出质量变动对单价的影响，套用前面公式就可计算出质量变动对利润的影响。

e. 营业成本变动对利润的影响分析

营业成本变动对利润有着直接影响，在其他因素不变情况下，营业成本降低多少，利润就会增加多少，即营业成本与利润成反比。因此，计算成本变动对利润影响的公式是：

$$成本变动对利润的影响 = \sum[产品实际销售量 \times (单位产品基期成本 - 单位产品实际成本)]$$

f. 税率变动对利润的影响分析

在现行税收体制下，企业缴纳的税金主要有增值税、消费税等。由于产品销售价格中不含产品销项税金在内，产品成本中也不含进项税，因此，增值税对产品营业利润没有直接影响。应当注意，由于企业缴纳的城建税及教育费附加等的计税依据与增值税有关，因此，增值税变动可通过城建税及教育费附加间接影响营业利润。但是，因为其金额较小，且与销售量关系复杂，分析时通常将其作为期间成本处理，将其增减变动额单独作为对分析对象的影响额。

如果企业生产并销售烟、酒、化妆品、护肤护发品、贵重首饰、鞭炮、汽油、柴油、汽车轮胎、摩托车、小汽车等应缴纳消费税的产品，消费税税率或单位税金变动将影响产品营业利润。消费税税率变动对产品营业利润影响的计算公式是：

$$消费税税率变动对利润的影响 = \sum[产品实际销售额 \times (基期消费税税率 - 实际消费税税率)]$$

这一公式主要适用于企业实行从价定率法计算消费税的情况。如果企业实行从量定额法计算消费税税额，则单位消费税税额变动对利润影响的计算公式是：

消费税税额变动对利润的影响 = $\sum$[产品实际销售量 ×(单位产品基期消费税税额 − 单位产品实际消费税税额)]

在实行从价定率计税时,前述价格和质量变动对利润影响的计算公式后都应乘以(1 − 基期消费税税率)。

③产品营业利润完成情况评价

产品营业利润分析评价,应在确定各因素对利润影响程度的基础上,从以下几方面进行:

a. 分清影响产品营业利润的有利因素与不利因素。一般地说,凡是使利润增加的因素都看作是有利因素,使利润减少的因素都看作是不利因素。从上例计算结果可看出,影响企业利润的各种因素都是有利因素。

b. 分清影响产品营业利润的主观因素与客观因素。通常把销售量、成本、质量因素等看成是主观因素,如果企业自行安排产品品种生产,那么,品种构成因素也属于主观因素。价格因素要具体分析,除国家政策调价等客观原因外,在市场经济条件下,价格因素也可看成是主观因素。税率因素属于客观因素。当然,对具体情况要具体分析。评价中,应排除客观因素,抓住主观因素。本例中利润增加主要是主观因素的影响。

c. 分清生产经营中的成绩与问题。一般地说,企业的成绩与问题都应从主观因素来看。凡是经过主观努力产生的对利润的有利影响,属于企业成绩;凡主观不努力产生的对利润的不利影响,属于企业问题。本例中,销售量增加、成本下降、价格提高等使利润增加,应看成企业的成绩;对于品种构成,要结合具体情况具体分析:一要考虑国家计划与合同的完成情况;二要将品种构成与其相应的资产投入结合起来分析。因为在一些情况下,品种构成变动使营业利润增加,但可能使总资产报酬率下降。

(3)商品经营盈利能力因素分析

进行商品经营盈利能力因素分析,就是要分析各因素变动对收入利润率和成本利润率的影响程度。由于影响收入利润率的因素与影响成本利润率的因素相同,而二者在评价商品经营盈利能力方面有着相同或相似的作用。这里仅以成本利润率因素分析来说明商品经营盈利能力的因素分析方法。

①营业成本利润率分析

根据营业成本利润率的计算公式,可推导出影响营业成本利润率的因素主要有产品品种构成、单位产品营业成本、单位产品销售价格,其中单位产品成本变动对销售成本利润率有着显著影响,因为降低成本不仅使算式中的分子增大,而且还使分母缩减。现在分别说明这些因素对营业成本利润率的影响及其分析方法。

a. 品种构成变动的影响分析

企业各种产品销售数量基期间完成程度不一样时,各种产品销售额在销售总额中所占的比重就会有所变动,在分析上称为产品品种构成变动。由于各种产品营业成本利润率不一样,产品品种构成变动,成本利润率就会发生变化。如果成本利润率高的产品实际销售比重较基期提高,就会使成本利润率上升;反之,则会使成本利润率下降。品种构成变动对营业成本利润率影响的计算公式是:

$$\text{品种构成变动的影响} = \frac{\text{各产品实际销售量} \times \text{基期单位利润}}{\text{各产品实际销售量} \times \text{基期单位营业成本}} \times 100\% - \text{基期营业成本利润率}$$

b. 产品销售价格变动的影响分析

产品销售价格变动对成本利润率的影响，要分两个步骤来计算。第一步先计算价格变动对营业利润的影响。销售价格提高就会使营业收入增加，从而增加营业利润；销售价格降低会使营业收入减少，从而减少营业利润。销售价格变动对营业收入和营业利润的影响，是在实际销售量的基础上计算的。确定销售价格对营业利润影响的公式是：价格变动对营业利润的影响 = $\sum$[价格变动的各种产品实际销售量×(各该产品的实际单价 - 各该产品的基期单价)]

第二步计算价格变动对成本利润率的影响，计算公式是：

$$\text{价格变动的影响} = \frac{\text{价格变动对营业利润影响数}}{\sum(\text{各产品实际销售量} \times \text{基期单位成本})} \times 100\%$$

c. 产品营业成本变动的影响

降低成本是提高营业成本利润率的重要因素。成本越低，成本利润率就越高；相反，成本提高，成本利润率就下降。成本变动对成本利润率影响的计算公式是：

成本变动的影响 = 实际营业成本利润率 -

$$\frac{\sum(\text{各产品实际销售量} \times \text{基期单位利润}) \pm \text{价格变动对营业利润影响数}}{\sum(\text{各产品实际销售量} \times \text{基期单位成本})} \times 100\%$$

应当指出，税率也是影响企业利润的重要因素，但由于目前大部分企业缴纳的是增值税，其税率大小及变动不直接影响营业利润。因此，在成本利润率分析中，我们不对税率问题作过细分析。对于缴纳营业税或消费税的企业，应考虑税率变动对利润率的影响问题。营业税税率或消费税税率变动对营业成本利润率的影响，可分两个步骤来计算。第一步先计算税率变动对营业利润的影响。其计算公式是：

$$\text{税率变动对营业利润的影响} = \sum[\text{税率变动产品的实际营业收入} \times (\text{基期税率} - \text{实际税率})]$$

第二步计算税率变动对成本利润率的影响，计算公式是：

$$\text{税率变动的影响} = \frac{\text{税率变动对营业利润的影响}}{\sum(\text{各产品实际销售量} \times \text{基期单位成本})} \times 100\%$$

②营业费用利润率分析

这一指标根据其内容和内在联系可作如下分解：

$$\text{营业费用(BPR)利润率} = \frac{\text{营业毛利} + \text{投资收益} + \text{公允价值变动收益} - \text{期间费用}}{\text{营业成本} + \text{营业税费} + \text{期间费用} + \text{资产减值损失}}$$

$$= \frac{\text{营业毛利} + \text{投资收益} + \text{公允价值变动收益} - \text{销售费用}(SE) - \text{管理费用}(AE) - \text{财务费用}(FE)}{\text{营业成本} + \text{营业税费} + \text{期间费用} + \text{资产减值损失} + SE + AE + FE}$$

运用因素分析法可对营业成本费用利润率变动的原因进行分析。

③全部成本费用总利润率分析

这一指标根据其内容和内在联系可作如下分解：

$$\text{全部成本费用(TRR)总利润率} = \frac{SP + OP - SE - AE - FE + IP + NOR - NOE}{SC + SE + AE + FE} \times 100\%$$

式中 IP——投资收益；

NOR——营业外收入。

运用因素分析法可对全部成本费用总利润率进行分析。

6. 上市公司盈利能力分析

随着我国社会主义市场经济体制的建立、完善和发展，我国的企业管理体制正在由传统的管理体制向现代企业制度转变。企业股份制改造是建立现代企业制度的重要形式。随着股份制企业的增多和资本市场的完善，上市公司也越来越多。

由于上市公司自身特点所决定，其盈利能力除了可通过一般企业盈利能力的指标分析外，还应进行一些特殊指标的分析，特别是一些与企业股票价格或市场价值相关的指标分析，如每股收益、普通股权益报酬率、股利发放率、市盈率等指标。

（1）每股收益分析

每股收益是指净利润扣除优先股股利后的余额与发行在外的普通股的平均股数之比，它反映了每股发行在外的普通股所能分摊到的净收益额。这一指标对普通股股东的利益关系极大，他们往往根据它来进行投资决策。其计算公式是：

$$每股收益=\frac{净利润-优先股股利}{发行在外的普通股加权平均数（流通股股数）}$$

由于优先股股东对股利的受领权优于普通股股东，因此在计算普通股股东所能享有的收益额时，应将优先股股利扣除。公式中分母采用加权平均数，是因为本期内发行在外的普通股股数只能在增加以后的这一段时期内产生权益，减少的普通股股数在减少以前的期间内仍产生收益，所以必须采用加权平均数，以正确反映本期内发行在外的股份数额。例如，某企业 2010 年年初发行在外的普通股股份 20 万股，该年 7 月 1 日又增发了 6 万股，并且该年内未发行其他股票，亦无退股事项，则该年度普通股流通在外的平均数应为 23 万股（$20+6\times6\div12$）。

显然，每股收益越高，说明企业的盈利能力越强，在判断企业盈利能力强弱时，应将几家不同企业或者同一企业不同时期的每股收益进行比较，才能得出正确认识。

为了分析企业每股收益变动的原因，应确定影响每股收益的影响因素，并对各个因素进行分析，测算各个因素的变动对每股收益的影响程度。

依据每股收益的影响因素，对每股收益指标作如下分解：

$$\begin{aligned}每股收益&=\frac{净利润-优先股股利}{流通股股数}\\&=\frac{普通股权益}{流通股股数}\times\frac{净利润-优先股股利}{普通股权益}\\&=每股账面价值\times普通股权益报酬率\end{aligned}$$

从上面公式中可知，每股收益主要取决于每股账面价值和普通股权益报酬率两个因素。每股账面价值，亦称每股净资产，是指股东权益总额减去优先股权益后的余额与发行在外的普通股平均股数的比值。该指标可帮助投资者了解每股的权益，并有助于潜在的投资者进行投资分析。从每股账面价值与每股收益的关系看，反之亦然。普通股权益报酬率是影响每股权益的另一个重要因素，它的变动会使每股权益发生相同方向的变化。

【例 10－1】 某企业 2010 年度、2011 年度有关资料见表 10－1。

表 10－1 每股收益因素分析表金额单位：元

项目	2010 年	2011 年
净利润	400 000	500 000

表 10－1(续)

项目	2010 年	2011 年
优先股股利	50 000	50 000
普通股股利	350 000	450 000
普通股权益平均额	3 500 000	4 000 000
普通股权益报酬率/%	10	11.25
发行在外的普通股平均数	500 000	520 000
每股账面价值	7	7.69

根据所给资料,2010 年度每股收益为:

$$\frac{400\ 000-50\ 000}{500\ 000}=0.7(\text{元})$$

2011 年度的每股收益为:

$$\frac{500\ 000-50\ 000}{520\ 000}=0.87(\text{元})$$

可见,2011 年度的每股收益比 2010 年度增加了 0.17 元,对增加的原因运用差额分析法分析如下:

①由于每股账面价值变动对每股收益的影响

$$(7.69-7)\times10\%=0.069(\text{元})$$

②由于普通股权益报酬率变动对每股收益的影响

$$7.69\times(11.25\%-10\%)=0.096(\text{元})$$

两项因素影响的结果,使每股收益增加了 0.17 元。可见,企业经济实力和盈利能力比 2010 年有所增强。

(2)普通股权益报酬率分析

普通股权益报酬率是指净利润扣除应发放的优先股股利后的余额与普通股权益之比。其计算公式是:

$$\text{普通股权益报酬率}=\frac{\text{净利润}-\text{优先股股利}}{\text{普通股权益平均额}}\times100\%$$

该指标从普通股股东的角度反映企业的盈利能力,指标值越高,说明盈利能力越强,普通股股东可得收益也越多。普通股权益报酬率应作为独立指标对企业盈利能力、投资收益水平进行分析。

从计算公式可知,普通股权益报酬率的变化受净利润、优先股股利和普通股权益平均额三个因素影响。一般情况下,优先股股利比较固定,因此应着重分析其他两个因素。

【例 10－2】 根据【例 10－1】所给资料,2010 年度的普通股权益报酬率为 350 000 ÷ 3 500 000 × 100% ＝10%,2011 年度的普通股权益报酬率为 450 000 ÷ 4 000 000 × 100% ＝ 11.25%。可见,2011 年度普通股权益报酬率比 2010 年度增加了 1.25%,对于其变动原因,用差额分析法分析如下:

①净利润变动对普通股权益报酬率的影响

$$\frac{(500\ 000-50\ 000)-(400\ 000-50\ 000)}{3\ 500\ 000}\times 100\%=2.86\%$$

②普通股权益平均额变动对普通股权益报酬率的影响

$$\left(\frac{450\ 000}{400\ 000}-\frac{450\ 000}{3\ 500\ 000}\right)\times 100\%=-1.61\%$$

两因素共同作用的结果使普通股权益报酬率升高了1.25%。

(3)股利发放率分析

股利发放率是普通股股利与每股收益的比值,反映普通股股东从每股的全部获利中分到多少。其计算公式是:

$$股利发放率=\frac{每股股利}{每股收益}\times 100\%$$

公式中每股股利是指实际发放给普通股股东的股利总额与流通股股数的比值。股利发放率反映了企业的股利政策,其高低要根据企业对资金需要量的具体情况而定,没有一个固定的衡量标准。

为了进一步分析股利发放率变动的原因,可按下式进行分解:

$$\begin{aligned}股利发放率&=\frac{每股股利}{每股收益}\times 100\%\\&=\frac{每股市价}{每股收益}\times\frac{每股股利}{每股市价}\times 100\%\\&=价格与收益比率\times 股利报偿率\end{aligned}$$

从公式可以看出,股利发放率主要取决于价格与收益比率和股利报偿率。一般来说,长期投资者比较注重价格与收益比率,而短期投资者则比较注重股利报偿率。

股利报偿率,亦称股利与市价比率,是企业发放的每股股利与股票市场价格之比。在价格与收益比率一定的情况下,股利报偿率越高,则股利发放率也越高,反之亦然。

【例10-3】 某企业2010年度、2011年度有关资料见表10-2。运用因素分析法分析如下:

表10-2 财务分析信息表

项　目	2010年	2011年
(1)属于普通股的净利润/元	350 000	450 000
(2)普通股股利实发数/元	300 000	416 000
(3)普通股平均数/股	500 000	520 000
(4)每股收益(1)÷(3)(元)	0.7	0.87
(5)每股股利(2)÷(3)(元)	0.6	0.8
(6)每股市价/元	8	9
(7)市盈率(6)÷(4)	11.429	10.345
(8)股利报偿率(5)÷(6)	7.5%	8.89%

根据上述资料:2010年度股利发放率为:0.6÷0.7×100%=85.71%

2011 年度股利发放率为:0.8 ÷ 0.87 × 100% = 91.96%

可见,2011 年度股利发放率比 2010 年度高 6.25%,变动原因用差额分析法分析如下:

①市盈率变动对股利发放率的影响

$$(10.345 - 11.429) \times 7.5\% = -8.13\%$$

②股利报偿率变动对股利发放率的影响

$$(8.89\% - 7.5\%) \times 10.345 = +14.38\%$$

两个因素对股利发放率的综合影响使股利发放率增加了 6.25%。

(4)市盈率分析

市盈率,反映普通股的市场价格与当期每股收益之间的关系,可用来判断企业股票与其他企业股票相比其潜在的价值。其计算公式是:

市盈率 = 每股市价 ÷ 每股收益

该指标在一个企业内几年的数值能够表明企业盈利能力的稳定性,可在一定程度上反映企业管理部门的经营能力和企业盈利能力及潜在的成长能力。同时,该指标还反映此股票市价是否具有吸引力,把多个企业的市盈率进行比较,并结合对其所属行业的经营前景的了解,可以作为选择投资目标的参考。

一般情况下,发展前景较好的企业通常都有较高的市盈率,发展前景不佳的企业,这个比率较低。但是必须注意,当全部资产利润率很低或企业发生亏损时,每股收益可能为零或负数,因此市盈率很高。在这一特殊情况下,仅仅利用这一指标来分析企业的盈利能力,常常会错误地估计企业的发展前景,所以还必须结合其他指标予以综合考虑。

【例 10-4】 下面仍以【例 10-3】资料为基础进行分析:

2010 年度市盈率为:8 ÷ 0.7 = 11.429

2011 年度市盈率为:9 ÷ 0.87 = 10.345

可见,2011 年度市盈率比 2010 年度降低了 1.08,降低原因用差额分析法分析如下:

①由于每股市价的变动对市盈率的影响

$$(9 - 8) \div 0.7 = 1.429$$

②由于每股收益的变动对市盈率的影响

$$9 \div 0.87 - 9 \div 0.7 = -2.512$$

两因素共同作用的结果使价格与收益比率减少了 1.08。

四、增长能力分析指标

1. 增长能力分析的目的

增长能力通常是指企业未来生产经营活动的发展趋势和发展潜能,也可以称之为发展能力。从形成看,企业的增长能力主要是通过自身的生产经营活动,不断扩大积累而形成的,主要依托于不断增长的营业收入、不断增加的资金投入和不断创造的利润等。从结果看,一个增长能力强的企业,能够不断为股东创造财富,能够不断增加企业价值。

传统的财务分析仅仅从静态的角度出发来分析企业的财务状况,也就是只注重分析企业的盈利能力、营运能力、偿债能力,这在日益激烈的市场竞争中显然不够全面,不够充分。原因在于:一方面,企业价值在很大程度上取决于企业未来的获利能力,而不是企业过去或者目前所取得的收益情况。另一方面,增长能力反映了企业目标与财务目标,是企业盈利能力、营运能力、偿债能力的综合体现。无论是增强企业的盈利能力、偿债能力还是提高企业的资产营运效率，都是为了满足企业未来生存和发展的需要，都是为了提高企业的增长能力。因此，要全面衡量一个企业的价值，就不应该仅仅从静态的角度分析其经营能力，更应该着眼于从动态的角度出发分析和预测企业的增长能力。

企业能否持续增长对股东、潜在投资者、经营者及其他相关利益团体至关重要，因此有必要对企业的增长能力进行深入分析。增长能力分析的目的主要体现在：(1)对于股东而言，可以通过增长能力分析衡量企业创造股东价值的程度，为采取下一步战略行动指明方向；(2)对于潜在的投资者而言，可以通过增长能力分析评价企业的成长性，为做出正确的投资决策寻求根据；(3)对于经营者而言，可以通过增长能力分析发现影响企业未来发展的关键因素，为形成正确的经营策略和财务策略奠定基础；(4)对债权者而言，可以通过增长能力分析判断企业未来盈利能力，为做出正确的信贷决策提供依据。

2. 增长能力分析的内容

增长能力分析可以从增长能力形成角度分析增长率，即前后两期的股东权益、收益、营业收入、资产的对比情况。企业价值要获得增长，要依赖于股东权益、收益、营业收入、资产等方面的不断增长。增长率分析就是对股东权益增长率、收益增长率、销售增长率、资产增长率等指标进行分析。

3. 股东权益增长率分析

股东权益的增加就是期初余额到期末余额的变化，利用股东权益增长率能够解释这种变化。股东权益增长率是本期股东权益增长额与股东权益期初余额之比，也叫做资本积累率。其计算公式是：

$$股东权益增长率=\frac{本期股东权益增加额}{股东权益期初余额}\times 100\%$$

股东权益增长率越高，表明企业本期股东权益增加得越多；反之，股东权益增长率越低，表明企业本年度股东权益增加得越少。

在实际中还存在三年资本平均增长率这一比率。三年资本平均增长率的计算公式是：

$$三年资本平均增长率=\left(\sqrt[3]{\frac{年末股东权益}{三年前年末股东权益}}-1\right)\times 100\%$$

该指标设计的原意是为了均衡计算企业的三年平均资本增长水平，从而客观评价企业的股东权益增长能力状况。但是从该项指标的计算公式来看，并不能达到这个目的。因为其计算结果的高低只与两个因素有关，即与本年度年末股东权益总额和三年前年度年末股东权益总额相关，而中间两年的年末股东权益总额则不影响该指标的高低。这样，只要两个企业的本年度年末股东权益总额和三年前年度年末股东权益总额相同，就能够得出相同的三年资本平均增长率，但是这两个企业的利润增长趋势可能并不一致。因此，依据三年资本平均增长率来评价企业股东权益增长能力存在缺陷。

股东权益的增长主要来源于经营活动产生的净利润和筹资活动产生的股东净支付。这样股东权益增长率还可以表示为：

$$\begin{aligned}股东权益增长率&=\frac{本期股东权益增加额}{股东权益期初余额}\times 100\%\\&=\frac{净利润+(股东新增投资-支付股东股利)}{股东权益期初余额}\times 100\%\end{aligned}$$

$$=\frac{\text{净利润}+\text{对股东的净支付}}{\text{股东权益期初余额}}\times 100\%$$

$$=\text{净资产收益率}+\text{股东净投资率}$$

公式中的净资产收益率和股东净投资率都是以股东权益期初余额作为分母计算的。从公式中可以看出，股东权益增长率是受净资产收益率和股东净投资率这两个因素驱动的。其中，净资产收益率反映了企业运用股东投入资本创造收益的能力，而股东净投资率反映了企业利用股东新投资的程度，这两个比率的高低都反映了对股东权益增长的贡献程度。从根本上看，一个企业的股东权益增长应该主要依赖于企业运用股东投入资本所创造的收益。因为一个企业的价值在短期内可以通过筹集和投入尽可能多的资本来获得增加，并且这种行为在扩大企业规模的同时也有利于经营者；但是这种策略通常不符合股东的最佳利益，因为它忽视了权益资本具有机会成本，并应获得合理投资报酬的事实。

为正确判断和预测企业股东权益规模的增长趋势和增长水平，应将企业不同时期的股东权益增长率加以比较。因为一个持续增长型企业，其股东权益应该是不断增长的，如果时增时减，则反映出企业发展不稳定，同时也说明企业并不具备良好的增长能力，因此仅仅计算和分析某个时期的股东权益增长率是不全面的，应利用趋势分析法将一个企业不同时期的股东权益增长率加以比较，才能正确评价企业增长能力。

4. 收益增长率分析

由于一个企业的价值主要取决于其盈利及其增长能力，所以企业的收益增长是反映企业增长能力的重要方面。由于收益可表现为主营业务利润、营业利润、净利润、利润总额等多种指标，因此收益增长率也具有不同的表现形式。在实际当中，通常使用的是净利润增长率、主营业务利润增长率这两种比率。

由于净利润是企业经营业绩的结果，因此净利润的增长是企业成长性的基本表现。净利润增长率是本期净利润增长额与基期净利润之比。其计算公式是：

$$\text{净利润增长率}=\frac{\text{本期净利润增长额}}{\text{基期净利润}}\times 100\%$$

需要说明的是，如果基期净利润为负值，则应取其绝对值代入公式进行计算。该公式反映的是企业净利润增长情况。净利润增长率为正数，则说明企业本期净利润增加。净利润增长率越大，则说明企业收益增长得越多；净利润增长率为负数，则说明企业本期净利润减少，收益降低。

一个企业如果营业收入增长，但利润并未增长，则从长远看，它并没有创造经济价值。同样，一个企业如果利润增长，但营业收入并未增长，也就是说其利润的增长并不是来自于其正常经营业务，这样的增长是不能持续的，随着时间的推移将会消失。因此，利用营业利润增长率这一比率可以较好地考察企业的成长性。营业利润增长率是本期营业利润增长额与基期营业利润之比。其计算公式是：

$$\text{营业利润增长率}=\frac{\text{本期营业利润增长额}}{\text{基期营业利润}}\times 100\%$$

同样，如果基期营业利润为负值，则应取其绝对值代入公式进行计算。该公式反映的是企业营业利润增长情况。营业利润增长率为正数，则说明企业本期营业利润增加，营业利润增长率越大，则说明企业收益增长得越多；营业利润增长率为负数，则说明企业本期营业利润减少，收益降低。

要全面认识企业净利润的增长能力，还需要结合企业的营业利润增长情况共同分析。如果企业的净利润主要来源于营业利润，则表明企业产品获利能力较强，具有良好的增长能力；相反，如果企业的净利润不是主要来源于正常经营业务，而是来自于营业外收入或者其他非正常项目，则说明企业的持续增长能力并不强。

要分析营业利润增长情况，应结合企业的营业收入增长情况一起分析。如果企业的营业利润增长率高于企业的销售增长率即营业收入增长率，则说明企业的产品正处于成长期，业务不断拓展，企业的盈利能力不断增强；反之，如果企业的营业利润增长率低于营业收入增长率，则反映企业营业成本、营业税金及附加、期间费用等成本的上升超过了营业收入的增长，说明企业的正常业务盈利能力并不强，企业增长潜力值得怀疑。

为了更正确地反映企业净利润和营业利润的成长趋势，应将企业连续多期的净利润增长率和营业利润增长率指标进行对比分析，这样可以排除个别时期偶然性或特殊性因素的影响，从而全面真实地揭示企业净利润和主营业务利润的增长情况。

值得注意的是，在实际中有人提出利用三年利润平均增长率这一指标分析企业收益增长能力。其计算公式是：

$$三年利润平均增长率=\left(\sqrt[3]{\frac{年末利润总额}{三年前年末利润总额}}-1\right)\times 100\%$$

从计算公式可以发现，该指标的设计原理与三年资本平均增长率一致。计算三年利润平均增长率是为了均衡计算企业的三年平均利润增长水平，从而客观评价企业的收益增长能力状况。但是从该项指标的计算公式来看，并不能达到这个目的。因为其计算结果的高低同样只与两个因素有关，即与本年度年末利润总额和三年前年度年末利润总额相关，而中间两年的年末实现利润总额则不影响该指标的高低。这样，只要两个企业的本年度年末利润总额和三年前年度年末利润总额相同，就能够得出相同的三年利润平均增长率，但是这两个企业的利润增长趋势可能并不一致。因此，依据三年利润平均增长率来评价企业收益增长能力是有缺陷的。

5. 销售增长率分析

市场是企业生存和发展的空间，客户是企业利润增长的源泉。一个企业的营业情况越好，说明其在市场所占份额越多，企业生存和发展的市场空间也越大，营业收入实现得也越多。因此，可以用销售增长率来反映企业在市场开拓和客户发展方面的增长能力。销售增长率就是本期营业收入增长额与基期营业收入之比。其计算公式是：

$$销售增长率=\frac{本期营业收入增长额}{基期营业收入}\times 100\%$$

需要说明的是，如果基期营业收入为负值，则应取其绝对值代入公式进行计算。该公式反映的是企业某期整体营业收入增长情况。销售增长率为正数，则说明企业本期营业收入规模增加。销售增长率越大，则说明企业营业收入增长得越快，市场开拓和客户发展情况越好；销售增长率为负数，则说明企业营业收入规模减小，营业收入出现负增长，市场开拓和客户发展情况较差。

当利用销售增长率来分析企业在营业收入方面的增长能力时，应该注意以下几个方面：

(1)要判断企业在营业收入方面是否具有良好的成长性，必须分析营业收入增长是否具有效益性。如果营业收入的增长主要依赖于资产的相应增加，也就是销售增长率低于资产增长率，说明这种营业收入增长不具有效益性，同时也反映企业在市场开拓和客户发展方面可持续增长能力不强。正常的情况下，一个企业的销售增长率应高于其资产增长率，只有在这种情况下，才说明企业在市场开拓和客户发展方面具有较好的成长性。

（2）要全面、正确地分析和判断一个企业营业收入的增长趋势和增长水平，必须将一个企业不同时期的销售增长率加以比较和分析。因为销售增长率仅仅指某个年度的营业收入情况而言，某个年度的销售增长率可能会受到一些偶然的和非正常的因素影响，而无法反映出企业实际的市场开拓和客户发展增长能力。

（3）可以利用某种产品销售增长率指标，来观察企业产品的结构情况，进而也可以分析企业的成长性。其计算公式是：

$$某种产品营业增长率=\frac{某种产品本期营业收入增长额}{基期营业收入净额}\times 100\%$$

根据产品寿命周期理论，每种产品的寿命周期一般可以划分为四个阶段。每种产品在不同的阶段反映出的销售情况不同：在投放期，由于产品研究开发成功，刚刚投入正常生产，因此该阶段的产品销售规模较小，而且增长还不太快，即某种产品销售增长率较小；在成长期，由于产品市场不断拓展，生产和销售规模不断增加，因此该阶段的产品销售增长较快，即某种产品销售增长率较大；在成熟期，由于市场已经基本饱和，销售较为稳定，因此该阶段的产品销售增长不会太快，即某种产品销售增长率较上期变动不大；在衰退期，由于该产品的市场开始萎缩，因此该阶段的产品销售增长开始放慢速度甚至出现负增长，即某种产品销售增长率较上期变动非常小，甚至表现为负数。根据这个原理，借助某种产品销售增长率指标，大致可以分析企业生产经营的产品所处的寿命周期阶段，据此也可以判断企业发展前景。

6. 资产增长率分析

企业要增加营业收入，就需要通过增加资产投入来实现营业收入的增加。为了反映企业在资产投入方面的增长情况，可以利用资产增长率指标。资产增长率就是本期资产增长额与基期资产余额之比，其计算公式是：

$$资产增长率=\frac{本期资产增长额}{基期资产余额}\times 100\%$$

资产增长率是用来考核企业资产投入增长幅度的财务比率。资产增长率为正数，则说明企业本年度的资产规模增加，资产增长率越大，则说明资产规模增加幅度越大；资产增长率为负数，则说明企业本年度的资产规模缩减，资产出现负增长。

在对资产增长率进行具体分析时，应该注意以下几点：

（1）企业资产增长率高并不意味着企业的资产规模增长就一定适当。评价一个企业的资产规模增长是否适当，必须与营业收入增长、利润增长等情况结合起来分析。只有在一个企业的营业收入增长、利润增长超过资产规模增长的情况下，这种资产规模增长才属于效益型增长，才是适当的、正常的。

（2）需要正确分析企业资产增长的来源。因为企业的资产来源一般来自于负债和股东权益，在其他条件不变的情形下，无论是增加负债规模还是增加股东权益规模，都会提高资产增长率。负债规模的增加，说明企业进行了负债筹资；而股东权益规模的增加，则可能是吸收了新的股东投资或者实现了盈利。从长远的角度来看，企业资产的增加应该主要来源于企业股东权益的增加，而不是负债的增加。因为一个企业只有通过增加股东权益才有能力继续对外举债，才能进一步扩大资产规模，进而顺利地实现增长，从而使企业偿还债务也具有保障。因此，进行资产增长率分析应该正确分析企业资产增长的来源。分析的方法有两种：

一是，可以计算股东权益的增加占资产增加额的比重并进行比较。如果股东权益增加额所占比重较大，就说明企业资产的增加主要来源于股东权益的增加，反映企业资产的增长状况良好；反之，相反。

二是，可以利用股东权益增长率分析。股东权益增长率越高，表明企业本年度股东权益增加得越多，反映企业资产增长状况良好；反之，相反。

(3)为全面认识企业资产规模的增长趋势和增长水平，应将企业不同时期的资产增长率加以比较。因为一个健康的处于成长期的企业，其资产规模应该是不断增长的，如果时增时减，则反映出企业的经营业务并不稳定，同时也说明企业并不具备良好的增长能力。所以，只有将一个企业不同时期的资产增长率加以比较，才能正确评价企业资产规模的增长能力。

第三节　企业综合绩效分析与评价

财务分析的最终目的在于全面、准确、客观地揭示与披露企业财务状况和经营情况，并借以对企业经济效益优劣作出合理的评价。显然，要达到这样一个分析目的，仅仅测算几个简单、孤立的财务比率，或者将一些孤立的财务分析指标堆砌在一起，彼此毫无联系地考察，不可能得出合理、正确的综合性结论，有时甚至会得出错误的结论。因此，只有将企业偿债能力、营运能力、盈利能力以及增长能力等各项分析指标有机地联系起来，作为一套完整的体系，相互配合使用，作出系统地综合评价，才能从总体意义上把握企业财务状况和经营情况的优劣。

综合分析的意义在于能够全面、正确地评价企业的财务状况和经营成果，因为局部不能代替整体，某项指标的好坏不能说明整个企业经济效益的高低。除此之外，综合分析的结果在进行企业不同时期比较分析和不同企业之间比较分析时消除了时间上和空间上的差异，使之更具有可比性，有利于总结经验、吸取教训、发现差距、赶超先进。进而，从整体上、本质上反映和把握企业生产经营的财务状况和经营成果。

一、企业综合绩效分析

企业综合绩效分析方法有很多，传统方法主要有杜邦分析法和沃尔评分法等。

1. 杜邦分析法

杜邦分析法，又称杜邦财务分析体系，简称杜邦体系，是利用各主要财务比率指标间的内在联系，对企业财务状况及经济效益进行综合系统分析评价的方法。该体系是以净资产收益率为起点，以总资产净利率和权益乘数为核心，重点揭示企业获利能力及权益乘数对净资产收益率的影响，以及各相关指标间的相互影响作用关系。因其最初由美国杜邦企业成功应用，故得名。

杜邦分析法将净资产收益率(权益净利率)分解如图 10－1 所示。其分析关系式为：

$$净资产收益率 = 销售净利率 \times 总资产周转率 \times 权益乘数$$

运用杜邦分析法需要抓住以下几点：

(1)净资产收益率是一个综合性最强的财务分析指标，是杜邦分析体系的起点。

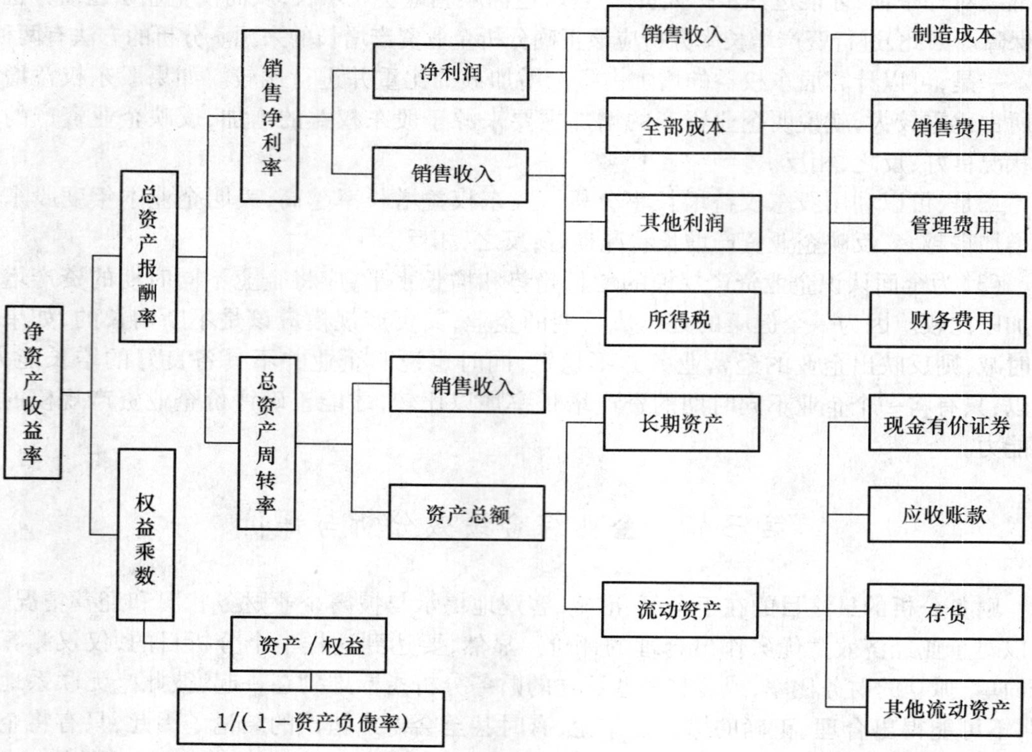

图 10－1　杜邦分析体系

财务管理的目标之一是使股东财富最大化，净资产收益率反映了企业所有者投入资本的获利能力，说明了企业筹资、投资、资产营运等各项财务及其管理活动的效率，而不断提高净资产收益率是使所有者权益最大化的基本保证。所以，这一财务分析指标是企业所有者、经营者都十分关心的。而净资产收益率高低的决定因素主要有三个，即销售净利率、总资产周转率和权益乘数。这样，在进行分解之后，就可以将净资产收益率这一综合性指标发生升降变化的原因具体化，从而它比只用一项综合性指标更能说明问题。

(2)销售净利率反映了企业净利润与销售收入的关系，它的高低取决于销售收入与成本总额的高低。

要想提高销售净利率，一是要扩大销售收入，二是要降低成本费用。扩大销售收入既有利于提高销售净利率，又有利于提高总资产周转率。降低成本费用是提高销售净利率的一个重要因素，从杜邦分析图可以看出成本费用的基本结构是否合理，从而找出降低成本费用的途径和加强成本费用控制的办法。如果企业财务费用支出过高，就要进一步分析其负债比率是否过高；如果管理费用过高，就要进一步分析其资产周转情况等。从图 10－1 中还可以看出，提高销售净利率的另一途径是提高其他利润。为了详细地了解企业成本费用的发生情况，在具体列示成本总额时，还可根据重要性原则，将那些影响较大的费用单独列示，以便为寻求降低成本的途径提供依据。

(3)影响总资产周转率的一个重要因素是资产总额。

资产总额由流动资产与长期资产组成，它们的结构合理与否将直接影响资产的周转速度。一般来说,流动资产直接体现企业的偿债能力和变现能力,而长期资产则体现了企业的经营规模、发展潜力。两者之间应该有一个合理的比例关系。如果发现某项资产比重过大,影响资金周转,就应深入分析其原因,例如,企业持有的货币资金超过业务需要,就会影响企业的盈利能力;如果企业占有过多的存货和应收账款,则既会影响获利能力,又会影响偿债能力。因此,还应进一步分析各项资产的占用数额和周转速度。

(4)权益乘数主要受资产负债率指标的影响。

资产负债率越高,权益乘数就越高,说明企业的负债程度比较高,给企业带来了较多的杠杆利益,同时,也带来了较大的风险。

2. 沃尔评分法

企业财务综合分析的先驱者之一是亚历山大·沃尔。他在20世纪初出版的《信用晴雨表研究》和《财务报表比率分析》中提出了信用能力指数的概念,他把若干个财务比率用线性关系结合起来,以此来评价企业的信用水平,被称为沃尔评分法。他选择了七种财务比率,分别给定了其在总评价中所占的比重,总和为100分;然后,确定标准比率,并与实际比率相比较,评出每项指标的得分,求出总评分。

【例10-5】 某企业是一家中型电力企业,2010年的财务状况评分的结果如表10-4所示。

表10-4 沃尔综合评分表

财务比率	比重	标准比率	实际比率	相对比率	综合指数
	1	2	3	4=3÷2	5=1×4
流动比率	25	2.00	1.66	0.83	20.75
净资产/负债	25	1.50	2.39	1.59	39.75
资产/固定资产	15	2.50	1.84	0.736	11.04
销售成本/存货	10	8	9.94	1.243	12.43
销售收入/应收账款	10	6	8.61	1.435	14.35
销售收入/固定资产	10	4	0.55	0.137 5	1.38
销售收入/净资产	5	3	0.40	0.133	0.67
合 计	100				100.37

从表10-4可知,该企业的综合指数为100.37,总体财务状况是不错的,综合评分达到标准的要求。但由于该方法技术上的缺陷,夸大了达到标准的程度。尽管沃尔评分法在理论上还有待证明,在技术上也不完善,但它还是在实践中被广泛地加以应用。

沃尔评分法从理论上讲,有一个弱点,就是未能证明为什么要选择这七个指标,而不是更多些或更少些,或者选择别的财务比率,以及未能证明每个指标所占比重的合理性。沃尔的分析法从技术上讲有一个问题,就是当某一个指标严重异常时,会对综合指数产生不合逻辑的重大影响。这个缺陷是由相对比率与比重相“乘”而引起的。财务比率提高一倍,其综合指数增加100%;而财务比率缩小一倍,其综合指数只减少50%。

现代社会与沃尔的时代相比,已有很大变化。一般认为企业财务评价的内容首先是盈利能力,其次是偿债能力,再次是增长能力,它们之间大致可按5:3:2的比重来分配。盈利能力的主要指标是总资产报酬率、销售净利率和净资产收益率,这三个指标可按2:2:1的比重来安排。偿债能力有四个常用指标。增长能力有三个常用指标(都是本年增量与上年实际量的比值)。

【例10-6】 仍以【例10-5】中企业2011年的财务状况为例,以中型电力生产企业的标准值为评价基础,则其综合评分标准如表10-5所示。

表10-5 综合评分标准

指　标	评分值	标准比率/%	行业最高比率/%	最高评分	最低评分	每分比率的差
盈利能力:						
总资产报酬率	20	5.5	15.8	30	10	1.03
销售净利率	20	26.0	56.2	30	10	3.02
净资产收益率	10	4.4	22.7	15	5	3.66
偿债能力:						
自有资本比率	8	25.9	55.8	12	4	7.475
流动比率	8	95.7	253.6	12	4	475
应收账款周转率	8	290	960	12	4	167.5
存货周转率	8	800	3 030	12	4	557.5
成长能力:						
销售增长率	6	2.5	38.9	9	3	13
净利增长率	6	10.1	51.2	9	3	13.7
总资产增长率	6	7.3	42.8	9	3	11.83
合　计	100			150	50	

标准比率以本行业平均数为基础,在给每个指标评分时,应规定其上限和下限,以减少个别指标异常对总分造成不合理的影响。上限可定为正常评分值的1.5倍,下限可定为正常评分值的0.5倍。此外,给分不是采用"乘"的关系,而采用"加"或"减"的关系来处理,以克服沃尔评法的缺点。例如,总资产报酬率每分比率的差为1.03%:(15.8% -5.5%)+(30分-20分)。总资产报酬率每提高1.03%,多给1分,但该项得分不得超过30分。

根据这种方法,对该企业的财务状况重新进行综合评价,得124.94分(表10-6),是一个中等略偏上水平的企业。

表10-6 财务情况评分

指　标	实际比率 1	标准比率 2	差异 3=1-2	每分比率 4	调整分 5=3÷4	标准评分值 6	得分 7=5+6
盈利能力:							
总资产报酬率	10	5.5	4.5	1.03	4.37	20	24.37
销售净利率	33.54	26.0	7.54	3.02	2.50	20	22.50

表 10-6(续)

指　标	实际比率	标准比率	差异	每分比率	调整分	标准评分值	得分
	1	2	3=1-2	4	5=3÷4	6	7=5+6
净资产收益率	13.83	4.4	9.43	3.66	2.58	10	12.58
偿债能力：							
自有资本比率	72.71	25.9	46.81	7.475	6.26	8	14.26
流动比率	166	95.7	70.3	39.475	1.78	8	9.78
应收账款周转率	861	290	571	167.5	3.41	8	11.41
存货周转率	994	800	194	557.5	0.35	8	8.35
成长能力：							
销售增长率	17.7	2.5	15.2	12.13	1.25	6	7.25
净利增长率	-1.74	10.1	-11.84	13.7	-0.86	6	5.14
总资产增长率	46.36	7.3	39.06	11.83	3.30	6	9.30
合　计						100	124.94

二、企业综合绩效评价

企业综合绩效评价是综合分析的一种，一般是站在企业所有者（投资人）的角度进行的。

企业综合绩效评价，是指运用数理统计和运筹学的方法，通过建立综合评价指标体系，对照相应的评价标准，定量分析与定性分析相结合，对企业一定经营期间的盈利能力、资产质量、债务风险以及经营增长等经营业绩和努力程度等各方面进行的综合评判。

科学地评价企业绩效，可以为出资人行使经营者的选择权提供重要依据；可以有效地加强对企业经营者的监管和约束；可以为有效激励企业经营者提供可靠依据；还可以为政府有关部门、债权人、企业职工等利益相关方提供有效的信息支持。

1. 企业综合绩效评价的内容

企业综合绩效评价由财务绩效定量评价和管理绩效定性评价两部分组成。

(1)财务绩效定量评价

财务绩效定量评价是指对企业一定期间的盈利能力、资产质量、债务风险和经营增长四个方面进行定量对比分析和评判。

①企业盈利能力分析与评判主要通过资本及资产报酬水平、成本费用控制水平和经营现金流量状况等方面的财务指标，综合反映企业的投入产出水平以及盈利质量和现金保障状况。

②企业资产质量分析与评判主要通过资产周转速度、资产运行状态、资产结构以及资产有效性等方面的财务指标，综合反映企业所占用经济资源的利用效率、资产管理水平与资产的安全性。

③企业债务风险分析与评判主要通过债务负担水平、资产负债结构、或有负债情况、现

金偿债能力等方面的财务指标，综合反映企业的债务水平、偿债能力及其面临的债务风险。

④企业经营增长分析与评判主要通过销售增长、资本积累、效益变化以及技术投入等方面的财务指标，综合反映企业的经营增长水平及发展后劲。

(2)管理绩效定性评价

管理绩效定性评价是指在企业财务绩效定量评价的基础上，通过采取专家评议的方式，对企业一定期间的经营管理水平进行定性分析与综合评判。

管理绩效定性评价指标包括企业发展战略的确立与执行、经营决策、发展创新、风险控制、基础管理、人力资源、行业影响、社会贡献等方面。

2. 综合绩效评价指标

企业综合绩效评价指标由22个财务绩效定量评价指标和8个管理绩效定性评价指标组成。

(1)财务绩效定量评价指标

财务绩效定量评价指标由反映企业盈利能力状况、资产质量状况、债务风险状况和经营增长状况等四方面的基本指标和修正指标构成。

其中，基本指标反映企业一定期间财务绩效的主要方面，并得出财务绩效定量评价的基本结果。修正指标是根据财务指标的差异性和互补性，对基本指标的评价结果作进一步的补充和矫正。

①企业盈利能力状况以净资产收益率、总资产报酬率两个基本指标和销售(营业)利润率、利润现金保障倍数、成本费用利润率、资本收益率四个修正指标进行评价，主要反映企业一定经营期间的投入产出水平和盈利质量。

②企业资产质量状况以总资产周转率、应收账款周转率两个基本指标和不良资产比率、流动资产周转率、资产现金回收率三个修正指标进行评价，主要反映企业所占用经济资源的利用效率、资产管理水平与资产的安全性。

③企业债务风险状况以资产负债率、已获利息倍数两个基本指标和速动比率、现金流动负债比率、带息负债比率、或有负债比率四个修正指标进行评价，主要反映企业的债务负担水平、偿债能力及其面临的债务风险。

④企业经营增长分析与评判主要通过销售增长、资本积累、效益变化以及技术投入等方面的财务指标，综合反映企业的经营增长水平及发展后劲。

(2)管理绩效定性评价指标

企业管理绩效定性评价指标包括战略管理、发展创新、经营决策、风险控制、基础管理、人力资源、行业影响、社会贡献等八个方面的指标，主要反映企业在一定经营期间所采取的各项管理措施及其管理成效。

①战略管理评价主要反映企业所制定战略规划的科学性，战略规划是否符合企业实际，员工对战略规划的认知程度，战略规划的保障措施及其执行力，以及战略规划的实施效果等方面的情况。

②发展创新评价主要反映企业在经营管理创新、工艺革新、技术改造、新产品开发、品牌培育、市场拓展、专利申请及核心技术研发等方面的措施及成效。

③经营决策评价主要反映企业在决策管理、决策程序、决策方法、决策执行、决策监督、责任追究等方面采取的措施及实施效果，重点反映企业是否存在重大经营决策失误。

④风险控制评价主要反映企业在财务风险、市场风险、技术风险、管理风险、信用风险

和道德风险等方面的管理与控制措施及效果，包括风险控制标准、风险评估程序、风险防范与化解措施等。

⑤基础管理评价主要反映企业在制度建设、内部控制、重大事项管理、信息化建设、标准化管理等方面的情况，包括财务管理、对外投资、采购与销售、存货管理、质量管理、安全管理、法律事务等。

⑥人力资源评价主要反映企业人才结构、人才培养、人才引进、人才储备、人事调配、员工绩效管理、分配与激励、企业文化建设、员工工作热情等方面的情况。

⑦行业影响评价主要反映企业主营业务的市场占有率、对国民经济及区域经济的影响与带动力、主要产品的市场认可程度、是否具有核心竞争能力以及产业引导能力等方面的情况。

⑧社会贡献评价主要反映企业在资源节约、环境保护、吸纳就业、工资福利、安全生产、上缴税收、商业诚信、和谐社会建设等方面的贡献程度和社会责任的履行情况。各指标评价内容与权重如表 10－7 所示。

表 10－7　企业综合绩效评价指标及权重表

评价内容与权重		财务绩效（70%）				管理绩效（30%）	
		基本指标	权重	修正指标	权重	评议指标	权重
盈利能力状况	34	净值产收益率 总资产报酬率	20 14	销售（营业）利润率 利润现金保障倍数 成本费用利润率 资本收益率	10 9 8 7	战略管理 发展创新 经营决策 风险控制 基础管理 人力资源 行业影响 社会贡献	18 15 16 13 14 8 8 8
资产质量状况	22	总资产周转率 应收账款周转率	10 12	不良资产比率 流动资产周转率 资产现金回收率	9 7 8		
债务风险状况	22	资产负债率 已获利息倍数	12 10	速动比率 现金流动负债比率 带息负债比率 或有负债比率	6 6 5 5		
经营增长状况	22	销售（营业）增长率 资本保值增值率	12 10	销售（营业）利润增长率 总资产增长率 技术投入比率	10 7 5		

3. 企业综合绩效评价标准

综合绩效评价标准分为财务绩效定量评价标准和管理绩效定性评价标准。

（1）财务绩效定量评价标准

财务绩效定量评价标准包括国内行业标准和国际行业标准。国内行业标准根据国内企业年度财务和经营管理统计数据，运用数理统计方法，分年度、分行业、分规模统一测算。国际行业标准根据居于行业国际领先地位的大型企业相关财务指标实际值，或者根据同类型企业组相关财务指标的先进值，在剔除会计核算差异后统一测算。其中，财务绩效定量评价标准的行业分类，按照国家统一颁布的国民经济行业分类标准结合企业实际情况进行划分。

财务绩效定量评价标准按照不同行业、不同规模及指标类别，划分为优秀(A)、良好(B)、平均(C)、较低(D)、较差(E)五个档次，对应五档评价标准的标准系数分别为1.0,0.8,0.6,0.4,0.2，较差(E)以下为0。

(2)管理绩效定性评价标准

管理绩效定性评价标准分为优(A)，良(B)，中(C)，低(D)，差(E)五个档次。对应五档评价标准的标准系数分别为1.0,0.8,0.6,0.4,0.2，差(E)以下为0。

管理绩效定性评价标准具有行业普遍性和一般性，在进行评价时，应当根据不同行业的经营特点，灵活把握个别指标的标准尺度。对于定性评价标准没有列示，但对被评价企业经营绩效产生重要影响的因素，在评价时也应予以考虑。

4.企业综合绩效评价工作程序

(1)财务绩效评价工作程序

财务绩效定量评价工作具体包括提取评价基础数据、基础数据调整、评价计分、形成评价结果等内容。

①提取评价基础数据。以经社会中介机构或内部审计机构审计并经评价组织机构核实确认的企业年度财务会计报表为基础提取评价基础数据。

②基础数据调整。为客观、公正地评价企业经营绩效，对评价基础数据进行调整。

③评价计分。根据调整后的评价基础数据，对照相关年度的行业评价标准值，利用绩效评价软件或手工评价计分。

④形成评价结果。对任期财务绩效评价需要计算任期内平均财务绩效评价分数，并计算绩效改进度；对年度财务绩效评价除计算年度绩效改进度外，需要对定量评价得分深入分析，诊断企业经营管理存在的薄弱环节，并在财务决算批复中提示有关问题，同时进行所监管企业的分类排序分析，在一定范围内发布评价结果。

(2)管理绩效评价工作程序

管理绩效定性评价工作具体包括收集整理管理绩效评价资料、聘请咨询专家、召开专家评议会、形成定性评价结论等内容。

①收集整理管理绩效评价资料。为了深入了解被评价企业的管理绩效状况，应当通过问卷调查、访谈等方式，充分收集并认真整理管理绩效评价的有关资料。

②聘请咨询专家。根据所评价企业的行业情况，聘请不少于7名的管理绩效评价咨询专家，组成专家咨询组，并将被评价企业的有关资料提前送达咨询专家。

③召开专家评议会。组织咨询专家对企业的管理绩效指标进行评议打分。

④形成定性评价结论。汇总管理绩效定性评价指标得分，形成定性评价结论。

5.企业综合绩效评价计分方法

(1)财务绩效评价计分

①基本指标计分。财务绩效定量评价基本指标计分是按照功效系数法计分原理，将评价指标实际值对照行业评价标准值，按照规定的计分公式计算各项基本指标得分。

计算公式为：

$$\text{基本指标总得分} = \sum \text{单项基本指标得分}$$

$$单项基本指标得分 = 本档基础分 + 调整分$$

$$本档基础分 = 指标权数 \times 本档标准系数$$

$$调整分 = 功效系数 \times (上档基础分 - 本档基础分)$$

$$上档基础分 = 指标权数 \times 上档标准系数$$

$$功效系数 = \frac{实际值 - 本档标准值}{上档标准值 - 本档标准值}$$

本档标准值是指上下两档标准值居于较低等级一档。

②修正指标的计分。财务绩效定量评价修正指标的计分是在基本指标计分结果的基础上,运用功效系数法原理,分别计算盈利能力、资产质量、债务风险和经营增长四个部分的综合修正系数,再据此计算出修正后的分数。计算公式为:

$$修正后总得分 = \sum 各部分修正后得分$$

$$各部分修正后得分 = 各部分基本指标分数 \times 该部分综合修正系数$$

$$某部分综合修正系数 = \sum 该部分各修正指标加权修正系数$$

$$某指标加权修正系数 = \frac{修正指标权数}{该部分权数} \times 该指标单项修正系数$$

$$某指标单项修正系数 = 1.0 + (本档标准系数 + 功效系数 \times 0.2 - 该部分基本指标分析系数)$$

(单项修正系数控制修正幅度为0.7~1.3)

某部分基本指标分析系数=该部分基本指标得分/该部分权数

在计算修正指标单项修正系数过程中,对于一些特殊情况应进行调整。

a. 如果修正指标实际值达到优秀值以上,其单项修正系数的计算公式如下:

单项修正系数=1.2+本档标准系数-该部分基本指标分析系数

b. 如果修正指标实际值处于较差值以下,其单项修正系数的计算公式如下:

单项修正系数=1.0-该部分基本指标分析系数

c. 如果资产负债率≥100%,指标得0分;其他情况按照规定的公式计分。

d. 如果盈余现金保障利润分子为正数,分母为负数,单项修正系数确定为1.1;如果分子为负数,分母为正数,单项修正系数确定为0.9;如果分子分母同为负数,单项修正系数确定为0.8。

e. 如果不良资产比率≥100%或分母为负数,单项修正系数确定为0.8。

f. 对于销售(营业)利润增长率指标,如果上年主营业务利润为负数,本年为正数,单项修正系数为1.1;如果上年主营业务利润为零,本年为正数,或者上年为负数本年为零,单项修正系数确定为1.0。

g. 如果个别指标难以确定行业标准,该指标单项修正系数确定为1.0。

(2)管理绩效评价计分

管理绩效定性评价指标的计分一般通过专家评议打分形式完成,聘请的专家应不少于7名;评议专家应当在充分了解企业管理绩效状况的基础上,对照评价参考标准,采取综合分析判断法,对企业管理绩效指标做出分析评议,评判各项指标所处的水平档次,并直接给出评价分数。计分公式为:

$$管理绩效定性评价指标分数 = \sum 单项指标分数$$

$$单项指标分数 = \frac{\sum 每位专家给定的单项指标分数}{专家的人数}$$

(3)综合绩效评价计分

在得出财务绩效定量评价分数和管理绩效定性评价分数后,应当按照规定的权重,耦合形成综合绩效评价分数。计算公式为:

$$企业综合绩效评价分数 = 财务绩效定量评价分数 \times 70\% + 管理绩效定性评价分数 \times 30\%$$

绩效改进度大于1,说明经营绩效上升;绩效改进度小于1,说明经营绩效下滑。

6. 企业综合绩效评价结果

企业综合绩效评价结果以评价得分、评价类型和评价级别表示。

评价类型是根据评价分数对企业综合绩效所划分的水平档次。用文字和字母表示分为优(A)、良(B)、中(C)、低(D)、差(E)五种类型。

评价级别是对每种类型再划分级次,以体现统一评价类型的不同差异,采用在字母后标注"+,-"号的方式表示。

企业综合绩效评价结果以85,70,50,40分作为类型判定的分数线。

(1)评价得分达到85分以上(含85分)的评价类型为优(A),在此基础上划分为三个级别,分别为A++≥95分,95分>A+≥90分,90分>A≥85分。

(2)评价得分达到70分以上(含70分)不足85分的评价类型为良(B),在此基础上划分为三个级别,分别为85分>B+≥80分,80分> B≥75分,75分>A-≥70分。

(3)评价得分达到50分以上(含50分)不足70分的评价类型为中(C),在此基础上划分为两个级别,分别为:70分>C≥60分;60分>C-≥50分。

(4)评价得分在40分以上(含40分)不足50分的评价类型为低(D)。

(5)评价得分在40分以下的评价类型为差(E)。

附　录

附表 1　复利终值系数表

期数	1%	2%	3%	4%	5%	6%	7%	8%	9%	10%	11%	12%	13%	14%	15%	16%	17%	18%	19%	20%
1	1.010	1.020	1.030	1.040	1.050	1.060	1.070	1.080	1.090	1.100	1.110	1.120	1.130	1.140	1.150	1.160	1.170	1.180	1.190	1.200
2	1.020	1.040	1.061	1.082	1.102	1.124	1.145	1.166	1.188	1.210	1.232	1.254	1.277	1.300	1.323	1.346	1.369	1.392	1.416	1.440
3	1.030	1.061	1.093	1.125	1.158	1.191	1.225	1.260	1.295	1.331	1.368	1.405	1.443	1.482	1.521	1.561	1.602	1.643	1.685	1.728
4	1.041	1.082	1.126	1.170	1.216	1.262	1.311	1.360	1.412	1.464	1.518	1.574	1.630	1.689	1.749	1.811	1.874	1.939	2.005	2.074
5	1.051	1.104	1.159	1.217	1.276	1.338	1.403	1.469	1.539	1.611	1.685	1.762	1.842	1.925	2.011	2.100	2.192	2.288	2.386	2.488
6	1.062	1.126	1.194	1.265	1.340	1.419	1.501	1.587	1.677	1.772	1.870	1.974	2.082	2.195	2.313	2.436	2.565	2.700	2.840	2.986
7	1.072	1.149	1.230	1.316	1.407	1.504	1.606	1.714	1.828	1.949	2.076	2.211	2.353	2.502	2.660	2.826	3.001	3.185	3.379	3.583
8	1.083	1.172	1.267	1.369	1.477	1.594	1.718	1.851	1.993	2.144	2.305	2.476	2.658	2.853	3.059	3.278	3.511	3.759	4.021	4.300
9	1.094	1.195	1.305	1.423	1.551	1.689	1.838	1.999	2.172	2.358	2.558	2.773	3.004	3.252	3.518	3.803	4.108	4.435	4.785	5.160
10	1.105	1.219	1.344	1.480	1.629	1.791	1.967	2.159	2.367	2.594	2.839	3.106	3.395	3.707	4.046	4.411	4.807	5.234	5.695	6.192
11	1.116	1.243	1.384	1.539	1.710	1.898	2.105	2.332	2.580	2.853	3.152	3.479	3.836	4.226	4.652	5.117	5.624	6.176	6.777	7.430
12	1.127	1.268	1.426	1.601	1.796	2.012	2.252	2.518	2.813	3.138	3.498	3.896	4.335	4.818	5.350	5.936	6.580	7.288	8.064	8.916
13	1.138	1.294	1.469	1.665	1.886	2.133	2.410	2.720	3.066	3.452	3.883	4.363	4.898	5.492	6.153	6.886	7.699	8.599	9.596	10.699
14	1.149	1.319	1.513	1.732	1.980	2.261	2.579	2.937	3.342	3.797	4.310	4.887	5.535	6.261	7.076	7.988	9.007	10.147	11.420	12.839
15	1.161	1.346	1.558	1.801	2.079	2.397	2.759	3.172	3.642	4.177	4.785	5.474	6.254	7.138	8.137	9.266	10.539	11.974	13.590	15.407

附表1(续)

期数	1%	2%	3%	4%	5%	6%	7%	8%	9%	10%	11%	12%	13%	14%	15%	16%	17%	18%	19%	20%
16	1.173	1.373	1.605	1.873	2.183	2.540	2.952	3.426	3.970	4.595	5.311	6.130	7.067	8.137	9.358	10.748	12.330	14.129	16.172	18.488
17	1.184	1.400	1.653	1.948	2.292	2.693	3.159	3.700	4.328	5.054	5.895	6.866	7.986	9.276	10.761	12.468	14.426	16.672	19.244	22.186
18	1.196	1.428	1.702	2.026	2.407	2.854	3.380	3.996	4.717	5.560	6.544	7.690	9.024	10.575	12.375	14.463	16.879	19.673	22.901	26.623
19	1.208	1.457	1.754	2.107	2.527	3.026	3.617	4.316	5.142	6.116	7.263	8.613	10.197	12.056	14.232	16.777	19.748	23.214	27.252	31.948
20	1.220	1.486	1.806	2.191	2.653	3.207	3.870	4.661	5.604	6.727	8.062	9.646	11.523	13.743	16.367	19.461	23.106	27.393	32.429	38.338
21	1.232	1.516	1.860	2.279	2.786	3.400	4.141	5.034	6.109	7.400	8.949	10.804	13.021	15.668	18.822	22.574	27.034	32.324	38.591	46.005
22	1.245	1.546	1.916	2.370	2.925	3.604	4.430	5.437	6.659	8.140	9.934	12.100	14.714	17.861	21.645	26.186	31.629	38.142	45.923	55.206
23	1.257	1.577	1.974	2.465	3.072	3.820	4.741	5.871	7.258	8.954	11.026	13.552	16.627	20.362	24.891	30.376	37.006	45.008	54.649	66.247
24	1.270	1.608	2.033	2.563	3.225	4.049	5.072	6.341	7.911	9.850	12.239	15.179	18.788	23.212	28.625	35.236	43.297	53.109	65.032	79.497
25	1.282	1.641	2.094	2.666	3.386	4.292	5.427	6.848	8.623	10.835	13.585	17.000	21.231	26.462	32.919	40.874	50.658	62.669	77.388	95.396
26	1.295	1.673	2.157	2.772	3.556	4.549	5.807	7.396	9.399	11.918	15.080	19.040	23.991	30.167	37.857	47.414	59.270	73.949	92.092	114.48
27	1.308	1.707	2.221	2.883	3.733	4.822	6.214	7.988	10.245	13.110	16.739	21.325	27.109	34.390	43.535	55.000	69.345	87.260	109.59	137.37
28	1.321	1.741	2.288	2.999	3.920	5.112	6.649	8.627	11.167	14.421	18.580	23.884	30.633	39.204	50.066	63.800	81.134	102.97	130.41	164.84
29	1.335	1.776	2.357	3.119	4.116	5.418	7.114	9.317	12.172	15.863	20.624	26.750	34.616	44.693	57.575	74.009	94.927	121.50	155.19	197.81
30	1.348	1.811	2.427	3.243	4.322	5.743	7.612	10.063	13.268	17.449	22.892	29.960	39.116	50.950	66.212	85.850	111.06	143.37	184.68	237.38
35	1.417	2.000	2.814	3.946	5.516	7.686	10.677	14.785	20.414	28.102	38.575	52.800	72.068	98.100	133.18	180.31	243.50	328.00	440.70	590.67
40	1.489	2.208	3.262	4.801	7.040	10.286	14.974	21.725	31.409	45.259	65.001	93.051	132.78	188.88	267.86	378.72	533.87	750.38	1051.7	1469.8
45	1.565	2.438	3.782	5.841	8.985	13.765	21.002	31.920	48.327	72.890	109.53	163.99	244.64	363.68	538.77	795.44	1170.5	1716.7	2509.7	3657.3
50	1.645	2.692	4.384	7.107	11.467	18.420	29.457	46.902	74.358	117.39	184.56	289.00	450.74	700.23	1083.7	1670.7	2566.2	3927.4	5988.9	9100.4

附表 1(续)

期数	21%	22%	23%	24%	25%	26%	27%	28%	29%	30%	31%	32%	33%	34%	35%	40%	45%	50%	55%	60%
1	1.210	1.220	1.230	1.240	1.250	1.260	1.270	1.280	1.290	1.300	1.310	1.320	1.330	1.340	1.350	1.400	1.450	1.500	1.550	1.600
2	1.464	1.488	1.513	1.538	1.563	1.588	1.613	1.638	1.664	1.690	1.716	1.742	1.769	1.796	1.823	1.960	2.103	2.250	2.403	2.560
3	1.772	1.816	1.861	1.907	1.953	2.000	2.048	2.097	2.147	2.197	2.248	2.300	2.353	2.406	2.460	2.744	3.049	3.375	3.724	4.096
4	2.144	2.215	2.289	2.364	2.441	2.520	2.601	2.684	2.769	2.856	2.945	3.036	3.129	3.224	3.322	3.842	4.421	5.063	5.772	6.554
5	2.594	2.703	2.815	2.932	3.052	3.176	3.304	3.436	3.572	3.713	3.858	4.007	4.162	4.320	4.484	5.378	6.410	7.594	8.947	10.486
6	3.138	3.297	3.463	3.635	3.815	4.002	4.196	4.398	4.608	4.827	5.054	5.290	5.535	5.789	6.053	7.530	9.294	11.391	13.867	16.777
7	3.797	4.023	4.259	4.508	4.768	5.042	5.329	5.629	5.945	6.275	6.621	6.983	7.361	7.758	8.172	10.541	13.476	17.086	21.494	26.844
8	4.595	4.908	5.239	5.590	5.960	6.353	6.768	7.206	7.669	8.157	8.673	9.217	9.791	10.395	11.032	14.758	19.541	25.629	33.316	42.950
9	5.560	5.987	6.444	6.931	7.451	8.005	8.595	9.223	9.893	10.604	11.362	12.166	13.022	13.930	14.894	20.661	28.334	38.443	51.640	68.719
10	6.728	7.305	7.926	8.594	9.313	10.086	10.915	11.806	12.761	13.786	14.884	16.060	17.319	18.666	20.107	28.925	41.085	57.665	80.042	109.95
11	8.140	8.912	9.749	10.657	11.642	12.708	13.862	15.112	16.462	17.922	19.498	21.199	23.034	25.012	27.144	40.496	59.573	86.498	124.06	175.92
12	9.850	10.872	11.991	13.215	14.552	16.012	17.605	19.343	21.236	23.298	25.542	27.983	30.635	33.516	36.644	56.694	86.381	129.75	192.30	281.47
13	11.918	13.264	14.749	16.386	18.190	20.175	22.359	24.759	27.395	30.288	33.460	36.937	40.745	44.912	49.470	79.371	125.25	194.62	298.07	450.36
14	14.421	16.182	18.141	20.319	22.737	25.421	28.396	31.691	35.339	39.374	43.833	48.757	54.190	60.182	66.784	111.12	181.62	291.93	462.00	720.58
15	17.449	19.742	22.314	25.196	28.422	32.030	36.062	40.565	45.587	51.186	57.421	64.359	72.073	80.644	90.158	155.57	263.34	437.89	716.10	1152.9
16	21.114	24.086	27.446	31.243	35.527	40.358	45.799	51.923	58.808	66.542	75.221	84.954	95.858	108.06	121.71	217.80	381.85	656.84	1110.0	1844.7
17	25.548	29.384	33.759	38.741	44.409	50.851	58.165	66.461	75.862	86.504	98.540	112.14	127.49	144.80	164.31	304.91	553.68	985.26	1720.4	2951.5
18	30.913	35.849	41.523	48.039	55.511	64.072	73.870	85.071	97.862	112.46	129.09	148.02	169.56	194.04	221.82	426.88	802.83	1477.9	2666.7	4722.4
19	37.404	43.736	51.074	59.568	69.389	80.731	93.815	108.89	126.24	146.19	169.10	195.39	225.52	260.01	299.46	597.63	1164.1	2216.8	4133.4	7555.8
20	45.259	53.358	62.821	73.864	86.736	101.72	119.14	139.38	162.85	190.05	221.53	257.92	299.94	348.41	404.27	836.68	1688.0	3325.3	6406.7	12089

附表 **1**(续)

期数	21%	22%	23%	24%	25%	26%	27%	28%	29%	30%	31%	32%	33%	34%	35%	40%	45%	50%	55%	60%
21	54.764	65.096	77.269	91.592	108.42	128.17	151.31	178.41	210.08	247.06	290.20	340.45	398.92	466.88	545.77	1171.4	2447.5	4987.9	9930.4	19342
22	66.264	79.418	95.041	113.57	135.53	161.49	192.17	228.36	271.00	321.18	380.16	449.39	530.56	625.61	736.79	1639.9	3548.9	7481.8	15392	30948
23	80.180	96.889	116.90	140.83	169.41	203.48	244.05	292.30	349.59	417.54	498.01	593.20	705.65	838.32	994.66	2295.9	5145.9	11222	23857	49517
24	97.017	118.21	143.79	174.63	211.76	256.39	309.95	374.14	450.98	542.80	652.40	783.02	938.51	1123.4	1342.8	3214.2	7461.6	16834	36979	79228
25	117.39	144.21	176.86	216.54	264.70	323.05	393.63	478.90	581.76	705.64	854.64	1033.6	1248.2	1505.3	1812.8	4499.9	10819	25251	57318	126765
26	142.04	175.94	217.54	268.51	330.87	407.04	499.92	613.00	750.47	917.33	1119.6	1364.3	1660.1	2017.1	2447.2	6299.8	15688	37876	88843	202824
27	171.87	214.64	267.57	332.95	413.59	512.87	634.89	784.64	968.10	1192.5	1466.6	1800.9	2208.0	2702.9	3303.8	8819.8	22747	56815	137706	324518
28	207.97	261.86	329.11	412.86	516.99	646.21	806.31	1004.3	1248.9	1550.3	1921.3	2377.2	2936.6	3621.9	4460.1	12347	32984	85222	213445	519229
29	251.64	319.47	404.81	511.95	646.23	814.23	1024.0	1285.6	1611.0	2015.4	2516.9	3137.9	3905.7	4853.3	6021.1	17286	47826	127834	330840	830767
30	304.48	389.76	497.91	634.82	807.79	1025.9	1300.5	1645.5	2078.2	2620.0	3297.2	4142.1	5194.6	6503.5	8128.6	24201	69348	191751	512803	*
35	789.75	1053.4	1401.8	1861.1	2465.2	3258.1	4296.7	5653.9	7424.0	9727.9	12720	16599	21617	28097	36448	130161	444508	*	*	*
40	2048.4	2847.0	3946.4	5455.9	7523.2	10347	14195	19426	26520	36118	49074	66520	89963	121392	163437	700037	*	*	*	*
45	5313.0	7694.7	11110	15994	22958	32860	46899	66749	94740	134106	189325	266579	374389	524464	732857	*	*	*	*	*
50	13780	20796	31279	46890	70064	104358	154948	229349	338443	497929	730406	*	*	*	*	*	*	*	*	*

* 大于 999999

附表 2　复利现值系数表

期数	1%	2%	3%	4%	5%	6%	7%	8%	9%	10%	11%	12%	13%	14%	15%	16%	17%	18%	19%	20%
1	0.990	0.980	0.971	0.962	0.952	0.943	0.935	0.926	0.917	0.909	0.901	0.893	0.885	0.877	0.870	0.862	0.855	0.847	0.840	0.833
2	0.980	0.961	0.943	0.925	0.907	0.890	0.873	0.857	0.842	0.826	0.812	0.797	0.783	0.769	0.756	0.743	0.731	0.718	0.706	0.694
3	0.971	0.942	0.915	0.889	0.864	0.840	0.816	0.794	0.772	0.751	0.731	0.712	0.693	0.675	0.658	0.641	0.624	0.609	0.593	0.579
4	0.961	0.924	0.888	0.855	0.823	0.792	0.763	0.735	0.708	0.683	0.659	0.636	0.613	0.592	0.572	0.552	0.534	0.516	0.499	0.482
5	0.951	0.906	0.863	0.822	0.784	0.747	0.713	0.681	0.650	0.621	0.593	0.567	0.543	0.519	0.497	0.476	0.456	0.437	0.419	0.402
6	0.942	0.888	0.837	0.790	0.746	0.705	0.666	0.630	0.596	0.564	0.535	0.507	0.480	0.456	0.432	0.410	0.390	0.370	0.352	0.335
7	0.933	0.871	0.813	0.760	0.711	0.665	0.623	0.583	0.547	0.513	0.482	0.452	0.425	0.400	0.376	0.354	0.333	0.314	0.296	0.279
8	0.923	0.853	0.789	0.731	0.677	0.627	0.582	0.540	0.502	0.467	0.434	0.404	0.376	0.351	0.327	0.305	0.285	0.266	0.249	0.233
9	0.914	0.837	0.766	0.703	0.645	0.592	0.544	0.500	0.460	0.424	0.391	0.361	0.333	0.308	0.284	0.263	0.243	0.225	0.209	0.194
10	0.905	0.820	0.744	0.676	0.614	0.558	0.508	0.463	0.422	0.386	0.352	0.322	0.295	0.270	0.247	0.227	0.208	0.191	0.176	0.162
11	0.896	0.804	0.722	0.650	0.585	0.527	0.475	0.429	0.388	0.350	0.317	0.287	0.261	0.237	0.215	0.195	0.178	0.162	0.148	0.135
12	0.887	0.788	0.701	0.625	0.557	0.497	0.444	0.397	0.356	0.319	0.286	0.257	0.231	0.208	0.187	0.168	0.152	0.137	0.124	0.112
13	0.879	0.773	0.681	0.601	0.530	0.469	0.415	0.368	0.326	0.290	0.258	0.229	0.204	0.182	0.163	0.145	0.130	0.116	0.104	0.093
14	0.870	0.758	0.661	0.577	0.505	0.442	0.388	0.340	0.299	0.263	0.232	0.205	0.181	0.160	0.141	0.125	0.111	0.099	0.088	0.078
15	0.861	0.743	0.642	0.555	0.481	0.417	0.362	0.315	0.275	0.239	0.209	0.183	0.160	0.140	0.123	0.108	0.095	0.084	0.074	0.065
16	0.853	0.728	0.623	0.534	0.458	0.394	0.339	0.292	0.252	0.218	0.188	0.163	0.141	0.123	0.107	0.093	0.081	0.071	0.062	0.054
17	0.844	0.714	0.605	0.513	0.436	0.371	0.317	0.270	0.231	0.198	0.170	0.146	0.125	0.108	0.093	0.080	0.069	0.060	0.052	0.045
18	0.836	0.700	0.587	0.494	0.416	0.350	0.296	0.250	0.212	0.180	0.153	0.130	0.111	0.095	0.081	0.069	0.059	0.051	0.044	0.038
19	0.828	0.686	0.570	0.475	0.396	0.331	0.277	0.232	0.194	0.164	0.138	0.116	0.098	0.083	0.070	0.060	0.051	0.043	0.037	0.031
20	0.820	0.673	0.554	0.456	0.377	0.312	0.258	0.215	0.178	0.149	0.124	0.104	0.087	0.073	0.061	0.051	0.043	0.037	0.031	0.026

附表 2(续)

期数	1%	2%	3%	4%	5%	6%	7%	8%	9%	10%	11%	12%	13%	14%	15%	16%	17%	18%	19%	20%
21	0.811	0.660	0.538	0.439	0.359	0.294	0.242	0.199	0.164	0.135	0.112	0.093	0.077	0.064	0.053	0.044	0.037	0.031	0.026	0.022
22	0.803	0.647	0.522	0.422	0.342	0.278	0.226	0.184	0.150	0.123	0.101	0.083	0.068	0.056	0.046	0.038	0.032	0.026	0.022	0.018
23	0.795	0.634	0.507	0.406	0.326	0.262	0.211	0.170	0.138	0.112	0.091	0.074	0.060	0.049	0.040	0.033	0.027	0.022	0.018	0.015
24	0.788	0.622	0.492	0.390	0.310	0.247	0.197	0.158	0.156	0.102	0.082	0.066	0.053	0.043	0.035	0.028	0.023	0.019	0.015	0.013
25	0.780	0.610	0.478	0.375	0.295	0.233	0.184	0.146	0.116	0.092	0.074	0.059	0.047	0.038	0.030	0.024	0.020	0.016	0.013	0.010
26	0.772	0.598	0.464	0.361	0.281	0.220	0.172	0.135	0.106	0.084	0.066	0.053	0.042	0.033	0.026	0.021	0.017	0.014	0.011	0.009
27	0.764	0.586	0.450	0.347	0.268	0.207	0.161	0.125	0.098	0.076	0.060	0.047	0.037	0.029	0.023	0.018	0.014	0.011	0.009	0.007
28	0.757	0.574	0.437	0.333	0.255	0.196	0.150	0.116	0.090	0.069	0.054	0.042	0.033	0.026	0.020	0.016	0.012	0.010	0.008	0.006
29	0.749	0.563	0.424	0.321	0.243	0.185	0.141	0.107	0.082	0.063	0.048	0.037	0.029	0.022	0.017	0.014	0.011	0.008	0.006	0.005
30	0.742	0.552	0.412	0.308	0.231	0.174	0.131	0.099	0.075	0.057	0.044	0.033	0.026	0.020	0.015	0.012	0.009	0.007	0.005	0.004
35	0.706	0.500	0.355	0.253	0.181	0.130	0.094	0.068	0.049	0.036	0.026	0.019	0.014	0.010	0.008	0.006	0.004	0.003	0.002	0.002
40	0.672	0.453	0.307	0.208	0.142	0.097	0.067	0.046	0.032	0.022	0.015	0.011	0.008	0.005	0.004	0.003	0.002	0.001	0.001	0.001
45	0.639	0.410	0.264	0.171	0.111	0.073	0.048	0.031	0.021	0.014	0.009	0.006	0.004	0.003	0.002	0.001	0.001	0.001	*	*
50	0.608	0.372	0.228	0.141	0.087	0.054	0.034	0.021	0.013	0.009	0.005	0.003	0.002	0.001	0.001	0.001	*	*	*	*

附表 **2**(续)

期数	21%	22%	23%	24%	25%	26%	27%	28%	29%	30%	31%	32%	33%	34%	35%	40%	45%	50%	55%	60%
1	0.826	0.820	0.813	0.806	0.800	0.794	0.787	0.781	0.775	0.769	0.763	0.758	0.752	0.746	0.741	0.714	0.690	0.667	0.645	0.625
2	0.683	0.672	0.661	0.650	0.640	0.630	0.620	0.610	0.601	0.592	0.583	0.574	0.565	0.557	0.549	0.510	0.476	0.444	0.416	0.391
3	0.564	0.551	0.537	0.524	0.512	0.500	0.488	0.477	0.466	0.455	0.445	0.435	0.425	0.416	0.406	0.364	0.328	0.296	0.269	0.244
4	0.467	0.451	0.437	0.423	0.410	0.397	0.384	0.373	0.361	0.350	0.340	0.329	0.320	0.310	0.301	0.260	0.226	0.198	0.173	0.153
5	0.386	0.370	0.355	0.341	0.328	0.315	0.303	0.291	0.280	0.269	0.259	0.250	0.240	0.231	0.223	0.186	0.126	0.132	0.112	0.095
6	0.319	0.303	0.289	0.275	0.262	0.250	0.238	0.227	0.217	0.207	0.198	0.189	0.181	0.173	0.165	0.133	0.108	0.088	0.072	0.060
7	0.263	0.249	0.235	0.222	0.210	0.198	0.188	0.178	0.168	0.159	0.151	0.143	0.136	0.129	0.122	0.095	0.074	0.059	0.047	0.037
8	0.218	0.204	0.191	0.179	0.168	0.157	0.148	0.139	0.130	0.123	0.115	0.108	0.102	0.096	0.091	0.068	0.051	0.039	0.030	0.023
9	0.180	0.167	0.155	0.144	0.134	0.125	0.116	0.108	0.101	0.094	0.088	0.082	0.077	0.072	0.067	0.048	0.035	0.026	0.019	0.015
10	0.149	0.137	0.126	0.116	0.107	0.099	0.092	0.085	0.078	0.073	0.067	0.062	0.058	0.054	0.050	0.035	0.024	0.017	0.012	0.009
11	0.123	0.112	0.103	0.094	0.086	0.079	0.072	0.066	0.061	0.056	0.051	0.047	0.043	0.040	0.037	0.025	0.017	0.012	0.008	0.006
12	0.102	0.092	0.083	0.076	0.069	0.062	0.057	0.052	0.047	0.043	0.039	0.036	0.033	0.030	0.027	0.018	0.012	0.008	0.005	0.004
13	0.084	0.075	0.068	0.061	0.055	0.050	0.045	0.040	0.037	0.033	0.030	0.027	0.025	0.022	0.020	0.013	0.008	0.005	0.003	0.002
14	0.069	0.062	0.055	0.049	0.044	0.039	0.035	0.032	0.028	0.025	0.023	0.021	0.018	0.017	0.015	0.009	0.006	0.003	0.002	0.001
15	0.057	0.051	0.045	0.040	0.035	0.031	0.028	0.025	0.022	0.020	0.017	0.016	0.014	0.012	0.011	0.006	0.004	0.002	0.001	0.001
16	0.047	0.042	0.036	0.032	0.028	0.025	0.022	0.019	0.017	0.015	0.013	0.012	0.010	0.009	0.008	0.005	0.003	0.002	0.001	0.001
17	0.039	0.034	0.030	0.026	0.023	0.020	0.017	0.015	0.013	0.012	0.010	0.009	0.008	0.007	0.006	0.003	0.002	0.001	0.001	*
18	0.032	0.028	0.024	0.021	0.018	0.016	0.014	0.012	0.010	0.009	0.008	0.007	0.006	0.005	0.005	0.002	0.001	0.001	*	*
19	0.027	0.023	0.020	0.017	0.014	0.012	0.011	0.009	0.008	0.007	0.006	0.005	0.004	0.004	0.003	0.002	0.001	*	*	*
20	0.022	0.019	0.016	0.014	0.012	0.010	0.008	0.007	0.006	0.005	0.005	0.004	0.003	0.003	0.002	0.001	0.001	*	*	*

附表 2(续)

期数	21%	22%	23%	24%	25%	26%	27%	28%	29%	30%	31%	32%	33%	34%	35%	40%	45%	50%	55%	60%
21	0.018	0.015	0.013	0.011	0.009	0.008	0.007	0.006	0.005	0.004	0.003	0.003	0.003	0.002	0.002	0.001	*	*	*	*
22	0.015	0.013	0.011	0.009	0.007	0.006	0.005	0.004	0.004	0.003	0.003	0.002	0.002	0.002	0.001	0.001	*	*	*	*
23	0.012	0.010	0.009	0.007	0.006	0.005	0.004	0.003	0.003	0.002	0.002	0.002	0.001	0.001	0.001	*	*	*	*	*
24	0.010	0.008	0.007	0.006	0.005	0.004	0.003	0.003	0.002	0.002	0.002	0.001	0.001	0.001	0.001	*	*	*	*	*
25	0.009	0.007	0.006	0.005	0.004	0.003	0.003	0.002	0.002	0.001	0.001	0.001	0.001	0.001	0.001	*	*	*	*	*
26	0.007	0.006	0.005	0.004	0.003	0.002	0.002	0.002	0.001	0.001	0.001	0.001	0.001	*	*	*	*	*	*	*
27	0.006	0.005	0.004	0.003	0.002	0.002	0.002	0.001	0.001	0.001	0.001	0.001	*	*	*	*	*	*	*	*
28	0.005	0.004	0.003	0.002	0.002	0.001	0.001	0.001	0.001	0.001	*	*	*	*	*	*	*	*	*	*
29	0.004	0.003	0.002	0.002	0.002	0.001	0.001	0.001	0.001	*	*	*	*	*	*	*	*	*	*	*
30	0.003	0.003	0.002	0.002	0.001	0.001	0.001	0.001	*	*	*	*	*	*	*	*	*	*	*	*
35	0.001	0.001	0.001	0.001	*	*	*	*	*	*	*	*	*	*	*	*	*	*	*	*
40	*	*	*	*	*	*	*	*	*	*	*	*	*	*	*	*	*	*	*	*
45	*	*	*	*	*	*	*	*	*	*	*	*	*	*	*	*	*	*	*	*
50	*	*	*	*	*	*	*	*	*	*	*	*	*	*	*	*	*	*	*	*

* 在 0 与 0.001 之间

附表 3　年金终值系数表

期数	1%	2%	3%	4%	5%	6%	7%	8%	9%	10%	11%	12%	13%	14%	15%	16%	17%	18%	19%	20%
1	1.000	1.000	1.000	1.000	1.000	1.000	1.000	1.000	1.000	1.000	1.000	1.000	1.000	1.000	1.000	1.000	1.000	1.000	1.000	1.000
2	2.010	2.020	2.030	2.040	2.050	2.060	2.070	2.080	2.090	2.100	2.110	2.120	2.130	2.140	2.150	2.160	2.170	2.180	2.190	2.200
3	3.030	3.060	3.091	3.122	3.152	3.184	3.215	3.246	3.278	3.310	3.342	3.374	3.407	3.440	3.473	3.506	3.539	3.572	3.606	3.640
4	4.060	4.122	4.184	4.246	4.310	4.375	4.440	4.506	5.573	4.641	4.710	4.779	4.850	4.921	4.993	5.066	5.141	5.215	4.291	5.368
5	5.101	5.204	5.309	5.416	5.526	5.637	5.751	5.867	5.985	6.105	6.228	6.353	6.480	6.610	6.742	6.877	7.014	7.154	7.297	7.442
6	6.152	6.308	6.468	6.633	6.802	6.975	7.153	7.336	7.523	7.716	7.913	8.115	8.323	8.536	8.754	8.977	9.207	9.442	9.683	9.930
7	7.214	7.434	7.662	7.898	8.142	8.394	8.654	8.923	9.200	9.487	9.783	10.089	10.405	10.730	11.067	11.414	11.772	12.142	12.523	12.916
8	8.286	8.583	8.892	9.214	9.549	9.897	10.260	10.637	11.028	11.436	11.859	12.300	12.757	13.233	13.727	14.240	14.773	15.327	15.902	16.499
9	9.369	9.755	10.159	10.583	11.027	11.491	11.978	12.488	13.021	13.579	14.164	14.776	15.416	16.085	16.786	17.519	18.285	19.086	19.923	20.799
10	10.462	10.950	11.464	12.006	12.578	13.181	13.816	14.487	15.193	15.937	16.722	17.549	18.420	19.337	20.304	21.321	22.393	23.521	24.709	25.959
11	11.567	12.169	12.808	13.486	14.207	14.972	15.784	16.645	17.560	18.531	19.561	20.655	21.814	23.045	24.349	25.733	27.200	28.755	30.404	32.150
12	12.683	13.412	14.192	15.026	15.917	16.870	17.888	18.977	20.141	21.384	22.713	24.133	25.650	27.271	29.002	30.850	32.824	34.931	37.180	39.581
13	13.809	14.680	15.618	16.627	17.713	18.882	20.141	21.495	22.953	24.523	26.212	28.029	29.985	32.089	34.352	36.786	39.404	42.219	45.244	48.497
14	14.947	15.974	17.086	18.292	19.599	21.015	22.550	24.215	26.019	27.975	30.095	32.393	34.883	37.581	40.505	43.672	47.103	50.818	54.841	59.196
15	16.097	17.293	18.599	20.024	21.579	23.276	25.129	27.152	29.361	31.772	34.405	37.280	40.417	43.842	47.580	51.660	56.110	60.965	66.261	72.035
16	17.258	18.639	20.157	21.825	23.657	25.673	27.888	30.324	33.003	35.950	39.190	42.753	46.672	50.980	55.717	60.925	66.649	72.939	79.850	87.442
17	18.430	20.012	21.762	23.698	25.840	28.213	30.840	33.750	36.974	40.545	44.501	48.884	53.739	59.118	65.075	71.673	78.979	87.068	96.022	105.93
18	19.615	21.412	23.414	25.645	28.132	30.906	33.099	37.450	41.301	45.599	50.396	55.750	61.725	68.394	75.836	84.141	93.406	103.74	115.27	128.12
19	20.811	22.841	25.117	27.671	30.539	33.760	37.379	41.446	46.018	51.159	56.939	63.440	70.749	78.969	88.212	98.603	110.28	123.41	138.17	154.74
20	22.019	24.297	26.870	29.778	33.066	36.786	40.996	45.762	51.160	57.275	64.203	72.052	80.947	91.025	102.44	115.38	130.03	146.63	165.42	186.69

附表 3(续)

期数	1%	2%	3%	4%	5%	6%	7%	8%	9%	10%	11%	12%	13%	14%	15%	16%	17%	18%	19%	20%
21	23.239	25.783	28.676	31.969	35.719	39.993	44.865	50.423	56.765	64.002	72.265	81.699	92.470	104.77	118.81	134.84	153.14	174.02	197.85	225.03
22	24.472	27.299	30.537	34.248	38.505	43.392	49.006	55.457	62.873	71.403	81.214	92.503	105.49	120.44	137.63	157.41	180.17	206.34	236.44	271.03
23	25.716	28.845	32.453	36.618	41.430	46.996	53.436	60.893	69.532	79.543	91.148	104.60	120.20	138.30	159.28	183.60	211.80	244.49	282.36	326.24
24	26.973	30.422	34.426	39.083	44.502	50.816	58.177	66.765	76.790	88.497	102.17	118.16	136.83	158.66	184.17	213.98	248.81	289.49	337.01	392.48
25	28.243	32.030	36.459	41.646	47.727	54.865	63.249	73.106	84.701	98.347	114.41	133.33	155.62	181.87	212.79	249.21	292.10	342.60	402.04	471.98
26	29.526	33.671	38.553	44.312	51.113	59.156	68.676	79.954	93.324	109.18	128.00	150.33	176.85	208.33	245.71	290.09	342.76	405.27	479.43	567.38
27	30.821	35.344	40.710	47.084	54.669	63.706	74.484	87.351	102.72	121.10	143.08	169.37	200.84	238.50	283.57	337.50	402.03	479.22	571.52	681.85
28	32.129	37.051	42.931	49.968	58.403	68.528	80.698	95.339	112.97	134.21	159.82	190.70	227.95	272.89	327.10	392.50	471.38	566.48	681.11	819.22
29	33.450	38.792	45.219	52.966	62.323	73.640	87.347	103.97	124.14	148.63	178.40	214.58	258.58	312.09	377.17	456.30	552.51	669.45	811.52	984.07
30	34.785	40.568	47.575	56.085	66.439	79.058	94.461	113.28	136.31	164.49	199.02	241.33	293.20	356.79	434.75	530.31	647.44	790.95	966.71	1181.9
35	41.660	49.994	60.462	73.652	90.320	111.43	138.24	172.32	215.71	271.02	341.59	431.66	546.68	693.57	881.17	1120.7	1426.5	1816.7	2314.2	2948.3
40	48.886	60.402	75.401	95.026	120.80	154.76	199.64	259.06	337.88	442.59	581.83	767.09	1013.7	1342.0	1779.1	2360.8	3134.5	4163.2	5529.8	7343.9
45	56.481	71.893	92.720	121.03	159.70	212.74	285.75	386.51	525.86	718.90	986.64	1358.2	1874.2	2590.6	3585.1	4965.3	6879.3	9531.6	13203	18281
50	64.463	84.579	112.80	152.67	209.35	290.34	406.53	573.77	815.08	1163.9	1668.8	2400.0	3459.5	4994.5	7217.7	10435	15089	21813	31515	45497

附表 3(续)

期数	21%	22%	23%	24%	25%	26%	27%	28%	29%	30%	31%	32%	33%	34%	35%	40%	45%	50%	55%	60%
1	1.000	1.000	1.000	1.000	1.000	1.000	1.000	1.000	1.000	1.000	1.000	1.000	1.000	1.000	1.000	1.000	1.000	1.000	1.000	1.000
2	2.210	2.220	2.230	2.240	2.250	2.260	2.270	2.280	2.290	2.300	2.310	2.320	2.330	2.340	2.350	2.400	2.450	2.500	2.550	2.600
3	3.674	3.708	3.743	3.778	3.813	3.848	3.883	3.918	3.954	3.990	4.026	4.062	4.099	4.136	4.173	4.360	4.553	4.750	4.952	5.160
4	5.446	5.524	5.604	5.684	5.766	5.848	5.931	6.016	6.101	6.187	6.274	6.362	6.452	6.542	6.633	7.104	7.601	8.125	8.676	9.256
5	7.589	7.740	7.893	8.048	8.207	8.368	8.533	8.700	8.870	9.043	9.219	9.398	9.581	9.766	9.954	10.946	12.022	13.188	14.448	15.810
6	10.183	10.442	10.708	10.980	11.259	11.544	11.837	12.136	12.442	12.756	13.077	13.406	13.742	14.086	14.438	16.324	18.431	20.781	23.395	26.295
7	13.321	13.740	14.171	14.615	15.073	15.546	16.032	16.534	17.051	17.583	18.131	18.696	19.277	19.876	20.492	23.853	27.725	32.172	37.262	43.073
8	17.119	17.762	18.430	19.123	19.842	20.588	21.361	22.163	22.995	23.858	24.752	25.678	26.638	27.633	28.664	34.395	41.202	49.258	58.756	69.916
9	21.714	22.670	23.669	24.712	25.802	26.940	28.129	29.369	30.664	32.015	33.425	34.895	36.429	38.029	39.696	49.153	60.743	74.887	92.073	112.87
10	27.274	28.657	30.113	31.643	33.253	34.945	36.723	38.593	40.556	42.619	44.786	47.062	49.451	51.958	54.590	69.814	89.077	113.33	143.71	181.59
11	34.001	35.962	38.039	40.238	42.566	45.031	47.639	50.398	53.318	56.405	59.670	63.122	66.769	70.624	74.697	98.739	130.16	171.00	223.75	291.54
12	42.142	44.874	47.788	50.895	54.208	57.739	61.501	65.510	69.780	74.327	79.168	84.320	89.803	95.637	101.84	139.23	189.73	257.49	347.82	467.46
13	51.991	55.746	59.779	64.110	68.760	73.751	79.107	84.853	91.016	97.625	104.71	112.30	120.44	129.15	138.48	195.93	276.12	387.24	540.12	748.93
14	63.909	69.010	74.528	80.496	86.949	93.926	101.47	109.61	118.41	127.91	138.17	149.24	161.18	174.06	187.95	275.30	401.37	581.86	838.19	1199.3
15	78.330	85.192	92.669	100.82	109.69	119.35	129.86	141.30	153.75	167.29	182.00	198.00	215.37	234.25	254.74	386.42	582.98	873.79	1300.2	1919.9
16	95.780	104.93	114.98	126.01	138.11	151.38	165.92	181.87	199.34	218.47	239.42	262.36	287.45	314.89	344.90	541.99	846.32	1311.7	2016.3	3072.8
17	116.89	129.02	142.43	157.25	173.64	191.73	211.72	233.79	258.15	285.01	314.64	347.31	383.30	422.95	466.61	759.78	1228.2	1968.5	3126.2	4917.5
18	142.44	158.40	176.19	195.99	218.04	242.59	269.89	300.25	334.01	371.52	413.18	459.45	510.80	567.76	630.92	1064.7	1781.8	2953.8	4846.7	7868.9
19	173.35	194.25	217.71	244.03	273.56	306.66	343.76	385.32	431.87	483.97	542.27	607.47	680.36	761.80	852.75	1491.6	2584.7	4431.7	7513.4	12591
20	210.76	237.99	268.79	303.60	342.94	387.39	437.57	494.21	558.11	630.17	711.38	802.86	905.88	1021.8	1152.2	2089.2	3748.8	6648.5	11646	20147

附表3(续)

期数	21%	22%	23%	24%	25%	26%	27%	28%	29%	30%	31%	32%	33%	34%	35%	40%	45%	50%	55%	60%
21	256.02	291.35	331.61	377.46	429.68	489.11	556.72	633.59	720.96	820.22	932.90	1060.8	1205.8	1370.2	1556.5	2925.9	5436.7	9973.8	18053	32236
22	310.78	356.44	408.88	469.06	538.10	617.28	708.03	812.00	931.04	1067.3	1223.1	1401.2	1604.7	1837.1	2102.3	4097.2	7884.3	14961	27983	51579
23	377.05	435.86	503.92	582.63	673.63	778.77	900.20	1040.4	1202.0	1388.5	1603.3	1850.6	2135.3	2462.7	2839.0	5737.1	11433	22443	43375	82527
24	457.22	532.75	620.82	723.46	843.03	982.25	1144.3	1332.7	1551.6	1806.0	2101.3	2443.8	2840.9	3301.0	3833.7	8033.0	16579	33666	67233	132045
25	554.24	650.96	764.61	898.09	1054.8	1238.6	1454.2	1706.8	2002.6	2348.8	2753.7	3226.8	3779.5	4424.4	5176.5	11247	24040	50500	104213	211273
26	671.63	795.17	941.46	1114.6	1319.5	1561.7	1847.8	2185.7	2584.4	3054.4	3608.3	4260.4	5027.7	5929.7	6989.3	15747	34860	75751	161531	338038
27	813.68	971.10	1159.0	1383.1	1650.4	1968.7	2347.8	2798.7	3334.8	3971.8	4727.9	5624.8	6687.8	7946.8	9436.5	22046	50548	113628	250374	540862
28	985.55	1185.7	1426.6	1716.1	2064.0	2481.6	2982.6	3583.3	4302.9	5164.3	6194.5	7425.7	8895.8	10649	12740	30866	73295	170443	388081	865381
29	1193.5	1447.6	1755.7	2129.0	2580.9	3127.8	3789.0	4587.7	5551.8	6714.6	8115.8	9802.9	11832	14271	17200	43214	106279	255666	601527	*
30	1445.2	1767.1	2160.5	2640.9	3227.2	3942.0	4813.0	5873.2	7162.8	8730.0	10632	12940	15738	19124	23221	60501	154106	383500	932368	*
35	3755.9	4783.6	6090.3	7750.2	9856.8	12527	15909	20188	25596	32422	41029	51869	65504	82636	104136	325400	987794	*	*	*
40	9749.5	12936	17154	22728	30088	39792	52571	69377	91447	120392	158300	207874	272613	357033	466960	*	*	*	*	*
45	25295	34971	48301	66640	91831	126382	173697	238387	326688	447019	610723	833058	*	*	*	*	*	*	*	*
50	65617	94525	135992	195372	280255	401374	573877	819103	*	*	*	*	*	*	*	*	*	*	*	*

* 大于999999

附表 4　年金现值系数表

期数	1%	2%	3%	4%	5%	6%	7%	8%	9%	10%	11%	12%	13%	14%	15%	16%	17%	18%	19%	20%
1	0.990	0.980	0.971	0.962	0.952	0.943	0.935	0.926	0.917	0.909	0.901	0.893	0.885	0.877	0.870	0.862	0.855	0.847	0.840	0.833
2	1.970	1.942	1.913	1.886	1.859	1.833	1.808	1.783	1.759	1.736	1.713	1.690	1.668	1.647	1.626	1.605	1.585	1.566	1.547	1.528
3	2.941	2.884	2.829	2.775	2.723	2.673	2.624	2.577	2.531	2.487	2.444	2.402	2.361	2.322	2.283	2.246	2.210	2.174	2.140	2.106
4	3.902	3.808	3.717	3.630	3.546	3.465	3.387	3.312	3.240	3.170	3.102	3.037	2.974	2.914	2.855	2.798	2.743	2.690	2.639	2.589
5	4.853	4.713	4.580	4.452	4.329	4.212	4.100	3.993	3.890	3.791	3.696	3.605	3.517	3.433	3.352	3.274	3.199	3.127	3.058	2.991
6	5.795	5.601	5.471	5.242	5.076	4.917	4.767	4.623	4.486	4.355	4.231	4.111	3.998	3.889	3.784	3.685	3.589	3.498	3.410	3.326
7	6.728	6.472	6.230	6.002	5.786	5.582	5.389	5.206	5.033	4.868	4.712	4.564	4.423	4.288	4.160	4.039	3.922	3.812	3.706	3.605
8	7.652	7.325	7.020	6.733	6.463	6.210	5.971	5.747	5.535	5.335	5.146	4.968	4.799	4.639	4.487	4.344	4.207	4.078	3.954	3.837
9	8.566	8.162	7.786	7.435	4.108	6.802	6.515	6.247	5.995	5.759	5.537	5.328	5.132	4.946	4.772	4.607	4.451	4.303	4.163	4.031
10	9.471	8.983	8.530	8.111	7.722	7.360	7.024	6.710	6.418	6.145	5.889	5.650	5.426	5.216	5.019	4.833	4.659	4.494	4.339	4.192
11	10.368	9.787	9.253	8.760	8.306	7.887	7.499	7.139	6.805	6.495	6.207	5.938	5.687	5.453	5.234	5.029	4.836	4.656	4.486	4.327
12	11.255	10.575	9.954	9.385	8.863	8.384	7.943	7.536	7.161	6.814	6.492	6.194	5.918	5.660	5.421	5.197	4.988	4.793	4.611	4.439
13	12.134	11.348	10.635	9.986	9.394	8.853	8.358	7.904	7.487	7.103	6.750	6.424	6.122	5.842	5.583	5.342	5.118	4.910	4.715	4.533
14	13.004	12.106	11.296	10.563	9.899	9.295	8.745	8.244	7.786	7.367	6.982	6.628	6.302	6.002	5.724	5.468	5.229	5.008	4.802	4.611
15	13.865	12.849	11.938	11.118	10.380	9.712	9.108	8.559	8.061	7.606	7.191	6.811	6.462	6.142	5.847	5.575	5.324	5.092	4.876	4.675
16	14.718	13.578	12.561	11.652	10.838	10.106	9.447	8.851	8.313	7.824	7.379	6.974	6.604	6.265	5.954	5.668	5.405	5.162	4.938	4.730
17	15.562	14.292	13.166	12.166	11.274	10.477	9.763	9.122	8.544	8.022	7.549	7.120	6.729	6.375	6.047	5.749	5.475	5.222	4.990	4.775
18	16.398	14.992	13.754	12.659	11.690	10.828	10.059	9.372	8.756	8.201	7.702	7.250	6.840	6.467	6.128	5.818	5.534	5.273	5.033	4.843
19	17.226	15.678	14.324	13.134	12.085	11.158	10.336	9.604	8.950	8.365	7.839	7.366	6.938	6.550	6.198	5.877	5.584	5.316	5.070	4.870
20	18.046	16.351	14.877	13.590	12.462	11.470	10.594	9.818	9.129	8.514	7.963	7.469	7.025	6.623	6.259	5.929	5.628	5.353	5.101	4.870

附表 4(续)

期数	1%	2%	3%	4%	5%	6%	7%	8%	9%	10%	11%	12%	13%	14%	15%	16%	17%	18%	19%	20%
21	18.857	17.011	15.415	14.029	12.821	11.764	10.836	10.017	9.292	8.649	8.075	7.562	7.102	6.687	6.312	5.973	5.665	5.384	5.127	4.891
22	19.660	17.658	15.937	14.451	13.163	12.042	11.061	10.201	9.442	8.772	8.176	7.645	7.170	6.743	6.359	6.011	5.696	5.410	5.149	4.909
23	20.456	18.292	16.444	14.857	13.489	12.303	11.272	10.371	9.580	8.883	8.266	7.718	7.230	6.792	6.399	6.044	5.723	5.432	5.167	4.925
24	21.243	18.914	16.936	15.247	13.799	12.550	11.469	10.529	9.707	8.985	8.348	7.784	7.283	6.835	6.434	6.073	5.746	5.451	5.182	4.937
25	22.023	19.523	17.413	15.622	14.094	12.783	11.654	10.675	9.823	9.077	8.422	7.843	7.330	6.873	6.464	6.097	5.766	5.467	5.195	4.948
26	22.795	20.121	17.877	15.983	14.375	13.003	11.826	10.810	9.929	9.161	8.488	7.896	7.372	6.906	6.491	6.118	5.783	5.480	5.206	4.956
27	23.560	20.707	18.327	16.330	14.643	13.211	11.987	10.935	10.027	9.237	8.548	7.943	7.409	6.935	6.514	6.136	5.798	5.492	5.215	4.964
28	24.316	21.281	18.764	16.663	14.898	13.406	12.137	11.051	10.116	9.307	8.602	7.984	7.441	6.961	6.534	6.152	5.810	5.502	5.223	4.970
29	25.066	21.844	19.188	16.984	15.141	13.591	12.278	11.158	10.198	9.370	8.650	8.022	7.470	6.983	6.551	6.166	5.820	5.510	5.229	4.975
30	25.808	22.396	19.600	17.292	15.372	13.765	12.409	11.258	10.274	9.427	8.694	8.055	7.496	7.003	6.566	6.177	5.829	5.517	5.235	4.979
35	29.409	24.999	21.487	18.665	16.374	14.498	12.948	11.655	10.567	9.644	8.855	8.176	7.586	7.070	6.617	6.215	5.858	5.539	5.251	4.992
40	32.835	27.355	23.115	19.793	17.159	15.046	13.332	11.925	10.757	9.779	8.951	8.244	7.634	7.105	6.642	6.233	5.871	5.548	5.258	4.997
45	36.095	29.490	24.519	20.720	17.774	15.456	13.606	12.108	10.881	9.863	9.008	8.283	7.661	7.123	6.654	6.242	5.877	5.552	5.261	4.999
50	39.196	31.424	25.730	21.482	18.256	15.762	13.801	12.233	10.962	9.915	9.042	8.304	7.675	7.133	6.661	6.246	5.880	5.554	5.262	4.999

附表 **4**(续)

期数	21%	22%	23%	24%	25%	26%	27%	28%	29%	30%	31%	32%	33%	34%	35%	40%	45%	50%	55%	60%
1	0.826	0.820	0.813	0.806	0.800	0.794	0.787	0.781	0.775	0.769	0.763	0.758	0.752	0.746	0.741	0.714	0.690	0.667	0.645	0.625
2	1.509	1.492	1.474	1.457	1.440	1.424	1.407	1.392	1.376	1.361	1.346	1.331	1.317	1.303	1.289	1.224	1.165	1.111	1.061	1.016
3	2.074	2.042	2.011	1.981	1.952	1.923	1.896	1.868	1.842	1.816	1.791	1.766	1.742	1.719	1.696	1.589	1.493	1.407	1.330	1.260
4	2.540	2.494	2.448	2.404	2.362	2.320	2.280	2.241	2.203	2.166	2.130	2.096	2.062	2.029	1.997	1.849	1.720	1.605	1.503	1.412
5	2.926	2.864	2.803	2.745	2.689	2.635	2.583	2.532	2.483	2.436	2.390	2.345	2.302	2.260	2.220	2.035	1.876	1.737	1.615	1.508
6	3.245	3.167	3.092	3.020	2.951	2.885	2.821	2.759	2.700	2.643	2.588	2.534	2.483	2.433	2.385	2.168	1.983	1.824	1.687	1.567
7	3.508	3.416	3.327	3.242	3.161	3.083	3.009	2.937	2.868	2.802	2.739	2.677	2.619	2.562	2.508	2.263	2.057	1.883	1.734	1.605
8	3.726	3.619	3.518	3.421	3.329	3.241	3.156	3.076	2.999	2.925	2.854	2.786	2.721	2.658	2.598	2.331	2.109	1.922	1.764	1.628
9	3.905	3.786	3.673	3.566	3.463	3.366	3.273	3.184	3.100	3.019	2.942	2.868	2.798	2.730	2.665	2.379	2.144	1.948	1.783	1.642
10	4.054	3.923	3.799	3.682	3.571	3.465	3.364	3.269	3.178	3.092	3.009	2.930	2.855	2.784	2.715	2.414	2.168	1.965	1.795	1.652
11	4.177	4.035	3.902	3.776	3.656	3.543	3.437	3.335	3.239	3.147	3.060	2.978	2.899	2.824	2.752	2.438	2.185	1.977	1.804	1.657
12	4.278	4.127	3.985	3.851	3.725	3.606	3.493	3.387	3.286	3.190	3.100	3.013	2.931	2.853	2.779	2.456	2.196	1.985	1.809	1.661
13	4.362	4.203	4.053	3.912	3.780	3.656	3.538	3.427	3.322	3.223	3.129	3.040	2.956	2.876	2.799	2.469	2.204	1.990	1.812	1.663
14	4.432	4.265	4.108	3.962	3.824	3.695	3.573	3.459	3.351	3.249	3.152	3.061	2.974	2.892	2.814	2.478	2.210	1.993	1.814	1.664
15	4.489	4.315	4.153	4.001	3.859	3.726	3.601	3.483	3.373	3.268	3.170	3.076	2.988	2.905	2.825	2.484	2.214	1.995	1.816	1.665
16	4.536	4.357	4.189	4.033	3.887	3.751	3.623	3.503	3.390	3.283	3.183	3.088	2.999	2.914	2.834	2.489	2.216	1.997	1.817	1.666
17	4.576	4.391	4.219	4.059	3.910	3.771	3.640	3.518	3.403	3.295	3.193	3.097	3.007	2.921	2.840	2.492	2.218	1.998	1.817	1.666
18	4.608	4.419	4.243	4.080	3.928	3.786	3.654	3.529	3.413	3.304	3.201	3.104	3.012	2.926	2.844	2.494	2.219	1.999	1.818	1.666
19	4.635	4.442	4.263	4.097	3.942	3.799	3.664	3.539	3.421	3.311	3.207	3.109	3.017	2.930	2.848	2.496	2.220	1.999	1.818	1.666
20	4.657	4.460	4.279	4.110	3.954	3.808	3.673	3.546	3.427	3.316	3.211	3.113	3.020	2.933	2.850	2.497	2.221	1.999	1.818	1.667

附表 4(续)

期数	21%	22%	23%	24%	25%	26%	27%	28%	29%	30%	31%	32%	33%	34%	35%	40%	45%	50%	55%	60%
21	4.675	4.476	4.292	4.121	3.963	3.816	3.679	3.551	3.432	3.320	3.215	3.116	3.023	2.935	2.852	2.498	2.221	2.000	1.818	1.667
22	4.690	4.488	4.302	4.130	3.970	3.822	3.684	3.556	3.436	3.323	3.217	3.118	3.025	2.936	2.853	2.498	2.222	2.000	1.818	1.667
23	4.703	4.499	4.311	4.137	3.976	3.827	3.689	3.559	3.438	3.325	3.219	3.120	3.026	2.938	2.854	2.499	2.222	2.000	1.818	1.667
24	4.713	4.507	4.318	4.143	3.981	3.831	3.692	3.562	3.441	3.327	3.221	3.121	3.027	2.939	2.855	2.499	2.222	2.000	1.818	1.667
25	4.721	4.514	4.323	4.147	3.985	3.834	3.694	3.564	3.442	3.329	3.222	3.122	3.028	2.939	2.856	2.499	2.222	2.000	1.818	1.667
26	4.728	4.520	4.328	4.151	3.988	3.837	3.696	3.566	3.444	3.330	3.223	3.123	3.028	2.940	2.856	2.500	2.222	2.000	1.818	1.667
27	4.734	4.524	4.332	4.154	3.990	3.839	3.698	3.567	3.445	3.331	3.224	3.123	3.029	2.940	2.856	2.500	2.222	2.000	1.818	1.667
28	4.739	4.528	4.335	4.157	3.992	3.840	3.699	3.568	3.446	3.331	3.224	3.124	3.029	2.940	2.857	2.500	2.222	2.000	1.818	1.667
29	4.743	4.531	4.337	4.159	3.994	3.841	3.700	3.569	3.446	3.332	3.225	3.124	3.030	2.941	2.857	2.500	2.222	2.000	1.818	1.667
30	4.746	4.534	4.339	4.160	3.995	3.842	3.701	3.569	3.447	3.332	3.225	3.124	3.030	2.941	2.857	2.500	2.222	2.000	1.818	1.667
35	4.756	4.541	4.345	4.164	3.998	3.845	3.703	3.571	3.448	3.333	3.226	3.125	3.030	2.941	2.857	2.500	2.222	2.000	1.818	1.667
40	4.760	4.544	4.347	4.166	3.999	3.846	3.703	3.571	3.448	3.333	3.226	3.125	3.030	2.941	2.857	2.500	2.222	2.000	1.818	1.667
45	4.761	4.545	4.347	4.166	4.000	3.846	3.704	3.571	3.448	3.333	3.226	3.125	3.030	2.941	2.857	2.500	2.222	2.000	1.818	1.667
50	4.762	4.545	4.348	4.167	4.000	3.846	3.704	3.571	3.448	3.333	3.226	3.125	3.030	2.941	2.857	2.500	2.222	2.000	1.818	1.667

参考文献

[1]中国注册会计师协会.财务成本管理[M].北京:中国财政经济出版社,2012.

[2]财政部会计资格评价中心.财务管理[M].北京:中国财政经济出版社,2012.

[3]沈洪涛,樊莹,罗淑贞.初级财务管理[M].大连:东北财经大学出版社,2010.

[4]唐现杰,孙长江.财务管理[M].北京:科学出版社,2010.

[5]徐光华,柳世平.财务管理[M].北京:高等教育出版社,2009.

[6]彭韶兵.财务管理概论[M].北京:高等教育出版社,2011.

[7]刘迪,岳红,李强,等.财务管理学[M].北京:中国电力出版社,2008.

[8]吴秋霜,王莺远.财务管理[M].北京:中国电力出版社,2010.

[9]王斌.财务管理[M].北京:中国广播电视大学出版社,2004.

[10]杨淑娥.财务管理学[M].北京:高等教育出版社,2010.

[11]王化成.公司财务管理[M].北京:高等教育出版社,2007.

[12]李强,秦颐,桑忠喜.财务管理学[M].北京:中国电力出版社,2009.

[13]马元兴.企业财务管理[M].北京:高等教育出版社,2011.

[14]闫华红.财务成本管理[M].北京:经济科学出版社,2009.

[15]杨丹,王宁.财务管理学[M].北京:中国人民大学出版社,2009.

[16]杨丹,李玉银,逯东.中级财务管理[M].大连:东北财经大学出版社,2010.

[17]郭复初,王庆成.财务管理学[M].北京:高等教育出版社,2006.

[18]道格拉斯·R·埃默瑞,约翰·D·芬纳蒂,约翰·D·斯托.公司财务管理[M].北京:中国人民大学出版社,2008.

[19]荆新,王化成,刘俊彦.财务管理学[M].北京:中国人民大学出版社,2010.

[20]陆正飞.财务报表分析[M].北京.中信出版社.2006.

[21]张俊民.财务分析[M].上海:复旦大学出版社.2006.

[22]张先治.财务分析[M].大连:东北财经大学出版社.2009.

[23]财政部会计资格评价中心.财务管理[M].北京:中国财政经济出版社,2009.

[24]竺素娥,赵秀芳,李郁明.财务管理学[M].北京:科学出版社,2011.

[25]王庆成,郭复初.财务管理学[M].北京:高等教育出版社,2009.

[26]刘宇会,王海东.财务管理[M].北京:中国商务出版社,2010.

[27]王欣兰.财务管理学[M].北京:清华大学出版社,北京交通大学出版社,2010.

[28]陈玉菁,宋良荣.财务管理[M].北京:清华大学出版社,2005.

[29]刘淑莲.财务管理[M].大连:东北财经大学出版社,2010.

[30]张彦明.财务管理学[M].哈尔滨:东北林业大学出版社:2011.

[31]胡志勇.财务管理[M].北京:北京理工大学出版社:2012.

[32]万永梅.财务管理原理[M].武汉:武汉大学出版社,2003.

[33]刘建民,宋秀珍,牟伟明.财务管理学[M].北京:中国电力出版社,2006.

[34]袁建国.财务管理[M].大连:东北财经大学出版社,2003.